최신개정판

NCS 직업기초

경제·경영 시사 디지털

IBK기업은행 통합기본서

핵심유형 분석
실전대비 문제

www.honjob.co.kr

혼JOB취업연구소

이론과 실전을 모두 잡는 합격 맞춤 구성

○ 110개 유형별 대표예제 풀이와 핵심이론
○ 실제 시험 스타일을 반영한 과목별 실전문제
○ [부록] 경제·경영·회계·재무 핵심요약집

이 책의 머리글

꼼꼼하게 기본을 다지는 공부가
합격까지 이어집니다

　IBK기업은행은 금융위원회 산하 금융공기업으로서 블라인드 채용을 진행하고 있습니다. 입사 지원서 내용이 불량하지만 않다면 많은 경우 서류전형을 통과할 수 있는 것입니다. 그렇다면 그 많은 지원자들이 필기시험을 치르는 상황에서 은행은 어떤 기준으로 면접 대상자를 선발하게 될까요?

　논리적으로 당연한 이야기겠지만, 채용의 객관성을 높이고 효율성을 확보하기 위해서는 문제 유형을 점점 다양화하고 난이도도 점점 높일 수밖에 없습니다. 하지만 기업은행을 준비하는 수험생 입장에서 이러한 상황에 딱 맞는 교재를 찾기가 쉽지 않은 것도 사실입니다. 이 책은 이 같은 점들을 고려하여 다음과 같이 기획했습니다.

　첫째, <u>기업은행의 상품, 약관, 이슈 등을 최대한 많이 수록</u>하여, NCS직업기초 제시문으로 나왔을 경우 빠르게 내용을 파악할 수 있도록 했습니다. 많은 지원자들이 제시문으로 나온 내용이 생소하여 시간이 걸렸다는 이야기들을 합니다. 기업은행에 처음으로 도전하는 수험생들도 이 책을 정독하면 시험장에서 남들보다 수월하게 문제를 풀 수 있을 것입니다.

　둘째, <u>필기시험 과목별로 핵심유형, 대표예제, 핵심이론을 구성</u>하여 수험생 입장에서 체계적으로 접근할 수 있도록 했습니다. 상경계열 전공자뿐만 아니라 비상경계열 전공자도 이 책의 구성을 꾸준히 따라오면 좋은 결과를 얻을 수 있을 것입니다.

　셋째, <u>과년도 출제 경향을 최대한 많이 반영</u>했습니다. 해를 거듭할수록 기업은행의 기출문제가 쌓이게 되면서 이를 토대로 시중에 나와 있는 그 어떤 책보다 기업은행 필기시험에 적합하게 집필했습니다.

　기업은행은 은행권 취업 준비생에게 있어서 가장 가고 싶은 은행이자, 가장 많은 사람이 지원하는 은행입니다. 진부한 말이지만 공부에 있어서 정도(正道)는 있어도 왕도(王道)는 없습니다. 목표 기간을 잡고 그 기간 동안 이 책을 중심으로 꼼꼼하게 학습해 가면 분명히 필기 합격의 꿈을 이룰 수 있을 것입니다. 이 책으로 준비하는 모든 분들의 합격을 기원합니다.

흑JOB취업연구소 드림

이 책의 차례

PART 1 핵심유형 분석

CHAPTER 1 NCS직업기초 핵심유형
1 의사소통능력 — 008
2 수리능력 — 028
3 문제해결능력 — 052
4 자원관리능력 — 066
5 정보능력 — 074
6 조직이해능력 — 088

CHAPTER 2 직무수행 핵심유형
1 경제 — 094
2 경영 — 162
3 시사 — 210
4 디지털 — 220

PART 2 실전대비 문제

CHAPTER 1 NCS직업기초 실전문제 — 264
CHAPTER 2 직무수행 객관식 실전문제 — 304
CHAPTER 3 직무수행 주관식 실전문제 — 324
정답 및 해설 — 332

부록 경제·경영·회계·재무 핵심요약집

1 미시경제 — 355
2 거시경제 — 364
3 경영 — 373
4 회계 — 381
5 재무 — 388

[정답 및 해설] PDF 무료 제공
'PART 2 실전대비 문제'의 [정답 및 해설]은 혼JOB 홈페이지를 통해 PDF 파일로 무료 제공해 드립니다.
로그인 후 이용하실 수 있습니다.

다운로드 바로가기
혼JOB 홈페이지(honjob.co.kr) → 자료실 → 학습자료실

책 속 미리보기

핵심유형과 대표예제

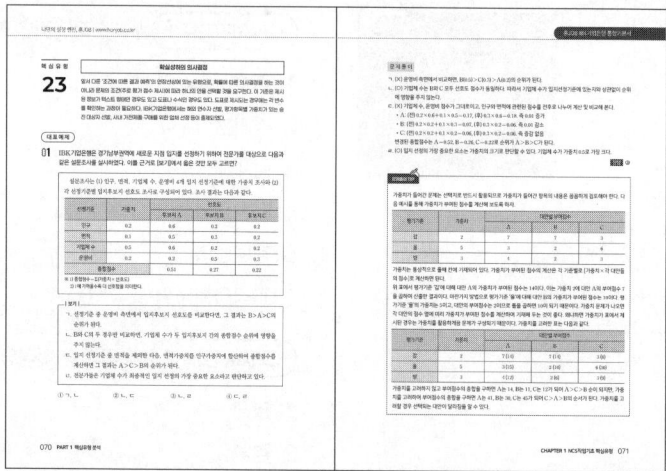

▶ 철저한 기출 분석을 바탕으로 기업은행 필기시험을 핵심유형 110개로 체계화했습니다.

▶ 각 유형에 대한 친절한 설명과 유형별 대표예제를 통해 기업은행 필기시험의 '감'을 잡을 수 있습니다.

유형별 핵심이론

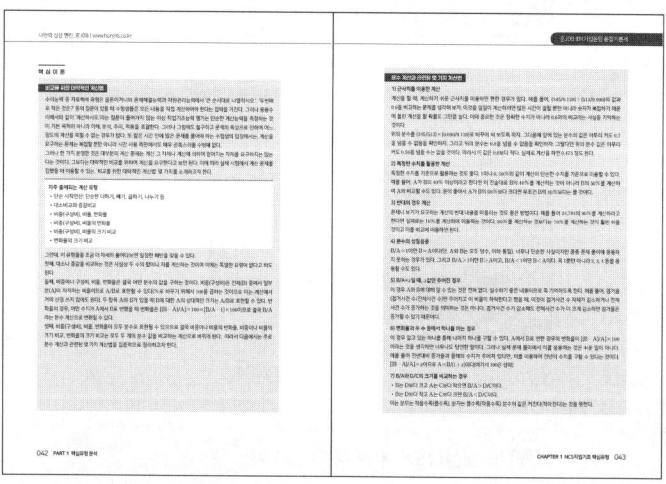

▶ 문제에 접근하는 방법, 문제 해결을 위해 알아야 하는 개념 및 공식들을 이론화했습니다.

▶ 핵심이론을 통해 문제 풀이 기술과 배경지식을 쌓아 두면 실전에서 훨씬 쉽게 정답을 찾아낼 수 있습니다.

실전대비 문제

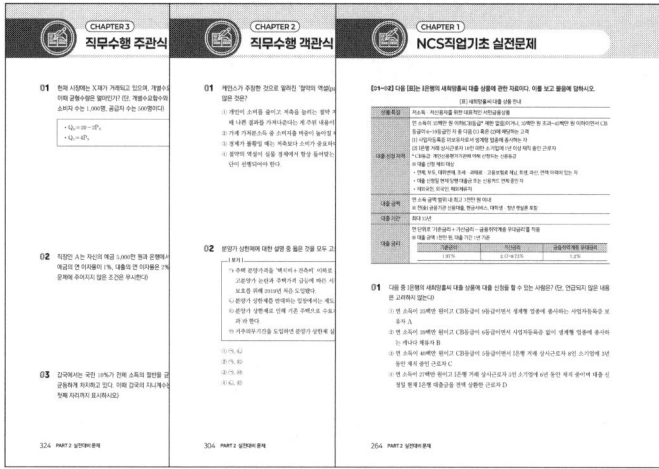

▶ NCS직업기초 40문항, 직무수행 객관식 40문항, 직무수행 주관식 20문항을 수록했습니다.

▶ 실제 필기시험과 꼭 닮은 문항들을 통해 지금까지 학습한 내용들을 테스트해 볼 수 있습니다.

경제·경영·회계·재무 핵심요약집

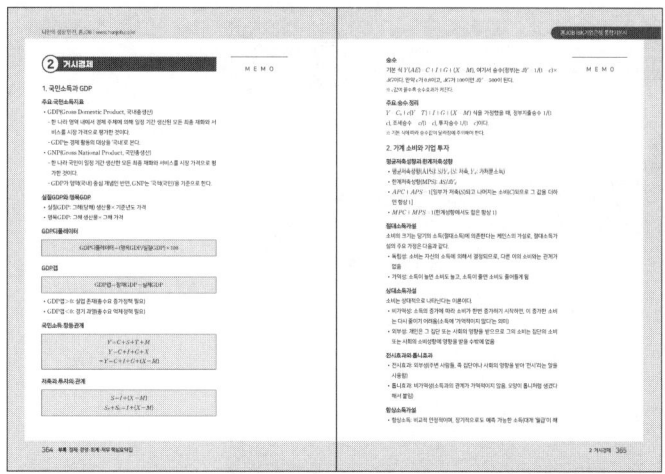

▶ 수험생들이 가장 어려워하는 경제, 경영, 회계, 재무 영역의 이론들을 핵심만 추려 담았습니다.

▶ 전공 개념의 틀을 잡거나, 시험 직전에 이론을 정리하고 싶을 때 유용하게 활용할 수 있습니다.

혼JOB
IBK기업은행
통합기본서

나만의 성장 엔진, 혼JOB | www.honjob.co.kr

PART 1

핵심유형 분석

CHAPTER 1
NCS직업기초 핵심유형

CHAPTER 2
직무수행 핵심유형

CHAPTER 1
NCS직업기초 핵심유형

1 의사소통능력 (핵심유형 01~06)

핵 심 유 형 01

비문학: 세부정보의 파악

인문철학, 사회과학, 과학기술과 관련된 일반제시문 또는 도표나 그래프를 제시하고 이를 이해하였는지를 묻는 문제 유형이다. 제시문의 1차적인 독해를 바탕으로 세부내용의 일치 여부를 판단하는 문제가 IBK기업은행 필기시험에서 매회 꾸준히 출제되고 있다.

대표예제

다음 글로부터 알 수 있는 R-복합체의 특성이 아닌 것을 고르면?

> 파충류에서 인간으로의 진화 과정에서 파충류의 두뇌인 R-복합체에 포유류 특유의 대뇌변연계가 추가되었고, 그것에 다시 인간만의 특징을 보이는 신피질이 덧붙게 되었다. 중요한 것은 새로운 기능이 추가된다고 해서 과거의 두뇌가 완전히 소멸하는 것은 아니라는 점이다. 새로운 기능은 과거의 기능 위에 덧붙여진다. 그래서 새로 만들어지는 종의 행동 속에는 과거 종의 행동이 그대로 남아 있다. 과거의 기능은 새로운 기능들에 의해서 억제되는 경우가 많지만 억제력이 부족한 경우가 발생하기라도 하면, 과거의 행동들은 슬며시 고개를 들고 나오게 마련이다.
>
> 고귀한 인간의 두뇌 속에서 R-복합체는 건재하다. 그것은 성욕과 공격성, 권위주의, 시기심 같은 것들을 만들어 낸다. 예컨대 인간은 누구나 멋진 이성(異性)을 보면 성욕을 느낀다. 멋진 이성의 시각적 이미지가 성선(性腺)을 자극하면 성호르몬이 분비되고, 그 호르몬은 피를 타고 두뇌로 흘러들어 성 행동을 유발한다. 물론 제대로 된 사람이라면 그 성욕이 행동으로 나타나지 않도록 억제할 줄 알지만 성욕이 솟구치는 것까지 억제하기는 어렵다. 그것은 선택의 여지가 없는 자동 반응이기 때문이다. 인간이 만들어 낸 의례 속에서는 이 성적 공격성을 순화하기 위한 것들이 많다. 예컨대 연인들 사이에서 이루어지는 선물 주고받기는 그 속에 내포된 문명적 요소에도 불구하고 기본적으로 먹이를 주고받는 속에서 형성된 원시적이며 본능적인 관계 맺기의 의례화에 지나지 않는다. 연인들끼리 사용하는 다정다감한 어휘는 어미에게 먹이를 의존하던 어린 시절의 그것들에 다름 아니며, 끊임없이 어리광을 부리고 받아 주면서 흐뭇해하는 것 역시 같은 이유에서이다.
>
> 물론 배후에는 타 개체 혹은 타 집단에 대한 배타성과 공격성이 숨어 있다. 파충류의 두뇌를 결정짓고 있는 R-복합체의 기본 성격이 공격성이라면, 포유류의 두뇌인 대뇌변연계는 여기에다가 아름다운 감정들을 덧붙였다. 사랑과 슬픔, 감동, 경외감, 충성심, 헌신 같은 것들이 그것이다. 이런 감정들이 있기에 모든 포유류들이 자기 새끼를 먹여 살리고 집단 생활을 유지할 수 있었다. 인간에 와서 이런 감정들은 더욱 커졌다. 인간이 다른 어떤 영장류들보다도 동정심이나 협동심, 집단 정신으로 충만하다는 것은 해부학적인 특성에 의해서도 뒷받침된다.

① 파충류의 특유한 두뇌이지만 포유류나 인간의 두뇌에도 잔존해 있다.
② 이성(異性)에 대한 성적인 욕망이나 타인에 대한 공격 심리와 관계가 있다.
③ 포유류의 대뇌변연계와 유사한 기능을 한다.
④ 인간의 의례 속에 잠재해 있는 원시적이며 본능적인 관계 맺기를 지배하기도 한다.

문제풀이

제시문에서 R-복합체의 기본 성격은 공격성인데, 포유류나 인간으로 진화하면서 파충류의 두뇌가 소멸한 것이 아니라, 거기에다가 포유류는 대뇌변연계, 인간은 다시 신피질을 덧붙여 나가기 때문에 인간에게도 파충류의 R-복합체가 갖는 공격성이 나타날 수 있으며, 이는 억제될 수는 있으나 억제력이 부족할 때에는 이성에 대한 성욕과 같이 과거 파충류와 같은 공격적 행동들이 나타난다고 설명한다. 따라서 '③ 포유류의 대뇌변연계와 유사한 기능을 한다.'는 제시문의 포유류의 대뇌변연계는 아름다운 감정들을 덧붙였다는 진술과 배치된다.

정답 ③

핵심이론

제시문의 빠른 독해방법

1) 단락이 나뉘어 있는 경우 각 단락의 핵심키워드 중심으로 체크할 것
단락이 나뉘어 있는 제시문의 경우에는 각 단락의 핵심키워드를 우선 체크한다. 단락이 나뉠 정도의 제시문이라면 비교적 긴 제시문인데, 제시문의 길이가 길수록 오히려 문제해결이 쉽다. 왜냐하면 문제해결을 위한 단서가 많이 제시되어 있기 때문이다. 핵심키워드는 각 단락의 핵심내용을 함축하는 것이므로 해당 단락이 어떤 내용을 담고 있는지 미리 판단할 수 있는 유용한 수단이 된다.

2) 단락이 나뉘어 있지 않은 경우 첫 문장 또는 마지막 문장을 우선 검토할 것
단락이 나뉘어 있지 않은 이른바 '통글'의 경우 첫 문장 또는 마지막 문장을 우선 검토해 보자. 제시문이 두괄식 또는 미괄식으로 구성되어 있는 경우가 많기 때문이다. 제시문을 평면적으로 읽어서는 핵심내용을 빠르게 찾기 어렵다. 따라서 가능한 빠른 방법을 모두 사용해 보아야 한다.

3) 논리적 지시어를 살펴볼 것
지시어란 문장과 문장의 연결관계가 잘 드러나도록 하기 위해 필요한 요소 중 하나이다. 구체적인 문맥 속에 결론이나 전제를 찾는 단서가 되는 지시어구들이 있다. 이를 결론 지시어구 또는 전제(근거) 지시어구라고 한다. 이 지시어구 다음에 나오는 내용을 결론 또는 전제라고 보아도 무리가 없다.
- 결론 지시어구: 그러므로~, 따라서~, 결과적으로~, 결국~, 이렇게 볼 때~, 이상에서 살펴본 바와 같이
- 전제 지시어구: 왜냐하면~이기 때문에, ~이므로, ~라는 점에서, ~라는 이유에서, ~인 까닭에, ~에 의해서

4) 핵심단어 및 핵심문장은 우선적으로 체크해 둘 것
평소 독해를 할 때에도 강약을 두어 독해하는 연습을 해 보자. 자신만의 체크방법을 찾아 이것이 몸에 완전히 밸 수 있도록 해야 한다. 예를 들어, 핵심키워드나 각 단락의 주어는 ○, 핵심문장은 < >, 역접지시어는 ( ), 문장마다 / 표시 등을 하는 연습을 하면 선택지를 읽고 다시 제시문으로 이동하였을 때 강약을 두고 독해를 할 수 있을 것이다.

핵심유형 02   비문학: 결론의 추론

제시문을 읽고 추론할 수 있는 문장을 찾거나 해석을 하여 이를 평가하는 문제이다. '결론의 추론' 문제는 제시문 전체를 이해하고 이를 바탕으로 추론하는 능력을 평가한다는 점에서 '세부내용의 파악'과 차이가 있다. IBK기업은행에서는 국제 금리 동향, 공기업 해외사업 수주 보도문, 하드디스크의 스케줄링 방식, 블록체인과 비트코인 도입에 따른 영향, MZ세대가 선호하는 상여금 방식 보도문을 제시문으로 제시하고 선택지를 검증하는 형태로 출제되었다.

대표예제

01   다음 글로부터 추론한 내용으로 가장 적절한 것은?

> 많은 재화나 서비스는 경합성과 배제성을 지닌 '사유재'이다. 여기서 경합성이란 한 사람이 어떤 재화나 서비스를 소비하면 다른 사람의 소비를 제한하는 특성을 의미하며, 배제성이란 공급자에게 대가를 지불하지 않으면 그 재화를 소비하지 못하는 특성을 의미한다. 반면 '공공재'란 사유재와는 반대로 비경합적이면서도 비배제적인 특성을 가진 재화나 서비스를 말한다.
>
> 그러나 우리 주위에서는 이렇듯 순수한 사유재나 공공재와는 또 다른 특성을 지닌 재화나 서비스도 많이 찾아볼 수 있다. 예를 들어 영화 관람이라는 소비 행위는 비경합적이지만 배제가 가능하다. 왜냐하면 영화는 사람들과 동시에 즐길 수 있으나 대가를 지불하지 않고서는 영화관에 입장할 수 없기 때문이다. 마찬가지로 케이블 TV를 즐기기 위해서는 시청료를 지불해야 한다.
>
> 비배제적이지만 경합적인 재화들도 찾아낼 수 있다. 예를 들어 출퇴근 시간대의 무료 도로를 생각해 보자. 자가용으로 집을 출발해서 직장에 도달하는 동안 도로에 진입하는 데에 요금을 지불하지 않으므로 도로의 소비는 비배제적이다. 하지만 출퇴근 시간대의 체증이 심한 도로는 내가 그 도로에 존재함으로 인해서 다른 사람의 소비를 제한하게 된다. 따라서 출퇴근 시간대의 도로 사용은 경합적인 성격을 갖는다.
>
> 이상의 내용을 아래의 표에 분류해 보면 다음과 같다.
>
> | 경합성 \ 배제성 | 배제적 | 비배제적 |
> |---|---|---|
> | 경합적 | a | b |
> | 비경합적 | c | d |

① 체증이 심한 유료 도로 이용은 a에 해당한다.
② 케이블 TV 시청은 b에 해당한다.
③ 사 먹는 아이스크림과 같은 사유재는 b에 해당한다.
④ 영화 관람이라는 소비 행위는 d에 해당한다.

문제풀이

① (O) 체증은 경합적이며, 유료 도로는 배제적이다. 따라서 a에 해당한다.
② (X) 2문단 네 번째 문장을 통하여 시청료는 배제적임을, 그러나 다른 시청자를 제한하지 않으므로 비경합적임을 알 수 있다. 따라서 c에 해당한다.
③ (X) 사유재는 a에 해당한다.
④ (X) 2문단 두 번째 문장을 통하여 영화 관람은 비경합적이며, 배제적임이므로 c에 해당한다.

정답 ①

핵심이론

결론의 추론 접근방법

'결론의 추론'과 관련해서는 오답의 유형을 먼저 파악하는 것이 문제를 푸는 데 있어서 더욱 효과적이다. 전형적인 오답의 유형들이 있기 때문인데, 다음이 전형적인 오답의 유형들이다.

1) 축소/과장된 내용
결론의 추론이란 각 단락의 중심내용을 모두 담아 한 문장으로 요약하거나 제시문을 요약하여 추론하는 것을 말한다. 참이기는 하지만 필자의 주장을 넘어서는 주장 또는 주장을 모두 담지 못하는 주장이 이런 유형에 속한다. 정답은 통상적으로 재진술한 문장인 경우가 많으므로 재진술한 것을 찾는 과정에서 범위를 넓히거나 좁히면서 오답의 함정에 빠질 수 있다.

2) 반대되는 내용
가장 쉬운 오답의 유형이지만 실제 선택지에서 자주 언급되는 유형이다. 상대적으로 긴 문장을 나열하고 앞부분에는 참인 내용을, 뒷부분에는 반대되는 내용을 담는 경우가 많다.

3) 주관적 가치판단이 포함된 내용
가치판단이 포함된 진술은 특히 조심해야 한다. 확인할 수 없는 내용은 섣불리 가치판단의 형태로 추론하기가 곤란함을 명심하자.

02 다음 보도자료를 읽고 보일 수 있는 반응으로 적절하지 않은 것을 고르면?

한국전력이 최근 수주를 위해 가장 공을 들이는 해외 사업은 사우디아라비아의 신규 원전 건설 사업이다. 지난 2009년 한국이 수주한 아랍에미리트(UAE) 원전 사업 이후 최대의 원전 사업(1,400MW급 원전 2기)이기 때문이다. 한국전력은 이미 2018년 7월 4개의 경쟁 업체와 함께 예비사업자로 선정됐다. 예비사업자 지위를 확보했다는 것은 한국전력이 경쟁 업체들과 동등한 경쟁력을 갖추고 기술적·상업적 측면에서 사우디의 요구 조건을 충족시켰다는 의미다. 향후 최종 계약자로 선정되는 첫 단추가 잘 꿰진 셈이다.

한국전력은 사우디 원전 사업 수주를 위해 예비사업자로 선정된 직후 서울 한전아트센터에서 민관 합동 '사우디원전지원센터'를 열고 총력 대응 체제에 들어갔다. 특히 2018년 8월과 2019년 1월에는 김종갑 한국전력 사장이 사우디로 날아가 알술탄 사우디 왕립원자력·신재생에너지원 원장과의 면담을 진행하고 로드쇼, 전력 산업 워크숍 등을 개최했다. 김 사장은 이 자리에서 "사우디와 환경이 유사한 UAE에서 원전을 건설해 본 업체는 한국전력이 유일하다"는 점을 강조하며 원전 세일즈 활동을 펼쳤다.

한국전력은 해외 재생에너지 사업에도 적극적으로 뛰어들고 있다. 2018년 말 한국전력은 필리핀 칼라타간 지역에 있는 태양광발전소의 지분 38%를 인수하고 필리핀 국영 송전공사와 장기 전력 판매 계약을 맺었다. 한국전력은 이 사업으로 향후 18년간 총 3,180억 원의 매출을 올릴 것으로 기대된다.

2018년 8월에는 한국전력-LG CNS 컨소시엄이 괌 전력청과 60MW 규모 태양광 프로젝트의 전력 판매 계약을 체결하기도 했다. 미국 자치령인 괌 북동부 망길라오 지역에서 태양광 발전 설비 60MW와 출력안정용 에너지저장장치(ESS) 32MW를 결합하는 사업인데 향후 25년간 총 4,500억 원의 매출이 안정적으로 확보될 것으로 전망된다. 주요 기자재의 대부분을 국산으로 채택해 최대 1,600억 원의 수출 증대 효과도 기대된다.

한국전력은 개발도상국 발전 시장으로도 눈을 돌리고 있다. 2018년 11월에는 1,200MW 규모의 말레이시아 풀라우인다 가스복합발전소 건설·운영 사업을 수주해 말레이시아 발전 시장 진출의 교두보를 마련했다. 이 사업은 쿠알라룸푸르 서남쪽 풀라우인다 지역에서 가스복합발전소를 건설·운영해 21년간 전력을 판매할 수 있는 사업이다. 한국전력은 필리핀·베트남에 이어 말레이시아 발전 시장에까지 진출해 동남아 에너지 벨트 구축 기반을 확보했다는 평가를 받고 있다.

한국전력은 적극적인 해외 사업 진출로 오는 2030년까지 해외 사업 매출액 10조 원을 달성하겠다는 목표를 세웠다. 2017년 기준 해외 사업 매출액은 1조 2,000억 원 수준이다. 한국전력의 한 관계자는 "2040년까지 글로벌 전력 수요는 2016년 대비 약 60% 이상 증가할 것으로 전망된다"며 "한국전력은 신기후 체제와 에너지신사업 분야의 변화의 흐름 속에서 글로벌 에너지 시장을 주도하는 '글로벌 최고 에너지 디벨로퍼'의 입지를 공고히 할 것"이라고 말했다.

출처: 서울경제

① 한국전력이 베트남 발전 시장에 진출한 시기는 2018년 11월 이전이군.
② 한국전력의 아랍에미리트 원전 건설 이력은 사우디아라비아 원전 사업 수주에 유리하게 작용하겠군.
③ 한국전력-LG CNS 컨소시엄이 괌 전력청과 계약을 맺은 사업으로 국내 기자재 생산 업체도 매출이 상승하겠군.
④ 한국전력은 사우디아라비아 원전 사업 수주를 위해 한전아트센터에서 로드쇼, 전력 산업 워크숍 등을 개최하였군.

문제풀이

제시문은 한국전력의 해외 발전 시장 진출 현황과 매출 전망 및 향후 목표에 대해 기술하고 있는 보도자료이다.

① (○) 5문단 후반부를 보면 "한국전력은 필리핀·베트남에 이어 말레이시아 발전 시장에까지 진출해 동남아 에너지 벨트 구축 기반을 확보했다는 평가를 받고 있다."라고 기술하고 있다. 5문단 전반부에서 한국전력이 말레이시아 가스복합발전소 건설·운영 사업을 수주한 시기는 2018년 11월로 나타나 있으므로, 베트남 발전 시장에 진출한 시기가 2018년 11월 이전이라는 추론은 적절한 반응이다.

② (○) 2문단 후반부를 보면 "김 사장은 이 자리에서 '사우디와 환경이 유사한 UAE에서 원전을 건설해 본 업체는 한국전력이 유일하다'는 점을 강조하며 원전 세일즈 활동을 펼쳤다."라고 기술하고 있다. 따라서 아랍에미리트 원전 건설 이력은 사우디아라비아 원전 사업 수주에 유리하게 작용할 것이라는 추론은 적절한 반응이다.

③ (○) 4문단 후반부를 보면 "주요 기자재의 대부분을 국산으로 채택해 최대 1,600억 원의 수출 증대 효과도 기대된다."라고 기술하고 있다. 따라서 국내 기자재 생산 업체의 매출이 상승할 것이라는 추론은 적절한 반응이다.

④ (X) 2문단 중반부를 보면 "김종갑 한국전력 사장이 사우디로 날아가 알술탄 사우디 왕립원자력·신재생에너지원 원장과의 면담을 진행하고 로드쇼, 전력 산업 워크숍 등을 개최했다."라고 기술하고 있다. 따라서 로드쇼, 전력 산업 워크숍 등이 개최된 곳은 한전아트센터가 아니라 사우디아라비아 현지이다.

정답 ④

핵심유형 03 비문학: 전개(서술)방식

필자가 글을 쓸 때 사용한 방식을 묻는 것이다. 글 요약 연습으로 해결할 수 있고, 대표적인 설명 방식을 몇 가지 정리하면 된다. IBK기업은행에서는 '동전 없는 사회' 현상을 사례 중심으로 서술한 제시문이 출제되었다.

대표예제

다음 글의 전개 방식에 대한 설명으로 적절한 것은?

> 유럽의 18~19세기는 혁신적 지성의 열기로 가득 찬 시대였다. 혁신적 지성은 정치적, 경제적, 사회적 여건의 성숙과 더불어 서양 근대 사회의 확립에 주도적 역할을 하였다. 수많은 개혁 사상과 혁명 사상의 제공자는 물론이요, 실천 면에서도 개혁가와 혁명가는 지성인 출신이었다. 그들은 새로운 미래를 제시하고, 그것을 뒷받침할 이데올로기를 마련하고, 그것을 실현할 구체적인 방안을 제시하는 동시에, 현실의 모순을 과감하게 비판하고 몸소 실천에 뛰어들기도 하였다.
>
> 하지만 20세기에 이르러 사태는 달라지기 시작하였다. 근대 사회 성립에 주도적 역할을 담당했던 혁신적 지성은 그 혁신적 성격과 개혁적 정열을 점차로 상실하고, 직업적이고 기술적인 지성으로 변모하였다. 이는 근대 사회가 완성되고 성숙함에 따른 당연한 귀결일지도 모르며, 오늘날 고도로 발달한 서구 사회에 직업적이고 기술적인 지성이 필요 불가결하기도 하다. 그러나 지성이 고도로 발달한 사회에서 직업적이고 전문적인 지식과 기술을 제공하는 것으로 만족할 것인가의 문제는 다시 한 번 생각해 봄 직하다.
>
> 만일 서구 사회가 현재에 안주하고 현상 유지를 계속할 수가 있다면 문제는 다르다. 그러나 그것은 사회의 전면적인 침체를 가지고 올 것이며, 그것은 또한 불길한 몰락의 징조일지도 모른다.
>
> 현재의 모순과 문제를 파헤치고 이를 개혁하여 새로운 미래로 나아가는 구체적 방안을 모색하는 임무는 누가 져야 할 것인가? 그것은 역시 지성의 임무이다. 지성은 거의 영구불변의 기능이라고 할 수 있는 문화 창조의 기능을 가져야 한다. 현대의 지성은 전문 지식과 기술을 제공하는 데 그치지 말고, 현실을 비판하며 실현 가능한 구체적 방안을 모색하여 새로운 미래를 제시하는 혁신적 성격을 상실해서는 안 될 것이다.

① 자신의 주장을 밝히고 이와 상반된 견해를 반박하고 있다.
② 상호 대립된 견해를 제시하고 자신의 입장을 밝히고 있다.
③ 용어에 대한 개념 차이를 밝히며 자신의 주장을 펼치고 있다.
④ 시대적 변천 양상을 살피면서 바람직한 방향을 제시하고 있다.

문제풀이

1문단(유럽의 18~19세기 서양 근대 사회 확립의 주도적인 역할을 한 혁신적 지성)과 2문단(20세기에 들어 직업적이고 기술적으로 변모한 혁신적 지성)에 걸쳐 시대적 변모를 서술하고, 4문단에서 지성의 혁신적 임무를 주장하고 있다.

정답 ④

핵심이론

주요 서술방식

1) 묘사(描寫)
묘사를 사용하면 글은 '무엇을 느꼈는가'에 답하는 형식으로 구성된다. 이는 글쓴이가 독자에게 자신이 느낀 바를 표현하는 데에 적합한 서술방식이다. 묘사에는 어떤 대상을 객관적으로 세밀히 관찰해서 보여 주는 객관적 묘사와 인상을 중심으로 하는 인상적 묘사가 있다.

2) 서사(敍事)
묘사가 느낌이나 인상을 표현하는 데 반하여 서사는 일정한 시간 내에서 일어나는 사건이나 행동의 전개에 따른 행위에 초점을 두는 것으로서, 어떤 특정의 사실이나 경험을 바탕으로 서술된다. 이 서술방식은 어떠한 목적의 글에서나 사용될 수 있다. 어떤 이야기를 통하여 글쓴이는 독자에게 정보를 전달할 수도 있고, 독자를 설득할 수도 있으며, 글쓴이 자신의 정서나 감정을 강하게 표현할 수도 있다. 서사는 묘사와는 달리 '무엇이 일어났는가?'에 답하는 형식이다. 이는 글쓴이가 독자에게 자신이 이야기하고 싶은 것을 표현하는 데에 적합한 서술방식이다.

3) 설명(說明)
설명은 글쓴이가 독자에게 자신이 알리고 싶은 것을 표현하는 데에 적합한 서술방식이다. 이는 글쓴이가 알고 있는 사실이나 지식과 정보를 객관적으로 독자에게 알리고 이해시키는 진술 방식이다.

- 지정: 어떤 대상을 손으로 가리키듯이 직접 설명해 주는 방법
- 정의: 어떤 사물이나 개념의 내용, 성격 등을 명확하게 규정하여 밝히는 방법
- 비교와 대조: 공통점이나 유사점을 중심으로 설명하는 방식은 '비교', 차이점을 중심으로 설명하는 방식은 '대조'
- 분류: 여러 가지 대상을 일정한 기준에 의해 상위 개념에서 하위 개념으로 나누는 방법
- 분석: 어떤 대상을, 그것을 구성하고 있는 요소나 부분들로 나누어 설명하는 방법
- 예시: 구체적인 예를 들어 설명하는 진술 방법
- 인용: 다른 사람의 말이나 글을 가져와서 자신이 설명하고자 하는 것을 뒷받침하는 방법
- 과정: 어떤 특정의 결말이나 결과를 가져오게 하는 일련의 행동·변화·기능·단계·작용 등에 초점을 두는 방법
- 유추: 매우 생소한 개념이나 매우 어렵고 복잡한 주제를 설명하고자 하는 경우 그 개념이나 주제를 보다 친숙하고 단순한 개념이나 주제와 하나씩 비교해 나가는 방법
- 인과: 어떤 결과를 가져오게 한 힘, 또는 이러한 힘에 의해 결과적으로 초래된 현상을 서술하는 방법

4) 논증(論證)
글쓴이가 독자에게 주장하고자 하는 바를 독자에게 표현할 때 적합한 서술방식이다. 즉, 글쓴이의 의견이나 신념을 독자가 받아들이기를 바라는 목적으로 쓴 글이다. 논증의 목적은 타당하고 적절한 근거의 제시를 바탕으로 설득력 있는 주장을 전제하는 데 있다.

핵심유형 04

비문학: 문장·문단 배열

여러 개의 문단들이 순서가 뒤바뀐 채 제시문으로 주어지고, 문제는 이를 올바른 순서로 배열하기를 요구한다. IBK기업은행에서는 인문학, 철학, 과학기술 등 주제를 가리지 않고 출제되었다. 문장·문단 배열을 조금 변형하여 전체 글에서 한 문단을 따로 빼낸 다음 그 문단의 위치를 묻는 형식의 문제로도 출제될 수 있다.

대표예제

다음 글을 문맥에 맞게 배열한 것은?

> 욕은 공격성의 표현이자, 말로 하는 폭력이다. 아이가 욕을 배워 친구 앞에서 욕을 하는 것은 어른 세계에 대한 반항이자 거기서 벗어나고 싶다는 표현이다.
>
> (가) 그들이 집회에서 내뱉는 폭언은 자신들과 기성세대의 차이를 분명하게 구분 짓는 행동 양식이었다. 기성세대와는 다른 그들만의 독자성을 가진 집단을 만들어내기 위한 방법이었다.
>
> (나) 그러나 욕은 특수 용어가 아니다. 특수 용어는 개념을 더 정확하게 나타내고 미묘한 뉘앙스 차이를 분명하게 한다. 언어 그 자체를 약화시키는 것이 아니라 오히려 이해에 도움을 주는 것이다. 하지만 욕과 같은 추한 말은 언어를 저하시키고 못쓰게 만든다.
>
> (다) 1968년 이탈리아에서 학생운동이 시작되었을 당시, 학생들이 귀에 담기에 힘든 폭언을 내뱉은 것도 같은 이유에서였다. 자신들은 규범을 깨뜨릴 것이며 이제 기성세대에, 국가 권력에 따르지 않겠다는 성명이었다. 학생 집회에 참가했던 사람들은 놀라서 그 자리에 못이 박히고 말았다. 입만 열면 욕설이 난무하는 집단 속에서는 말을 할 수가 없었다. 바보나 멍청이로 밖에 보이지 않을 것이기 때문이다. 그렇다고 해서 학생들 흉내를 내며 학생들 편에 설 수도 없었다.
>
> (라) 어떤 집단이나 직업에도 특수한 말이 있다. 의사, 변호사, 공증인 등 이들이 외부 사람들이 알아듣기 어려운 전문 용어를 쓰는 것은 동료 간의 의사소통에 편리할 뿐만 아니라 타 분야와 확실히 구별을 짓고 싶기 때문이다. 그래서 화자가 특수 용어를 쓰지 않고 일반적인 말을 쓰면 그 분야 사람들은 화를 낸다. 배신당한 기분이 들기 때문이다.

① (다) → (가) → (나) → (라)
② (다) → (가) → (라) → (나)
③ (라) → (나) → (가) → (다)
④ (라) → (나) → (다) → (가)

문제풀이

처음 제시된 부분에서 아이들의 욕은 기성세대에 대한 반항의 한 방법이라고 언급하고 있으므로, 그 실제 사례인 (다)가 이어질 수 있다. (가)에서는 이런 것이 기성세대와 구별 짓는 한 방법이라고 하면서 이는 (라)처럼 특수 집단에서 다른 집단과 구별하기 위해서 사용하는 전문적인 용어와는 성격이 다르다는 것을 (나)에서 언급하고 있는 순서이다.

정답 ②

핵심이론

문장·문단 배열 접근방법

1) 문단별 내용 파악

논리적 구성을 위해서는 각 부분의 내용 파악이 먼저 이루어져야 하기 때문이다. 각 문단마다 별도의 화제가 있으므로 이를 파악하고, 나아가 이 화제를 반영한 각 문단별 요지 혹은 소주제문을 파악해 둔다.

2) 각 문단들 간 관계 파악

화제 및 소주제문이 파악되면, 문단들 가운데 밀접하게 연결되는 문단들이 있음을 어느 정도 파악할 수 있게 된다. 이를 파악하는 데에는 다음 사항들이 중요한 참조점이 된다.
- 동일한 개념어가 키워드로 사용되고 있는 문단을 파악한다. 이들은 서로 이어지는 문단일 가능성이 높다.
- 지시어에 유의한다. 각 문단의 첫머리에 쓰인 '이것, 그것' 등의 지시어가 가리키는 내용이 무엇인지 짐작하여 그것이 다른 문단 중의 어느 곳에서 언급되고 있는지 찾으면, 두 문단 간 연결 관계를 파악할 수 있다.
- 각 문단을 시작하는 연결어(접속부사 등)에 유의한다. 각 문단은 '예컨대'(예시), '이에 비(반)하여'(비교, 대조), '왜냐하면, 요컨대, 결국은'(인과) 등으로 시작하는 경우가 많은데, 이를 바탕으로 하여 전후 문단의 논리적 관계를 파악할 수 있고 그에 입각하여 순서를 바로잡을 수 있다. 또 '또한'은 동일한 차원의 내용이 반복되는 문단을 나타내며, '한편', '그런데' 등의 연결어는 화제의 전환이 이루어지는 문단을 나타낸다.

3) 글 전체의 주제 파악

위 1), 2)에서 각 문단의 세부 내용 및 이들의 연결 관계를 파악한 것만으로는 모든 문단의 순서를 바로잡는 데까지 이를 수 없는 경우가 많다. 따라서 모든 문단의 순서를 바로잡기 위해서는 글 전체의 주제를 파악해야 한다. 글 전체의 주제를 파악하는 것은, 각 부분들을 어떻게 구성하여야만 주제를 논리적으로 전개할 수 있는지를 이해하기 위한 단서가 된다.

4) 논지 전개 방식 파악

전체 주제가 어떤 방식으로 전개되고 있는지를 이해해야만 문단순서의 궁극적인 배열이 가능해진다. 알아 두면 유용한, 글의 목적에 따른 일반적인 논지 전개 방식은 다음과 같다.

해결 방안 제시	문제 제기 → 문제 분석 → 해결 방안 제시
대립적 관점의 분석	개념 소개 → 각각의 관점 분석 → 결론의 제시
새로운 주장의 제시	일반적 통념 제시 → 통념의 분석 → 논리적 반박 → 필자의 주장(결론) 제시
속성의 분석	중심 화제의 제시 → 화제의 속성에 대한 고찰
사례·경험으로부터의 일반화	사례 및 경험 제시 → 일반적 원리 설명

핵심유형 05 — 해석과 적용: 지침 및 안내문

일반적으로 특정한 상황 또는 영역에서 준수해야 할 지침 또는 규범을 제시하고, 선택지 및 [보기]로 주어지는 구체적인 진술 내용(사례 및 상황)이 제시문에서 설명하는 진술에 부합하는 것인지 여부를 유추적 사고를 통하여 판단할 것을 요구한다. IBK기업은행에서는 퇴직연금제도, 전세보증 대출상품 안내, 도서관의 도서 처분 규정, 의류 환불·교환 안내, 태풍 진행별 행동요령, 대출·여신 심사 규정, 통장 개설 시 지참 서류 등이 소재로 출제되었다. 또한 '해석과 적용' 유형에서는 지침 및 안내문에 제시된 기간 또는 금액 등 수치와 계산 순서에 기반한 사례 계산 선택지가 섞여 출제가 될 수 있음을 유의하여야 한다.

대표예제

[01~02] 다음은 국민재난안전포털에서 제시한 대설 진행별 행동요령이다. 글을 읽고 물음에 답하시오.

[대설 예보 시]

1. 대설지역 및 지속시간 등을 파악해서 언제, 어떻게, 누구와 대피할지를 생각합니다.
- TV, 라디오, 인터넷, 스마트폰 등으로 기상상황을 미리 파악하여 언제, 어떻게, 누구와 무엇을 할지를 준비합니다.
- 스마트폰 앱 '안전디딤돌'을 통해 기상상황을 파악하여 정보를 필요로 하는 사람들과 공유합니다.
2. 산간 고립지역·붕괴 위험시설물 등 위험지역에서는 주변에 있는 사람들과 함께 안전한 곳으로 이동합니다.
- 눈사태 위험지역, 노후주택 등 붕괴 위험이 있는 건물의 주민은 주변에 있는 사람들에게 알려 주고 위험지역에 있는 사람들과 함께 안전한 곳으로 이동 준비를 합니다.
- 자가용 이용을 자제하고 대중교통(지하철, 버스 등) 수단을 이용합니다.
- 눈 피해 대비용 안전장구(체인, 모래주머니, 삽 등)를 휴대합니다.

[대설 특보 중]

1. 일반 가정에서는 가족들이 함께합니다.
- 내 집 앞, 내 점포 앞 보행로와 지붕 및 옥상에 내린 눈은 가족이나 이웃과 함께 치워 사고를 예방합니다.
- 노후가옥은 가족이나 이웃과 함께 쌓인 눈의 무게로 무너지지 않도록 안전점검과 보강을 하고, 고립이 우려되는 지역은 경찰서, 관공서와 비상연락체계를 유지하도록 합니다.
- 외출 시에는 바닥면이 넓은 운동화나 등산화를 착용하고, 주머니에 손을 넣지 말고 보온 장갑 등을 착용하여 체온을 유지합니다.
- 출·퇴근을 평소보다 조금 일찍 하고, 자가용 대신 지하철, 버스 등 대중교통을 이용합니다.

2. 자동차 운전 중에는 가족이나 동승자가 함께합니다.
- 되도록 외출을 자제하거나 대중교통을 이용하고, 부득이 차량을 이용할 경우에는 반드시 차량용 안전장구(체인, 염화칼슘, 삽 등)를 휴대합니다.
- 커브길, 고갯길, 고가도로, 교량, 결빙 구간 등에서는 특히 사고위험이 높으므로 서행하고, 교통사고 예방을 위해 안전거리를 두고 운행합니다.
- 차량 이동 중 고립되었을 때에는 가능한 수단을 통해 구조 연락을 취하고, 동승자와 함께 체온을 유지하면서 번갈아 휴식을 취하도록 합니다. 한 사람은 반드시 깨어 있어야 하며 야간에는 실내등을 켜거나 색깔 있는 옷을 눈 위에 펼쳐 놓아 구조요원이 쉽게 찾을 수 있도록 합니다.
- 차량이 고립·정체된 경우 되도록 차량에서 대기하고, 부득이 차량을 벗어날 경우 연락처와 열쇠를 남겨 둔 채로 대피합니다.

[대설 후]

1. 대설로 인한 피해 여부를 주변에 있는 사람들과 함께 확인합니다.
- 대피 후 집으로 돌아온 경우에 노후주택 등은 안전에 위험이 있을 수 있으므로, 출입하기 전에 반드시 피해 여부를 확인합니다.
- 파손된 시설물(주택, 상하수도, 축대, 도로 등)이 있을 경우에는 가까운 행정복지센터(주민센터)나 시·군·구청에 신고합니다.
- 파손된 사유시설을 보수 또는 복구할 때는 반드시 사진을 찍어 둡니다.
- 고립된 지역에 있을 경우에는 무리하게 운전하여 이동하지 말고, 119 또는 112 등에 신고하거나 주변에 도움을 요청합니다.
2. 대설로 인한 2차 피해를 주변에 있는 사람들과 함께 방지합니다.
- 대설 후, 한파가 이어져 빙판이 생길 수 있으니 외출 시 따뜻하게 옷을 입고 미끄럼에 주의하도록 합니다.
- 가스, 전기가 차단되었을 때, 한국가스안전공사(1544 - 4500)와 한국전기안전공사(1588 - 7500) 또는 전문가의 안전점검 후에 사용합니다.
- 대설로 가스가 누출될 수 있으므로 창문을 열어 충분히 환기하고, 성냥불이나 라이터는 환기 전까지 사용하지 않습니다.
- 붕괴 위험이 있는 시설물은 점검 후에 출입하도록 합니다.

01 위 글에 근거할 때 대설 진행별 행동요령으로 옳지 않은 것은?

① 산간 고립지역의 주민들은 대설 특보 중 경찰서 및 관공서와 비상연락체계를 유지한다.
② 안전디딤돌 앱을 통해 대설 예보를 확인한 경우에는 피해에 대비하기 위하여 안전장구를 휴대한다.
③ 대설 특보가 발효된 경우에는 지하철, 버스 등의 대중교통을 이용하여 평상시보다 조금 일찍 출근한다.
④ 대설이 끝난 직후에는 빙판에 미끄러지는 것을 방지하기 위하여 몸이 둔해지지 않도록 외출 시 얇은 옷을 착용한다.

문제풀이

제시문은 대설의 진행을 '대설 예보 시 → 대설 특보 중 → 대설 후'의 단계로 나누어, 단계별 행동요령을 설명하고 있다. 선택지 ①, ③은 '대설 특보 중', ②는 '대설 예보 시', ④는 '대설 후'에 해당하는 내용이다.

① (O) [대설 특보 중]의 1에서 고립이 우려되는 지역은 경찰서, 관공서와 비상연락체계를 유지하도록 하여야 한다고 설명하고 있다.
② (O) [대설 예보 시]의 2에서 눈 피해 대비용 안전장구(체인, 모래주머니, 삽 등)를 휴대하여야 한다고 설명하고 있다.
③ (O) [대설 특보 중]의 1에서 출·퇴근을 평소보다 조금 일찍 하고, 자가용 대신 지하철, 버스 등 대중교통을 이용하여야 한다고 설명하고 있다.
④ (X) [대설 후]의 2에서 한파가 이어져 빙판이 생길 수 있으니 외출 시 따뜻하게 옷을 입고 미끄럼에 주의하도록 해야 한다고 설명하고 있다. 따라서 얇은 옷을 착용하는 것은 적절한 행동이 아니다.

정답 ④

02 I은행 본사의 김 과장과 이 대리는 회사 차량을 이용하여 출장을 가게 되었다. 차량으로 이동하던 중 대설 특보가 내려졌고, 얼마 지나지 않아 폭설로 인하여 차량이 고립되었다. 위 글에 근거할 때, 김 과장과 이 대리가 취할 행동으로 적절하지 않은 것은?

① 가능한 연락 수단을 이용하여 구조대에 신고한 후 차량 안에서 기다린다.
② 해가 진 뒤 어두워졌을 때에는 흰색에 가까운 밝은색 옷을 눈 위에 펼쳐 놓는다.
③ 차량 밖으로 대피하여야 하는 경우에는 차량에 연락처를 남기고 열쇠를 꽂아 둔다.
④ 김 과장이 잠을 자며 휴식을 취하여야 한다면 이 대리는 깨어 있는 상태로 구조대를 기다린다.

문제풀이

[대설 특보 중]의 2에서 세 번째, 네 번째 항목이 차량 이동 중 고립에 관련된 내용이다.
① (O) 가능한 수단을 통해 구조 연락을 취하고, 되도록 차량에서 대기하여야 한다고 설명하고 있다.
② (X) 야간에는 실내등을 켜거나 색깔 있는 옷을 눈 위에 펼쳐 놓아 구조요원이 쉽게 찾을 수 있도록 하여야 한다고 설명하고 있다. 따라서 흰색에 가까운 옷을 펼쳐 놓는 것은 적절하지 않다.
③ (O) 부득이 차량을 벗어날 경우 연락처와 열쇠를 남겨 둔 채로 대피하여야 한다고 설명하고 있다.
④ (O) 동승자와 함께 체온을 유지하면서 번갈아 휴식을 취하되, 한 사람은 반드시 깨어 있어야 한다고 설명하고 있다.

정답 ②

핵심이론

해석과 적용 접근방법

1) 문제의 대상 확인
이 유형의 문제에는 개념화에 관한 정보를 담은 설명 중심의 제시문이 주어지는 경우가 많다. 제시문이 설명하는 개념화에 관한 정보는 이론, 원리, 규칙(지침이나 법규정) 등 다양한 형식을 취하고 있다. 그런데 이 유형의 문제는 다양한 개념화 형식이 다른 상황이나 사례에 적용될 수 있는지에 대한 판단을 요구한다. 따라서 그와 같은 판단을 하려면, 우선 이 개념화 형식들이 어떤 대상을 문제화하고 있는지를 확인할 필요가 있다. 그 개념화 형식들은 구체적인 문제 대상을 추상화·일반화한 결과물이기 때문이다.

2) 개념의 정의 파악을 통한 제시문 독해
제시문에 주어진 개념화 형식들이 문제화하고 있는 대상을 확인하였다면, 일반적·추상적인 차원에서 진술되고 있는 개념화 형식들의 내용을 보다 구체적으로 이해할 수 있게 된다. 이를 바탕으로 다른 구체적인 상황이나 사례에 개념화 형식의 적용 가능성 여부를 판단할 수 있는 단서도 얻게 된다. 그러나 이것만으로는 충분하지 않다. 개념화 형식의 적용 가능성에 대한 보다 확실한 기준을 세우려면, 제시문에서 설명되고 있는 주요 개념이 어떻게 정의되고 있는지를 제시문의 문맥 속에서 파악해야만 한다. 개념을 정의하는 방식은 크게 다음 네 가지로 분류할 수 있다.

기술적 정의	사전적인 의미의 뜻
조작적 정의	본질적인 특징이 아닌 징후적인 결과에 기반한 잠정적인 정의로, 정의하기 어려운 복잡한 대상을 처리하는 데 주로 사용됨. 가령, '성실함은 주변 사람들에게서 좋은 평판을 얻게 하는 성질이다.'와 같은 경우
설명적 정의	문제적인 대상의 본질을 설명하기 위한 엄밀한 정의로, 지침이나 법규정이 대표적
약속에 따른 정의	독자와의 약속을 통하여 어떤 말을 종래와는 다른 의미를 지닌 것으로 사용하거나 새로운 말을 제안하는 새로운 명명의 시도가 이에 해당

3) 선택지 진술 내용의 타당성 여부 판단
문제의 대상을 파악하고, 개념이 어떠한 의미로 사용되는지를 유념하면서 제시문의 내용을 독해하였다면, 이를 바탕으로 선택지의 진술 내용이 제시문에 서술되고 있는 개념화의 여러 형식들의 내용과 부합하는지 여부를 판단해야 한다. 이때 중요한 것은 제시문의 내용과 선택지의 내용 사이의 유사성을 확인하는 일이다.

핵심유형 06 — 해석과 적용: 법규정 및 법조문

'해석과 적용: 법규정 및 법조문'은 크게 다음과 같이 분류된다.

1) 파악형: 법규정 및 법조문을 제시하고 이를 해석 및 유추하는 과정을 묻는 유형이다. 법규정 및 법조문은 가언명제의 형태(~한다면 ~한다.)를 띠고 있으므로 어떠한 방법으로 해석해야하는지, 주의할 부분은 무엇인지 집중적인 검토가 필요하다. IBK기업은행 필기시험에서는 퇴직공직자 취업제한제도, 회계감사·감리 등이 출제되었다.

2) 사례형: 어떠한 상황을 가정하면서 법규정 및 법조문의 해석과 적용을 요구하는 문제 영역이다. 법규정 및 법조문 자체만으로 문제를 구성하는 것이 불가능한 것은 아니나, 법규정 및 법조문의 특성상 어떠한 상황을 전제할 때 문제 출제가 용이하기 때문에 사례형 문제로 구성하여 출제하고 있다. IBK기업은행에서는 청약가점제도, 총부채원리금상환비율(DSR) 규제 등이 출제되었다.

3) 계산형: 계산형 문제는 기간의 계산, 금액의 계산, 순서의 계산 문제로 분류된다. IBK기업은행에서는 빈번하게 사례형 문제와 결합하여 출제되었으며, 종합부동산세 세부담 상한, 안전결제서비스 등이 출제되었다.

대표예제

01 다음 [주택공급에 대한 규칙]과 [기사]에 따를 때 아래 진술 중 타당하지 않은 것은?

[주택공급에 대한 규칙]

제00조(성년자)
주택공급의 대상이 되는 "성년자"란 「민법」에 따른 성년자와 다음 각 목의 어느 하나에 해당하는 세대주인 미성년자를 말한다. 이 경우 다음 각 목의 자녀 및 형제자매는 미성년자와 같은 세대별 주민등록표(「주민등록법」 제7조에 따른 세대별 주민등록표를 말한다. 이하 같다)에 등재되어 있어야 한다.
　가. 자녀를 양육하는 경우
　나. 직계존속의 사망, 실종선고 및 행방불명 등으로 형제자매를 부양하는 경우

제00조(가점제)
"가점제"란 다음 각 목의 가점항목에 대하여 산정한 점수(이하 "가점제 점수"라 한다)가 높은 순으로 입주자를 선정하는 것을 말한다.
　가. 무주택기간
　나. 부양가족 수
　다. 주택청약종합저축(이하 "청약통장"이라 한다) 가입기간

제00조(주택의 공급대상)
해당하는 지역에 거주하는 성년자가 해당 지역 안에 있는 다른 주택건설지역의 주택을 공급받으려는 경우에는 공급대상으로 본다.

※ 무주택기간과 주택청약종합저축 가입기간은 그 기간이 장기일수록, 부양가족 수는 많을수록 가점이 높아진다.

> **[기사] 거짓임신·위장전입·대리계약 … 청약 불법 당첨 5년간 2천324건**
>
> 연합뉴스, XXXX-XX-XX
>
> - 청약통장 불법거래 가장 흔해 … 국토부 올해만 허위임신 56건 등 76건 수사의뢰
> - 안호영 의원 "실수요자 울리는 교란행위 … 조사 횟수 늘리고 처벌 수위 높여야"
>
> 집값 급등에 아파트 청약이 '로또'처럼 여겨지면서 거짓 임신과 전입, 대리 계약 등 다양한 속임수로 당첨을 노리는 범죄가 끊이지 않고 있다. (중략)

① 甲: 무주택기간이 길고, 부양가족 수가 많은 주택청약종합저축 가입자에게 청약통장을 팔라는 투기세력의 유혹이 있을 수 있겠어.
② 乙: 자녀 수가 1명임에도 쌍둥이를 임신해 자녀가 3명이라고 속여 당첨된 사례가 발생했어. 가점제를 악용한 사례라 할 수 있어.
③ 丙: 자녀 2명을 둔 미성년자는 주택공급을 받을 수 없어 안타까워.
④ 丁: 실제 거주하고 있지 않은 지역에 전입신고를 하고 청약을 신청할 수 있겠어.

문제풀이

① (O) 제00조(가점제)에서 무주택기간이 길수록, 부양가족 수가 많을수록 가점이 높아져 당첨 가능성이 높아진다. 따라서 투기세력이 불법적으로 해당 청약통장을 사들여 대신 계약하는 등 제3자 대리계약 유인이 높아진다.
② (O) 제00조(가점제)에서 부양가족 수가 많을수록 가점이 높아지므로 [기사]에서와 같이 거짓임신을 하여 더 높은 가점을 받으려 할 유인이 있다.
③ (X) 제00조(성년자)에서 '자녀를 양육하는 경우'나 '직계존속의 사망, 실종선고 및 행방불명 등으로 형제자매를 부양하는 경우'에 해당하는 세대주인 미성년자에 대하여 주택공급 대상으로 규정하고 있다.
④ (O) 제00조(주택의 공급대상) 규정에 의하여 해당하는 지역에 거주하는 성년자만 해당 지역의 주택을 청약할 수 있으므로 [기사]와 같이 집값 급등 지역으로 위장전입을 하는 사례가 발생할 수 있다.

정답 ③

문제풀이 TIP

- **문제의 사례 정리**: 문제를 읽으면서 우선해야 할 것은 문제의 사례를 정리하는 일이다. 여러 명의 사람이 등장하는 사례가 주로 구성되므로 첫째, 등장인물의 가족이나 지위 등의 관계를 정리하고 둘째, 각 등장인물 간의 거래관계 등을 확인한다. 그리고 정리를 할 때는 밑줄만 긋기보다는 구조도를 그려보는 연습을 하는 것이 좋다.
- **법규정 및 법조문과의 비교를 통한 선택지의 사례 대입**: 선택지 중 요건과 효과에 해당하는 어구에 주목하면서 제시문에서 해당 법규정 및 법조문이나 관련 부분을 찾는다. 이때 등장하는 인물이 각 법규정 및 법조문의 적용을 받는 범위 내에 있는지를 판단한다. 선택지에 대응하는 법규정 및 법조문을 찾았다면 해당 법규정 및 법조문이 사례에 어떻게 적용되는지, 적용 시 예외는 없는지를 검토한다. 예외에 관한 사항은 반드시 출제되므로 단서나 예외 규정은 법규정 및 법조문에서 항상 체크해 두어야 한다.

02 다음의 종합부동산세에 관한 법률규정을 근거로 판단할 때 옳지 않은 것은?

> 제00조(과세기준일)
> 종합부동산세의 과세기준일은 재산세의 과세기준일(6월 1일)로 한다.
>
> 제00조(납세의무자)
> 과세기준일 현재 주택분 재산세의 납세의무자로서 국내에 있는 재산세 과세대상인 주택의 공시가격을 합산한 금액(개인의 경우 세대별로 합산한 금액)이 10억 원을 초과하는 자는 종합부동산세를 납부할 의무가 있다.
>
> 제00조(과세표준)
> 주택에 대한 종합부동산세의 과세표준은 납세의무자별로 주택의 공시가격을 합산한 금액에서 10억 원을 공제한 금액으로 한다.
>
> 제00조(세율 및 세액)
> ① 주택에 대한 종합부동산세는 과세표준에 다음의 세율을 적용하여 계산한 금액을 그 세액으로 한다.
>
> | 과세표준 | 세율 |
> |---|---|
> | 5억 원 이하 | 1천분의 10 |
> | 5억 원 초과 10억 원 이하 | 1천분의 15 |
> | 10억 원 초과 100억 원 이하 | 1천분의 20 |
> | 100억 원 초과 | 1천분의 30 |

① 각각 단독세대주인 갑(공시가격 25억 원 주택소유)과 을(공시가격 30억 원 주택소유)이 2022년 5월 31일 혼인신고 하여 부부가 되었다. 만약 혼인하지 않았다면 갑과 을이 각각 납부하였을 2022년 종합부동산세액의 합계는 혼인 후 납부하는 세액과 동일하다.

② 2022년 12월 31일 현재 병이 소유한 주택공시가격의 합산액이 15억 원일 경우 재산변동이 없다면 다음 해의 종합부동산세액은 500만 원이다.

③ 종합부동산세를 줄이기 위해 주택을 처분하기로 결정하였다면, 당해 연도 6월 1일 이전에 처분하는 것이 유리하다.

④ 종합부동산세를 줄이기 위해 기혼 무주택 자녀에게 주택을 증여하여 재산을 분할하는 일이 증가할 수 있다.

문제풀이

① (X) 제00조(납세의무자) 규정에서 개인의 경우 '세대별로 합산한 금액'을 기준으로 함을 알 수 있다. 따라서 갑과 을이 각각 단독세대주일 때 과세표준은 갑이 15억 원(=25억-10억), 을이 20억 원(=30억-10억)이지만, 혼인신고를 하여 부부가 됨으로써 한 개의 세대가 된 경우 과세표준은 45억 원(=25억+30억-10억)이 되어 납부하는 세액이 달라지게 된다.
② (○) 제00조(과세기준일)에서 과세기준일이 '6월 1일'이므로 2022년 12월 31일에 병이 소유한 주택의 공시가격 합산액이 15억 원이고 재산변동이 없다면 다음해 6월 1일에도 15억 원이 공시가격 합산액이 된다. 따라서 (15억 원-10억 원)×0.01=500만 원이다.
③ (○) 제00조(과세기준일)에서 과세기준일이 '6월 1일'이므로, 이 일자를 기준으로 과세를 하게 된다. 따라서 이 일자 이전에 주택을 처분하는 경우 종합부동산세를 부담하지 않을 것이다.
④ (○) 제00조(납세의무자)에서 '국내에 있는 재산세 과세대상인 주택의 공시가격을 합산한 금액이 10억 원을 초과하는 자'와 제00조(과세표준)에서 '공시가격을 합산한 금액에서 10억 원을 공제한 금액'을 통해 유추할 수 있다. 만약 어떤 사람이 공시가격 9억 원인 A주택, 공시가격 6억 원인 B주택을 소유하고 있는 경우 5억 원(=15억-10억)이 과세표준이 된다. 하지만 별도의 세대(기혼)인 자녀에게 B주택을 증여할 경우 다른 세대가 각 A주택, B주택을 소유한 것이 되어 납세의무자에 해당되지 않게 된다.

정답 ①

문제풀이 TIP

- 계산 공식의 도출: 법규정 및 법조문 계산 문제의 경우 '계산 공식을 제시하는 해당부분'을 정확하게 찾는 작업이 중요하다. 제시문의 모든 내용이 계산 공식을 제시하는 내용으로 구성되어 있지는 않다. 어떤 문제의 경우에는 몇 단락은 문제 해결에 전혀 도움이 되지 않고, 마지막 단락에서 해당 공식을 제시하는 경우가 있다. 제시문의 내용들은 그 중요도가 다를 수 있음에 주의하고, 특히 계산 공식을 찾는 작업을 해야 한다. 문제를 읽어 보고 법규정 및 법조문 계산 문제라고 판단되면 계산 공식이 제시되어 있는 부분을 집중해서 찾아야 한다. 해당 부분을 찾은 경우 2, 3차례 꼼꼼히 읽어 내용을 완전히 파악하도록 한다. 이때도 마찬가지로 예외나 단서가 있는지를 검토해야 한다.
- 사례와 계산 문제의 결합: 법규정 및 법조문 계산 문제에서 사례가 구성되어 있는 경우 우선 '계산 공식'을 찾고, 그다음 사례에 계산 공식을 어떻게 적용할 수 있는지를 검토해 본다. 여기에서도 마찬가지로 예외나 단서가 있는지를 주의해서 보아야 한다.

03 다음 글의 내용과 부합하지 않는 것은?

> (가) "회원이 카드를 분실하거나 도난당한 경우에는 즉시 서면으로 신고하여야 하고 분실 또는 도난당한 카드가 타인에 의하여 부정사용되었을 경우에는 신고 접수일 이후의 부정사용액에 대하여는 전액을 보상하나, 신고 접수한 날의 전날부터 15일 전까지의 부정사용액에 대하여는 금 2백만 원의 범위 내에서만 보상하고, 16일 이전의 부정사용액에 대하여는 전액 지급할 책임이 회원에게 있다."고 신용카드 발행회사 회원규약에 규정하고 있는 경우, 위와 같은 회원규약을 신의성실의 원칙에 반하는 무효의 규약이라고 볼 수 없다.
> (나) 카드의 월간 사용한도액이 회원 본인의 책임한도액이 되는 것은 아니므로 부정사용액 중 월간 사용한도액의 범위 내에서만 회원의 책임이 있는 것은 아니다.
> (다) 신용카드업법에 의하면 "신용카드가맹점은 신용카드에 의한 거래를 할 때마다 신용카드상의 서명과 매출전표상의 서명이 일치하는지를 확인하는 등 당해 신용카드가 본인에 의하여 정당하게 사용되고 있는지 여부를 확인하여야 한다."라고 규정하고 있다. 따라서 가맹점이 위와 같은 주의의무를 게을리하여 손해를 자초하거나 확대하였다면, 그 과실의 정도에 따라 회원의 책임을 감면해 주는 것이 거래의 안전을 위한 신의성실의 원칙상 정당하다.

① 신용카드사는 회원에 대하여 카드의 분실 및 도난 시 서면신고 의무를 부과하고, 부정사용액에 대한 보상액을 그 분실 또는 도난된 카드의 사용시기에 따라 상이하게 정할 수 있다.
② 회원이 분실 또는 도난당한 카드가 타인에 의하여 부정사용되었을 경우, 신용카드사는 서면으로 신고 접수한 날 이후의 부정사용액에 대한 보상액을 제한할 수 있다.
③ 카드의 분실 또는 도난 사실을 서면으로 신고 접수한 날의 전날까지의 부정사용액에 대해서는 자신의 월간 카드사용한도액의 범위를 초과하여 회원이 책임을 질 수 있다.
④ 신용카드가맹점이 신용카드의 부정사용 여부를 확인하지 않은 경우에는 가맹점 과실의 정도에 따라 책임을 감면해 주고 있다.

문제풀이

① (O), ② (X) (가)에서는 부정사용액에 대하여 사용시기를 기준으로 신고접수일 이후는 전액을 보상, 신고 접수한 날의 전날부터 15일 전까지는 금 2백만 원의 범위 내 보상, 16일 이전에는 '회원'의 전액 지급을 규정하고 있다.
③ (O) (가)와 (나)를 통하여 확인할 수 있다.
④ (O) (다) 규정에서 가맹점이 주의의무를 게을리하여 손해를 자초하거나 확대하였다면 과실의 정도에 따라 회원의 책임을 감면함을 알 수 있다.

정답 ②

핵 심 이 론

법률·규정의 체계 및 검토사항

1) 체계
법률·규정은 주로 '의의-요건-효과-절차'로 구성되어 있다. 여기서 '의의'는 해당 법률·규정의 주체와 개념에 대해 설명하는 것이고, 요건과 효과는 원인과 결과의 관계이다. 이때 일반적인 문장과 다른 점은 법률·규정은 통상적으로 '~이라면, ~한다.' 형태를 띠고 있다는 것이다. 즉, '행위의 주체가 ㉠ 어떠한 경우에 해당된다면, ㉡ 이러이러한 효과가 발생한다.'라고 규정하고 있다. 여기에서 ㉠은 '요건'을 말하는 것이고, ㉡은 '효과'를 말하는 것이다. 따라서 가장 중요한 점은 '요건과 효과'를 빨리 찾아내는 것이다. 문제도 요건과 효과의 관계, 요건을 효과에 제대로 적용하였는지 등을 묻는다.

2) 단서 및 예외 규정의 검토: 그러나, 다만, 단
효과와 관련하여 유의할 점은 단서 및 예외 규정의 존재 여부이다. 대부분의 법률·규정은 요건과 효과를 규정하면서 단서와 예외를 두고 있다. 즉, 해당 조문의 적용을 받지 않는 경우를 밝힌다는 의미이다. 법률·규정에서 어떠한 문장의 앞에 '그러나, 다만, 단'이라는 표현이 있다면 예외(그중에서도 효과의 예외)를 규정한 문장이라고 해석하면 된다. 이 단서와 예외 규정의 적용은 아주 중요하다. 왜냐하면 문제에서 이 단서와 예외 규정을 적용하지 않은 진술이 선택지로 구성되는 경우가 많기 때문이다. 이 단서 또는 예외 규정은 의의(주체·개념), 요건, 효과, 절차 등에 대해 다양하게 규정되어 있다. 즉, 주체가 그 법률·규정의 예외 규정의 적용을 받아 배제되는 경우도 있고, 요건에 예외 규정이 있어서 그러한 요건에 해당하지 않더라도 적용되는 경우도 있다. 단서 또는 예외 규정은 주체와 요건, 효과, 절차 등 모든 영역에서 규정될 수 있다는 점을 명심해야 한다. 따라서 법률·규정 문제에서 '그러나, 다만, 단'이라는 단어가 보이면 그 뒷부분의 문장은 반드시 눈여겨보면서 체크를 해 두어야 한다.

3) AND와 OR의 구별: ~하고, ~하거나, 다음 각 호의 어느 하나에 해당하는 때에는
요건과 관련하여 유의할 점은 두 문장이 연결될 때 '그리고'로 연결되는지, '또는/~거나'로 연결되는지를 살펴보는 일이다. 즉, 2개의 요건을 모두 충족하여야 효과가 발생할 수 있는지, 아니면 어느 하나만 충족해도 효과가 발생하는지를 구별하는 것이 중요하다. 실제 시험에서는 이를 활용하여 문제를 내기 때문이다. 통상적으로 '요건'과 관련하여 이러한 점이 문제될 뿐, '효과' 규정과 관련해서는 그렇지 않다고 보면 된다. 법률·규정의 특성상 효과 규정과 관련해서는 단서 규정을 주목해야 한다.

2 수리능력 (핵심유형 07~15)

핵심유형 07 연산기호

계산 예시를 통하여 특수기호로 표기된 사칙연산(+, −, ×, ÷)을 추리하거나 주어진 연산자 정의에 따라 계산을 하는 유형이다. 2020년 상반기에 출제되었으며, 최근에는 출제 빈도가 낮은 편이다.

대표예제

01 한 자리 자연수 a와 a보다 값이 작은 한 자리 자연수 b, 그리고 서로 다른 사칙연산 ♡, ♣에 대하여 아래와 같은 식이 성립할 때, (a♣3)♡1을 계산하면?

$$a♡5 = -2$$
$$(a♡b)♣2 = 1$$

① −1
② 0
③ 1
④ 2

문제풀이

주어진 첫 번째 계산 예시에서 ♡가 +, ×, ÷일 경우에는 a가 한자리 자연수가 될 수 없으므로, ♡는 −가 되고, a의 값은 3이 된다. 이를 두 번째 계산 예시에 대입하면 (3−b)♣2=1이 되는데 이 때,
- ♣가 +일 경우 (3−b)+2=1이 성립하기 위해서는 b가 4이 되어야 한다.
- ♣가 −일 경우 (3−b)−2=1이 성립하기 위해서는 b가 0이 되어야 한다.
- ♣가 ×일 경우 (3−b)×2=1이 성립하기 위해서는 b가 2.5가 되어야 한다.
- ♣가 ÷일 경우 (3−b)÷2=1이 성립하기 위해서는 b가 1이 되어야 한다.

따라서 b는 a보다 값이 작으므로 b는 1이 되고, ♣는 ÷가 된다.
이를 질문지의 식에 대입하면 (3÷3)−1=0이 된다.

정답 ②

02 다음 [설명]을 근거로 [수식]을 계산한 값은?

[설명]

연산자 A, B, C, D는 다음과 같이 정의한다.
- A: 좌우에 있는 두 수를 더한다. 단, 더한 값이 10 미만이면 좌우에 있는 두 수를 곱한다(예 2 A 3=6).
- B: 좌우에 있는 두 수 가운데 큰 수에서 작은 수를 뺀다. 단, 두 수가 같거나 뺀 값이 10 미만이면 두 수를 곱한다.
- C: 좌우에 있는 두 수를 곱한다. 단, 곱한 값이 10 미만이면 좌우에 있는 두 수를 더한다.
- D: 좌우에 있는 두 수 가운데 큰 수를 작은 수로 나눈다. 단, 두 수가 같거나 나눈 값이 10 미만이면 두 수를 곱한다.

※ 연산은 '( )', '{ }'의 순으로 한다.

[수식]

{(1 A 5) B (3 C 4)} D 6

① 10
② 12
③ 90
④ 210

문제풀이

1) 주석(※)의 연산 순서에 따라 (1 A 5)와 (3 C 4) 각각을 먼저 계산한다. (1 A 5)은 좌우의 수를 더한 값이 10 미만이므로 곱하여 5가 되고, (3 C 4)는 좌우의 수를 곱한 값이 12이므로 그대로 12가 된다. ⇒ {5 B 12}
2) {5 B 12}에서, 12에서 5를 뺀 값이 7이 되어 10 미만으로 두 숫자를 곱하여 60이 된다.
3) 60 D 6에서, 60을 6으로 나누면 10이 된다. 두 숫자가 다르고, 나눈 값이 10 이상이므로(10 미만에 해당하지 않으므로) 그대로 10이 된다.

정답 ①

핵심유형 08 — 방정식: 일반

문제에 주어진 문장을 방정식으로 유도하여 조건을 만족하는 답을 계산하는 유형이다. 거리시간속도, (연립)방정식으로 2018년 상·하반기에 출제되었으며, 최근에는 출제 빈도가 낮은 편이다.

대표예제

01 일정한 속력으로 달리는 기차가 있다. 이 기차가 500m가 되는 다리를 완전히 통과하는 데 50초가 걸렸고, 2,140m가 되는 터널을 통과할 때, 기차 전체가 터널 안에 있던 시간은 70초였다. 이 기차의 길이를 구하면?

① 300m
② 400m
③ 500m
④ 600m

문제풀이

기차의 속력은 xm/s라 하고 기차의 길이를 ym라 하면,
500m가 되는 다리를 완전히 통과하는 데 50초가 걸리고, 기차가 움직인 거리는 $500+y$이므로
$500+y=50x$ ······ ㉠
2,140m가 되는 터널을 통과할 때(기차 전체가 터널 안에 있을 때), 기차가 움직인 거리는 $2,140-y$이고, 기차 전체가 터널 안에 있었던 시간은 70초였으므로
$2,140-y=70x$ ······ ㉡
따라서 ㉠과 ㉡을 연립하면 $x=22$, $y=600$이다.

정답 ④

02 ○○은행 신입 사원 공채 필기시험에서 70점 이상을 얻어야 면접에 응시할 수 있다. 30명 응시자 중 15명이 합격자일 때, 합격한 사람의 평균 점수는 불합격한 사람의 평균 점수의 2배보다 30점 낮고, 불합격한 사람의 평균 점수는 응시자 전체의 평균 점수보다 10점이 낮을 때 응시자의 평균 점수는?

① 55점
② 60점
③ 65점
④ 70점

문제풀이

합격자의 평균을 x, 불합격자의 평균을 y라 하면

응시자의 평균은 $\dfrac{15x+15y}{30}=\dfrac{x+y}{2}$ 이므로

$x=2y-30$

$y=\dfrac{x+y}{2}-10$

$\therefore x=70, y=50$

따라서 응시자의 평균은 $\dfrac{x+y}{2}=\dfrac{70+50}{2}=60$점이다.

정답 ②

핵 심 이 론

방정식 개념 정리

1) 거리, 시간, 속도
- 거리 = 속력 × 시간
- 속력 = $\dfrac{거리}{시간}$
- 시간 = $\dfrac{거리}{속력}$

※ 항상 단위를 통일하여 문제를 풀어야 한다.

2) 기차의 길이
- Am인 기차가 시속 Xkm/h로 한 지점을 통과할 때 기차가 움직인 거리는 기차의 길이(A)와 같다.
  - 단위를 통일하면, 속력(km/h)을 m/sec으로 바꾼다.

  $$Xkm/h = \dfrac{X \times 1,000}{60 \times 60} = \dfrac{5X}{18}(m/sec)$$

  - 시간 = $\dfrac{거리}{속력} = \dfrac{A}{\dfrac{X \times 1,000}{60 \times 60}} = \dfrac{3,600A}{1,000X} = \dfrac{18A}{5X}(sec)$

- Am인 기차가 시속 Xkm/h로 Bm인 터널(교량)을 통과할 때
  - 기차가 움직인 거리는 기차의 길이와 터널의 길이의 합(A+B)과 같다.
  - 기차가 터널 안에 있을 때 기차가 움직인 거리는 터널 길이와 기차의 길이의 차(B−A)와 같다.

3) 상대속력(갑의 속도는 X이고 을의 속도가 Y인 경우)
- 같은 직선상의 서로 다른 속력
  - 갑과 을이 반대방향으로 움직일 때 두 사람이 느끼는 실제 속력 = X+Y
  - 갑과 을이 동일한 방향으로 움직일 때 두 사람이 느끼는 실제 속력 = |X−Y|
- 같은 원주(Am)상의 서로 다른 속력
  - 갑과 을이 반대방향으로 움직일 때 두 사람이 만나는 시간 = $\dfrac{거리}{속력} = \dfrac{A}{X+Y}$
  - 갑과 을이 동일한 방향으로 움직일 때 두 사람이 만나는 조건(단, X>Y): 동일한 시간(t) 동안 간 거리의 차가 원주의 길이 Am와 같다. 즉, Xt−Yt=A

4) 같은 거리(A=B)를 다른 속도로 움직이는 경우(왕복하는 경우)
- Akm를 시속 Xkm/h로 움직이는 경우: 시간 = $\dfrac{거리}{속력} = \dfrac{A}{X}$
- Akm를 시속 Ykm/h로 움직이는 경우: 시간 = $\dfrac{거리}{속력} = \dfrac{A}{Y}$
- 총 거리 2Akm를 움직인 경우 경과된 시간: 시간 = $\dfrac{A}{X} + \dfrac{A}{Y} = \dfrac{A(Y+X)}{XY}$
- 총 거리 2Akm를 움직인 경우 평균속력: 속력 = $\dfrac{거리}{시간} = \dfrac{2A}{\dfrac{A}{X}+\dfrac{A}{Y}} = \dfrac{2A}{\dfrac{A(Y+X)}{XY}} = \dfrac{2XY}{X+Y}$

5) 다른 거리(A≠B)를 움직이는 경우

- Akm를 시속 Xkm/h로 움직이는 경우: 시간 = $\dfrac{\text{거리}}{\text{속력}} = \dfrac{A}{X}$

- Bkm를 시속 Ykm/h로 움직이는 경우: 시간 = $\dfrac{\text{거리}}{\text{속력}} = \dfrac{B}{Y}$

- 총 거리 (A+B)km를 움직인 경우 경과된 시간: 시간 = $\dfrac{A}{X} + \dfrac{B}{Y} = \dfrac{AY+BX}{XY}$

- 총 거리 (A+B)km를 움직인 경우 속력: 속력 = $\dfrac{\text{거리}}{\text{시간}} = \dfrac{A+B}{\dfrac{A}{X}+\dfrac{B}{Y}} = \dfrac{A+B}{\dfrac{AY+BX}{XY}} = \dfrac{(A+B)XY}{AY+BX}$

6) 흐르는 강물[거리가 Akm, 물의 흐름이 없을 때(정수 시) 배의 속력은 시속 Xkm/h이고, 물이 흐르는 속력(유속)이 시속 Ykm/h인 경우]

- 거슬러 올라갈 때 속력: $X-Y$

- 흐름대로 내려갈 때 속력: $X+Y$

- 거슬러 올라갈 때 걸리는 시간 = $\dfrac{\text{거리}}{\text{속력}} = \dfrac{A}{X-Y}$

- 흐름대로 내려갈 때 걸리는 시간 = $\dfrac{\text{거리}}{\text{속력}} = \dfrac{A}{X+Y}$

- 왕복하는 데 걸린 시간 = $\dfrac{A}{X-Y} + \dfrac{A}{X+Y} = \dfrac{2AX}{X^2-Y^2}$

- 왕복하는 배의 평균속력: 속력 = $\dfrac{\text{거리}}{\text{시간}} = \dfrac{2A}{\dfrac{2AX}{X^2-Y^2}} = \dfrac{X^2-Y^2}{X}$

일반적인 (연립)방정식 문제풀이

- 문제의 뜻을 파악하고, 구하려고 하는 것은 x, y로 놓는다.
- 문제의 뜻에 따라 방정식을 세운다. 방정식의 개수는 미지수($x, y, z, \cdots$)의 개수와 동일해야 한다.
- 일차(연립)방정식을 풀어 x, y의 값을 구한다.
- 구한 x의 값이 문제의 뜻에 맞는지 확인한다.

핵심유형 09 | 방정식: 정가와 원가

방정식 유형의 연장선상에서 재화의 정가, 원가, 이윤율, 할인율 계산을 묻는 유형이다. 2020년 상반기에 출제되었으며, 최근에는 출제 빈도가 낮은 편이다.

대표예제

01 정가가 30,000원인 티셔츠는 30% 할인된 가격으로 한 벌을 구입하였고, 정가가 A원인 재킷은 20% 할인된 가격으로 한 벌을 구입하였더니 총 지불액이 125,000원이었다. 할인되기 이전의 티셔츠와 재킷의 총 금액은 얼마인가?

① 150,000원
② 160,000원
③ 170,000원
④ 180,000원

문제풀이

- 티셔츠 정가 30,000원에서 30% 할인된 가격: $30,000 \times (1-0.3) = 21,000$원
- 재킷 정가 A원에서 20% 할인된 가격: $A \times (1-0.2) = 0.8A$원

총 지불액이 125,000원이므로 $21,000 + 0.8A = 125,000$원이며, 이를 계산하면 $0.8A = 104,000$이므로 $A = 130,000$원이다.

따라서 할인되기 이전의 티셔츠와 재킷의 총 금액은 $30,000 + 130,000 = 160,000$원이다.

정답 ②

02 구두제조업자 甲은 원가가 40,000원인 구두를 40개 만들어 20%의 이윤을 남기고 팔려고 본래 계획하였으나 불량품이 8개가 발생하였다. 불량품을 제외하고 팔아도 본래 계획한 이윤을 남기려면 얼마의 이윤율을 적용하여야 하는가?

① 40%
② 45%
③ 50%
④ 55%

문제풀이

원가가 40,000원인 구두를 40개 만들어 20%의 이윤을 남긴다면, 총 수입은 1,920,000원[=40,000×40(1+0.2)]이 발생한다.
불량품을 제외한 32개로 동일한 총수입을 발생시켜야 하므로, 이때의 이윤율을 $x(\%)$라 하면, $40,000 \times 32\{1+(x/100)\}$ =1,920,000이 된다. 이를 계산하면 $1+(x/100)=1.5$이다.
따라서 50%의 이윤율을 적용하여야 본래 계획한 이윤을 남길 수 있다.

정답 ③

문제풀이 TIP

원가가 X인 재화의 이윤율과 할인율을 구하는 식은 다음과 같다.
- $x\%$의 이윤율을 적용: 정가 $A=X\{1+(x/100)\}$
- $y\%$의 할인율을 적용: 정가 $A=X\{1-(y/100)\}$

핵심유형 10 — 경우의 수와 확률

제시된 조건을 만족하는 경우의 수 또는 확률을 묻는 유형으로 2019년 하반기에 출제되었으며, 최근에는 출제 빈도가 낮은 편이다.

대표예제

01 다음 그림은 정사각형의 각 변을 3등분하여 얻은 도형이다. 이 도형의 선들로 만들 수 있는 사각형 중에서 정사각형이 아닌 직사각형의 개수를 구하면?

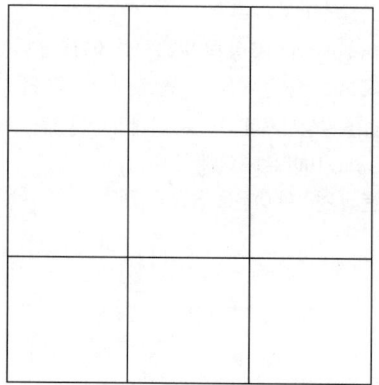

① 20개
② 21개
③ 22개
④ 23개

문제풀이

가로선 4개 중에서 2개를 택하고 세로선 4개 중에서 2개를 택하면 1개의 직사각형이 만들어지므로 전체 사각형(정사각형+직사각형)의 개수는 $_4C_2 \times {_4C_2} = \dfrac{4 \times 3}{2 \times 1} \times \dfrac{4 \times 3}{2 \times 1} = 36$개이다.

한편, 주어진 정사각형의 한 변의 길이를 3이라 하면 만들어지는 정사각형의 개수는 다음과 같다.

- 한 변의 길이가 1인 정사각형: 9개
- 한 변의 길이가 2인 정사각형: 4개
- 한 변의 길이가 3인 정사각형: 1개

그러므로 만들어지는 정사각형은 모두 $9+4+1=14$개이다.
따라서 정사각형이 아닌 직사각형의 개수는 $36-14=22$개이다.

정답 ③

02 3-6-9 게임은 1부터 차례로 숫자를 부르다가 숫자에 3, 6, 9가 포함되면 숫자를 부르는 대신 포함되는 3, 6, 9 숫자의 개수만큼 박수를 치는 게임이다. 3-6-9 게임을 9부터 99까지 한다면, 박수를 두 번 쳐야 하는 경우는 모두 몇 번일까?

① 6번
② 7번
③ 8번
④ 9번

문제풀이

게임의 규칙에 의하여 박수를 두 번 쳐야 하는 경우는 3, 6, 9 중 2개의 숫자가 나와야 한다. 따라서 9부터 99까지 숫자 중 33, 36, 39, 63, 66, 69, 93, 96, 99일 때 박수를 두 번 쳐야 하므로 총 9번이다.

다르게 계산하면 3개의 서로 다른 숫자에서 중복을 허락하여 2개를 뽑아 배열하는 중복순열이므로 식을 이용하면 $_n\Pi_r = n^r = 3^2 = 9$번이 된다.

정답 ④

핵심이론

경우의 수와 확률 개념 정리

1) 순열

- **직순열**: 서로 다른 n개의 것에서 r개를 택하여 일렬로 배열한 것을 n개 중에서 r개를 택하는 순열이라고 하고, 이를 $_nP_r$(단, n>r)로 나타내며 다음과 같이 계산한다.

$$_nP_r = n(n-1)(n-2) \times \cdots \times (n-r+1)$$

- **중복순열**: 서로 다른 n개의 것에서 중복을 허락하여 r개를 뽑아 일렬로 배열하는 것으로 다음과 같이 나타낸다.

$$_n\Pi_r = n^r$$

- **원순열**
  - 원순열은 처음과 마지막의 구별이 되지 않는 경우의 순열이므로 서로 다른 n개의 물건을 원형으로 배열한 순열의 수는 다음과 같이 계산한다.

$$\frac{n!}{n} = (n-1)!$$

  - 원탁에 마주 앉는 방법의 수는 2명이 원순열이 적용되므로 (2−1)!=1가지이다.

- **같은 것이 있는 경우의 순열**
  - n개 중에 같은 것이 각각 p, q, ⋯, s개 있을 때, 이들 n개 모두 일렬로 배열한 순열의 수는 다음과 같이 계산한다.

$$\frac{n!}{n!q! \cdots s!} \text{ (단, } p+q+\cdots+s=n\text{)}$$

  - 다음과 같은 길이 주어진 경우 A에서 B까지 최단거리로 가는 방법의 수는 aaaabbbbb을 배열시키는 방법의 수와 같으므로 $\frac{9!}{4!5!}$ 이다.

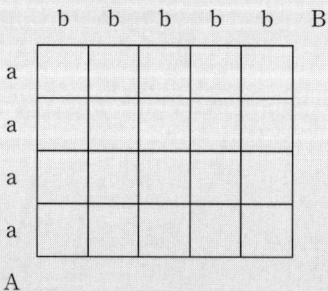

2) 조합

- **정의**: 서로 다른 n개의 물건에서 r개를 뽑아 만든 집합을 n개에서 r개를 뽑는 조합이라 하고 기호로 $_nC_r$로 나타내며 다음과 같이 계산한다.

$$_nC_r = {_nP_r}/{r!} = \frac{n!}{r!(n-r)!} \text{ (단, } 0 \leq r \leq n\text{)}$$

- 성질
  - $_nC_r = {_nC_{n-r}}$
  - $_nC_1 = {_nC_{n-1}} = n$
  - $_nC_n = {_nC_0} = 1$
- 사각형의 개수: 칸으로 이루어진 경우의 사각형 개수는 횡선 2개와 종선 2개가 1개의 사각형을 만드므로 다음과 같이 계산한다.

> 사각형의 개수 = 횡선 2개를 뽑는 방법의 수 × 종선 2개를 뽑는 방법의 수

- 원 주위의 n개의 점으로 만드는 삼각형(직선)의 개수는 다음과 같이 계산한다.

> - 삼각형의 개수 = $_nC_3$
> - 직선의 개수 = $_nC_2$

3) 확률

- 정의: 확률의 정의는 다음과 같다.

$$확률(P) = \frac{어떤\ 사건이\ 일어날\ 수\ 있는\ 경우의\ 수}{일어날\ 수\ 있는\ 모든\ 경우의\ 수}$$

- 계산
  - 확률의 덧셈: '또는', '~이거나'의 개념일 때 적용 = m+n
  - 확률의 곱셈: '동시에', '~이어서', '~이고', '그리고', '~이고'의 개념일 때 적용 = m×n
  - 여사건의 확률: '적어도~'의 개념이 나올 때 적용. A가 일어나지 않을 확률 q = 1−p
- 확률의 덧셈 계산식은 다음과 같다.

$$P(A \cup B) = P(A) + P(B) - P(A \cap B)$$

핵심유형 11

자료계산

주어진 공식이니 방법, 절차 그리고 일반화된 방법 등을 주어진 상황에 맞추어 사용할 수 있는 능력을 묻는 유형이다. IBK기업은행에서는 원리금, 물품거래 수수료, 포괄손익을 계산하는 문제가 출제되었다.

대표예제

다음 글은 갑 국가가 국민들을 다양한 사회적 위험으로부터 보호하기 위해 마련한 사회보험 제도에 관한 규정을 설명한 것이다. [보기]의 A, B, C, D 각자가 부담해야 할 보험료의 크기가 작은 순서대로 바르게 나열된 것은? (다만, 여기서 사업주가 부담한 보험료는 개인이 부담한 보험료로 간주하지 않는다)

(가) 산업재해보상보험은 임금근로자만을 대상으로 하며 보험료는 사업주가 전액 부담하는 것이 원칙이다. 사업주가 부담하는 보험료는 적용사업장의 재해발생 위험에 따라 보험료율을 구분하여 적용하기 때문에 사업장에서 근로한 근로자들의 1년간 임금총액의 합에 최저 0.5%에서 최고 6%까지 부과하며, 평균 보험료율은 2%이다. 자영업자의 경우는 이 제도의 적용을 받지 아니한다.

(나) 국민연금 보험료 부담원칙은 개인의 1년간 임금총액의 10%이며, 임금근로자의 경우는 근로자와 사업주가 절반씩 부담하나 자영업자의 경우는 개인이 전액을 부담한다.

(다) 고용보험은 자영업자를 제외한 임금근로자만을 대상으로 하며, 보험료는 기본적으로 근로자와 사업주가 절반씩 부담하지만 근로자는 실업급여를 위한 부분만 부담하고, 고용주는 실업급여뿐만 아니라 고용안정사업과 직업능력개발사업을 위한 비용까지 부담한다. 실업급여를 위한 보험료는 근로자의 경우 자신의 1년간 임금총액의 0.5%를, 사업주의 경우는 근로자들의 1년간 임금총액 합의 0.5%를 납부하여야 한다. 그리고 고용안정사업과 직업능력개발 사업의 경우는 사업장 규모에 따라 보험료율의 차등을 두고 있는데, 300인 이상 사업장의 경우는 임금총액의 1%를 보험료로 납부하나 300인 미만 사업장의 경우는 0.5%만을 보험료로 납부한다.

(라) 건강보험 보험료는 개인의 1년간 임금총액의 3%이며 근로자의 경우는 사업주와 근로자가 절반씩 부담하나 자영업자의 경우는 개인이 전액 부담한다.

| 보기 |

ㄱ. 연평균 소득이 2,000만 원이며, 커피숍을 운영하고 있는 자영업자 A의 4대 사회보험료
ㄴ. 연평균 소득이 3,000만 원이며, 500인이 넘는 근로자를 고용하고 있는 사업장의 생산직 근로자인 B의 국민연금보험료
ㄷ. 연평균 소득이 2,000만 원이며, 50명의 근로자를 고용하고 있는 사업장의 생산직 근로자인 C의 4대 사회보험료
ㄹ. 연평균 소득이 4,000만 원이며, 식당을 운영하고 있는 자영업자 D의 국민연금을 제외한 사회보험료

① ㄱ < ㄴ < ㄷ < ㄹ
② ㄴ < ㄷ < ㄹ < ㄱ
③ ㄷ < ㄹ < ㄴ < ㄱ
④ ㄹ < ㄷ < ㄴ < ㄱ

문제풀이

ㄱ. A는 자영업자이므로 산업재해보상보험과 고용보험과는 상관이 없다. 국민연금 보험료는 임금총액의 10% 전액을 부담해야 하고 건강보험 보험료는 임금총액의 3% 전액을 부담해야 한다. 그래서 A의 4대 사회보험료 전체를 계산해 보면 (2,000만×10%)+(2,000만×3%)=260만 원이다.

ㄴ. B는 임금노동자이므로 임금총액의 10% 중 절반만을 국민연금 보험료로 내면 된다. 그래서 B의 국민연금 보험료를 계산해 보면 3,000만×5%=150만 원이다.

ㄷ. C는 임금노동자이므로 4대 보험 전부의 수혜 대상이 된다. 하지만 산업재해보상 보험료는 사업주가 전액 부담하므로 내지 않아도 된다. 국민연금 보험료는 사업주가 절반 부담하므로 소득의 5%를, 고용보험료는 그중 실업급여를 위한 보험료만 내면 되므로 0.5%를, 건강보험 보험료는 사업주가 절반 부담하므로 소득의 1.5%를 내면 된다. 그래서 C의 4대 보험료는 (2,000만×5%)+(2,000만×0.5%)+(2,000만×1.5%)=140만 원이 된다.

ㄹ. D는 자영업자이므로 산업재해보상보험과 고용보험과는 상관이 없다. 그런데 국민연금을 제외한 사회보험료를 구하리고 했으므로 건강보험 보험료만 계산하면 된다. D의 건강보험 보험료는 4,000만×3%=120만 원이다.

따라서 보험료의 크기를 작은 순서대로 배열하면 ㄹ<ㄷ<ㄴ<ㄱ이 된다.

정답 ④

핵 심 이 론

비교를 위한 대략적인 계산법

수리능력 중 자료해석 유형은 물론이거니와 문제해결능력과 자원관리능력에서 '큰 순서대로 나열하시오.', '두번째로 작은 것은?' 등의 질문이 있을 때 수험생들은 모든 내용을 직접 계산하여야 한다는 압박을 가진다. 그러나 응용수리에서와 같이 '계산하시오.'라는 질문이 들어가지 않는 이상 직업기초능력 평가는 단순한 계산능력을 측정하는 것이 기본 목적이 아니라 이해, 분석, 추리, 적용을 포괄한다. 그러나 그럼에도 불구하고 문제의 특성으로 인하여 어느 정도의 계산을 피할 수 없는 경우가 많다. 또 짧은 시간 안에 많은 문제를 풀어야 하는 수험생의 입장에서는, 계산을 요구하는 문제는 복잡할 뿐만 아니라 시간 사용 측면에서도 매우 곤혹스러울 수밖에 없다.

그러나 한 가지 분명한 것은 대부분의 계산 문제는 계산 그 자체나 계산에 의하여 얻어지는 자체를 요구하지는 않는다는 것이다. 그보다는 대략적인 비교를 위하여 계산을 요구한다고 보면 된다. 이에 따라 실제 시험에서 계산 문제를 접했을 때 이용할 수 있는, '비교를 위한 대략적인 계산법' 몇 가지를 소개하고자 한다.

> **자주 출제되는 계산 유형**
> - 단순 사칙연산: 단순한 더하기, 빼기, 곱하기, 나누기 등
> - 대소비교와 증감비교
> - 비중(구성비), 비율, 변화율
> - 비중(구성비), 비율의 변화율
> - 비중(구성비), 비율의 크기 비교
> - 변화율의 크기 비교

그런데, 이 유형들을 조금 더 자세히 들여다보면 일정한 패턴을 찾을 수 있다.

첫째, 대소나 증감을 비교하는 것은 사실상 두 수의 합이나 차를 계산하는 것이며 이에는 특별한 요령이 없다고 봐도 된다.

둘째, 비중이나 구성비, 비율, 변화율은 결국 어떤 분수의 값을 구하는 것이다. 비중(구성비)은 전체(B) 중에서 일부분(A)이 차지하는 비율이므로 A/B로 표현할 수 있다(%로 바꾸기 위해서 100을 곱하는 것이므로 이는 계산에서 거의 신경 쓰지 않아도 된다). 두 항목 A와 B가 있을 때 B에 대한 A의 상대적인 크기는 A/B로 표현할 수 있다. 변화율의 경우, 어떤 수치가 A에서 B로 변했을 때 변화율은 $[(B-A)/A] \times 100 = [B/A - 1] \times 100$이므로 결국 B/A라는 분수 계산으로 변환될 수 있다.

셋째, 비중(구성비), 비율, 변화율이 모두 분수로 표현될 수 있으므로 결국 비중이나 비율의 변화율, 비중이나 비율의 크기 비교, 변화율의 크기 비교는 모두 두 개의 분수 값을 비교하는 계산으로 바뀌게 된다. 따라서 다음에서는 주로 분수 계산과 관련된 몇 가지 계산법을 집중적으로 정리하고자 한다.

분수 계산과 관련된 몇 가지 계산법

1) 근사치를 이용한 계산

계산을 할 때, 계산하기 쉬운 근사치를 이용하면 편한 경우가 많다. 예를 들어, (345/0.128)÷(513/0.090)의 값과 0.6을 비교하는 문제를 생각해 보자. 이것을 일일이 계산하려면 많은 시간이 걸릴 뿐만 아니라 숫자가 복잡하기 때문에 틀린 계산을 할 확률도 그만큼 높다. 이때 중요한 것은 정확한 수치가 아니라 0.6과의 비교라는 사실을 기억하는 것이다.

위의 분수를 (345/513)×(0.090/0.128)로 바꾸어 써 보도록 하자. 그다음에 앞에 있는 분수의 값은 아무리 커도 0.7을 넘을 수 없음을 확인하자. 그리고 뒤의 분수는 0.8을 넘을 수 없음을 확인하자. 그렇다면 위의 분수 값은 아무리 커도 0.56을 넘을 수는 없을 것이다. 따라서 이 값은 0.6보다 작다. 실제로 계산을 하면 0.473 정도 된다.

2) 특정한 수치를 활용한 계산

특정한 수치를 기준으로 활용하는 것도 좋다. 1이나 0, 50%와 같이 계산이 단순한 수치를 기준으로 이용할 수 있다. 예를 들어, A가 B의 40% 이상이라고 한다면 이 진술대로 B의 40%를 계산하는 것이 아니라 B의 50%를 계산하여 A와 비교할 수도 있다. 운이 좋아서 A가 B의 50%보다 크다면 무조건 B의 40%보다는 클 것이다.

3) 반대의 경우 계산

문제나 보기가 요구하는 계산의 반대 내용을 떠올리는 것도 좋은 방법이다. 예를 들어 24,784의 90%를 계산하라고 한다면 실제로는 10%를 계산하여 이용하는 것이다. 90%를 계산하는 것보다는 10%를 계산하는 것이 훨씬 쉬울 것이고 이를 비교에 이용하면 된다.

4) 분수의 성질응용

B/A=1이면 B=A이다(단, A와 B는 모두 양수, 이하 동일). 너무나 단순한 사실이지만 종종 문제 풀이에 응용하지 못하는 경우가 있다. 그리고 B/A>1이면 B>A이고, B/A<1이면 B<A이다. 꼭 1뿐만 아니라 2, 3, 4 등을 응용할 수도 있다.

5) B/A=x일 때, x값만 주어진 경우

이 경우 A와 B에 대해 알 수 있는 것은 전혀 없다. 실수하기 좋은 내용이므로 꼭 기억하도록 한다. 예를 들어, 검거율(검거사건 수/전체사건 수)만 주어지고 이 비율이 하락한다고 했을 때, 이것이 검거사건 수 자체가 감소하거나 전체사건 수가 증가하는 것을 의미하는 것은 아니다. 검거사건 수가 감소해도 전체사건 수가 더 크게 감소하면 검거율은 증가할 수 있기 때문이다.

6) 변화율과 두 수 중에서 하나를 아는 경우

이 경우 알고 있는 하나를 통해 나머지 하나를 구할 수 있다. A에서 B로 변한 경우의 변화율이 [(B−A)/A]×100이라는 것을 생각하면 너무나도 당연한 말이다. 그러나 실제 문제 풀이에서 이를 응용하는 것은 쉬운 일이 아니다. 예를 들어 전년대비 증가율과 올해의 수치가 주어져 있다면, 이를 이용하여 전년의 수치를 구할 수 있다는 것이다. [(B−A)/A]=x이므로 A=B/(1+x)이다(여기서 100은 생략).

7) B/A와 D/C의 크기를 비교하는 경우

- B는 D보다 크고 A는 C보다 작으면 B/A>D/C이다.
- B는 D보다 작고 A는 C보다 크면 B/A<D/C이다.

이는 분모는 작을수록(클수록), 분자는 클수록(작을수록) 분수의 값은 커진다(작아진다)는 것을 뜻한다.

핵심유형 12

자료해석: 자료의 사실적 읽기

다양한 통계 자료를 자료가 드러내고 있는 바에 맞게 구체적으로 읽어 내는 유형이다. 주어진 자료만을 가지고 답을 찾을 수 있으며, 자료의 구성이나 내용이나 특정 항목에 대한 진술, 특정 항목 사이의 관계나 비교, 변화의 방향, 비중이나 변화율의 계산 등을 묻는다. 매 필기시험마다 꾸준하게 출제되고 있다.

대표예제

다음은 노령연령층의 수진율 및 재원일수의 변화에 관한 자료이다. 이 자료에 대한 해석으로 잘못된 것은?

[표] 노령연령층의 외래환자 수진율 및 평균재원일수

(단위: %, 일)

구분		2014	2016	2018	2021	2024
전체 외래 수진율(인구 100명당)		2.9	2.9	3.2	3.6	4.4
	65~69세	3.9	5.0	5.8	7.4	8.8
	70~74세	4.0	5.0	6.2	8.3	9.5
	75세 이상	11.6	3.6	4.7	7.8	8.2
전체 평균재원일수		13.9	13.3	11.2	12.4	13.8
	65~69세	15.1	14.9	14.6	14.1	16.2
	70~74세	18.4	13.8	13.5	14.8	16.6
	75세 이상	19.0	13.2	13.4	14.0	18.0

① 2024년 75세 이상의 모든 노령연령층에서 외래 수진율은 2024년 전체 외래환자 수진율의 2배 이상을 나타내고 있다.
② 2016년 이후 매 조사년도에서 가장 높은 외래 수진율을 보인 노령연령층은 70~74세 연령층이다.
③ 2024년 외래 수진율이 2021년과 비교하여 가장 큰 폭으로 증가한 연령층은 65~69세이다.
④ 전체 환자의 재원일수는 2014년부터 2018년까지는 계속 감소하는 추세를 보이다가 2021년 조사부터 증가하는 경향을 보였다.

문제풀이

① (X) 75세 이상의 외래 수진율은 8.2%로 전체 외래 수진율 4.4%의 2배가 되지 않는다.
② (O) 2016년 이후 70~74세의 외래 수진율이 다른 연령층에 비하여 가장 높다.
③ (O) 2021년과 2024년 사이에 65~69세의 수진율이 1.4%p 증가하였고 이는 다른 연령층에 비하여 가장 큰 수치이다.
④ (O) '전체 평균재원일수'의 수치를 연도별로 비교하면 2014년부터 2018년까지는 계속 감소하고 2021년부터는 증가함을 알 수 있다.

정답 ①

핵심이론

자료 읽기 기본접근법

자료의 사실적 읽기에서 가장 중요한 것은 자료를 있는 그대로 빠르고 정확하게 읽는 것이다. 실제 시험에서 문제 접근에 이용될 수 있는 몇 가지 유용한 접근법들이 있다. 이러한 것들이 문제풀이의 절대적인 기준이 될 수는 없지만, 충분한 연습을 통해 자신만의 접근법을 만들어 내는 정도가 된다면 상당한 도움을 받을 수 있을 것이다.

1) 문제 자료내용 및 지시사항 정확히 파악하기

문제와 자료가 포함하고 있는 내용과 문제의 지시사항(옳은 것, 옳지 않은 것, 특정한 수치를 찾을 것 등)을 정확하게 파악한다. 이때 전혀 모르는 통계자료라 할지라도 문제 풀이에 필요한 모든 정보는 문제에 모두 포함되어 있다는 사실을 기억하자.

2) 자료의 구체적인 형태 파악하기

자료의 형태(표 또는 그래프), 분류 기준, 항목, 범례의 구성, 주어져 있는 개념이나 설명, 규칙 등을 빠른 속도로 파악할 수 있어야 한다. '1)'과 '2)'가 의식적으로 이루어지는 것은 큰 의미는 없고, 문제에 대한 대략적인 감을 잡는 것이 중요하다.

3) 문제의 보기와 선택지 내용 정확히 이해하기

문제의 보기나 선택지의 내용을 정확하게 이해하고 그것이 지시하는 항목이나 부분을 정확하게 찾는다.

4) 가능한 대략적인 비교나 계산을 위한 방법 활용하기

계산이 필요한 문제의 경우, 구체적인 수치를 반드시 찾아야 되는 경우가 아니라면 가능한 한 대략적인 비교나 계산을 위한 방법을 활용한다(핵심유형 11의 핵심이론 '비교를 위한 대략적인 계산법' 참고).

5) 빠르게 검증할 수 있는 것을 우선 검증하기

계산이 잘 되지 않거나 진술이 복잡한 경우 등 시간이 많이 걸리는 보기나 선택지는 검증을 뒤로 미룬다. 모든 보기나 선택지를 검증하기보다 빠르게 검증할 수 있는 것을 우선 검증하고, 정답을 도출할 수 있는 선까지만 검증한다. 우리가 치르는 시험은 객관식으로 그 도출과정을 묻지 않는다. 이렇게 절약한 시간을 더 많은 문제를 정확하게 푸는 데 사용하는 것이 합리적이다.

6) 확실한 선택지는 우선 제외하거나 우선 선택하기

여러 개의 보기가 주어지고 그중 맞는 설명이나 틀린 설명으로 구성된 것을 고르는 문제나 항목 간의 매칭을 해 주어야 하는 문제는 참과 거짓이 확실한 보기(항목)를 바탕으로 하여, 반드시 답이 되어야 하는 것만을 대상으로 하거나 답이 될 수 없는 방법을 사용한다. 가령 ㉠, ㉡, ㉢, ㉣라는 보기가 주어지고 옳은 것의 묶음을 고르는 문제에서, ㉠이 틀렸다고 확신한다면 ㉠이 포함된 선택지는 제외할 수 있다.

핵심유형 13

자료해석: 자료의 추리적 읽기

통계자료에 드러난 일차적인 정보를 바탕으로 추세, 경향, 흐름을 이해하고 이를 토대로 전개될 상황 등을 추리하는 문제이다. 주어진 자료를 바탕으로 추세나 경향, 흐름을 예상 또는 예측하기, 문제의 자료 속에 흩어져 있는 내용을 바탕으로 미지의 상황을 추론하기, 인과 관계 추론하기 등이 있다. 매 필기시험마다 꾸준하게 출제되고 있다.

대표예제

다음 자료는 65세 이상 인구의 경제활동참가율의 변화 및 생활비(용돈) 마련 방법을 조사한 것이다. 이에 근거한 다음 진술 중 적절하지 않은 것은?

[그림 1] 65세 이상 인구의 경제활동참가율

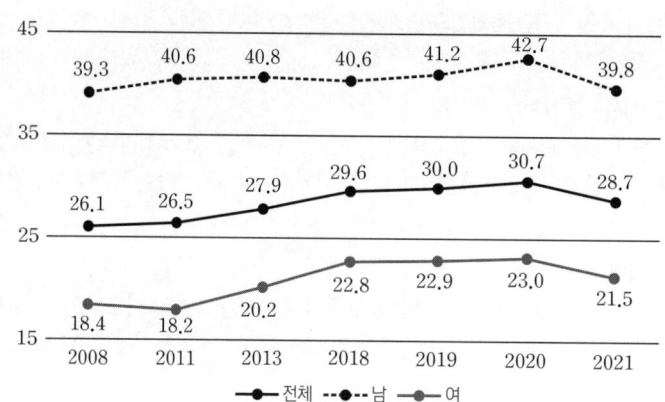

[그림 2] 2021년 65세 이상 인구의 생활비(용돈) 마련 방법

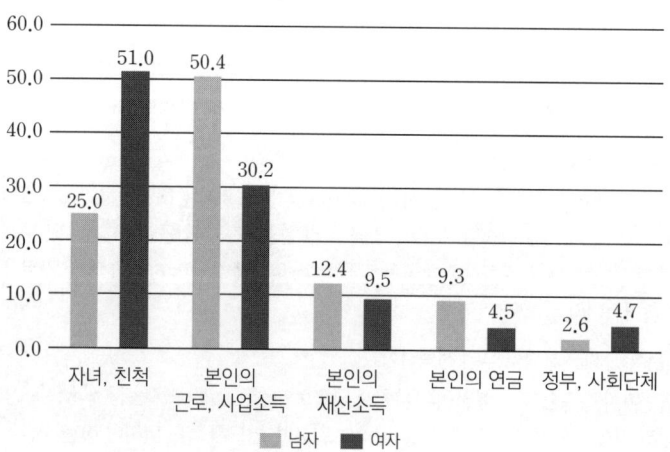

① 65세 이상 인구의 경제활동참가율은 2011년 이후 꾸준히 증가하였으나 2021년 들어서 감소하였다.
② 65세 이상 인구의 생활비(용돈) 마련 방법은 '자녀, 친척'이나 '본인의 근로, 사업소득' 항목이 다른 항목에 비해 높게 나타났다.
③ 2021년의 65세 이상 인구의 경제활동참가율을 2020년의 수치와 비교할 때, 남자가 여자보다도 감소 폭이 더 컸다.
④ 65세 이상 여자의 경제활동참가율이 낮은 것은 주로 '정부, 사회단체'에서 나오는 보조금에 생활비를 의존하기 때문이다.

문제풀이

① (○) [그림 1]에서 2021년 65세 이상 인구의 경제활동참가율은 28.7%로 2020년의 30.7%에 비해 2.0%p 감소하였다.
② (○) [그림 2]에서 남, 여 모두 여타 항목보다 이 두 항목이 월등히 높게 나타났다.
③ (○) [그림 1]에서 2021년의 경제활동참가율을 살펴보면 남자가 39.8%, 여자가 21.5%로 2020년 42.7%, 23.0%보다 각각 2.9%p, 1.5%p 감소하여 남자의 감소폭이 더 컸다.
④ (X) [그림 1]을 보면 여자의 경제활동참가율은 남자보다 낮고 평균에 못 미치는데, [그림 2]를 보면 '정부, 사회단체'로부터 받은 생활비(용돈)는 비중이 미미함을 알 수 있다. 즉, 두 항목 간의 연관성은 떨어진다.

정답 ④

문제풀이 TIP

- 자료의 추리적 읽기의 시작은 문제와 자료에 대한 사실적 읽기에서부터 시작한다.
- 예측이나 판단을 하는 데 있어서 자신의 경험이나 사전적 지식을 적용하는 것은 배제한다. 반드시 문제에서 주어진 조건과 자료를 바탕으로 예측과 판단이 이루어져야 한다.
- 성급한 결론을 내리지 않도록 조심한다. 시간이 부족한 관계로 빠른 속도로 문제를 풀어 나가다 보면 문제에서 주어진 조건이나 자료의 내용을 너무 단순하게 이해하고 적용하는 경우가 발생한다. 실제로 성급한 판단을 유도하는 문제들이 포함되어 있으니 신중하게 접근하도록 해야 한다.
- 주어진 자료가 복잡하거나 분량이 많은 경우가 대부분이다. 문제의 지시사항이나 문제가 지목하고 있는 특정한 항목을 찾아 문제를 해결하도록 한다.

핵심유형 14

자료해석: 자료의 통합적 해석

자료들 사이의 형태적 또는 내용적 연관성과 관련성을 이용하여 진술의 진위를 파악하거나 특정한 정보를 유추해야 하는 문제이다. IBK기업은행에서는 재무제표와 손익계산서 자료를 통합적으로 해석하는 문제가 출제되었다.

대표예제

다음 자료에 대한 설명으로 옳은 것은?

[표] 국내 모바일 게임 시장 규모

(단위: 억 원, %)

구분	2022	2023	2024	2025(예상)	2026(예상)
매출액	1,004	1,458	2,187	3,062	4,138
성장률	—	45.2	50.0	40.0	35.1

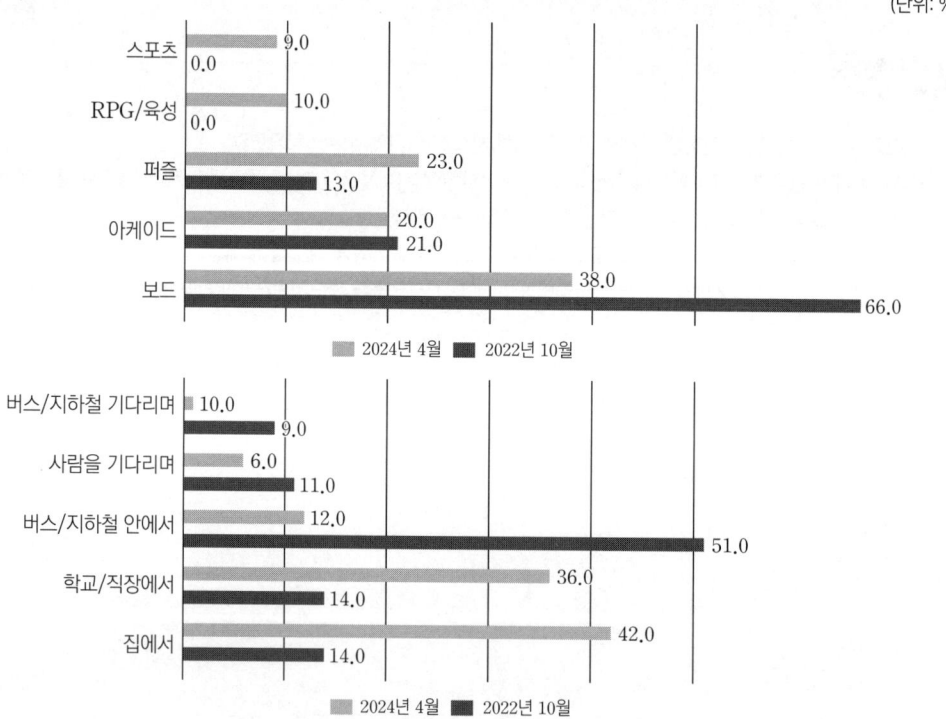

[그림] 국내 모바일 게임의 장르별 이용 비율 및 이용 장소 변화

① 국내 모바일 게임시장의 매출증가액은 2024년이 지나면 작아질 것으로 예측되고 있다.
② 2024년 4월에 가장 흔히 볼 수 있는 모바일 게임 사용자는 집에서 보드 게임을 하는 자이다.
③ 2022년 10월에는 'RPG/육성' 게임이 제공되지 않았다.
④ 2024년 4월에는 모바일 게임을 버스나 지하철 안과 같이 이동 중에 즐기는 경우보다는 집이나 학교, 직장과 같이 일정한 장소에서 즐기는 경우가 증가하였다.

문제풀이

① (X) [표]에서 성장률은 2025년과 2026년 40%, 35.1%로 점차 낮아질 것으로 예측되고 있으나 매출증가액은 875억 원, 1,076억 원으로 2024년 이전보다 더 커지고 있다.
② (X) [그림]은 장르별 이용 비율과 이용 장소에 대하여 개별적인 정보만을 제공하고 있을 뿐, 특정장르를 이용한 사람들이 게임을 많이 하는 곳에 대한 정보는 전혀 제공하고 있지 않다. 따라서 보드게임에 대한 선호 비율이 가장 높고 집에서 모바일 게임을 즐기는 비율이 가장 높더라도 그것이 곧 '집에서 보드 게임을 하는 사람이 가장 많음'을 의미하지는 않는다.
③ (X) [그림]에서 '국내 모바일 게임 장르별 이용 비율'을 살펴보면 RPG/육성 게임이 0%이다. 이는 이용률이 0%라는 의미이다. 즉, RPG/육성게임이 제공되었음에도 이용률이 0%인지, 제공이 되지 않아 0%인지 해당 자료로는 알 수 없다.
④ (O) [그림]에서 2024년 4월에는 2022년 10월에 비해 버스나 지하철 안에서 모바일 게임을 즐기는 이용자의 비중은 감소하고 집이나 학교/직장에서 게임을 즐기는 이용자가 증가한 것을 알 수 있다.

정답 ④

문제풀이 TIP

이 유형에 속하는 문제는 제시된 자료의 수가 많고 구성이 복잡한 것을 제외하면 앞에서 연습한 자료의 사실적 읽기, 추리적 읽기와 크게 다른 것은 없다. 그러나 여러 자료들을 결합하여 읽어야 하기 때문에 특정 자료에 대한 단순 읽기나 범위가 좁은 자료 읽기와는 다른 점이 있다.
우선 이 유형의 문제들은 다양한 형태와 구성을 가진 여러 개의 자료들이 서로 연관을 가지며 특정 주제와 내용, 정보를 포함하는 경우가 많기 때문에 반드시 자료들 사이의 연관성까지 포함해서 통합적으로 해석해야 한다.
실제로 문제를 보자마자 이 문제가 어떤 유형의 문제인지, 그리고 어떤 연관성이 있는지 파악하는 것은 어렵다. 대부분 문제의 보기를 읽거나 문제풀이 과정에서 연관성이 분명해지는 경우가 많다.
문제의 보기나 선택지가 지시하고 있는 부분을 특정 자료뿐만 아니라 여러 자료들 사이의 관련성을 가능한 한 빨리 파악하는 것이 중요하다.

핵심유형 15

자료해석: 자료의 통합적 평가

자료를 결합하여 이해하고 추론하는 것뿐만 아니라 결론의 도출, 판단과 선택, 주장의 평가 등이 포함되는 문제이다. 세부적으로는 직접적으로 드러나 있지 않은 내용을 유추하는 형태, 자료의 구성과 연관성을 이용하여 일정한 계산을 한 후 그 결과를 바탕으로 선택하는 형태, 주장이나 결론의 근거를 주어진 자료에서 역으로 유추하는 형태 등이 있다. IBK기업은행서는 퇴직연금 유형별 예상수령액을 계산하여 어느 유형을 선택하는 것이 유리한지 판단하는 형태로 출제되었다.

대표예제

다음 [표]는 두 지방도시를 연결하는 어떤 시외버스의 운행 및 경영상태를 나타내고 있다. 이에 대한 설명으로 옳은 것을 [보기]에서 골라 묶은 것은? (단, 1일 총 이용객 수는 운행횟수 조정과 상관없이 일정하다)

[표 1] 운행 상황

거리	1일 운행횟수	1인당 요금	소요시간	시외버스 1대당 경상비용	1대당 좌석 수
50km	14회(1시간 간격)	3,000원	1시간	55,000원	30석

※ 1) 버스 1대당 경상이익=1대당 요금수입－1대당 경상비용
 2) 좌석은 지정석 제도가 아닌 선착순 제도임
 3) 도로사정상 입석은 철저히 금지되어 있음

[표 2] 시간 및 요일별 좌석요구율

구분	월~금	토~일
오전 6시~9시	120%	30%
오전 10시~오후 5시	40%	50%
오후 6시~7시	130%	60%

※ 1) 좌석요구율=(버스 출발시간 전까지 표를 구입하고자 하는 승객 수/좌석 수)×100
 2) 버스 이용객은 시간에 따라서 균일하게 분포되어 있다고 가정함

| 보기 |

ㄱ. 월~금의 오후 6시~7시 시간대 버스 1대당 경상이익이 다른 요일/시간대에 비하여 더 크다.

ㄴ. 월~금의 오후 6시~7시 시간대에 대해서 버스 운행횟수를 1회 늘리는 것이 회사의 경상이익 측면에서 도움이 된다.

ㄷ. 토~일의 오후 6시~7시 시간대에 대해서 버스운행횟수를 1회 줄이는 것이 회사의 이익 측면에서 도움이 된다.

ㄹ. 오전 10시~오후 5시 시간대에 운행하는 버스의 운행횟수를 월~금에 대해서는 5회, 토~일에 대해서는 4회 줄이는 것이 회사의 경상이익 측면에서 도움이 된다.

① ㄱ, ㄴ
② ㄱ, ㄷ
③ ㄴ, ㄷ
④ ㄷ, ㄹ

문제풀이

먼저 시간대별 운행횟수를 보면, 오전 6시~9시는 총 4회, 오전 10시~오후 5시는 총 8회, 오후 6시~7시는 총 2회이다.

ㄱ. (X) 좌석요구율이 130%라는 것은 좌석을 구입하고자 했던 승객 수가 39명이라는 것을 의미한다. 즉, 30명은 버스를 이용하고 나머지 9명은 이용하지 못함을 의미한다. 따라서, 좌석요구율과 상관없이 버스 1대당 경상이익은 빈 좌석이 없이 버스가 운행되는 오전 6시~9시 사이와 동일하다.

ㄴ. (X) 월~금의 오후 6시~7시 시간대에는 버스를 이용하지 못한 승객이 총 18명이므로, 이들이 이용할 수 있도록 버스 운행횟수를 1회 늘릴 수도 있다. 그러나 이 결과 요금수입은 54,000원이 증가하나 경상비용이 55,000원 추가로 소요되므로 경상이익은 1,000원 감소하게 된다.

ㄷ. (O) 토~일의 오후 6시~7시 시간대에는 각 버스별로 평균 18명의 승객이 이용한다고 할 수 있는데, 이 결과 각 버스별로 1,000원의 손실(54,000원－55,000원)을 기록하고 있다. 이때 운행횟수를 1회 줄이면 6명의 승객이 버스 이용을 못하게 되어 요금 수입이 18,000원 감소한다. 그러나 경상비용 55,000원이 절약되므로 결과적으로 37,000원의 수입이 증가하게 된다.

ㄹ. (O) 월~금 오전 10시~오후 5시 시간대에는 총 96명(12명×8회)이, 토~일에는 총 120명(15명×8회)이 이용하고 있는 상황이다. 따라서 월~금에 대해서는 운행횟수를 3회로 5회 줄이는 것이, 토~일에 대해서는 4회로 4회 줄이는 것이 경상이익 측면에서는 더 유리하다.

정답 ④

문제풀이 TIP

문제의 의도를 정확하게 파악하는 연습을 해야 한다. 이 유형의 문제들을 실제로 접하게 되면 문제의 의미를 파악하지 못하여 문제에 접근하지 못하는 경우도 종종 있다. 앞의 다른 유형에서도 문제의 의도를 파악하는 것이 중요하지만, 이 유형은 더더욱 그 중요성이 강조된다고 할 수 있다. 문제의 의도를 파악하는 연습은 평소에 어려운 문제나 자신이 틀린 문제들을 중심으로 하는 것이 좋을 것이다. 문제의 답을 알고 난 다음에라도 그 문제가 어렵게 느껴지는 이유, 내가 틀린 이유, 문제에서 요구하는 능력의 내용 등을 생각해 보도록 하고, 이때 출제자의 입장이 되어 보는 것도 좋은 방법이다. 그래서 나라면 이 문제를 어떻게 낼 것인가? 나라면 이 문제를 어떻게 더 어렵게 만들 수 있는가? 나라면 이 문제에서 묻고자 하는 내용을 어떤 형태의 문제로 바꾸어 만들 수 있는가? 등등을 생각하면 많은 도움이 될 것이다.

3 문제해결능력 (핵심유형 16~21)

핵심유형 16

논리: 명제논리

주어진 전제로부터 결론을 이끌어 내는 추론 중 전제 속에 이미 포함되어 있는 내용을 결론으로 제시하는 방법을 연역 추론이라 한다. 연역 추론 중 대표적인 출제유형이 명제논리이다. 2020년 상반기에 출제되었으며, 최근에는 출제 빈도가 낮은 편이다.

대표예제

01 건강보험 가입이 의무인 경우 [보기]의 조건에서 옳은 선택은?

| 보기 |
ㄱ. 비과세저축을 가입하면 실손보험에 가입한다.
ㄴ. 채권형펀드와 파생결합펀드 중 하나만 가입한다.
ㄷ. 건강보험에 가입하면, 실손보험에 가입하지 않는다.
ㄹ. 파생결합펀드에 가입하면, 청약저축에 가입하지 않는다.
ㅁ. 연금보험, 청약저축, 비과세저축 중에 최소한 두 가지는 반드시 가입한다.

① 실손보험에 가입한다.
② 비과세저축에 가입한다.
③ 채권형펀드에 가입한다.
④ 연금보험에 가입하지 않는다.

문제풀이

질문지의 정보와 ㄷ을 통하여 '건강보험 가입은 의무이므로 실손보험에 가입하지 않는다.'를 알 수 있다.
ㄱ의 대우인 '실손보험에 가입하지 않으면, 비과세저축에 가입하지 않는다.'를 통하여 ㅁ에서 연금보험, 청약저축은 반드시 가입해야 함을 알 수 있다.
ㄹ의 대우인 '청약저축에 가입하면, 파생결합펀드에 가입하지 않는다.'에 따라 ㄴ에서 채권형펀드에 가입한다.

정답 ③

02 어느 부처의 시설과에 A, B, C, D, E, F의 총 6명의 직원이 있다. 이들 가운데 반드시 4명의 직원으로만 팀을 구성하여 부처회의에 참석해 달라는 요청이 있었다. 아래의 조건을 모두 충족시켜야만 한다면 몇 개의 팀이 구성될 수 있는가?

> • 조건 1: A 또는 B는 반드시 참석해야 한다. 하지만 A, B가 함께 참석할 수 없다.
> • 조건 2: D 또는 E는 반드시 참석해야 한다. 하지만 D, E가 함께 참석할 수 없다.
> • 조건 3: 만일 C가 참석하지 않게 된다면 D도 참석할 수 없다.
> • 조건 4: 만일 B가 참석하지 않게 된다면 F도 참석할 수 없다.
> • 조건 5: E는 회의에 참석하지 않는다.

① 0개
② 1개
③ 2개
④ 3개

문제풀이

경우의 수를 따지는 문제이다. 빠른 이해를 위해 도식화를 시키는 것이 좋은데 그 전에 정리할 수 있는 조건이 있으면 정리하는 것이 좋다.
'조건 5'와 연결된 '조건 2'를 통해 D는 반드시 참석하고 E는 반드시 불참하는 것을 알 수 있다. 그런 다음 '조건 1'을 적용하면 다음의 2가지로 나뉠 수 있다.

1) A가 참석하는 경우

A	C	D	F
			※ B도 참석

'조건 3'의 대우는 충족하나 '조건 4'의 대우에 의해 F가 참석하면 B도 참석해야 하므로, 참석인원이 5명이 되어 4명을 초과한다.

2) B가 참석하는 경우

B	C	D	F

이 경우만 '조건 3'의 대우와 '조건 4'의 대우를 모두 만족하게 된다. 따라서 구성할 수 있는 팀은 1개이다.

정답 ②

핵심 이론

연역 추론 기본: 연역법, 대우

1) 연역 추론(3단 논법)

보편적이고 일반적인 원리나 전제로부터 특수한 사실을 이끌어 내는 것을 연역 추론이라 한다. 또한 연역 추론에 의한 판단은 확률상의 결론이 아니라 절대적인 결론이다.

대전제	사람은 죽는다.
소전제	소크라테스는 사람이다.
결론	소크라테스는 죽는다.

즉, 위와 같은 추론에서 대전제와 소전제를 참이라고 가정할 경우 결론은 반드시 참이다.

2) 명제의 역·이·대우

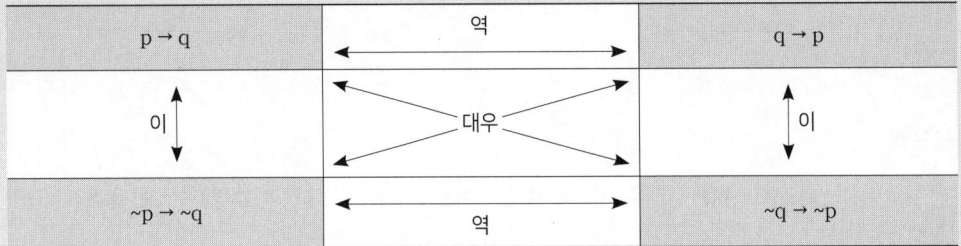

- 본 명제($p \rightarrow q$)와 대우($\sim q \rightarrow \sim p$)는 항상 동치(참과 거짓이 같은 명제)이다.
- 역과 이는 동치가 아니다. 즉, 본 명제($p \rightarrow q$)가 참이라도 역과 이는 참인지 거짓인지 알 수 없다.

3) 합성명제

명제논리란 참과 거짓이 분명한 문장이나 식을 의미한다. 중요한 명제의 합성과 그 진리(참, 거짓) 표는 다음과 같다.

p	q	~p	p∨q	p∧q	p→q	p↔q
—	—	부정	논리합	논리곱	조건	쌍조건
—	—	not	or(또는)	and(그리고)	if	if and only if
T	T	T	T	T	T	T
T	F	T	T	F	F	F
F	T	T	T	F	T	F
F	F	F	F	F	T	T

4) 명제의 부정(드 모르간 정리)

- $\sim(p \vee q) = \sim p \wedge \sim q$
- $\sim(p \wedge q) = \sim p \vee \sim q$
- ~[어떤 x에 대하여 p(x)이다.] = 모든 x에 대하여 ~p(x)이다.
- ~[모든 x에 대하여 p(x)이다.] = 어떤 x에 대하여 ~p(x)이다.

연역 추론 응용: 퍼즐식 연역추리

문제에서 활용되지 않는 조건이 굳이 제시되지는 않기 때문에 기본적으로 제시된 조건은 모두 활용된다고 보면 된다. 문제는 나열된 조건들을 어떠한 방식으로 활용하느냐이다. 조건 분석형 문제의 경우 다음 3가지 순서에 따라 문제에 접근한다.

1) 확정된 정보 찾기
여러 가지 조건 중 가장 먼저 활용해야 할 조건을 찾는 작업을 말한다. 모든 조건이 같은 가치를 가지는 것은 아니므로, 가장 중요한 가치를 가지는 조건부터 살펴봐야 하고, 그것이 문제의 실마리가 된다. 먼저 활용할 조건을 찾는 작업이 조건 분석형 문제를 푸는 데 가장 중요한 작업이라고 할 수 있다.

> **확정된 정보를 찾는 방법**
> - 문제 자체에서 '조건이 제시된 경우'는 그 조건을 다른 조건들에 포함시켜 함께 고려한다.
> - 가언명제*는 확정된 정보로 활용하지 않는다.
> - 확정된 정보를 찾을 수 없을 때, 경우의 수를 되도록 적게 만든다.
> - 참과 거짓 문제는 확정된 정보가 없으므로 경우의 수를 활용한다.
>
> * 가언명제: "만약 S가 P라면, Q는 R이다"와 같이, 어떤 가정이나 조건으로 표현되는 명제

2) 정보를 확장하기
확정된 정보를 찾았다면 다음으로 조건들을 어떻게 활용할 수 있는지 알아보자. 해답을 얻기 위해서는 정보의 확장 작업을 해야 하는데 어떤 조건부터 접근해야 하는지 생각해 본다.

> **정보를 확장하는 방법**
> - 보기 쉬운 형태로 기호화한다.
> - 가장 많은 양의 정보를 중심으로 나머지 정보를 합친다.
> - 표로 만들 수 있는 것은 표로 만들어 시각화한다.
> - 조건에 따른 가능한 조합을 찾는 문제인 경우, 선택지에 그 조합들이 나열되어 있다면 선택지들을 조건에 대입해 본다.

특히 배열(순서 정하기) 문제에서는 5~6개 이상의 대상이 등장하므로 순서대로 그대로 풀 경우 시간이 많이 소요된다. 순차적으로 해야 될 경우라도 기호를 사용하여 그 시간을 줄여 나가는 연습이 필요하다. 일정한 기호(- , →, / , < >)를 사용하여 시간이나 공간배치를 하면 시간을 훨씬 절약할 수 있다. 또한 배열순서에 따라 하나로 묶이는 것들은 그 묶음을 활용하여 묶음을 한 단위로 하여 움직이면 문제를 쉽게 해결할 수 있다.

3) 문제에 적용하기
다른 고려사항이 없다면 정답을 확정하면 되나, 질문지에서 '반드시 참인 것은?' 또는 '반드시 거짓인 것은?'의 형태로 질문이 나올 경우는 '도출되는 경우의 수가 2가지 이상이라는 것'을 반드시 염두에 두어야 한다.

핵심유형	논리: 연결
17	어떤 속성이나 소유물이 누구에게 속하는지, 어떤 대상과 어떤 대상이 서로 연결되는지 파악하는 문제이다. 이 경우 그 자체로 질서를 갖고 있는 자리라 할 만한 것은 없고, 다만 두 종류 이상의 요소들이 등장한다. 2019년 하반기에 출제되었으며, 최근에는 출제 빈도가 낮은 편이다.

대표예제

네 사람(덕현, 성훈, 영무, 성우)는 뛰어난 재능을 가진 예술가이다. 이들은 각각 무용가, 화가, 가수, 작가라는 분야에 종사하고 있다. 다음 [보기]의 조건을 고려할 때, 위 네 사람이 종사하는 분야가 바르게 짝지어진 것은?

| 보기 |

ㄱ. 덕현과 영무는 가수인 사람이 무대에 처음 출연하던 날 밤 청중 속에 있었다.
ㄴ. 성훈과 작가인 사람, 이 두 사람은 화가인 사람이 직접 만나 실물 그대로 그려 준 자신들의 초상화를 가지고 있었다.
ㄷ. 작가인 사람이 쓴 성우의 전기는 베스트셀러였는데, 그 작가인 사람은 지금 덕현의 전집을 쓰기 위한 계획을 잡고 있다.
ㄹ. 덕현은 영무를 본 적이 없다.

	덕현	성훈	영무	성우
①	작가	무용가	화가	가수
②	작가	가수	무용가	화가
③	무용가	작가	화가	가수
④	무용가	가수	작가	화가

문제풀이

1) ㄱ을 통해 덕현과 영무는 가수가 아님을 알 수 있다. 또한 ㄴ을 통하여 성훈은 화가도 작가도 아님을 알 수 있다. ㄷ을 통하여 작가는 덕현이도 성우도 아님을 알 수 있다. 이를 표로 정리하면 다음과 같다.

구분	무용가	화가	가수	작가
덕현			X	X
성훈		X		X
영무			X	
성우				X

2) 위 표를 통하여 영무는 작가임이 확정된다. 다음 ㄴ에서 작가는 화가가 직접 만나 실물 그대로 그려 준 자신의 초상화를 가지고 있지만 ㄹ에서 덕현은 영무를 본 적이 없다고 하였다. 따라서 덕현은 화가가 아닌 것이 되고, 무용가로 확정된다. 그러면 성훈과 성우는 무용가가 아니므로 성훈은 가수임이, 성우는 화가임이 순차적으로 확정된다. 이 내용을 표로 정리하면 다음과 같다.

구분	무용가	화가	가수	작가
덕현	O	X	X	X
성훈	X	X	O	X
영무	X	X	X	O
성우	X	O	X	X

정답 ④

핵심유형 18

논리: 자리 배치

추론을 통하여 순서(시간적 순서, 크기 순서 등)나 공간적인 배열(앞, 뒤, 좌, 우)을 파악해 내는 능력을 측정하기 위한 것으로, 순서나 질서를 가진 자리들에 요소들을 어떻게 배치할 것인가를 묻는다. 2019년 상·하반기와 2020년 상반기에 출제되었으며, 최근에는 출제 빈도가 낮은 편이다.

대표예제

○○제조회사 마케팅부에서 판매전략을 위한 임직원 회의가 열렸다. 이 자리에는 8명(A, B, C, D, E, F, G, H)의 임직원이 원형테이블에 동일한 간격으로 앉았다. [보기]의 조건에 의할 때, 다음 중 착석의 형태로 확실하게 옳은 것은?

| 보기 |

ㄱ. D의 바로 옆에는 F가 앉아 있다.
ㄴ. G의 바로 왼쪽에는 C가 앉아 있다.
ㄷ. D의 바로 건너편에는 C가 앉아 있다.
ㄹ. H의 바로 건너편에는 A가 앉아 있다.
ㅁ. B와 한 사람 떨어진 오른쪽에 D가 앉아 있다.

① E의 바로 건너편은 A가 앉아 있다.
② C의 바로 옆에는 E가 앉아 있다.
③ G의 바로 건너편은 F가 앉아 있다.
④ B의 바로 옆에는 A가 앉아 있다.

문제풀이

1) 주어진 [보기]의 조건 중 ㄴ과 ㄷ, ㅁ를 적용하면 다음과 같은 착석 형태가 결정된다.

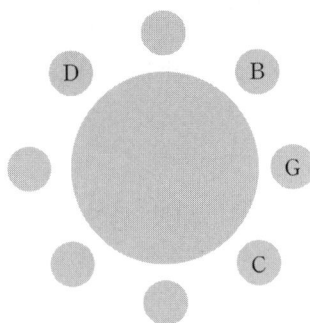

2) ㄹ을 고려하여 'ㄱ. D의 바로 옆에는 F가 앉아 있다.'를 적용하면 F는 D의 오른쪽에 위치하여야 한다. 따라서 E는 다음 그림과 같이 F의 오른쪽에 위치한다. 한편, ㄹ에 의하여 A와 H의 자리는 두 가지 경우가 발생한다. 따라서 주어진 조건에 따라 확실히 맞는 것은 ③이 된다.

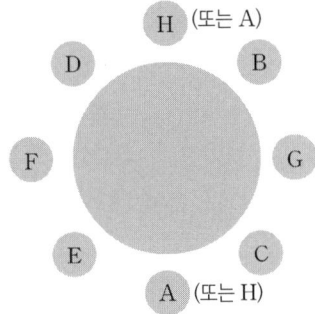

정답 ③

핵심유형 19 — 논리: 참거짓

'참거짓' 문제는 명제의 참과 거짓을 분석하여 질문지의 내용이 참인지 거짓인지를 파악하거나, [보기]에서 참 또는 거짓인 문장을 제시한 후에 그것을 추론하여 문제를 해결해 나가는 방식으로 2018년, 2019년 각 상반기에 출제되었으며, 최근에는 출제 빈도가 낮은 편이다.

대표예제

A, B, C, D, E 이렇게 5명이 로또를 구입했고, 그중 1명이 1등에 당첨되었다. 이들은 다음과 같이 대화를 하였다. 이 중 진실을 말하는 사람이 1명뿐이라고 할 때, 로또 복권 당첨자는 누구인가?

| 보기 |

A: "당첨된 사람은 C이다."
B: "당첨된 사람은 A이다."
C: "A의 말은 거짓말이다."
D: "나는 당첨되지 않았다."
E: "당첨된 사람은 B이다."

① A
② A 또는 C
③ C 또는 E
④ D

문제풀이

- 대화 중 A와 C가 서로 상반(모순)되는 말을 하고 있다. 이 둘 중 한 명은 진실일 것이므로 나머지 B, D, E는 모두 거짓을 하는 것이 된다. 이때 D가 말한 "나는 당첨되지 않았다."가 거짓이므로 결국 D가 복권 당첨자임을 알 수 있다.
- 다른 풀이법으로, 자신에 대한 말을 한 D를 기준으로 경우의 수를 검토할 수도 있다.
  - D의 말이 진실인 경우: 나머지 A, B, C, E는 모두 거짓이 되어야 한다. A의 말이 거짓이 되고, A의 말이 거짓이라면 C의 말도 거짓이 되는데 이는 모순이다.
  - D의 말이 거짓인 경우: D의 말이 거짓이라면 D는 복권 당첨자가 된다. 그렇다면 A, B, E는 거짓을, C는 진실을 발언하는 것이 된다. 진실을 말하는 사람은 1명뿐이라고 하였으므로 문제의 조건에 부합한다.

정답 ④

핵심이론

참과 거짓 접근방법

1) 양립 불가능한 진술 찾기

'참과 거짓'의 유형은 '양립 불가능한 관계'를 찾아내는 것이 핵심이다. 양립 불가능한 관계란 두 진술이 동시에 참일 수 없는 관계를 말한다. 양립 불가능한 두 진술을 발견하지 못하면 모든 경우의 수를 순차적으로 나열해서 일일이 소거해야 하는 데 반해 이를 발견할 수 있으면 경우의 수가 2로 줄어들게 된다. 따라서 [보기]에 있는 진술들 중 서로 양립 불가능한 두 개의 문장을 찾아 그 문장들을 중심으로 경우의 수를 나누는 것이 빠른 해결 방법이다. 만약 양립 불가능한 진술을 찾지 못할 경우에는 모든 경우의 수를 적용한다. 그러나 이런 경우는 경우의 수가 5개 이하인 경우가 대부분이고 문제가 단순하므로 편하게 접근하면 된다.

2) 대입법 활용하기

'참과 거짓' 문제에서 쉽게 답을 찾는 방법은 대입법이다. 이는 선택지가 간단한 숫자로 나오거나 단수로 제시될 경우와 선택지에 모든 순서가 나열되어 있는 경우에 활용하는 것이 좋다. '참과 거짓' 유형의 문제에 자신이 없는 사람은 오히려 이 방법을 우선적으로 쓰는 것이 시간 절약에 도움이 될 수 있다. 선택지를 하나하나 대입하면서 [보기]의 조건에 맞는지(거짓말을 하는 사람의 수가 맞는지)를 검토하면 쉽게 해결되는 문제가 많다.

3) 문제에 적용하기

다른 고려사항이 없다면 정답을 확정한다.

핵심유형 20 | 변수에 따른 추론

규정 등의 변경에 따른 영향을 사례에 적용하거나 추론하는 문제이다. IBK기업은행에서는 대출규제 강화로 인한 미성년자 대출 제한, 인사 평가제도 변경으로 인한 영향, 차주단위 DSR 단계적 확대도입을 주제로 출제되었다. 또한 규정 등의 변경이 수치 정보를 담은 경우에는 계산 문제가 세트형으로 출제되기도 한다.

대표예제

다음은 2020년에 변경된 ○○은행의 핵심평가지표(KPI)에 관한 기사이다. [보기] 중 변경 당시 이 기사를 읽고 적절한 반응을 보인 사람은?

핵심성과지표(KPI)는 은행의 본점과 영업점의 경영목표 달성 여부 및 영업실적을 평가하는 기준으로 활용되는 평가지표이다. 통상 시중은행들은 매년 경영목표 및 경기상황, 정책적 판단 등을 고려해 KPI를 설정한다.

2020년 ○○은행이 내부적으로 설계한 KPI를 살펴보면, 배점 기준 항목은 총 4가지이고, 총점은 1000점이다. 수익성(500점), 건전성(100점), 고객자산관리(150점), 내실성장(250점) 등의 평가요소를 마련했다.

[○○은행 2020년 KPI 평가항목 및 배점표]

평가항목	KPI		배점	비고
수익성	조정RAR		500점	수익성지표 통합 배점 90점 상향
건전성	연체율		70점	10점 상향
	자산건전성관리		30점	20점 상향
고객자산관리	고객수익률		50점	30점 상향
	고객CARE	블완전판매모니터링	30점	(신설) 상품판매 사후관리 집중 점검
		미스터리쇼핑	20점	
	퇴직연금		50점	수탁고 35점 / 개인형IRP 15점
내실성장	성장기반상생	총수신	50점	20점 상향(핵심예금 폐지)
		중소기업금융지원	70점	말잔 40점 / 평잔 30점
		서민금융지원	10점	기금대출 가점 운영
	고객기반		120점	결제성계좌(활동고객 가점)
총점			1,000점	—

○○은행의 2019년 KPI와 2020년 KPI의 가장 큰 차이는 각종 평가항목을 단순화하고 고객자산관리 항목을 신설한 데 있다. 2019년 KPI는 수익성(410점), 건전성(70점), 필수지표(190점), 전략지표(150점), 핵심예금지표(180점) 등 5개로 이뤄졌었다.

[○○은행 2019년 KPI 평가항목 및 배점표]

평가항목	KPI	배점	평가항목	KPI	배점
수익성	위험조정영업수익	250점	전략지표	디지털금융	30점
	조정RAR	30점		자산관리상품	60점
	위험조정이자이익	30점		고객수익률	20점
	비이자이익	100점		신용카드	20점
건전성	연체율	60점		주택도시기금	10점
	자산건전성관리	10점		연계영업	10점
필수지표	총수신	30점		감점(주담대구조개선)	(10)점
	중소기업금융지원	70점	핵심예금 지표	핵심예금	50점
	외환기반	30점		결제성계좌	80점
	서민금융지원	10점		활동고객	30점
	퇴직연금	50점		PB/자산가고객	20점

| 보기 |

- 갑동: 내실성장 항목의 총수신, 중소기업금융지원, 서민금융지원은 이번에 신설된 평가지표야.
- 을순: 이번에는 지난번에 비해 각 영업점 및 영업본부에서 유치한 고객을 상품판매 이후에도 잘 관리하고 있는지 여부가 중요해졌어.
- 병태: 지난번에는 자산건전성관리보다는 연체율이 더 중요한 평가지표였지만, 이번에는 연체율보다는 자산건전성관리에 더 신경을 써야 해.
- 정희: 지난번에 4개로 세분화되었던 수익성 지표가 이번에는 1개로 단순화되었으므로, 수익성 달성 여부가 평가에 미치는 영향은 줄어들었다고 볼 수 있어.

① 갑동　　　② 을순　　　③ 병태　　　④ 정희

| 문제풀이 |

① 갑동: (X) 내실성장 항목의 총수신, 중소기업금융지원, 서민금융지원의 평가지표는 2019년에는 필수지표 평가항목에, 2020년에는 내실성장 평가항목에 포함되었다. 따라서 해당 평가지표 자체가 신설된 것이 아니다.
② 을순: (O) 2020년은 2019년에 없던 고객CARE 평가지표가 신설되었다. 해당 지표의 비고란을 통해 상품판매 사후관리 집중 점검이 이루어질 것이라는 점을 추론할 수 있다.
③ 병태: (X) 2019년에 비해 2020년 연체율은 10점, 자산건전성관리는 20점 상향되어 자산건전성관리의 배점 상향폭이 더 크지만, 2020년 배점을 비교하면 연체율 70점, 자산건전성관리 30점으로, 여전히 연체율이 더 중요한 평가지표이다.
④ 정희: (X) 지난해에 4개로 세분화되었던 수익성 지표가 올해는 1개로 단순화된 것은 맞지만, 배점은 오히려 410점에서 500점으로 상향되었다. 2019년과 2020년 만점이 1,000점으로 동일한 것을 감안하면 수익성 달성 여부가 평가에 미치는 영향이 줄어들었다고 보기는 어렵다.

정답 ②

핵심유형 21 　 개념·원리 적용

주어진 공식을 이해하거나, 주어진 자료로부터 일정한 원리나 법칙을 발견해 내는 것을 기본으로 한다. 주어진 개념이나 방법, 절차, 원리, 법칙 그리고 일반화된 방법 등을 주어진 장면이나 구체적 장면에 맞추어 사용할 수 있는 능력을 묻는 유형이므로, 문제에서 주어진 공식이 어떤 것인지 어떤 계산을 해야 하는지를 파악하여야 한다. IBK기업은행에서는 간지(干支) 조합 원리, 한글 프로그래밍 원리 등으로 출제되었다.

대표예제

간지(干支)란 10천간과 12지신을 서로 조합한 것을 이르는 말이며, 연도를 표시하는 데 이용된다. 10개의 천간과 12개의 지신을 조합하면 갑자, 을축, 병인, …, 임신, 계유, 갑술, 을해, 병자, …, 임술, 계해의 60가지가 나오고 이는 60년을 주기로 반복된다. 다음 [표]에 기초하여 [제시문]의 (A)에 들어갈 연도를 바르게 나열한 것은?

[표] 10천간과 12지신

10천간	갑	을	병	정	무	기	경	신	임	계		
12지신	자	축	인	묘	진	사	오	미	신	유	술	해

[제시문]

　조선시대 붕당정치의 직접적인 발단은 을해년(1575년) 이조전랑직을 둘러싼 김효원과 심의겸의 반목에서 비롯하였다. 처음에는 동인과 서인으로 나뉘었으나 동인이 다시 강경파인 북인과 온건파인 남인으로 분파되어 임진왜란 이전에 이미 서인, 남인, 북인의 삼색이 형성되었다.
　임진왜란 이후 정권을 잡은 북인은 계해년(1623년) 인조반정에 의해 몰락하게 되고 붕당정치는 서인과 남인의 대결로 신화되었다. 두 차례의 예송과 경신환국을 거치면서 집권을 계속하던 서인은 이른바 (A) 기사환국으로 물러나게 되고 남인이 다시 등용되었다.

① 1688년
② 1689년
③ 1693년
④ 1694년

문제풀이

간지의 앞글자(10천간)는 10년에 한 번씩 돌아오며, 뒷글자(12지신)는 뒤쪽(왼쪽)으로 두 칸 앞에 있는 글자가 붙는다. 예를 들면 갑자(1년째), 갑술(11년째), 갑신(21년째)…와 같은 방식이다. 이와 같은 법칙을 발견해 내는 것이 중요하다. [제시문] 중 계해년이 1623년이므로, 그다음 연도인 갑자년은 1624년, 또는 60년 후인 1684년이 될 것이다. 기사년은 [표]에서 곧바로 갑자년 5년 뒤임을 알 수 있고, 따라서 (A)는 1689년이 된다.

정답 ②

문제풀이 TIP

공식이 주어졌을 때 단순히 대입 또는 이용하는 것이 아니라 공식을 변형 또는 조작해야 하는 경우, 공식의 도출 과정을 이용해야 하는 경우, 2개 이상의 공식을 함께 이용해야 하는 경우, 2개 이상의 공식을 연결해야 하는 경우, 2개 이상의 공식을 변형하거나 연결하여 새로운 공식을 도출해야 하는 경우 등이 이 유형에 포함된다. 다양한 형태로 변형될 수 있으나 접근방법은 공통적으로 다음과 같다.

- 문제에서 주어진 정보를 통하여 구해야 하는 것이 무엇인지를 정확히 판단한다.
- 문제에서 주어진 공식을 정확히 이해한다. 특히 공식의 형태나 구성 요소를 눈여겨 살펴본다.
- 알고 있는 것, 알아야 할 것, 알 수 있는 것을 정확히 구분한다.
- 잘못된 정보들, 혹은 필요한 듯 보이지만 쓸모없는 정보들에 현혹되지 않도록 한다.

4 자원관리능력 (핵심유형 22~23)

핵심유형 22

조건에 따른 결과 예측

제시된 정보에서 어떠한 조건을 주고 이 조건을 이용하여 최종적인 정보를 요구하는 문제 유형으로, 특히 회의·출장의 일정 또는 장소를 선택하는 형태가 자주 등장한다. IBK기업은행에서는 회의 일정 및 장소, 채용박람회 지도, 택배기사 이동 경로 등으로 출제되었다. 추가 조건을 주거나 계산을 하는 문제와 함께 세트형으로 출제되기도 하므로 이해를 돕기 위하여 대표예제는 세트형으로 다룬다.

대표예제

[01~02] 다음 [채용박람회 안내]와 [채용박람회 지도]를 보고 물음에 답하시오.

[채용박람회 안내]

- 채용박람회에는 A기업, B기업, C기업, D기업 총 4개 기업이 참가함
- 기업별로 현장면접과 현장상담을 실시하며, 각각 10시부터 17시까지 1시간 단위로 진행함
- 현장면접은 사전에 신청한 참가자만 참여할 수 있으며, 현장상담은 사전 신청 인원이 정원에 미치지 못하는 경우 현장접수를 통해 참여할 수 있음
- 현장면접에 참여하는 참가자는 자기소개서를 지참하여야 함

[채용박람회 지도]

■ : 출입구

출구			
A기업 부스	B기업 부스	관계자 대기실	남자 화장실
C기업 부스	D기업 부스	참가자 대기실	여자 화장실
입구			

01 홍길동 씨는 채용박람회 도우미로 일하고 있다. 위 [채용박람회 지도]에 따를 때 참가자의 상황에 대한 홍길동 씨의 답변으로 적절하지 않은 것은?

① 상황: 여자 화장실을 이용한 참가자가 박람회장을 나가는 길을 묻는 경우
   답변: 여자 화장실에서 나가 왼쪽으로 조금 이동한 뒤 참가자 대기실을 끼고 오른쪽으로 돌아 쭉 직진하면 왼쪽에 있는 문을 통해 나가실 수 있습니다.

② 상황: B기업 부스에서 현장상담을 마친 참가자가 남자 화장실의 위치를 묻는 경우
   답변: B기업 부스에서 나가 왼쪽으로 직진한 뒤 관계자 대기실을 끼고 왼쪽으로 돌면 오른쪽에 남자 화장실 출입구가 있습니다.

③ 상황: 참가자 대기실에 있는 참가자가 C기업 현장면접을 하기 위해 가야 할 곳을 묻는 경우
   답변: 참가자 대기실에서 나가 오른쪽으로 조금 이동한 뒤 D기업 부스를 끼고 왼쪽으로 돌아 직진하면 왼쪽으로 D기업 부스 다음에 C기업 부스가 있습니다.

④ 상황: 입구로 들어온 참가자가 자기소개서 파일을 출력하기 위해 참가자 대기실의 위치를 묻는 경우
   답변: 입구에서 오른쪽으로 직진한 뒤 D기업 부스를 끼고 왼쪽으로 돌면 오른쪽에 참가자 대기실이 있습니다.

> 문제풀이

① (X) 참가자는 나가는 길을 묻고 있으므로 출구를 안내해 주어야 하는데, 홍길동 씨의 답변대로 이동하면 입구에 다다르게 된다. 출구를 안내해 주기 위해서는 "여자 화장실에서 나가 오른쪽으로 직진한 뒤 관계자 대기실을 끼고 왼쪽으로 돌아 쭉 직진하면 오른쪽에 출구가 있습니다."라고 답변하여야 한다.

정답 ①

02 위 [채용박람회 안내]와 다음 [기업별 현장면접 및 현장상담 인원]에 따를 때 옳은 내용을 고르면? (단, 언급되지 않은 내용은 고려하지 않는다)

[기업별 현장면접 및 현장상담 인원]

(단위: 명)

구분	A기업		B기업		C기업		D기업	
	현장면접	현장상담	현장면접	현장상담	현장면접	현장상담	현장면접	현장상담
10:00~11:00	5(3)	8(7)	6(5)	7(7)	10(10)	15(12)	5(5)	8(8)
11:00~12:00	5(5)	8(6)	6(5)	7(4)	10(8)	15(13)	5(5)	8(7)
12:00~13:00	5(5)	8(8)	9(9)	12(10)	7(6)	10(9)	5(4)	8(6)
13:00~14:00	8(6)	10(10)	9(9)	12(12)	7(7)	10(8)	5(3)	8(8)
14:00~15:00	8(5)	10(10)	9(7)	12(12)	5(5)	7(7)	5(3)	8(6)
15:00~16:00	8(8)	10(5)	6(6)	12(11)	5(5)	7(7)	5(5)	8(8)
16:00~17:00	8(3)	10(10)	6(5)	12(12)	5(5)	7(7)	5(4)	8(8)

※ 괄호 밖은 정원, 괄호 안은 사전 신청 인원을 나타낸다.

① A기업에서 현장접수를 받을 수 있는 인원은 총 20명이다.
② B기업의 10:00~11:00 시간대 현장상담에만 사전 신청한 참가자가 자기소개서를 지참하고 있다면, 현장상담을 마친 후 현장접수를 통해 B기업 현장면접에 참여할 수 있다.
③ C기업의 현장상담에 현장접수를 하기 위해서는 14:00까지 채용박람회 현장에 도착하여야 한다.
④ D기업의 15:00~16:00 시간대 현장면접에만 사전 신청한 참가자가 현장면접을 마친 후 현장상담에 참여할 수 있는 기업은 없다.

문제풀이

① (X) 현장면접은 사전에 신청한 참가자만 참여할 수 있고, 현장상담은 사전 신청 인원이 정원에 미치지 못하는 경우 현장접수를 통해 참여할 수 있다. 따라서 A기업에서 현장접수를 받을 수 있는 인원은 총 8명이다.
② (X) 10:00~11:00 시간대의 현장상담 이후에 11:00~12:00, 14:00~15:00, 16:00~17:00 시간대의 현장면접 인원이 비어 있기는 하지만, 현장면접은 현장접수가 불가능하다.
③ (X) C기업의 현장상담은 14:00~15:00, 15:00~16:00, 16:00~17:00 시간대 모두 인원이 꽉 차 있다. 따라서 늦어도 13:00 이전에는 현장에 도착해야 인원이 2명 비어 있는 13:00~14:00 시간대의 현장상담에 접수할 수 있다.
④ (O) 15:00~16:00 시간대의 현장면접 이후에 참여할 수 있는 현장상담 시간대는 16:00~17:00인데 해당 시간대의 현장상담은 4개 기업 모두 인원이 꽉 차 있다.

정답 ④

핵심유형 23 | 확실성하의 의사결정

앞서 다룬 '조건에 따른 결과 예측'의 연장선상에 있는 유형으로, 확률에 따른 의사결정을 하는 것이 아니라 문제의 조건(주로 평가 점수 제시)에 따라 하나의 안을 선택할 것을 요구한다. 이 기준은 제시된 정보가 텍스트 형태인 경우도 있고 도표나 수식인 경우도 있다. 도표로 제시되는 경우에는 각 변수를 확인하는 과정이 필요하다. IBK기업은행에서는 해외 연수자 선발, 평가항목별 가중치가 있는 승진 대상자 선발, 사내 가전제품 구매를 위한 업체 선정 등이 출제되었다.

대표예제

01 IBK기업은행은 경기남부권역에 새로운 지점 입지를 선정하기 위하여 전문가를 대상으로 다음과 같은 설문조사를 실시하였다. 이를 근거로 [보기]에서 옳은 것만 모두 고르면?

설문조사는 (1) 인구, 면적, 기업체 수, 운영비 4개 입지 선정기준에 대한 가중치 조사와 (2) 각 선정기준별 입지후보지 선호도 조사로 구성되어 있다. 조사 결과는 다음과 같다.

선정기준	가중치	선호도		
		후보지 A	후보지 B	후보지 C
인구	0.2	0.6	0.2	0.2
면적	0.1	0.5	0.3	0.2
기업체 수	0.5	0.6	0.2	0.2
운영비	0.2	0.2	0.5	0.3
종합점수		0.51	0.27	0.22

※ 1) 종합점수＝Σ(가중치×선호도)
　 2) 1에 가까울수록 더 선호함을 의미한다.

| 보기 |

ㄱ. 선정기준 중 운영비 측면에서 입지후보지 선호도를 비교한다면, 그 결과는 B＞A＞C의 순위가 된다.
ㄴ. B와 C의 두 경우만 비교하면, 기업체 수가 두 입지후보지 간의 종합점수 순위에 영향을 주지 않는다.
ㄷ. 입지 선정기준 중 면적을 제외한 다음, 면적가중치를 인구가중치에 합산하여 종합점수를 계산하면 그 결과는 A＞C＞B의 순위가 된다.
ㄹ. 전문가들은 기업체 수가 최종적인 입지 선정의 가장 중요한 요소라고 판단하고 있다.

① ㄱ, ㄴ　　② ㄴ, ㄷ　　③ ㄴ, ㄹ　　④ ㄷ, ㄹ

문제풀이

ㄱ. (X) 운영비 측면에서 비교하면, B(0.5)＞C(0.3)＞A(0.2)의 순위가 된다.
ㄴ. (O) 기업체 수는 B와 C 모두 선호도 점수가 동일하다. 따라서 기업체 수가 입지선정기준에 있는지와 상관없이 순위에 영향을 주지 않는다.
ㄷ. (X) 기업체 수, 운영비 점수가 그대로이고, 인구와 면적에 관련된 점수를 전후로 나누어 계산 및 비교해 본다.
- A: (전) $0.2 \times 0.6 + 0.1 \times 0.5 = 0.17$, (후) $0.3 \times 0.6 = 0.18$. 즉 0.01 증가
- B: (전) $0.2 \times 0.2 + 0.1 \times 0.3 = 0.07$, (후) $0.3 \times 0.2 = 0.06$. 즉 0.01 감소
- C: (전) $0.2 \times 0.2 + 0.1 \times 0.2 = 0.06$, (후) $0.3 \times 0.2 = 0.06$. 즉 증감 없음

변경된 종합점수는 A=0.52, B=0.26, C=0.22로 순위가 A＞B＞C가 된다.

ㄹ. (O) 입지 선정의 가장 중요한 요소는 가중치의 크기로 판단할 수 있다. 기업체 수가 가중치 0.5로 가장 크다.

정답 ③

문제풀이 TIP

가중치가 들어간 문제는 선택지로 반드시 활용되므로 가중치가 들어간 항목의 내용은 꼼꼼하게 검토해야 한다. 다음 예시를 통해 가중치가 부여된 점수를 계산해 보도록 하자.

평가기준	가중치	대안별 부여점수		
		A	B	C
갑	2	7	7	3
을	5	3	2	6
병	3	4	2	3

가중치는 통상적으로 둘째 칸에 기재되어 있다. 가중치가 부여된 점수의 계산은 각 기준별로 [가중치×각 대안들의 점수]로 계산하면 된다.

위 표에서 평가기준 '갑'에 대해 대안 A의 가중치가 부여된 점수는 14이다. 이는 가중치 2에 대안 A의 부여점수 7을 곱하여 산출한 결과이다. 마찬가지 방법으로 평가기준 '을'에 대해 대안 B의 가중치가 부여된 점수는 10이다. 평가기준 '을'이 가중치는 5이고, 대안이 부여점수는 2이므로 둘을 곱하면 10이 되기 때문이다. 가중치 문제가 나오면 각 대안의 점수 옆에 미리 가중치가 부여된 점수를 계산하여 기재해 두는 것이 좋다. 왜냐하면 가중치가 표에서 제시된 경우는 가중치를 활용하게끔 문제가 구성되기 때문이다. 가중치를 고려한 표는 다음과 같다.

평가기준	가중치	대안별 부여점수		
		A	B	C
갑	2	7 (14)	7 (14)	3 (6)
을	5	3 (15)	2 (10)	6 (30)
병	3	4 (12)	2 (6)	3 (9)

가중치를 고려하지 않고 부여점수의 총합을 구하면 A는 14, B는 11, C는 12가 되어 A＞C＞B 순이 되지만, 가중치를 고려하여 부여점수의 총합을 구하면 A는 41, B는 30, C는 45가 되어 C＞A＞B의 순서가 된다. 가중치를 고려할 경우 선택되는 대안이 달라짐을 알 수 있다.

02 A시 소재 회사에 근무하는 갑은 B시에서 오후 3시에 개최되는 회의에 참석하고자 한다. [표 1]과 [표 2]의 조건이 주어졌을 때, 오전 11시에 회사에서 출발하여 회의시간에 늦지 않게 도착하기 위한 방법 중 최저운임으로 갈 수 있는 방법과 최단시간에 도착할 수 있는 방법은?

[표 1] 교통수단별 소요시간과 운임(도시 내)

A시		교통수단	소요시간(분)	운임(원)	B시		교통수단	소요시간(분)	운임(원)
출발지	도착지				출발지	도착지			
회사	공항	a	40	1,500	공항	회의장	a	35	1,500
		b	30	6,000			b	25	5,000
		c	30	1,500			c	35	2,000
	고속버스터미널	a	25	1,000	고속버스터미널		a	50	2,000
		b	15	3,000			b	30	6,000
		c	20	1,000			c	30	1,500
	역	a	30	1,000	역		a	30	1,000
		b	20	4,000			b	20	4,000
		c	15	1,000			c	35	2,000

[표 2] 교통수단별 소요시간과 운임(도시 간)

구간	교통수단	소요시간(분)	운임(원)	비고
A시 → B시	비행기	90	60,000	탑승수속시간 35분 추가 소요
	고속버스	210	40,000	—
	기차	140	50,000	—

	최저운임 도착방법	최단시간 도착방법
①	c → 기차 → a	c → 기차 → b
②	a → 고속버스 → c	c → 기차 → b
③	a → 비행기 → c	b → 비행기 → c
④	a → 기차 → a	c → 비행기 → b

문제풀이

- 질문지 정보: 오전 11시에 회사에서 출발하여, 오후 3시에 개최되는 회의에 참석하고자 한다. 즉, 주어진 시간은 4시간(240분)이다.
- 고속버스를 이용할 경우 210분이 소요되고, [회사 → A터미널], [B터미널 → 회의장] 소요시간을 감안하면 총 240분이 넘으므로 고속버스는 이용할 수 없다. 따라서 ②는 선택할 수 없다.
- 운임을 기준으로 a, b, c 어떤 교통수단이더라도 공항까지의 이동 운임보다 역까지의 이동 운임이 저렴하고, 비행기보다 기차가 저렴하므로 최저운임은 기차를 이용하는 것이 되므로 ①과 ④ 중에 최저운임이 있다.
- ①은 175분(=15+140+20)이, ④는 180분(=30+90+35+25)이 소요된다.

정답 ①

5 정보능력 (핵심유형 24~26)

핵심유형 24 — 엑셀 활용

업무 수행에 필요한 정보를 수집, 분석, 조직, 관리, 활용하는 데 있어 컴퓨터를 사용하는 컴퓨터활용능력, 즉 Excel 함수의 지식을 요구하는 문제로 2020년에 출제되었으며, 최근에는 출제 빈도가 낮은 편이다.

대표예제

다음 시트에서 [B2:D6] 영역이 '점수'로 이름이 정의되었을 경우 =AVERAGE(INDEX(점수, 2, 1), MAX(점수))의 결과 값으로 옳은 것은?

	A	B	C	D
1	성명	필기	자격증	면접
2	김유식	85	60	90
3	고광식	75	80	90
4	김순식	90	80	80
5	마현명	80	95	70
6	박문길	85	100	80
7				

① 75
② 86.5
③ 87.5
④ 100

문제풀이

- INDEX(범위, 행 번호, 열 번호): 표나 범위에서 지정된 행 번호와 열 번호에 해당하는 데이터를 구하는 함수
- MAX(인수1, 인수2,…): 인수 목록 중에서 최댓값을 구하는 함수
- INDEX(점수, 2, 1): 점수 영역[B2:D6]에서 지정된 2행 1열에 해당하는 데이터는 75이다.
- MAX(점수): 점수 영역[B2:D6]에서 최댓값을 구하면 100이다.

위에서 구한 값을 대입하면 AVERAGE(75,100)=(75+100)/2=87.5가 된다.

정답 ③

핵 심 이 론

자주 사용되는 Excel 함수 정리

1) 수학/삼각 함수

함수	내용
SUM(인수1 ,인수2,…)	인수들의 합계를 구함
SUMIF(조건 적용 범위, 조건, 합계 구할 범위)	• 주어진 조건에 해당하는 지정 범위의 합계를 구함 • '합계를 구할 범위'를 생략한 경우 범위에 있는 셀이 조건에 맞는지 확인하고 해당 조건에 맞으면 셀의 합계를 구함
SUMIFS(합계 구할 범위, 조건1 적용 범위, 조건1, 조건2 적용 범위, 조건2,…)	범위 내에서 여러 조건을 만족하는 셀의 합계를 구함
ABS(인수)	인수의 절댓값을 구함
INT(인수)	가장 가까운 정수로 내림한 값을 구함
MOD(인수1, 인수2)	• 인수1을 인수2로 나눈 나머지를 구함 • 인수2가 0이면 #DIV/0! 오류 표시
QUOTIENT(인수1, 인수2)	• 인수1을 인수2로 나눈 몫을 구함 • 인수가 하나라도 숫자가 아닐 경우 #VALUE! 오류 표시
ROUND(인수, 자릿수)	인수를 지정한 자릿수로 반올림

2) 텍스트 함수

함수	내용
LEFT(문자열, 개수)	문자열의 왼쪽부터 지정된 개수만큼 문자 표시
RIGHT(문자열, 개수)	문자열의 오른쪽부터 지정된 개수만큼 문자 표시
MID(문자열, 시작 번호, 개수)	문자열의 시작 위치부터 지정된 개수만큼 문자 표시
LOWER(문자열)	문자열을 모두 소문자로 전환
UPPER(문자열)	문자열을 모두 대문자로 전환
PROPER(문자열)	문자열의 첫 문자만 대문자로 전환
REPLACE(문자열1, 시작위치, 개수, 문자열2)	문자열1 시작 위치에서 개수로 지정한 문자를 문자열2로 전환

3) 통계 함수

함수	내용
AVERAGE(인수1, 인수2,…)	인수들의 평균을 구함
AVERAGEA(인수1, 인수2,…)	텍스트로 나타낸 숫자, 논리값 등도 포함하여 인수의 평균을 구함
AVERAGEIF(조검범위, 조건, 평균범위)	조건 범위에서 지정한 조건을 만족하는 경우 평균 범위에서 평균을 구함
AVERAGEIFS(평균 범위, 조건1 범위, 조건1, 조건2 범위, 조건2,…)	여러 조건을 만족하는 경우 평균 범위에서 평균을 구함
COUNT(인수1, 인수2,…)	인수 목록에서 숫자가 들어 있는 셀의 개수를 구함
COUNTA(인수1, 인수2,…)	인수 목록에서 공백이 아닌 셀과 값의 개수를 구함
COUNTBLANK(범위)	범위에서 빈 셀의 개수를 구함
COUNTIF(범위, 조건)	범위에서 조건에 맞는 셀의 개수를 구함
COUNTIFS(조건1 적용 범위, 조건1, 조건2 적용 범위, 조건2,…)	범위에서 여러 조건을 만족하는 셀의 개수를 구함
LARGE(범위, k번째)	범위에서 k번째로 큰 값을 구함
SMALL(범위, k번째)	범위에서 k번째로 작은 값을 구함
MAX(인수1, 인수2,…)	인수 목록 중 최댓값을 구함
MAXA(인수1, 인수2,…)	텍스트로 나타낸 숫자, 논리값 등 도 포함하여 인수 목록 중 최댓값을 구함
MIN(인수1, 인수2, …)	인수 목록 중 최솟값을 구함
RANK(인수, 범위, 결정 방법)	• 지정범위에서 인수의 순위를 구함 • 결정방법: 0 또는 생략하면 내림차순, 0이외의 값은 오름차순으로 표시
MODE(인수1, 인수2,…)	인수 목록 중 빈도수가 가장 높은 값(최빈수)을 구함

4) 논리 함수

함수	내용
IF(조건, 인수1, 인수2)	지정한 조건이 참이면 인수1을, 거짓이면 인수2를 실행
IFERROR(인수1, 인수2)	인수1이 오류이면 인수2를 표시하고, 그렇지 않으면 인수를 그대로 표시
AND(인수1, 인수2,…)	인수(또는 조건)가 모두 참이면 TRUE를 반환
OR(인수1, 인수2,…)	인수(또는 조건) 중 하나라도 참이면 TRUE를 반환

5) 찾기/참조 함수

함수	내용
HLOOKUP (찾을 값, 범위, 행 번호, 찾을 방법)	범위에서 첫 행에서 찾을 값에 해당하는 데이터를 찾은 후 찾을 값이 있는 열에서 행 번호 위치에 해당하는 데이터를 구함
VLOOKUP (찾을 값, 범위, 열 번호, 찾을 방법)	범위에서 첫 열에서 찾을 값에 해당하는 데이터를 찾은 후 찾을 값이 있는 행에서 열 번호 위치에 해당하는 데이터를 구함
CHOOSE (인수, 값1, 값2, …)	인수의 번호에 해당하는 값을 구함(인수가 1이면 값1, 2이면 값2, …)
INDEX (범위, 행 번호, 열 번호)	지정된 범위에서 행 번호와 열 번호에 해당하는 데이터를 표시
MATCH (찾을 값, 범위, 찾을 방법)	찾을 방법에 따라 지정된 범위에서 찾을 값과 같은 데이터를 찾아 상대 위치를 반환
OFFSET (범위, 행 수, 열 수, 높이, 너비)	범위에서 지정된 행과 열의 수만큼 떨어진 곳에 있는 데이터 범위의 데이터를 표시

6) 데이터베이스 함수

함수	내용
DSUM(범위, 열 번호, 조건)	범위에서 조건에 맞는 레코드 필드 열에 있는 값의 합계를 계산
DAVERAGE(범위, 열 번호, 조건)	범위에서 조건에 맞는 레코드 필드 열에 있는 값의 평균을 계산
DCOUNT(범위, 열 번호, 조건)	범위에서 조건에 맞는 레코드 필드 열에 수치 데이터가 있는 셀의 개수를 계산
DCOUNTA(범위, 열 번호, 조건)	범위에서 조건에 맞는 레코드 필드 열에 비어 있지 않은 셀의 개수를 계산
DMAX(범위, 열 번호, 조건)	범위에서 조건에 맞는 레코드 필드 열에서 가장 큰 값을 계산
DMIN(범위, 열 번호, 조건)	범위에서 조건에 맞는 레코드 필드 열에서 가장 작은 값을 계산

핵 심 유 형	상품코드
25	정보를 분석하여 의미 있는 정보를 찾아내며, 찾아낸 정보를 업무 수행에 적절히 적용하는 정보처리 능력을 묻는 문제이다. IBK기업은행에서는 주민등록번호, 도메인이름, 상품코드 등을 소재로 출제되었다.

〔대표예제〕

다음의 주민등록번호 [정보]와 [상황]을 토대로 [보기] 중 옳은 것을 모두 고르면?

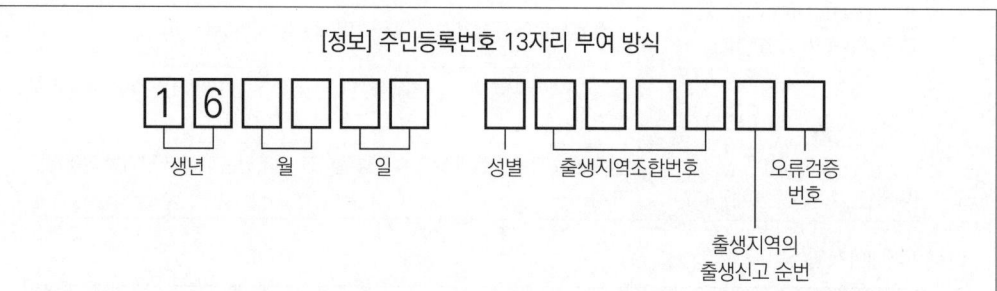

1) 생년·월·일: 생년은 태어난 연도의 끝 두 자리이며, 월일은 태어난 월과 일이다. 태어난 월 또는 일이 단수인 경우에는 0을 붙여 두 자리로 만든다.

2) 성별: 성별은 뒷자리의 첫 번째 숫자이며, 다음과 같이 부여한다.

숫자	의미	숫자	의미
1	1900년대에 태어난 한국인 남자	3	2000년대에 태어난 한국인 남자
2	1900년대에 태어난 한국인 여자	4	2000년대에 태어난 한국인 여자

3) 출생지역조합번호: 출생지역조합번호 4자리 중 앞의 2자리는 지방자치단체의 고유번호이다.

지방자치단체	고유번호	지방자치단체	고유번호
서울특별시	00~08	전라북도	48~54
부산광역시	09~12	전라남도	54~64
인천광역시	13~15	광주광역시	65, 66
경기도	16~25	대구광역시	67~70
강원도	26~34	경상북도	71~80
충청북도	35~39	경상남도	81~84, 87~90
대전광역시	40	울산광역시	85
충청남도	41~43, 45~47	경남 창원시	86
세종특별자치시	44, 96	제주특별자치도	91~95

- 뒤에 2자리는 출생등록한 읍·면·동 주민센터마다 지정된 고유번호이다.
- 다음 1자리는 출생신고한 읍·면·동 주민센터에서 해당일에 신고한 순서이다.

4) 오류검증번호(체크디지트): 주민등록번호의 마지막 자리 번호이며, 왼쪽에서부터 12자리의 숫자에, 왼쪽에서부터 각각 2, 3, 4, 5, 6, 7, 8, 9, 2, 3, 4, 5를 곱해서 모두 더한 값과 오류검증번호의 수 x를 더한 값이 11의 배수가 되도록 정한다. 단, 계산한 결과 11의 배수가 되기 위해서 오류검증번호 x가 10이 되어야 하는 경우에는, x가 1자리의 수이어야 하므로 오류검증번호 x는 0으로 한다. x가 11이 되어야 하는 경우에는 오류검증번호 x는 1로 한다.

[상황]

- 성명: 갑을
- 주민등록번호: 850101-207951x

※ 강동구 성내동 주민센터 번호: 95

| 보기 |

ㄱ. 갑을이 출생한 지역은 경기도이다.
ㄴ. 갑을은 1900년대에 태어난 외국인 여자이다.
ㄷ. 갑을의 오류검증번호 x는 7이다.
ㄹ. 갑을은 1985년 1월 1일 강동구 성내동 주민센터에 출생신고가 가장 먼저 이뤄졌다.

① ㄱ, ㄴ
② ㄱ, ㄷ
③ ㄴ, ㄷ
④ ㄷ, ㄹ

문제풀이

ㄱ. (X) 갑을의 출생지역조합번호 4자리 중 앞의 2자리는 '07'이므로 서울특별시 출생이다.
ㄴ. (X) 갑을은 성별번호는 '2'이므로 1900년대에 태어난 한국인 여자이다.
ㄷ. (O) 주민등록번호 왼쪽에서부터 12자리의 숫자에, 왼쪽에서부터 각각 2, 3, 4, 5, 6, 7, 8, 9, 2, 3, 4, 5를 곱해서 모두 더한 값과 오류검증번호의 수 x를 더한 값이 11의 배수가 되도록 정한다.

8×2	5×3	0×4	1×5	0×6	1×7	2×8	0×9	7×2	9×3	5×4	1×5	=	x
16	15	0	5	0	7	16	0	14	27	20	5	125	?

이때 $125+x$가 11의 배수가 되기 위해서는 x가 7이 된다. 따라서 갑의 주민등록번호 마지막 자리(오류검증번호)는 7이 된다.

ㄹ. (O) 갑이 출생한 읍면동 주민센터번호 '95' 다음 자리 번호가 '1'이므로 해당일에 가장 먼저 출생신고를 하였음을 알 수 있다.

정답 ④

마트에 진열되어 있는 상품에 가늘고 굵은 검은 막대들이 그려진 그래프와 같은 것이 있고 그 아래 부분에 숫자가 쓰여 있는 것을 볼 수 있는데 이를 표준상품식별코드라고 한다.
우리나라에서 사용하는 상품식별코드(GTIN: Global Trade Item Number)는 13자리의 숫자로 이루어진 표준형(GTIN-13)과 8자리의 숫자로 이루어진 단축형(GTIN-8)이 있다.

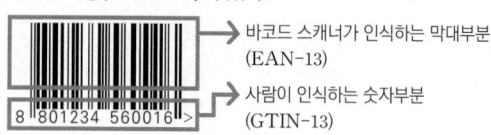

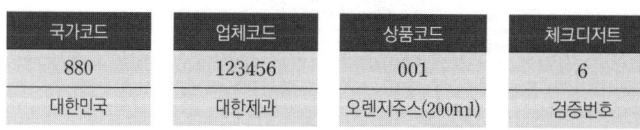

표준형 상품식별코드(GTIN-13)의 13자리 중 왼쪽부터 3자리는 국가코드(어느 나라에서 만들었는지), 그다음 6자리는 업체코드(그 나라의 어느 회사에서 만들었는지), 그다음 3자리는 상품코드(그 회사의 어떤 제품인지), 그리고 마지막 1자리는 검사숫자(체크디지트, 오류 확인)이다.
GTIN-13의 검사숫자(체크디지트)는 다음과 같은 방법으로 정한다.

{(홀수 번째 숫자의 합)×1+(짝수 번째 숫자의 합)×3}+x=10의 배수

예를 들어, 880123456789x인 경우에 검사숫자 x를 구해 보자.

8×1	8×3	0×1	1×3	2×1	3×3	4×1	5×3	6×1	7×3	8×1	9×3	=	x
8	24	0	3	2	9	4	15	6	21	8	27	127	?

이때 $127+x$가 10의 배수가 되도록 하는 x의 값은 3이며 이는 검사숫자가 된다.
이러한 코드 원리는 주민등록번호, ISBN, 신용카드 번호 등 다양한 형태로 활용되고 있다.

핵 심 이 론

개인정보의 가명처리

4차산업혁명 시대 신성장 동력인 '데이터' 활용에 대한 시대적 요구를 반영한 데이터3법(개인정보 보호법, 정보통신망 이용촉진 및 정보보호 등에 관한 법률, 신용 정보의 이용 및 보호에 관한 법률)이 2020년 8월 시행되었다. 이에 따라 가명정보 처리에 관한 특례가 신설되어 구체적으로 정하지 않은 가명처리 방법 및 기준 등에 대하여 실무자가 이해하는 데 도움이 되는 주요 가명처리 기술 등에 대한 사례를 제공하였다. 이 특례에서 정의하는 주요 개념은 다음과 같다.

1) 가명정보
개인정보를 가명처리함으로써 원래의 상태로 복원하기 위한 '추가 정보'의 사용 및 결합 없이는 특정 개인을 알아볼 수 없는 정보이다.

2) 가명처리
개인정보의 일부를 삭제하거나 일부 또는 전부를 대체하는 등의 방법으로 추가 정보가 없이는 특정 개인을 알아볼 수 없도록 처리하는 것이다. 성명, 그리고 출신학교, 근무처 등과 같은 고유의 특징을 대상으로 한다. 가명처리 방식으로는 휴리스틱 가명화, 암호화, 교환 방법이 있다.

- 휴리스틱 가명화: 식별자에 해당하는 값을 몇 가지 규칙으로 대체하거나 사람의 판단에 따라 가공해 자세한 개인정보를 숨긴다. 성명, 사용자 아이디(ID), 소속명, 기관번호, 주소, 신용등급, 휴대전화번호, 우편번호, 이메일 주소 등에 적용할 수 있다.
- 암호화: 정보 가공 시 일정한 규칙의 알고리즘을 적용해 암호화함으로써 개인정보를 대체하는 방법으로, 보안성을 강화하기 위해 개인정보 등 중요정보에 널리 쓰이는 기법이다. 주민등록번호, 여권번호, 의료보험번호, 사용자 아이디(ID), 신용카드번호, 생체정보 등에 적용할 수 있다.
- 교환 방법: 기존의 데이터베이스의 레코드를 사전에 정해진 외부 변수(항목)값과 연계해 바꾸는 방법이다. 사용자 아이디(ID), 기관 번호, 나이, 성별, 신체정보, 소득, 휴대전화번호, 주소 등에 적용할 수 있다.
- 가명처리 예시

[개인정보]

이름	생년월일	전화번호	주소	직장/직업
홍길동	88.6.30.	010-1234-5678	서울시 종로구 혜화동 12-34번지	한국 기업
고객 등급	가입기간	월평균 사용액(원)	연체횟수	연체금액(원)
골드	25년 6개월	5,327,650	4회	8,473,900

▼

[가명정보]

이름	생년월일	전화번호	주소	직장/직업
삭제	42세	q371f8324k	서울시 종로구	회사원
고객 등급	가입기간	월평균 사용액(원)	연체횟수	연체금액(원)
골드	25년 6개월	5,327,650	4회	8,473,900

핵심유형 26 프로그래밍 언어

주어진 프로그래밍 코드를 이해하거나 코드에 변수를 줄 경우 출력되는 값을 묻는 유형이다. C언어 또는 JAVA언어가 주된 소재이며, 2021년과 2022년에 출제되었다.

대표예제

다음은 C언어로 작성한 코드이다. 주어진 코드가 [결과]와 같이 출력되었을 때, 주어진 코드의 4행을 "int i=2;"로 대체할 경우 출력되는 결과 값은?

```
1   #include <stdio.h>
2   int main(void)
3   {
4       int i=0;
5       int num=3;
6       do
7       {
8           printf("do / while 문이 %d 번째 반복 수행 중입니다.", i+1);
9           i++;
10      } while (i > num);
11      printf("do / while 문이 종료된 후 변수 i의 값은 %d입니다.", i);
12      return 0;
13  }
```

[결과]

do / while 문이 1 번째 반복 수행 중입니다.
while 문이 종료된 후 변수 i의 값은 1입니다.

① do / while 문이 1 번째 반복 수행 중입니다. while 문이 종료된 후 변수 i의 값은 1입니다.
② do / while 문이 2 번째 반복 수행 중입니다. while 문이 종료된 후 변수 i의 값은 2입니다.
③ do / while 문이 3 번째 반복 수행 중입니다. while 문이 종료된 후 변수 i의 값은 3입니다.
④ do / while 문이 4 번째 반복 수행 중입니다. while 문이 종료된 후 변수 i의 값은 4입니다.

문제풀이

8~9행은 조건식의 결과가 참인 동안 반복적으로 실행하고자 하는 명령문이며, 10행은 조건식의 결과를 변경하는 명령문이다. do / while문은 먼저 루프를 한 번 실행한 후에 조건식을 검사한다. 따라서 'i > num'을 충족하지 못할지라도 int i에서 입력한 값을 한 번 실행한 결과값이 출력된다. 한편 'i > num'를 충족한다면 9행에 의하여 무한대로 반복 수행을 하게 된다.

정답 ③

핵심이론

C언어 이해

1) 기본 구조

#include <stdio.h>	☞ 선행처리기
int main(void)	☞ main()함수
{	☞ main()함수의 시작
printf(TEXT);	☞ printf()함수는 인수로 전달받은 데이터를 출력
return 문;	☞ main()함수의 모든 명령문을 수행한 후에는 0을 반환
}	☞ main()함수의 끝

- C 프로그램의 기본 단위는 함수이다.
- 함수 내의 각 명령문은 세미콜론(;)으로 끝나야 한다.
- C언어는 대소문자를 구분한다.
- C언어는 자유 형식(free-format)을 허용한다.

2) 기본 타입

C언어에서 타입(data type)이란 해당 데이터가 메모리에 어떻게 저장되고, 프로그램에서 어떻게 처리되어야 하는지를 명시적으로 알려주는 역할을 한다. 따라서 C언어는 여러 형태의 타입을 미리 작성하여 제공하고 있는데, 이것을 기본 타입이라고 한다. 기본 타입은 크게 정수형, 실수형, 그리고 문자형 타입으로 나눌 수 있다.

- 정수형 타입: C언어에서 정수란 부호를 가지고 있고, 소수 부분이 없는 수를 의미한다. 정수형 데이터에 unsigned 키워드를 추가하면, 부호를 나타내는 최상위 비트까지도 크기를 나타내는 데 사용할 수 있다. 정수형 타입 종류는 (unsigned) short, (unsigned) int, (unsigned) long가 있다.
- 실수형 타입: C언어에서 실수란 소수부나 지수가 있는 수를 가리키며, 정수보다 훨씬 더 넓은 표현 범위를 가진다. 실수형 타입 종류는 float, double, long double이 있다.
- 문자형 타입: C언어에서 문자형 데이터란 문자 하나를 표현할 수 있는 타입을 의미한다. 문자형 타입 종류는 (unsigned) char가 있다.

3) 연산자

연산자란 프로그램의 산술식이나 연산식을 표현하고 처리하기 위해 제공되는 다양한 기호를 의미한다.

구분	설명	종류
산술 연산자	사칙연산을 다루는 기본적이면서도 가장 많이 사용되는 연산자이다.	+, −, *, /, % 등
대입 연산자	변수에 값을 대입할 때 사용하는 이항 연산자이며, 피연산자들의 결합 방향은 오른쪽에서 왼쪽이다.	=, +=, −=, *=, /=, %= 등
증감 연산자	피연산자를 1씩 증가 혹은 1씩 감소시킬 때 사용하는 연산자이다.	++x, x++, −−x, x−− 등
비교 연산자	피연산자 사이의 상대적인 크기를 판단하는 연산자이다.	==, !=, >, >=, <, <= 등
논리 연산자	주어진 논리식을 판단하여, 참(true)과 거짓(false)을 결정하는 연산자이다.	&&, ‖, ! 등
비트 연산자	비트(bit) 단위로 논리 연산을 할 때 사용하는 연산자이다.	&, |, ^, ~, <<, >> 등

4) 표준 입출력 함수

사용자가 프로그램과 대화하기 위해 사용하는 함수를 입출력 함수 또는 I/O 함수라고 한다. printf() 함수와 scanf() 함수는 C언어 표준 입출력 함수 중에서도 가장 많이 사용되는 대표적인 입출력 함수이다.

- printf() 함수: 여러 종류의 데이터(data)를 다양한 서식에 맞춰 출력할 수 있게 해 준다.

함수 형식	예시
#include <stdio.h> int printf("출력형식" 출력대상);	printf("필기 점수 %d점 올리자.", 10); ☞ 필기 점수 10점 올리자.

※ %d: 부호 있는 10진 정수

- scanf() 함수: 사용자로부터 다양한 데이터를 다양한 서식에 맞춰 입력받을 수 있게 해 준다.

함수 형식	예시
#include <stdio.h> int scanf("입력형식" 입력대상);	scanf("%d", &num01); ☞ 첫 번째 10진 정수를 입력받음

※ num01: 첫 번째 숫자를 의미한다. 'num02'라면 두 번째 숫자를 의미한다.
※ &: 변수 이름 앞에 &를 붙이면 그 변수의 주소를 알려 준다.

5) 제어문

C 프로그램에서 원하는 결과를 얻기 위해서는 프로그램의 이러한 순차적인 흐름을 제어해야만 한다. 이때 사용하는 명령문을 제어문이라고 하며, 이러한 제어문에는 조건문, 반복문 등이 있다. 이러한 제어문에 속하는 명령문들은 중괄호({})로 둘러싸여 있다.

JAVA언어 이해

1) 기본구조

`class Test {`	☞ 클래스의 시작
`public static void main(String[] args) {`	☞ main 메소드의 시작
`int a=1;`	☞ 필드(변수) 선언
`if( a == 0 ) {`	☞ if조건문의 시작
`System.out.println("a는 0입니다.");`	☞ 결과 "a는 0입니다."를 표시
`}`	☞ if조건문의 끝
`if( a == 1 ) {`	☞ if조건문의 시작
`System.out.println("a는 1입니다.");`	☞ 결과 "a는 1입니다."를 표시
`}`	☞ if조건문의 끝
`}`	☞ main 메소드의 끝
`}`	☞ 클래스의 끝

- 자바 프로그램은 한 개 이상의 클래스(class)로 구성된다. 이러한 클래스는 한 개 이상의 필드(field)나 메소드(method)로 구성된다.
- 자바 프로그램이 실행되면 맨 먼저 main() 메소드를 찾아 그 안의 모든 명령문을 차례대로 실행한다. 따라서 하나의 자바 프로그램에는 main() 메소드를 가지는 클래스가 반드시 하나는 존재해야 한다.
- 자바 프로그램의 동작을 명시하고, 이러한 동작을 컴퓨터에 알려 주는 데 사용되는 문장을 명령문이라고 한다. 자바의 모든 명령문은 반드시 세미콜론(;)으로 끝나야 한다.
- public 접근 제어자를 사용하여 선언된 클래스 멤버는 외부로 공개되며, 해당 객체를 사용하는 프로그램 어디에서나 직접 접근할 수 있다. 자바 프로그램은 public 메소드를 통해서만 해당 객체의 private 멤버에 접근할 수 있다.

2) 변수

데이터(data)를 저장하기 위해 프로그램에 의해 이름을 할당받은 메모리 공간을 의미한다. 즉, 변수란 데이터를 저장할 수 있는 메모리 공간을 의미하며, 이렇게 저장된 값은 변경될 수 있다. 자바에서는 변수뿐만 아니라 클래스, 메소드 등의 이름을 짓는 데 반드시 지켜야 하는 공통된 규칙이 있다. 자바에서 이름을 생성할 때에 반드시 지켜야 하는 규칙은 다음과 같다.

- 변수의 이름은 영문자(대소문자), 숫자, 언더스코어(_), 달러($)로만 구성할 수 있다.
- 변수의 이름은 숫자로 시작할 수 없다.
- 변수의 이름 사이에는 공백을 포함할 수 없다.
- 변수의 이름으로 자바에서 미리 정의된 키워드(keyword)는 사용할 수 없다.

자바에서 변수는 다음과 같이 8가지 종류의 기본형 변수를 제공하고 있다.
- 정수형: byte, short, int, long
- 실수형: float, double
- 문자형: char
- 논리형: boolean

3) 1차원 배열
배열은 같은 타입의 변수들로 이루어진 유한 집합으로 정의할 수 있다. 배열을 구성하는 각각의 값을 배열 요소라고 하며, 배열에서의 위치를 가리키는 숫자를 인덱스라고 한다. 자바에서 인덱스는 언제나 0부터 시작하며, 0을 포함한 양의 정수만을 가질 수 있다. 배열은 같은 종류의 데이터를 많이 다뤄야 하는 경우에 사용할 수 있는 가장 기본적인 자료 구조이다. 1차원 배열은 가장 기본적인 배열과 다음과 같은 문법에 따라 선언한다.
- type[] 배열이름;
- type 배열이름[];

한편 배열의 선언과 생성을 동시에 할 수도 있다.
- type[] 배열이름=new type[배열길이];

예시	
int[] grade1=new int[3]; int[] grade2=new int[3];	☞ 길이가 3인 int형 배열의 선언 및 생성 ☞ 길이가 3인 int형 배열의 선언 및 생성

grade1[0]=85;
grade1[1]=65;
grade1[2]=90;
	☞ 인덱스를 이용한 배열의 초기화

grade2[0]=85;	☞ 배열의 길이보다 적은 수의 배열 요소만 초기화

for (int i=0; i < grade1.length; i++) {
  System.out.print(grade1[i]+" ");
}
	☞ 인덱스를 이용한 배열로의 접근

for (int i=0; i < grade2.length; i++) {
  System.out.print(grade2[i]+" ");
}
	☞ 인덱스를 이용한 배열로의 접근

실행 결과	85 65 90 85 0 0

※ i++: 'i=i+1'이란 수식을 줄인 것이다. 우변의 i에 1을 더해 좌변의 i에 대입하라는 의미이다. 만약 'i=i−1'이란 수식을 줄여 쓴다면 'i−−'가 된다.

※ lenth: 배열의 길이를 알려 준다.

배열 요소의 합과 평균을 구하는 예시	

int[] grade=new int[]{85, 65, 90};
int sum=0;
 	
for (int i=0; i < grade.length; i++) {
   sum += grade[i];
}
System.out.println("모든 과목에서 받은 점수의 합은 "+sum+"입니다.");
System.out.println("이 학생의 평균은 "+(sum / grade.length)+"입니다.");
	☞ 길이가 3인 int형 배열을 선언과 동시에 초기화

실행 결과	모든 과목에서 받은 점수의 합은 240입니다. 이 학생의 평균은 80입니다.

6 조직이해능력 (핵심유형 27~29)

핵심유형 27 — 조직도

조직개편 기사와 조직도로 자료를 구성하여 기사 내용의 조직도 반영 여부(매칭) 또는 부서 간 상하관계를 묻는 문제이다. IBK기업은행 조직개편과 KDB산업은행 조직개편을 소재로 출제되었다.

대표예제

다음은 KDB산업은행의 조직개편 [기사]이다. [기사]를 참고하여 [조직도]에서 부서 배치가 잘못된 부문 또는 부서를 고르면?

[기사] '조직개편' 산업은행, 혁신성장 지원·디지털 전환 초점

산업은행은 30일 이사회를 열고 조직개편을 단행했다고 밝혔다. 이번 조직개편은 혁신성장 지원과 디지털 전환(Digital Transformation)을 추진하는 데 초점이 맞춰졌다.

산업은행은 먼저 혁신성장금융부문에 '벤처금융본부'를 설치하고 '벤처기술금융실', '스케일업금융실', '넥스트라운드실'의 3개 부서를 편제해 벤처·혁신기업을 위한 창업생태계 플랫폼(넥스트라운드, 넥스트라이즈) 운영부터 초기투자와 '스케일업(Scale - up) 투융자'까지 일관 지원 기능을 배치했다.

신설되는 '스케일업금융실'은 성숙단계 혁신기업에 대한 대형 스케일업 투융자, 기존 벤처투자기업에 대한 투융자 복합금융 지원 등에 집중하게 된다.

이와 함께, 기업금융부문에 '산업·금융협력센터'를 설치해 산업은행의 산업·기술 분석 노하우를 기반으로 산업·금융 간 협력체계 활용을 통한 반도체·디스플레이, 이차전지 등 미래주력산업과 소재·부품·장비 등 주요산업의 경쟁력 강화를 지원할 예정이다.

'중소중견금융실'은 '신산업금융실'로 명칭을 변경하고, 신산업·혁신기업에 대한 금융지원 및 사회적개발과 지역특화산업 등에 대한 지점들의 영업 지원 기능을 강화했다.

또한 전행적 디지털전략 추진을 위해 'IT본부'를 'IDT본부'로 변경하고 '디지털추진부'를 신설했다. 산업은행은 현업·IT·기획부서 간 긴밀한 협업을 위해 'IDT본부'를 '리스크관리부문'에서 '정책기획부문' 산하로 이동 편제했다.

'디지털추진부'는 산업은행 디지털전략 수립, 디지털화 대상사업 선정·실행 컨트롤 타워, 빅데이터, AI 및 핀테크 협업 등 기술 대응 등 업무전반의 디지털화 추진을 담당할 예정이다.

출처: 시사위크

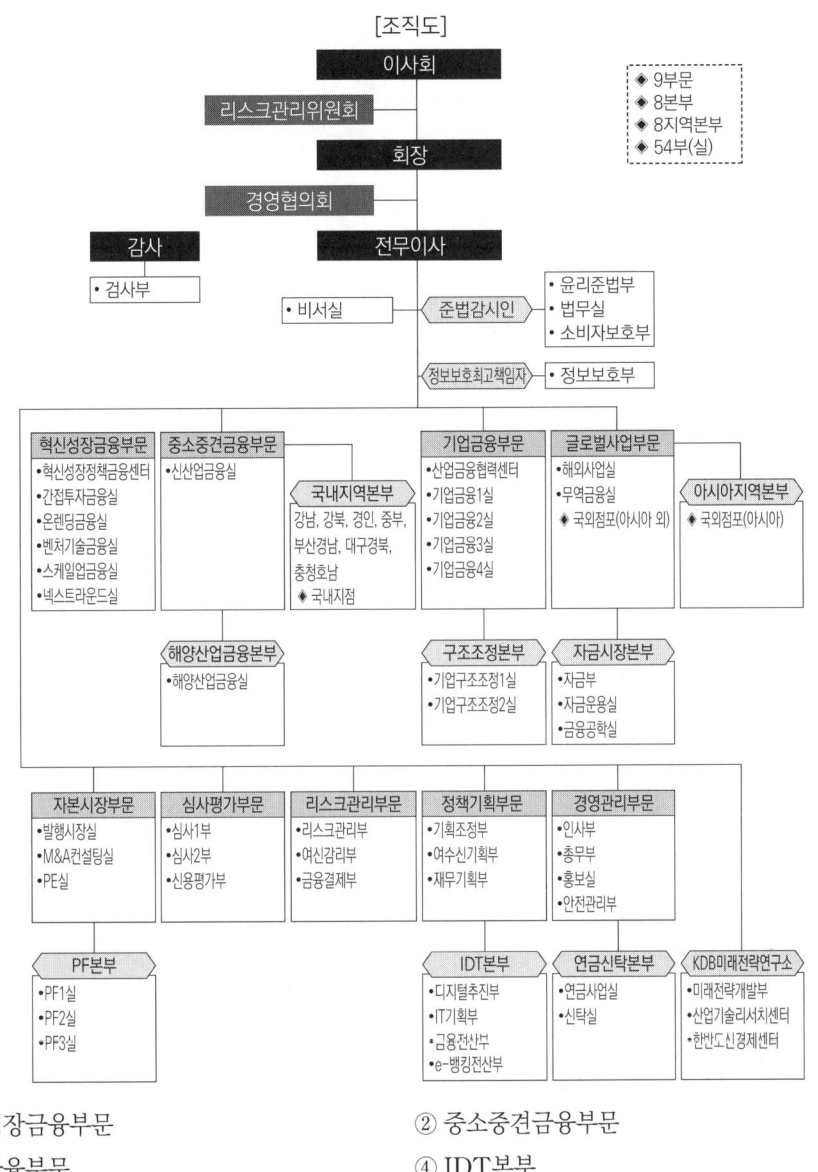

① 혁신성장금융부문 ② 중소중견금융부문
③ 기업금융부문 ④ IDT본부

문제풀이

기사와 조직도의 정보를 통하여 부문 - 본부(본부는 기능에 따라 생략될 수 있음) - 부, 센터 및 실로 이루어진 조직의 체계를 이해해야 하는 문제이다. 혁신성장금융부문은 기사를 통해 알 수 있듯이 '벤처금융본부'를 설치하고 '벤처기술금융실', '스케일업금융실', '넥스트라운드실'의 3개 부서를 편제하였다. 타 부문 - 본부 체계를 고려하였을 때 벤처금융본부는 혁신성장금융부문에서 하나의 본부를 구성하여 산하에 '벤처기술금융실', '스케일업금융실', '넥스트라운드실'을 두는 체계가 올바르다.

정답 ①

핵심유형 28 — SWOT

기업의 내부환경을 분석하여 강점과 약점을 발견하고 외부환경을 분석하여 기회와 위협을 찾아내어 경영전략 툴(tool)인 SWOT상에 표기하는 문제이다.

대표예제

다음 [표]는 레저용 차량을 생산하는 A기업에 대한 SWOT 분석의 결과이다. 아래의 [보기] 중 전략에 따른 대응이 옳은 것을 모두 고르면?

[표] A기업의 SWOT 분석결과

강점(Strengths)	약점(Weaknesses)
• 높은 브랜드 이미지와 평판 • 훌륭한 서비스와 판매 후보증수리 • 확실한 거래망, 딜러와의 우호적인 관계 • 막대한 R&D 역량 • 자동화된 공장 • 대부분의 차량 부품 자체 생산	• 한 가지 차종에의 집중 • 고도 기술에의 집중 • 생산설비에 대한 막대한 투자에 따른 차량모델 변경 어려움 • 한 곳의 생산 공장만 보유 • 전통적인 가족형 기업 운영
기회(Opportunities)	위협(Threats)
• 소형 레저용 차량에 대한 수요 증대 • 새로운 해외시장의 출현 • 저가형 레저용 차량에 대한 선호 급증	• 휘발유의 부족 및 가격의 급등 • 레저용 차량 전반에 대한 수요 침체 • 다른 회사들과의 경쟁 심화 • 차량 안전 기준의 강화

| 보기 |

ㄱ. ST 전략 – 기술개발을 통하여 연비를 개선한다.
ㄴ. SO 전략 – 대형 레저용 차량을 생산한다.
ㄷ. WO 전략 – 규제강화에 대비하여 보다 안전한 레저용 차량을 생산한다.
ㄹ. WT 전략 – 생산량 감축을 고려한다.
ㅁ. WO 전략 – 국내 다른 지역이나 해외에 공장들을 분산 설립한다.
ㅂ. ST 전략 – 경유용 레저 차량 생산을 고려한다.
ㅅ. SO 전략 – 해외 시장 진출보다는 내수 확대에 집중한다.

① ㄱ, ㄴ, ㅁ, ㅂ
② ㄱ, ㄷ, ㄹ, ㅂ
③ ㄱ, ㄹ, ㅁ, ㅂ
④ ㄴ, ㄹ, ㅁ, ㅂ

문제풀이

ㄱ. (O) 막대한 R&D 역량은 S에, 휘발유 부족 및 가격 급등은 T에 해당한다.
ㄴ. (X) 소형 레저용 차량에 대한 수요 증대는 O에 해당한다.
ㄷ. (X) 차량 안전 기준의 강화는 T에 해당한다.
ㄹ. (O) 한 가지 차종에의 집중과 전통적인 가족형 기업 운영은 W에, 레저용 차량 전반에 대한 수요 침체는 T에 해당한다.
ㅁ. (O) 한 곳의 생산 공장만 보유는 W에, 새로운 해외시장의 출현은 O에 해당한다.
ㅂ. (O) 막대한 R&D 역량과 대부분의 차량 부품 자체 생산은 S에, 휘발유의 부족 및 가격의 급등은 T에 해당한다.

정답 ③

핵심유형 29 · 전결

업무수행에 필요한 비용의 지출, 경영과 관련된 주요 의사결정 등과 관련된 문서로, 엄격한 규격과 양식에 따라 작성되고 정당한 권리를 가진 사람이 승인함으로써 그 효력이 발생하는 문서를 소재로 다룬다. 문서 규정을 이해하고 사례에 적용하는 형태로 주로 출제되었다.

대표예제

다음 [표]와 [결재규정]을 보고, 영업팀 사원 C는 해외바이어 D와의 미팅을 위해 중국행 비행기 티켓 220,000원과 홍콩행 비행기 티켓 300,000원을 지불하였다. C가 작성한 결재 양식으로 옳은 것을 고르면?

[표] 최고결재권자의 결재사항 및 최고결재권자로부터 위임된 전결사항

구분	내용	금액기준	결재서류	팀장	본부장	대표이사
접대비	거래처 식대, 경조사비 등	20만 원 이하	접대비지출품의서 지출결의서	●■	—	—
		30만 원 이하		—	●■	—
		30만 원 초과		—	—	●■
교통비	국내 출장비	30만 원 이하	출장계획서 출장비신청서	●■	—	—
		50만 원 이하		●	■	—
		50만 원 초과		●	—	■
	해외 출장비	—		●	—	■
소모품비	사무용품	—	지출결의서	■	—	—
	문서, 전산소모품	—		—	—	■
	기타 소모품	20만 원 이하		■	—	—
		30만 원 이하		—	■	—
		30만 원 초과		—	—	■
교육훈련비	사내외 교육	—	기안서, 지출결의서	●	—	■
법인카드	법인카드사용	50만 원 이하	법인카드신청서	■	—	—
		100만 원 이하		—	■	—
		100만 원 초과		—	—	■

※ ●: 기안서, 출장계획서, 접대비지출품의서
※ ■: 지출결의서, 세금계산서, 발행요청서, 각종신청서

[결재규정]
- 결재를 받으려는 업무에 대해서는 최고결재권자(대표이사)를 포함한 이하 직책자의 결재를 받아야 한다.
- '전결'이라 함은 회사의 경영활동이나 관리활동을 수행함에 있어 의사 결정이나 판단을 요하는 일에 대하여 최고결재권자의 결재를 생략하고, 자신의 책임하에 최종적으로 의사 결정이나 판단을 하는 행위를 말한다.
- 전결사항에 대해서도 위임받은 자를 포함한 이하 직책자의 결재를 받아야 한다.
- 표시내용: 결재를 올리는 자는 최고결재권자로부터 전결 사항을 위임받은 자가 있는 경우 결재란에 전결이라고 표시하고 최종 결재권자란에 위임받은 자를 표시한다. 다만, 결재가 불필요한 직책자의 결재란은 상향대각선으로 표시한다.
- 최고결재권자의 결재사항 및 최고결재권자로부터 위임된 전결사항은 좌측의 표에 따른다.

①

결재	출장계획서			
	담당	팀장	본부장	최종 결재
	C		전결	본부장

②

결재	출장계획서			
	담당	팀장	본부장	최종 결재
	C			대표이사

③

결재	출장비신청서			
	담당	팀장	본부장	최종 결재
	C	전결		팀장

④

결재	출장비신청서			
	담당	팀장	본부장	최종 결재
	C			대표이사

문제풀이

출장비신청서는 대표이사에게 결재권이 있다.

정답 ④

CHAPTER 2 직무수행 핵심유형

1 경제 (핵심유형 30~63)

핵심유형 30

재화의 구분

대체재와 보완재(그 밖에 정상재와 열등재)와 같이 재화를 구분하는 문제는 거의 매회 출제된다고 봐도 좋다. 그래프를 그려 놓고 이를 해석하는 유형, 관련 재화(두 재화 간 변화방향)를 제시해 놓고 이를 해석하는 유형, 대체재와 보완재의 의미 자체를 묻는 유형 등 다양하다. IBK기업은행의 경우 탄력성과 연계해 출제된 바 있으므로 빈도가 높다는 점을 염두에 두고 접근하길 권한다.

대표예제

커피와 설탕은 보완재 관계이고, 커피와 홍차는 대체재 관계이다. 이때 커피 원두 값이 올랐을 때 나타나는 변화로 옳은 것을 모두 고르면? (단, 커피와 설탕, 홍차는 모두 X자 형태의 수요·공급을 따른다)

> ㉠ 커피 공급곡선에는 변화가 없으며, 다만 가격만 오른다.
> ㉡ 홍차의 판매수입이 증가한다.
> ㉢ 설탕의 생산자잉여가 증가한다.
> ㉣ 커피의 거래량은 감소한다.

① ㉠, ㉢   ② ㉠, ㉣   ③ ㉡, ㉣   ④ ㉢, ㉣

문제풀이

보완재와 대체재의 관계, 곡선의 이동, 판매수입 변화 및 경제적 잉여까지 알아야 풀 수 있는 문제이다. 시간에 쫓겨 풀면 틀릴 수 있으니(특히 대체와 보완의 관계를 착각해 그래프 방향을 반대로 본다거나 하는 경우가 종종 발생), 각각의 선지를 정확하게 읽고 해석하는 게 중요하다.

㉠ (X) 커피를 놓고 봤을 때 원두 값은 생산요소의 가격 요인이다. 생산요소 가격이 오르면 공급곡선은 왼쪽으로 이동(공급 감소)한다. 제시된 내용은 공급곡선 자체의 이동이 아닌, 공급곡선상의 이동을 말한다.
㉡ (O) 커피의 가격이 상승함에 따라 대체재인 홍차의 수요가 증가한다. 이는 홍차 수요곡선의 우측 이동을 가져오고(가격 상승 및 거래량 증가), 홍차의 판매수입 역시 증가한다.
㉢ (X) 보완재인 설탕의 수요가 감소하기 때문에 거래량도 감소하며, 그 결과 생산자잉여 역시 감소한다.
㉣ (O) 커피의 가격이 상승했으므로(공급곡선 왼쪽 이동), 거래량은 감소한다.

정답 ③

핵심이론

재화의 구분

경제학을 공부하다 보면 여러 재화가 나온다. 기준만 정확히 해 두면 해석이 어렵지 않은데, 문제는 단기간에 학습하다 보니 기준까지 살펴보기엔 시간이 촉박하다는 것이다. 최소한 다음 내용을 통해 기준을 잡아 보도록 하자.

1) 소득과의 관계: 정상재, 열등재, (기펜재)
일반적으로 소득이 오르면 그만큼 재화를 수요할 수 있는 여력이 커지기 때문에 수요도 증가하기 마련이다. 그런데 재화의 성격에 따라 오히려 수요가 감소하는 경우가 있다. 이때의 구분이 정상재와 열등재다. 보통 문제가 출제됐을 때는, 소득과 수요의 방향 중심으로 해석하면 된다.
문제는 기펜재다. 사실 기펜재는 실제 경제에서 찾아보기 드물 정도인데, 유달리 시험 문제로는 꾸준히 출제된다. 특히 대체효과, 소득효과에 관련해서 출제될 수 있는데 이는 전공자도 헷갈려 할 내용이다. 여기서는 간단히 표를 통해 정리해 두고자 한다.

상품	대체효과	소득효과	대체효과+소득효과
정상재	−	−	−
열등재	−	+	−
기펜재	−	+	+

대체효과란 어떤 상품의 가격이 하락(상승)하면 다른 상품에 비해 상대적으로 싸지고(비싸지고), 그에 따라 상품의 수요량이 증가(감소)하는 것을 의미한다. 그래서 대체효과는 가격과의 방향이 반대(−)다. 반대로 소득효과는 정상재냐 열등재냐에 따라 달라진다. 이 둘을 더한 게 가격효과(대체효과+소득효과)이다.
마지막으로 기펜재는 대체효과보다 소득효과가 월등이 커서, 결과적으로 '가격이 하락했을 때 수요가 (증가하지 않고) 감소하는' 특징이 있다. 기펜재의 경우 대체효과, 소득효과까지 따지기 어렵다면 최소한 가격과 수요의 관계만이라도 기억해 두자.

2) 두 재화의 관계: 대체재, 보완재, (독립재)
대체재와 보완재는 앞서 기출문제에서 다뤘으니 이해에 별 어려움이 없을 것이다. 추가로 살펴봐야 할 것은 독립재이다. 독립재는 글자 그대로 두 재화의 관계가 독립적이라는 뜻이다. 예를 들어, 사과와 자동차를 떠올려 보자. 사과 가격이 오른다고 해서 자동차 수요에 영향을 줄 리 없다. 물론 실제 복잡한 경제에서 완전한 성격의 독립재를 찾는 건 대단히 어려운 일이나, 이런 개념이 있다는 것 정도는 알아 두자.

3) 생산 및 소비의 관계: 공유재, 공공재
배제성과 경합성에 따라 재화를 나눌 수 있다. 이때는 사적재와 클럽재, 공유재, 공공재로 구분한다. 이 중 시험 문제로 자주 출제되는 건 공유재와 공공재인데, 수요·공급의 원리와는 거리가 있는 만큼 정상재와 열등재, 대체재와 보완재 중심으로 정리해 두면 된다(공유재와 공공재는 시장실패와 관련이 있다).

핵심유형 31 — 실업률과 고용률

실업에 관한 내용(실업의 유형, 실업률 구하기, 경제활동인구 범위 등)은 제시된 대표예제뿐 아니라 핵심이론을 통해 주요 공식을 정리(암기)하고, 관련 문제도 추가적으로 풀어 둘 필요가 있다.

대표예제

01 실업에 대한 다음의 설명 중 옳지 않은 것은?

① 경제활동참가율이 일정하다면, 실업률이 높아지더라도 고용률에는 변화가 없다.
② 은퇴 후 직장을 구하려다 구직활동을 포기한 50대 A는 실업자에 포함되지 않지만 생산가능인구(15세 이상 인구)에는 포함된다.
③ 경제활동참가율과 실업률의 값이 주어지면 이를 통해 고용률을 구할 수 있다.
④ 직업훈련, 재취업교육 등은 구조적 실업을 낮출 수 있는 적절한 정책이다.

문제 풀이

① (X) 경제활동참가율은 '경제활동인구/생산가능인구(15세 이상 인구)'이다. 이 값이 일정하다는 말은 생산가능인구와 경제활동인구의 값이 주어져 있다는 것이다. 이때 실업률이 높아지면 (경제활동인구 중 실업자의 수가 증가하므로) 취업자 수는 감소한다. 고용률은 '취업자 수/생산가능인구(15세 이상 인구)'이므로 감소한다.
② (O) 구직단념자는 실업자에 해당하지 않아 비경제활동인구로 분류된다. 다만 비경제활동인구 역시 생산가능인구에 포함되므로 옳은 설명이다.
③ (O) 값을 대입하면 이해하기 쉽다. 예를 들어 경제활동참가율이 60%, 실업률이 5%라고 하자. 이때 임의의 값을 대입하면 된다. 경제활동참가율은 생산가능인구에 100, 경제활동인구에 60을 대입한다. 실업률은 (실업자 수/경제활동인구)이므로 실업자 수는 3이 된다(3/60, 즉 5%). 고용률은 생산가능인구(100) 중 취업자 수(57)이므로 57%가 된다.
④ (O) 구조적 실업은 산업 구조 변화 등에 따라 발생하는 실업이다. 따라서 새로운 산업에 적응할 수 있는 직업훈련, 재취업교육은 구조적 실업을 낮출 수 있는 정책으로 볼 수 있다.

정답 ①

02 A국의 생산가능인구는 2,000만 명이고 실업자는 80만 명이다. 경제활동참가율이 80%라면 실업률은 얼마인가?

① 4%   ② 5%   ③ 6%   ④ 8%

문제 풀이

경제활동참가율이 80%이므로 경제활동인구는 1,600만 명이다. 실업률은 경제활동인구 중 실업자가 차지하는 비중이므로 5%이다.

정답 ②

핵 심 이 론

주요 고용지표

실업에 관련해서는 아주 다양한 문제가 출제될 수 있다. 따라서 아래 개념과 공식들은 필수로 익혀 둘 것을 권한다.

전체 인구	15세 이상 인구	노동가능인구	경제활동인구	취업자
				실업자
			비경제활동인구	
		군인, 재소자, 전투경찰		
	15세 미만 인구			

※ 군인과 재소자는 15세 이상 인구에 해당되더라도 경제활동에 제약이 있기 때문에 노동가능인구에 포함되지 않는다(단, 이렇게까지 묻는 경우는 드물기 때문에 생산가능인구=15세 이상 인구로 푸는 게 무난함).

1) 개념

- 취업자
  - 조사대상주간에 수입을 목적으로 1시간 이상 일한 자
  - 동일가구 내 가구원이 운영하는 농장이나 사업체의 수입을 위해 주당 18시간이상 일한 무급가족종사자
  - 직업 또는 사업체가 있으나 일시적인 병 또는 사고, 연가, 교육, 노사분규 등의 사유로 일하지 못한 일시 휴직자
- 실업자: 조사대상주간에 수입 있는 일을 하지 않았고, 지난 4주간 일자리를 찾아 적극적으로 구직활동을 하였던 사람으로서 일자리가 주어지면 즉시 취업이 가능한 사람

2) 대표 식

$$경제활동참가율 = (경제활동인구/15세\ 이상\ 인구) \times 100$$

종종 문제에서 '15세 이상 인구'가 아닌 '노동가능인구'라는 표현으로 나올 수 있는데, 문맥상 특별한 점이 없으면 같은 개념으로 생각해서 풀면 된다. 또는 경제활동인구와 비경제활동인구만 주어지고 15세 이상 인구라는 표현이 없는 경우도 있다. 생각해보면 경제활동인구와 비경제활동인구를 합친 게 15세 이상 인구이므로, 그냥 둘을(경제활동인구와 비경제활동인구를) 더해서 계산하면 된다.

- 고용률 = (취업자 수/15세 이상 인구) × 100
- 취업률 = (취업자 수/경제활동인구) × 100
- 실업률 = (실업자 수/경제활동인구) × 100

고용률과 취업률, 실업률 계산 시 두 가지를 주의해야 한다. 하나는 취업률과 실업률의 합이다. 두 식을 살펴보면 같은 경제활동인구 중에서 취업자와 실업자 수를 따진다. 따라서 그 비율을 합하면 1이 됨을 알 수 있다. 쉽게 말해 문제에서 실업률이 주어져 있으면, 취업률도 구할 수 있다는 뜻이다. 두 번째는 고용률의 분모이다. 경제활동인구가 아닌 15세 이상 인구가 대상이다(공식이 이렇다 보니, 고용률과 실업률이 동반상승하는 경우도 가끔 나온다. 이때는 당황하지 말고 알고 있는 공식에 맞춰 대입만 하면 된다).

$$청년실업률 = (15\sim29세\ 실업자/15\sim29세\ 경제활동인구) \times 100$$

청년실업률에서 29세는 보통 식에서 주어진다. 전체 경제활동인구가 아니라 특정 연령대의 경제활동인구와 실업자를 비교한다는 점만 기억해 두자.

핵심유형 32 — 가격차별

가격차별 원리를 이해하면 경제학뿐 아니라 NCS 영역에서도 큰 도움을 받을 수 있다(비수기와 성수기 가격 차이를 묻는 유형, 국내와 해외 판매가격이 다른 유형 등). 주요 사례를 충분히 읽어 보면서, 성격이 다른 하나를 골라내는 것에 익숙해져야 한다.

대표예제

01 독점기업의 가격차별에 관한 설명 중 옳지 않은 것은?

① 독점기업이 개별 소비자의 지불용의금액을 정확히 알고 그에 따른 가격을 책정하는 것은 제1급 가격차별이다.
② 독점기업은 일반적으로 수요의 가격탄력성이 높은 소비자 집단을 대상으로 (그렇지 않은 집단에 비해) 더 낮은 가격을 책정한다.
③ 가격차별이란 제품차별화가 존재하는 제품에 대해 동일한 가격을 부과하는 것이다.
④ 영화관에서의 조조할인은 제3급 가격차별에 해당한다.

문제풀이

가격차별은 동일한 제품(재화)에 대해 서로 다른 가격을 부과하는 것이다.

정답 ③

02 다음은 제1급~제3급 가격차별 기준에 따라 사례를 나열한 것이다. 이 중 성격이 같은 것끼리 짝지은 것은?

> ㉠ 명품 업체의 노세일(No-Sale) 전략
> ㉡ 전기 사용량에 따른 가격 할인
> ㉢ 고3 수험생 방문 시 일반인과 달리 입장권 금액 30% 할인
> ㉣ 동일차종의 내수용과 수출용 가격 차이

① ㉠, ㉣   ② ㉡, ㉢   ③ ㉢, ㉣   ④ ㉠, ㉢, ㉣

문제풀이

㉠ 노세일 전략은 가격에 아무런 변화가 없다. 따라서 가격차별 전략 자체에 해당하지 않는다.
㉡ 소비량에 따라 집단을 나누고, 여기에 서로 다른 가격을 책정하는 제2급 가격차별이다.
㉢ 일반인과 고3 수험생이라는 대상(수요의 탄력성 차이)에 따라 가격차별이 이뤄지는 제3급 가격차별이다.
㉣ ㉢과 마찬가지로 내수용과 수출용에 차이를 둔 제3급 가격차별이다.

정답 ③

핵심이론

가격차별

가격차별은 각각의 사례를 알아야 하는데, 무작정 외우는 것보다 특징을 구분한 후 접근하면 수월하다. 다음의 표와 그래프를 통해 살펴보자.

1) 구분

제1급 가격차별	• 기업은 각 소비자들이 지불하고자 하는 가격(지불용의금액)을 정확히 파악하고 있음 • 현실에서는 사례를 찾아보기 어려움
제2급 가격차별	• 일정한 수량을 구입할 때마다 다른 가격을 부과 • 전화(통신 사용료), 수도 등이 대표적
제3급 가격차별	• 소비자의 탄력성을 기준으로 집단을 구분한 후, 다른 가격을 부과 • 영화관 조조할인이 대표적

2) 그래프 접근

그래프는 제1급, 제2급만 기억해 두면 된다(제3급은 소비자의 탄력성을 기준으로 나누는데, 그래프 해석이 복잡하며 은행 필기시험에서 여기까지 묻는 경우는 드물다).

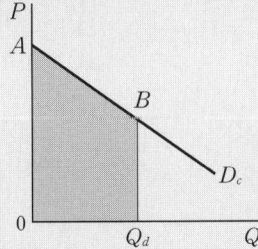 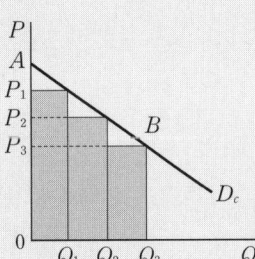

제1급, 제2급 해석의 기준은 소비자잉여이다. 쉽게 말해 위 그래프에서 삼각형 영역을 구하면 되는데, 제1급 가격차별은 소비자잉여가 0이다. 왜냐하면 제1급 가격차별의 가정에서와 같이 기업이 각 소비자들의 지불의사를 모두 파악한다고 보기 때문이다.

예를 들어 A, B, C 세 사람의 지불의사가 A는 100, B는 90, C는 80일 때, 80이 가격이라면 A는 지불의사 100 대신 80만 지불하면 되므로 20만큼의 소비자잉여가 발생한다. 그런데 기업이 A의 지불의사를 알고 있기 때문에 100만큼의 가격을 별도로 받는다는 뜻이다. 그래서 제1급 가격차별은 기업 입장에서 가장 이상적이지만, 현실성이 떨어지는 이론으로 알려져 있다.

반대로 제2급 가격차별(오른쪽 그래프)을 살펴보면, 구간별로 쪼개져 있는데 이는 어느 정도 소비자잉여가 존재한다는 뜻이다. 이렇게 큰 틀을 나눈 후 각각의 사례를 살펴보면 보다 이해하기 수월하다.

핵심유형	보상적 임금격차
33	몇 해 전 시험에서 제시문의 소재로 출제된 적이 있다. 여기서는 보상적 임금격차와 효율성임금이론에 대해 간단히 짚어 보고자 한다. 용어 및 사례 중심으로 정리하면 된다.

대표예제

01 보상적 임금격차에 대한 설명으로 옳은 것은?

① 근무조건이 기존보다 좋지 않은 곳으로 전출될 경우 임금이 상승하는데, 이는 보상적 임금격차에 해당한다.
② 비금전적인 측면에서 선호하는 직업일수록 보상적 임금은 더욱 커진다.
③ 정규직 근로자가 비정규직 근로자보다 높은 임금을 받는 것을 의미한다.
④ 경력에 따라 임금에 차등을 두는 것은 보상적 임금격차에 해당한다.

문제풀이

② (X) 비금전적인 측면에서 선호한다면 상대적으로 보상적 임금은 작아진다.
③ (X) 보상적 임금격차와는 관련 없는 설명이다.
④ (X) 보상적 임금격차는 비금전적으로 불리한 부분을 임금으로 보충해 주는 성격의 개념이다. 따라서 경력에 따라 차등을 두는 것은 보상적 임금격차와 관련 없는 설명이다.

정답 ①

02 효율성임금이론이 정상적으로 작동한다고 가정했을 때 나타날 수 있는 결과를 모두 고르면?

> ㉠ 노동자의 이직률이 감소한다.
> ㉡ 우수한 노동자를 채용한다.
> ㉢ 노동자의 태만이 확대된다.
> ㉣ 보상적 임금은 양(+)의 값을 갖는다.

① ㉠, ㉡   ② ㉠, ㉣   ③ ㉡, ㉣   ④ ㉢, ㉣

문제 풀이

효율성임금이론이란 균형임금보다 높은 임금을 줌으로써 노동자의 생산성을 높이는 것을 말한다. 기존 노동자의 이직을 방지하며, 우수한 노동자를 채용할 가능성이 높아진다(높은 임금이 일종의 유인책 역할). 반면, 태만을 방지하지는 못한다. 보상적 임금은 비금전적인 직업 속성의 차이를 보전해 주는 성격이므로 관계 없는 내용이다.

정답 ①

핵 심 이 론

임금 관련 용어 총정리

2020년 상반기에 헤도닉임금(어렵고 힘든 일을 할 때 보상격으로 지불해 주는 임금)이 출제되었다. 기출제된 용어가 연이어 나올 확률은 드물지만, 관련 개념은 익혀 둘 필요가 있다. 여기서는 임금에 관련한 대표 용어를 소개하니, 읽어보면서 각 용어의 특징을 정리해 두자.

1) 실질임금과 명목임금
실질GDP와 명목GDP, 실질이자율과 명목이자율이 그렇듯이 여기서도 실질과 명목을 구분하는 기준은 물가(구매력)이다. 물가가 상승하면(인플레이션) 화폐가치가 떨어지기 때문에, 고정된 명목임금을 받는 근로자가 손해를 본다. 반면 기업 입장에서는 (물가가 상승했음에도 기존의 명목임금만큼만 주면 되므로) 유리해진다.
그럼 다음 문제를 풀어 보자. "직장인 A는 내년도 임금협상으로 3% 인상 결과를 받았다. 그런데 내년 물가상승률 전망은 4% 인상이다. 이때 A의 손익은?" 이런 문제는 명목임금과 실질임금으로 접근해야 한다. 우선 명목임금은 3% 상승했지만 물가상승률을 감안하면 실질임금은 1% 하락한다.
실질과 명목 개념은 한번 알아 두면 여러 곳(NCS 포함)에 사용할 수 있으므로, 물가를 기준으로 둘의 관계를 정확히 기억해 두자. 명목에서 물가를 빼야지, 실질에서 명목을 빼면 안 된다.

2) 의중임금
노동자가 노동을 제공할 의향이 있는 최소한의 임금을 뜻한다. 유보임금, 희망임금 등으로 불린다.

3) 임금패리티
노동소득분배율(피용자보수/국내총생산)을 임금근로자 비중(임금근로자/취업자)으로 나누어서 구하는데, 취업자 1인당 평균소득을 100으로 했을 때 임금근로자 1인당 평균소득의 상대적 비율을 의미한다.

4) 효율성 임금
시중 임금보다 일부러 높은 임금을 제공해 주면서 생산성을 도모한다는 이론이다.

5) 생활임금제
근로자가 여유가 있는 생활을 할 수 있도록 최저임금보다 높은 수준의 임금을 지급하는 임금제도를 말한다.

핵심유형 34 — 빅맥지수

빅맥지수는 두 국가 간 구매력을 비교하는 대표 지수이다. 복잡한 그래프나 수식이 등장하지는 않지만 기준을 제대로 잡지 못하면 틀리는 경우가 많다. 관련 문제를 많이 푸는 것보다, 정확히 풀고 이해하는 것이 중요한 유형이다.

대표예제

01 맥도날드 빅맥(Big-Mac) 가격이 미국에서는 6달러, 한국에서는 3,000원이다. 현재 시장환율이 달러당 1,000원일 때, 빅맥지수에 따른 균형 환율은 얼마인가?

① 500 ② 1,000 ③ 2,000 ④ 3,000

문제풀이

시장환율이 달러당 1,000원이므로 미국의 빅맥 가격은 6,000원이 된다. 반면 한국의 빅맥 가격은 3,000원이다. 따라서 균형환율은 달러당 500원이 된다(미국 6달러에 달러당 500원을 곱한 3,000원이 한국 빅맥가격이 된다는 원리).

정답 ①

02 다음 [표]는 빅맥지수 자료이다. 이를 읽고 [보기]에서 옳게 해석한 것을 모두 고르면?

[표] 빅맥가격 비교

한국 빅맥가격	미국 빅맥가격	시장환율
4,300원	3.8달러	1,180원/1달러

| 보기 |
㉠ 시장환율을 기준으로 할 때 원화의 구매력은 과소평가되었다.
㉡ 미국 내에서의 빅맥 가격이 한국 내 빅맥 가격보다 저렴하다.
㉢ 미국 빅맥과의 가격을 같게 만드는 원/달러 환율은 1,180원보다 낮다.
㉣ 지금의 빅맥가격이 유지된다면 점차적으로 환율은 상승할 것이다.

① ㉠, ㉡ ② ㉠, ㉢ ③ ㉡, ㉢ ④ ㉡, ㉣

문제풀이

빅맥가격으로 비교한 환율은 약 1,131원이다. 반면 시장환율은 1,180원으로 더 높다.

㉠ (○) 시장환율이 빅맥가격에 비교한 환율에 비해 높다. 높다는 말은 같은 1달러를 사기 위해 우리 돈을 더 많이 지불해야 한다는 뜻이다. 따라서 원화의 구매력은 과소평가되었다는 설명은 적절하다.

㉡ (×) 시장환율에 따라 빅맥가격을 적용하면 한국의 빅맥가격이 4,484원이 되어야 한다. 그런데 한국의 빅맥가격은 4,300원이므로 한국의 빅맥가격이 더 저렴하다.

㉢ (○) 1,131원이므로 낮다는 표현은 적절하다.

㉣ (×) 원화가치가 저평가된 상황이므로 상대적으로 원화가치가 상승하게 될 것이다. 이는 환율 하락을 뜻한다.

정답 ②

핵심이론

명목환율과 실질환율

일반적으로 환율은 두 화폐 간 교환비율을 말한다. 환율은 다시 명목환율, 실질환율, 실효환율로 구분할 수 있다. 여기서는 대표적으로 명목환율과 실질환율을 구분해 보도록 하자. 중요한 건 실질환율이라는 것도 기억하자.

1) 명목환율
우리가 경제신문에서 흔히 접하는 "원/달러 1,190원" 같은 경우는 명목환율이다. 명목환율은 두 화폐의 교환비율을 가장 분명하게 나타내는 장점이 있지만, 국가 간 물가 수준을 반영하지 못한다는 한계가 있다.

2) 실질환율
실질환율은 명목환율에 각국 물가수준을 반영했다고 보면 된다. 경제에서 '명목임금, 실질임금'으로 나뉘듯이 환율에서도 '명목환율, 실질환율'이 나뉜다는 말이다. 공식은 다음과 같다.

$$\text{실질환율} = \text{명목환율} \times \text{외국물가(수입물가)} / \text{국내물가(수출물가)}$$

예를 들어 편의상 명목환율이 1,000원이고 어떤 상품의 외국 물가는 1달러, 국내 물가는 1,000원이라 하자. 이때 실질환율은 얼마일까. $1,000 \times (1/1,000)$이므로 1이 된다. 아주 간단하다. 그런데 문제는 실질환율 표기법 자체가 생소하다보니, 제시문에 1, 1,000, 100 이런 값을 주면 1이 아닌 1,000을 고르는 경우가 많다는 것으로 주의가 필요한 부분이다.

실질환율 값이 커지면 어떨까. 실질환율이 커진다는 말은 외국물가가 국내물가보다 상대적으로 높다는 말이 된다. 그래서 실질환율이 커지면 (상대적으로 국내물가가 낮아서 수출에 유리해) 경상수지 개선을 가져온다고 본다.

핵심유형 35 이윤극대화

경제학에서는 이윤극대화, 효용극대화와 같은 문제를 출제하고 있다. 하지만 필기시험에서 이 정도까지 묻는 경우는 드물고, 아래 유형과 같이 문장형으로 출제되거나, 또는 최적 생산량(최적 소비량) 정도를 묻는 수준으로 나온다. 계산 자체는 '산수'에 가까운 만큼 원리를 이해하는 게 중요하다(예 현재가치와 미래가치가 어떻게 다른지).

대표예제

01 완전경쟁시장의 생산 및 비용구조에 대한 설명으로 옳은 것은?

① 한계수입이 한계비용보다 큰 지점에서 생산해야 이윤극대화를 달성한다.
② 가격이 평균비용보다 낮으면 무조건 생산을 중단해야 한다.
③ 개별기업은 장기적으로 정상이윤을 얻는다.
④ 개별기업이 직면하는 수요곡선은 우하향하는 형태이다.

문제풀이

① (X) 이윤극대화 조건은 한계수입과 한계비용이 일치하는 지점이다(MR=MC).
② (X) 평균비용은 평균고정비용과 평균가변비용으로 구분한다. 단기에는 평균비용보다 낮더라도 평균가변비용 이상이라면 생산을 선택하는 게 보다 유리하다.
③ (○) 장기적으로 진입·퇴출이 이뤄진 후에는 정상이윤만을 얻게 된다.
④ (X) 완전경쟁시장은 무수히 많은 소비자가 존재하기 때문에 개별기업이 직면하는 수요곡선은 수평선이다.

정답 ③

02 A공장은 마스크를 생산하고 있다. 마스크의 판매가는 1단위당 2,000원이다. 공장을 운영하는 데 드는 비용은 10,000,000원이며 마스크 생산 단위당 가변비용은 1,500원이다. 이때 A공장의 손익분기점에 도달하는 생산량 수준은 얼마인가?

① 20,000단위 ② 25,000단위 ③ 30,000단위 ④ 50,000단위

문제풀이

마스크 한 단위당 얻는 이익이 500원이므로 고정비용 10,000,000원을 500으로 나눈다. 그러면 값이 20,000이 된다. 즉, 마스크 20,000개 이상은 생산(판매)해야 이익을 기대할 수 있다는 뜻이다.

정답 ①

핵 심 이 론

효용극대화, 이윤극대화 계산법

"은행 필기시험에서는 복잡한 경제학 이론에 대입해 풀 것까지 요구하지는 않는다더라."라는 말들을 한다. 물론 그렇다. 비전공자도 공부하면 누구나 응시할 수 있어야 하는 시험에서 너무 어려운 내용을 묻지는 않는다는 말이다. 하지만 기본적인 원리를 이해하지 못하면 (단순한 문제임에도) 정답을 찾지 못하는 경우가 있다.

다음의 표 해석을 예로 들어 보겠다.

소비량	A의 평균효용		B의 평균효용	
	X재	Y재	X재	Y재
1개	1,500	2,900	1,600	2,400
2개	1,400	2,600	1,500	2,300
3개	1,300	2,300	1,400	2,200
4개	1,200	2,000	1,200	2,100
5개	1,100	1,600	900	2,000

문제에 출제되는 효용은 크게 세 가지로 구분한다. 한계효용, 평균효용, 총효용이 그것이다. 만약 문제에서 주어진 표의 값은 평균효용인데, 한계효용이나 총효용을 묻는다면 어떻게 해야 할까. 당연히 한계효용과 총효용으로 다시 구분해야 한다.

소비량	A의 한계효용(총효용)		B의 한계효용(총효용)	
	X재	Y재	X재	Y재
1개	1,500(1,500)	2,900(2,900)	1,600(1,600)	2,400(2,400)
2개	1,300(2,800)	2,300(5,200)	1,400(3,000)	2,200(4,600)
3개	1,100(3,900)	1,700(6,900)	1,200(4,200)	2,000(6,600)
4개	900(4,800)	1,100(8,000)	600(4,800)	1,800(8,400)
5개	700(5,500)	0(8,000)	−300(4,500)	1,600(10,000)

만약 다음과 같은 지문이 주어졌다고 하자.

"A가 Y재 4개를 소비할 때 얻는 총효용은 5개를 소비할 때보다 크다."

평균효용 표만 두고 해석하면 2,000에서 1,600으로 작아졌다고 볼 수 있다. 간단해 보이는 문장이지만 값을 잘못 따지면 충분히 틀릴 여지도 있다는 뜻이다. 따라서 평균과 한계, 총 개념을 꼭 구분해 두어야 한다(이윤극대화 원리 역시 효용극대화를 이해하면 보다 쉽게 풀어 나갈 수 있다).

핵심유형 36 — 코즈의 정리, 탄소배출권

층간 소음으로 윗집과 아랫집이 싸우고 있다. 이때 당신은 어떤 해결책을 줄 수 있을까. 윗집을 나무랄 것인가, 아니면 아랫집에게 참으라고 할 텐가. 이를 설명하는 경제이론 중 대표적으로 코즈의 정리와 탄소배출권을 들 수 있다. 제3자의 개입 없이 당사자 간 합의만으로 결과를 도출해 낼 수 있는 것이 특징이다.

대표예제

01 코즈의 정리에 대한 설명 중 적절한 것을 모두 고르면?

> ㉠ 당사자 간 소유권이 분명할수록 적용에 수월하다.
> ㉡ 거래비용이 클수록 결과가 효율적이다.
> ㉢ 외부효과 측정 기준이 모호하다는 한계가 있다.
> ㉣ 정부의 시장 개입을 정당화하는 근거로 알려져 있다.

① ㉠, ㉡　　② ㉠, ㉢　　③ ㉠, ㉣　　④ ㉡, ㉣

문제풀이

㉠ (O) 여기서 말하는 소유권이란, 비용 발생 시 그 책임(비용 부담)을 누가 질 것인지를 명확히 한다는 의미로 해석하면 된다. 따라서 소유권이 분명할수록 코즈의 정리 적용이 수월해진다.
㉡ (X) 거래비용은 당사자 간 협상 사이에 발생하는 비용을 말한다. 예를 들어 회의를 갖는다든지, 모임을 주선한다든지 등의 모든 것이 일종의 거래비용이다. 거래비용이 높으면 그만큼 당사자 간 만족스러운 결과를 얻기 어려워진다. 따라서 옳지 않은 설명이다.
㉢ (O) 쉽게 이야기해 외부효과를 금전적으로 환산했을 때 그 기준이 얼마나 적절한가를 따진다는 뜻이다. 예를 들어, 층간소음 문제도 '아랫집이 얼마만큼의 고통을 느끼는지' 측정하고, 이를 협상을 통해 해결한다는 건 쉽지 않다.
㉣ (X) 코즈의 정리는 당사자 간의 협상으로 결과를 도출할 수 있다는 뜻으로, 정부의 시장 개입 반대 논리로 소개된다.

정답 ②

02 탄소배출권(배출권거래제)에 대한 다음의 설명 중 적절하지 않은 것을 고르면?

① 지구온난화의 주범인 온실가스를 감축하고자 하는 의도에서 시작했다.
② 각 기업은 배출할 수 있는 온실가스 할당량을 부여받으며, 이를 시장에서 거래할 수 있다.
③ 온실가스 감축량을 높게 설정할수록 정책 효과도 높아진다.
④ 한국은 배출권거래제가 시행 중이다.

> 문제풀이

온실가스 감축량이 높아진다고 해서 정책 효과가 반드시 높아지는 건 아니다. 예를 들어, 정부가 온실가스 감축량을 무리하게 설정하면 시장에 풀리는 배출권 물량이 제한적일 수밖에 없다. 이는 오히려 배출권 가격 급등이라는 역효과를 낳는다.

①, ② (○) 탄소배출권이나 오염물질배출권, 배출권거래제 모두 같은 원리로 해석하면 된다. 따라서 ①과 ② 모두 옳은 설명이다.

④ (○) 한국은 2015년 배출권거래제가 시작됐다.

정답 ③

핵 심 이 론

코즈의 정리

경제학에는 외부효과라는 개념이 있다. 쉽게 말하면 수요와 공급, 소비와 생산처럼 각 경제주체가 만나 어떤 활동이 이뤄졌는데 그 과정에서 의도치않게 제3자에게 영향을 끼치는 것을 말한다. 여기서 좋은 영향을 미쳤으면 긍정적 외부효과(외부경제), 나쁜 영향을 미쳤으면 부정적 외부효과(외부불경제)라고 한다. 이 중 코즈의 정리는 외부불경제의 해결책으로 소개된다.

코즈의 정리 외에도 외부불경제의 해결책은 여러 가지가 있다. 대표적으로 정부의 개입이다. 정부가 개입해 당사자들에게 규제하는 셈이다. 하지만 정부의 강제성이 개입되는 만큼 의도치 않은 부작용이 발생할 수 있고, 또 당사자 모두 만족하는 결과를 도출하기 어렵다는 한계가 있다. 반면, 코즈의 정리는 당사자 간에 협상을 통해 합의에 이르는 만큼 (결과만 도출된다면) 가장 이상적인 결과를 기대할 수 있다.

코즈의 정리도 문제점은 있다. 먼저 거래비용이 커질 경우 협상 자체가 불가능해질 수 있다는 점, 다른 하나는 재산권의 분명한 기준 여부, 그 밖에 측정의 문제(피해를 입었을 때 그 피해를 과연 얼마의 금전으로 환산할 수 있는지) 등이다.

코즈의 정리 관련 핵심 요약
- 명확한 재산권 확립이 중요하다.
- 정부가 개입하지 않아도 당사자 간 문제를 해결할 수 있다.
- 거래비용이 커질수록 코즈의 정리 적용이 어려워진다.
- 외부효과(크기) 측정이 중요하다.

핵심유형 37   죄수의 딜레마

게임이론 중 가장 대표적 유형으로 알려진 죄수의 딜레마는 각자가 (자신에게) 최선의 선택을 내리더라도 그 결과는 최선이 아닐 수 있음을 설명하고 있다. 비슷한 유형으로는 최소극대화전략, 내쉬균형이 있다. 여기서는 무엇보다 표(보수행렬) 해석에 익숙해지는 것이 관건이다.

대표예제

죄수의 딜레마(prisoner's dilemma) 모형에 대한 설명 중 옳은 것은?

① 당사자 간의 완전한 정보공유가 가능함을 전제로 한다.
② 독점적 경쟁시장에서 기업간 경쟁을 설명할 때 소개된다.
③ 게임이 반복될수록 참가자들은 협조(자백)보다 비협조(부인)를 택한다.
④ 우월전략이 존재하며, 이 전략은 파레토 효율적이다.

문제풀이

'용의자의 딜레마'라고도 불리는 죄수의 딜레마는 공범임이 의심되는 두 사람을 따로따로 조사하는 방식을 따른다. 서로가 서로의 선택을 알지 못하는 상황이다 보니 "상대가 배신(자백)하면 어쩌나" 하는 불안감이 있고, 또 자백/부인에 따른 조건을 따져 보니 자신에게 유리한 선택이 있다. 하지만 그 선택이 결국에는 최선이 아님을 설명하는 게 죄수의 딜레마다.

① (X) 다음 표를 살펴보자. '죄수의 딜레마'라는 제목으로 출제되는 문제는 값이 조금씩 다를 뿐 아래 표를 크게 벗어나지 않는다.

구분		B	
		자백	부인
A	자백	(6년, 6년)	(석방, 10년)
	부인	(10년, 석방)	(2년, 2년)

당사자 간의 완전한 정보공유가 가능하다는 말은, 자유로운 의사소통이 가능하다는 의미이다. 그러면 A, B 모두 자신들에게 유리한 '부인'을 택할 것이다. 물론 부인하기로 입을 맞춰 놓고 혼자서만 자백을 하고 석방을 받는 경우도 생각할 수 있겠지만 문제가 그렇게 출제되진 않는다.

② (X) 죄수의 딜레마는 주로 2인, 즉 과점시장에서 적용한다. 기업 간 담합이 대표적이다.

③ (O) 게임이 반복되지 않을 때는(일회성일 경우) 자신에게 유리한 선택을 내릴 것이므로 A와 B 모두 자백을 선택할 것이다. 하지만 게임이 반복되면(여기서 반복된다는 말은 자신의 선택 결과를 파악하고, 다른 선택을 할 수 있는 기회가 주어진다는 뜻) 부인을 선택할 것임을 알 수 있다.

④ (X) 우월전략은 상대방의 전략에 관계없이 항상 자신에게 유리한 결과를 가져오는 선택을 말한다. 죄수의 딜레마에서도 우월전략은 존재한다. 각각 자백을 선택하는 것이다. 하지만 그 결과가 최적의 선택, 즉 파레토효율적이 아니라는 점을 기억해 두어야 한다. 앞의 표에서 파레토 최적인 상태는 둘 모두 부인하는 것이다. 하지만 우월전략은 그보다 파레토 최적이 아니므로 옳지 않은 지문이다.

정답 ③

핵 심 이 론

내쉬균형

1) 내쉬균형의 정의

내쉬균형을 한 마디로 요약하면 다음과 같다.

"네가 생각하는 것을 내가 생각하고 있다고 네가 생각하고 있다는 것을 나는 생각한다."

아주 복잡한 문장처럼 느껴지겠지만, 실제 내쉬균형을 공부해 보면 위 문장이 그대로 적용됨을 알 수 있다. 경제학적 표현으로 말하면 "상대방의 전략을 예상하고 그에 따라 자신의 이익을 최대화하는 전략을 선택해 균형이 이뤄진 상황" 정도로 요약할 수 있다.

다음의 경우를 생각해 보자. A, B 두 기업은 지금 신(新)사업에 진입할지 철수할지를 고려하고 있다. 괄호 안 값은 각 선택에 따른 결과를 의미한다(보통 앞에 있는 숫자가 A기업, 뒤의 숫자는 B기업을 가리킨다).

구분		B기업	
		진입	철수
A기업	진입	(20, 20)	(5, 15)
	철수	(15, 5)	(15, 15)

먼저 A부터 따져 보자. 여기서 말하는 '따져 본다'라는 건 우월전략이 존재하는지 여부이다. 진입 시 (B의 선택에 따라 A가 얻는 결과는) 20 아니면 5, 철수 시 15 아니면 15이다. 즉, B가 진입을 선택하면 진입이 유리하고, 철수를 선택하면 철수가 유리한 상황이라는 말이다. 결국 B의 선택에 따라 선택이 달라진다는 뜻이므로 이 경우 우월전략은 존재하지 않는다.

B도 마찬가지다. A가 진입하면 B도 진입하는 게 유리하고, A가 철수하면 B도 철수하는 게 유리하다. 우월전략이 없는 상황이다.

앞서 죄수의 딜레마에서는 우월전략이 존재했다. 하지만 이처럼 우월전략이 존재하지 않을 때(않음에도) 내쉬균형은 존재할 수 있다(이 문장을 이해할 수 있어야 시험장에서 큰 도움이 된다).

2) 내쉬균형 구하기

먼저 A기업을 기준으로 "네가 생각하는 것을 내가 생각하고 있다고 네가 생각하고 있다는 것을 나는 생각한다."는 말에 대입해 보자.

먼저 A 기업의 입장에서 '네가'에 해당하는 B의 진입을 고려하여 계산해 보면 A기업은 진입 시 20, 철수 시 5의 보수를 얻는다. 즉, A 입장에서는 B가 진입한다고 할 때 진입을 선택할 것임을 알 수 있다. 이 경우 역으로 B의 입장을 생각해 보면 A와 B가 동시에 입장하는 경우의 득실을 따져 본다는 말이 된다. 이때 B의 보수는 진입 시 20, 철수 시 15이므로 진입을 선택한다. 따라서 A나 B 모두 상대가 진입할 것이라 예상하고 자신도 진입하는 (진입, 진입)의 내쉬균형이 된다.

이제 철수의 경우를 생각해 보자. A의 철수를 가정하면 B는 진입 시 5, 철수 시 15의 보수를 얻는다. 따라서 B도 철수를 선택할 것임을 예상할 수 있다. 역으로 이러한 B의 선택을 A가 예상한다면 A 또한 철수를 선택할 것이다.

마지막으로 위의 계산에 따라 A, B가 각각 (진입, 철수)를 선택하는 경우는 발생할 수 없음을 알 수 있다.

만약 아직 내쉬균형이 익숙하지 못하다면 서로 서로 한 단계씩 맞춰 보면서 선택이 계속 유지되는지 바뀌는지에 주목해 풀어 나가면 된다.

핵심유형 38 — 트릴레마

두 가지 선택 중 어떤 것을 택하더라도 결과를 장담할 수 없는 경우 '딜레마'에 놓였다고 말한다. 트릴레마는 여기서 선택지 하나가 더 추가된 상황이라고 해석하면 된다. 경제학에서는 주로 외환정책의 트릴레마를 소개한다.

대표예제

다음 제시문을 읽고 빈칸에 들어갈 말을 적절히 짝지은 것은?

> 환율제도는 고정환율제도, 자유변동환율제도, 통화위원회제도로 구분할 수 있다.
>
> 고정환율제도는 환율변동에 따른 충격을 완화하고 거시경제정책의 자율성을 확보할 수 있다는 장점이 있다. 하지만 자본이동의 제약이 불가피하여 결과적으로 국제유동성이 부족해질 수 있다는 단점도 있다.
>
> 반면 자유변동환율제도하에서는 자본이동이 자유롭게 이루어진다. 유동성 확보가 용이하며 외부충격이 환율변동에 의해 흡수됨으로써 거시경제정책의 자율적인 수행이 용이하다. 다만 환율변동성이 높아짐으로써 경제의 교란요인으로 작용할 가능성도 배제할 수 없다.
>
> 마지막으로 통화위원회제도는 국내통화를 미 달러화 등에 일정비율로 고정시킴으로써 유동성을 확보한다. 이를 통해 환위험을 방지할 수 있으나, 외환의 공급에 비례하여 국내통화가 자동적으로 공급됨으로써 통화정책의 자율성이 크게 제약을 받는 단점이 있다.
>
> 이와 같이 어떤 환율제도의 경우라도 (㉠), (㉡), (㉢) 등 세 가지 정책목표를 동시에 만족시키기는 현실적으로 어려운데 이를 삼불원칙(impossible trinity, trilemma)이라고 한다.

	㉠	㉡	㉢
①	통화정책의 자율성	자본 자유화	환율의 안정
②	물가정책의 자율성	국제수지 안정	환율의 안정
③	물가정책의 자율성	자본의 안정	환율변동의 자율성
④	통화정책의 자율성	환율 자유화	금리의 안정

문제풀이

제시문과 같이 어떤 환율제도의 경우라도 통화정책의 자율성, 자본 자유화, 환율의 안정 등 세 가지 정책목표를 동시에 만족시키기는 현실적으로 어려운데 이를 삼불원칙(impossible trinity, trilemma)이라고 한다.

정답 ①

핵 심 이 론

트릴레마

'트릴레마(trilemma)'는 '세 가지 딜레마'라는 뜻으로, '삼중고'로도 풀어 쓴다. 경제에서는 정책 간 상충관계를 나타낼 때 쓴다. 만약 정부가 아래와 같은 정책 목표를 세웠다고 하자.

물가 안정, 경기 부양, 국제수지 개선

세 가지 모두를 한꺼번에 달성하면 가장 이상적이다. 물가 안정부터 살펴보자. 보통 물가 안정을 목표로 하다 보면 경기 침체 문제가 발생할 수 있다. 그렇다고 경기 침체를 막고자 부양 정책을 펼치면 인플레이션의 우려(물가 상승)가 있다. 인플레이션은 자국 화폐가치 하락으로 연결되며 국제수지 악화를 초래한다.

그외에 외환시장에서는 트릴레마를 다음과 같이 소개하고 있다. 책에 따라서는 '불가능의 삼각정리'라고도 하는데 같은 표현으로 생각하면 된다.

안정적인 환율, 자본 이동의 완전성, 독자적인 통화정책

해석해 보면, 환율을 안정적으로 유지하면서 자본 이동의 완전성을 보장하면 독자적인 통화정책을 펼치기 어렵다는 말이다. 또 자본 이동의 완전성과 독자적인 통화정책이 가능하다 치면 반대로 환율 변동에 취약해진다.

참고로 앞에서 설명한 물가 안정과 경기 부양, 국제수지 개선은 지문으로 그 내용이 출제될 수 있는 만큼 해설을 읽어 보며 이해할 필요가 있다. 반면 외환시장의 트릴레마는 서술형이 아니고는 (서로의 관계까지 따져 보는 수준으로) 출제될 일이 드물다. 다만 '환율, 자본 이동 완전성, 독자적 통화정책'이라는 키워드 정도는 고를 수 있어야 한다. 요약하자면 무역장벽이라든지, 국내 물가관리라든지 이런 키워드를 함께 놓고 "이 중 외환시장에서의 트릴레마, 혹은 불가능의 삼각정리에 해당하는 개념 세 가지를 고르라."는 식으로 출제될 때는 풀 줄 알아야 한다는 뜻이다.

핵심유형 39 — 외부효과

외부효과는 크게 긍정적 외부효과와 부정적 외부효과로 나눈다. 코즈의 정리는 외부효과 해결책인데, 여기서는 외부효과의 발생 그 자체를 묻는 유형이다. 각각의 개념을 이해하고 사례를 구분할 줄 알아야 하며, 마지막 단계로는 그래프 해석까지 할 수 있어야 한다.

대표예제

외부효과에 대해 설명한 내용으로 적절하지 않은 것을 모두 고르면?

> ㉠ 일반적으로 긍정적 외부효과는 제3자에게 이득을 주며, 부정적 외부효과는 제3자에게 피해를 준다.
> ㉡ 공장의 폐수로 인한 환경오염, 아파트 위아래 층간소음은 부정적 외부효과의 대표적 사례이다.
> ㉢ 부정적 외부효과가 발생했을 때는 일반적으로 사회적 비용이 사적 비용보다 작다.
> ㉣ 긍정적 외부효과가 발생했을 때는 일반적으로 해당 기업의 균형생산량이 사회적 균형생산량보다 많다.

① ㉠, ㉢   ② ㉠, ㉣   ③ ㉡, ㉣   ④ ㉢, ㉣

문제풀이

총 4개의 내용 중 2개 정도는 쉽게 정답 여부를 골라낼 수 있는 반면, 나머지 2개(㉢, ㉣)는 사회적 비용과 사적 비용을 구분할 줄 알아야 하는 다소 까다로운 문제이다.

㉠ (O) 외부효과는 제3자에게 이득이 되면 긍정적, 그렇지 않으면 부정적이라고 생각하면 된다.

㉡ (O) 제3자에게 피해를 입혔으므로 부정적 외부효과가 맞다.

㉢ (X) 부정적 외부효과가 발생했을 때는 (사회적으로 부정적인 피해를 입혔으므로) 사회적으로 드는 비용, 이른바 사회적 비용이 사적 비용(여기서의 사적 비용이란 주로 재화를 생산하는 당사자 기업의 비용을 의미)보다 크다. 그래서 부정적 외부효과가 발생하면 정부가 해당 기업에 세금을 물린다든지 해서 더 많은 부담을 지게끔 하는 것이다.

㉣ (X) 긍정적 외부효과가 발생했을 때는 정반대이다. 사회적으로 드는 비용이 감소한다. 양봉업자와 과수원을 떠올리면 된다. 양봉업자가 키우는 벌이 과수원의 수분에 도움을 줬기 때문에 과수원 입장에서는 비용을 아꼈다는 말이다. 잘 가꿔진 화단이 있어서 이를 지나가는 행인들에게 상쾌함을 준 것도 마찬가지다. 이러한 긍정적 외부효과는 사회적 비용이 사적 비용보다 작기 때문에 그만큼 생산량도 작아진다. 따라서 정부가 보조금을 준다거나 세액공제 등의 인센티브를 제공해 사회적 균형생산량 수준으로 증가시키는 원리이다.

정답 ④

핵 심 이 론

긍정적 외부효과와 부정적 외부효과

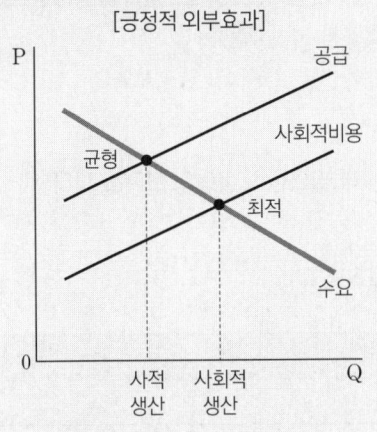
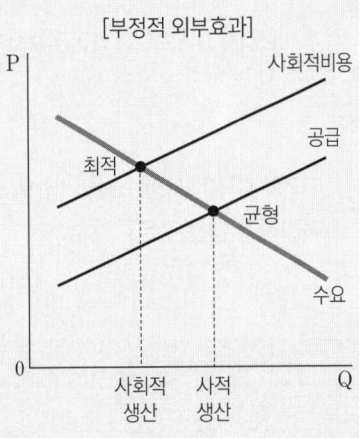

1) 그래프를 통한 접근

양봉업자와 과수원 이야기를 다시 생각해 보자. 양봉업자 입장에서는 자신에게 이익이 되는 사적 생산 수준까지만 비용을 지불할 것이다. 하지만 긍정적 외부효과를 감안 했을 때 생산량은 이보다 많다. 그래서 정부가 보조금을 지급해준다거나 하는 방식으로 (사회적생산 수준까지) 생산을 늘린다.

반대로 부정적 외부효과는 균형보다 더 많이 생산되고 있는 상태이다. 그래서 비용 부담을 늘리는데, 그러면 (생산하는 입장에서 단위당 생산비용이 커지므로) 공급곡선이 좌측으로 이동하는 결과를 가져온다. 결과적으로 사회적 생산은 사적 생산보다 작다.

여기서는 비교적 짧게 설명했는데, 사실 외부효과를 그래프까지 학습하기란 대단히 어려운 일이다. 하지만 위 그래프를 직관적으로 해석하는 훈련을 통해, 앞의 문제에서 출제된 '사적 비용'과 '사회적 비용' 개념을 정확히 구분할 수 있어야 한다.

2) 외부효과 사례

외부효과 사례는 긍정적, 부정적으로 나누면 된다. 다만 예외가 있다. 이상 기후에 띠른 농작물 가격 급등이라든지, 특정 지역 개발에 따른 땅값 상승 등은 외부효과라기보다 수요·공급의 급격한 변동에 가깝다. 가끔 "긍정적 외부효과인 것은?"이라고 묻고는 외부효과에 전혀 해당하지 않는 지문을 끼워 넣는 경우가 있으니 주의해야 한다.

- 긍정적 외부효과의 예시
  - 옆의 땅 주인이 자신의 편리를 위해 도로를 정비했는데 덩달아 내 땅의 가치가 오른 경우
  - 겨울철 집 앞에 눈을 치워 지나가는 사람이 넘어지지 않는 것
- 부정적 외부효과의 예시
  - 주택 단지에 유흥업소가 들어서면서 교육환경이 나빠진 것
  - 술 소비량이 많아지면서 알코올 중독 등 질병자가 많아지는 것

3) 외부효과 해결방안

해결방안으로는 코즈의 정리, 오염배출권제도, 정부의 세금부과, 보조금 지급 등이 대표적이다. 앞서 코즈의 정리를 다루면서 살펴본 내용들이니, 가볍게 정리해 두면 된다.

핵심유형 40

비교우위론

비교우위론은 미리 풀어 본 수험생과 그렇지 않은 수험생 간에 격차가 확실히 드러나는 유형 중 하나이다. 두 국가 중 어느 국가가 비교우위를 갖는지부터 시작해 교역조건까지 묻는 경우도 있다. 관련 문제를 최대한 많이 풀어 익숙해지는 것이 중요하다.

대표예제

다음 [표]는 A국과 B국이 사과 1kg와 배 1kg를 생산하는 데 필요한 노동량의 크기를 나타낸다. 이에 대한 설명으로 적절하지 않은 것은?

[표] 생산 시 드는 노동량

(단위: 명)

구분	A국	B국
사과	2	4
배	6	8

① A국은 B국에 비해 사과 생산에 절대우위를 갖는다.
② A국과 B국 간 교역이 이뤄진다면, A국은 사과를 생산할 것이다.
③ B국 입장에서 사과 1kg와 배 2.5kg를 교환하는 조건이라면 무역에 응할 것이다.
④ B국은 A국에 비해 사과와 배 생산 모두에 절대열위를 갖는다.

문제풀이

① (O) A국은 사과 1kg, 배 1kg 생산 모두에 있어 B국보다 투입량이 적게 든다. 따라서 A국은 B국에 비해 사과 생산에 절대우위를 갖는다(사과와 배 모두에 절대우위를 갖는다고 표현해도 된다).
② (O) 기회비용을 고려하면 된다. A국 입장에서 사과 1kg 생산의 기회비용(사과 1kg 생산에 드는 노동량으로 배를 생산했을 때를 생각할 것)은 배 1/3kg이 된다. 쉽게 말해 사과 1kg와 배 1/3kg간에 대체된다는 뜻이다. 반면 B국은 사과 1kg의 기회비용이 배 1/2kg이 된다. 비교우위에서는 상대적으로 기회비용이 작은 것에 특화하므로 A국은 사과, B국은 배 생산에 비교우위를 갖는다.
③ (X) 교역조건이 어떤지를 묻는데, 사과 1kg는 배 1/3~1/2kg 사이에서 거래된다. 사과를 수출하는 A국 입장에서는 배를 1kg도 못 받던 상황에서 무려 2.5kg를 준다고 하니 거래에 응한다고 볼 수 있다. 하지만 B국은 사과를 수입하는 입장이다(앞서 A국이 사과 수출, B국이 사과 수입임을 따져 봤음). 사과 1kg를 받는데 배를 2.5kg이나 내주는 조건에 응할 리가 없다. 따라서 적절하지 않다.
④ (O) 사과와 배 각각 생산에 드는 노동량의 크기가 더 크므로 절대열위에 있다.

정답 ③

핵 심 이 론

비교우위론

비교우위론은 관련 문제를 최대한 많이 풀어 보는 게 중요한데, 어디까지나 기초 개념은 이해했다는 가정하에서다. 따라서 여기서는 기초 개념에 대해 짚어 보고자 한다.

1) 우위의 이해

교역에서 '우위'가 있다는 말은 재화나 서비스 생산에 있어 (동일한 생산량에) 더 적은 자원을 투입하거나 또는 (동일한 투입량으로) 더 많은 양을 생산해 낼 수 있다는 뜻이다. 예를 들어, 한국과 미국이 쌀과 옥수수를 생산하는데 생산요소는 노동이 유일하다고 하자. 이때 한국에서 쌀(편의상 1톤) 생산에 들어가는 노동의 양이 미국보다 적다면 "한국은 쌀 생산에서 미국보다 절대우위에 있다."고 표현한다.

(단위: 명)

구분	한국	미국
쌀	2	8
옥수수	8	4

따라서 앞의 표를 해석하면 한국은 쌀에 절대우위를, 미국은 옥수수에 절대우위를 갖는다.

2) 교역의 이득

물론 한국과 미국이 교역하지 않고 각자 쌀과 옥수수를 생산해도 된다. 하지만 각자의 노동력을 보다 효율성을 갖는 재화 생산에 투입하면 (자원배분이 효율적으로 이뤄진다는 의미) 그 결과 생산량도 기존보다 많아진다. 이를 거래해서 이득을 보는 게 이른바 교역의 이득이다.

3) 적용

이제 한국과 미국이 각각 16단위의 노동을 갖고 있다고 하자. 교역 이후 결과를 보면 이전보다 생산 총량이 더 많아졌음을 알 수 있다.

- 교역 이전: 한국은 쌀 4톤과 옥수수 1톤을 생산했으며 미국은 쌀 1톤과 옥수수 2톤을 생산했다(전체를 따지면 쌀 5톤, 옥수수 3톤).
- 교역 이후: 한국은 쌀 8톤을 생산했으며 미국은 옥수수 4톤을 생산한다(전체를 따지면 쌀 8톤, 옥수수 4톤).

4) 해석(기회비용 적용)

(단위: 명)

구분	한국	미국
쌀	2	8
옥수수	4	8

이제 한국이 미국에 비해 쌀과 옥수수 모두에 절대우위를 갖는 상황을 따져 보자. 앞의 표와 달리 한국이 어느 것을 생산해야 할지 한눈에 들어오지 않는다. 이때 적용하는 개념이 기회비용이다. 한국에서 쌀 1톤 생산 시 포기해야 하는 옥수수는 1/2톤이다(반대로 한국에서 옥수수 1톤 생산 시 기회비용은 쌀 2톤이 된다). 미국은 투입 노동의 크기가 같기 때문에 기회비용도 1로 같다.

정리해 보면, 한국은 쌀 생산에 따른 기회비용이 1/2이므로 미국보다 낮다. 즉, 포기해야 하는 가치가 상대적으로 작기 때문에 한국은 쌀 생산에 비교우위를 갖는다. 옥수수를 보면, 미국의 옥수수 기회비용은 쌀 1인데, 한국은 쌀 2다. 따라서 미국 입장에서도 옥수수에 비교우위를 갖는 셈이다.

핵심유형 41 — 한계효용과 소비자균형

주어진 예산하에서 최적의 선택을 내리는 것은 경제학에서 대단히 중요하게 다루는 주제다. 시험에서도 그대로 출제된다. 계산 자체는 더하기 빼기 정도이다. 다양한 유형을 풀어 보면서 과정에 익숙해지는 것이 중요하다.

대표예제

01 A씨는 10만 원의 예산을 갖고 있으며, 돼지고기와 소고기를 사용하는 데 전부 사용한다. 돼지고기 1kg의 가격은 5,000원이며 소고기 1kg의 가격은 10,000원이다. A는 돼지고기 12kg와 소고기 4kg를 구입했다. A가 마지막 돼지고기 구입에서 갖는 한계효용이 20일 때, 마지막 소고기 구입에서 갖는 한계효용은 얼마가 되는가? (단, A는 돼지고기와 소고기 구입을 통해 효용을 극대화한 상태이다)

① 1   ② 40   ③ 80   ④ 200

문제풀이

괄호 안의 '효용을 극대화한 상태'라는 부분이 힌트이다. 효용극대화는 각 재화의 가격 대비 효용의 크기가 같아지는 지점이므로 이를 비교하면 된다. 단위는 kg, 원을 쓴다. 20/5,000＝X/10,000이므로 X는 40이다.

정답 ②

02 B는 편의점에서 삼각김밥과 라면을 먹기로 했다. 삼각김밥의 가격은 10원이며 처음 먹는 삼각김밥의 한계효용은 70이다. 반면 라면의 가격은 20원이며 처음 먹는 라면의 한계효용은 150이다. B가 자신의 효용을 극대화하고자 한다면 어느 것부터 먹겠는가? 또한 이때 1원당 한계효용의 크기는 얼마이겠는가?

① 삼각김밥, 7.0   ② 라면, 7.5   ③ 삼각김밥, 70   ④ 라면, 75

문제풀이

삼각김밥의 가격이 10원이고 한계효용은 70인데, 라면은 가격이 2배인 반면 한계효용은 그보다 더 큰 75(150을 2로 나눔)이다. 따라서 라면을 먼저 먹을 것임을 알 수 있다. 문제에서는 1원당 한계효용의 크기를 묻고 있으므로 75/10, 즉 7.5가 정답이다.

정답 ②

핵심이론

한계대체율의 체감, 체증, 불변 구분하기

X, Y 두 재화가 있다고 가정하자. (예산 제약하에서) X재 한 단위를 더 얻기 위해서는 Y재를 일부 포기해야 한다. 이때 포기해야 하는 Y재의 크기가 점차 작아질 때 "한계대체율이 체감한다."고 표현한다.

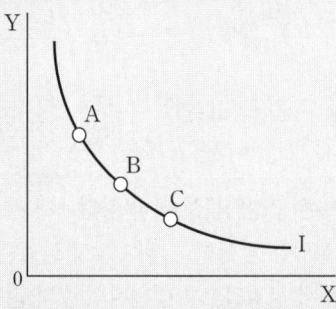

소비자의 선택과 효용에 대해 공부해 본 경험이 있다면, 무차별곡선이라는 개념을 알고 있을 것이다. 실제로도 대개 "무차별곡선은 원점에 대해 볼록하다."라든지 "무차별곡선상에서의 모든 점에서 효용의 크기는 같다."와 같은 무차별곡선의 특징 중심으로 학습하는 게 일반적이다.

그런데 종종 "원점에 대해 볼록한 형태의 무차별곡선에서 한계대체율은 체감(체증/불변)한다."와 같은 지문이 나와 헷갈릴 수 있다. 정답은 한계대체율 체감이다. 쉽게 말해 X재 한 단위를 더 선택할 때 포기해야 하는 Y재의 양이 점차 감소한다는 말인데, 그래프 해석을 어려워하는 수험생들은 낯설게 느껴질 것이다.

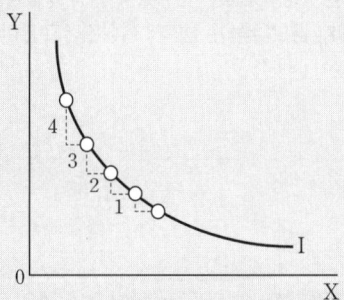

앞의 그래프를 예로 들어 보자. 편의상 단위로 구분했다. 이처럼 X재 한 단위를 더 추가할 때 포기해야 하는 Y재의 양은 4에서 3, 다시 2, 1로 작아짐을 알 수 있다. 이래서 한계대체율 체감이라 한다.

물론 무차별곡선이 우하향하는 직선의 경우라면 한계대체율이 일정할 것이다. 여기서 강조하는 건, '무차별곡선＝한계대체율 체감' 이런 식으로 외우지 말라는 의미이다. 가끔 직선의 무차별곡선이 나올 수도 있으니 이때는 한계대체율이 일정(불변)하다고 해야 한다.

핵심유형 42 — 최저임금제

최저임금제(가격하한제)는 개념과 장·단점, 가격상한제와의 구분, 그래프를 통한 해석 등 아주 다양하게 출제된다. 따라서 단순히 특징 한 두 가지를 기억해 두는 것으로는 부족하다. 그래프부터 시작해 완전하게 이해한다는 생각으로 학습해야 한다.

대표예제

01 최저임금제에 대한 설명 중 옳은 것을 고르면?

① 가격상한제의 일종이다.
② 최저임금이 노동시장의 기존 균형임금보다 낮은 선에서 결정되어야 효과가 있다.
③ 최저임금에 따른 자발적 실업은 발생하나, 비자발적 실업은 발생하지 않는다.
④ 일반적으로 최저임금이 높게 설정될수록 실업자의 수가 많아진다.

문제풀이

① (X) 최저임금제는 임금의 최저한도를 지정하는 것으로, 가격의 하한을 두는 가격하한제의 일종이다.
② (X) 기존 균형임금보다 낮은 선에서 결정되면, 기존보다 더 낮아지는 결과를 가져오기 때문에 아무런 효과가 없다. 반대로 기존 균형임금보다 높은 선에서 결정되어야 효과가 있다.
③ (X) 최저임금 적용 시 고용량 감소로 비자발적 실업이 발생한다. 자발적 실업은 최저임금과 특별한 관련이 없다.
④ (O) 일반적으로 최저임금은 시장 균형임금보다 높은 선에서 설정된다고 본다. 이러한 최저임금이 높아지면 높아질수록 실업자의 수도 많아진다.

정답 ④

02 다음 그래프에서 최저임금 적용(W_1)에 따른 비자발적 실업의 크기는 얼마인가?

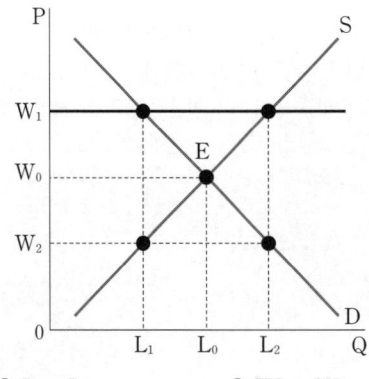

① $L_1 - L_0$ ② $L_1 - L_2$ ③ $W_1 - W_0$ ④ $W_1 - W_2$

문제풀이

기존 균형이었던 E에서 최저임금을 W_1 수준으로 설정했기 때문에 W_1에서의 수요와 공급 간 불일치를 찾으면 된다. 그러면 ② L_1-L_2가 비자발적 실업의 크기임을 알 수 있다. 선택지 ③과 ④는 실업량이 아닌 임금의 변화분을 나타내기 때문에 제외된다.

정답 ②

핵 심 이 론

최고가격제와 최저가격제

최저임금제 자체가 최근 경제에서 이슈가 된 만큼 기본적인 개념은 다들 알고 있을 것이다. 여기서는 최고가격제와 최저가격제(최저임금제)를 비교해 보도록 하자.

구분	최고가격제(가격상한제)	최저가격제(가격하한제)
개요	거래 가격의 상한을 설정하는 것	거래 가격의 하한을 설정하는 것
효과	기존 균형가격보다 낮아야 효과적	기존 균형가격보다 높아야 효과적
목적	수요자 보호	공급자(노동자) 보호
관련 사례	분양가 상한제, 이자율상한제	최저임금제
문제점	초과수요, 암시장 발생	초과공급, 암시장 발생*

*암시장: 노동자가 최저임금보다 낮은 임금을 받는 조건으로 고용이 이뤄질 수 있다는 뜻

핵심유형 43 지니계수

로렌츠곡선과 함께 소개되는 지니계수는 대표적인 소득불평등 지표로 알려져 있다. 5분위배율, 10분위분배율도 단골로 출제되는 개념들이다. 각 지표의 값(0, 1, 2)에 따라 그 결과가 어떤지(평등한지 불평등한지) 따져 보는 게 가장 중요하다.

대표예제

다음 그래프는 A국의 가처분소득 지니계수 추이를 나타내고 있다. 이를 통해 2020년 대비 2021년의 경제 상황을 추론한 것으로 가장 타당한 것은?

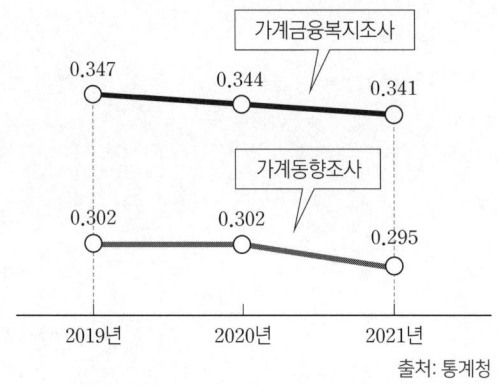

[A국의 가처분소득 지니계수 추이]
출처: 통계청

① 경제 전체적인 소득분배상태가 개선(평등)되었다고 볼 수 있다.
② 최저임금이 인상된 결과로 해석할 수 있다.
③ 10분위분배율의 값은 더 작아졌을 것이다.
④ 5분위배율의 값은 더 커졌을 것이다.

문제풀이

지니계수는 경제 전반의 소득분배를 나타내는 지표다. 0~1의 값을 갖는데, 작을수록 소득분배가 개선(평등)됨을 나타낸다. 제시된 그래프에 비춰 볼 때 그 값이 작아졌으므로 ①이 적절한 설명이다. ②~④는 제시된 그래프만 갖고는 타당 여부를 따지기 어렵다.

정답 ①

핵 심 이 론

주요 소득분배지표

1) 로렌츠곡선과 지니계수

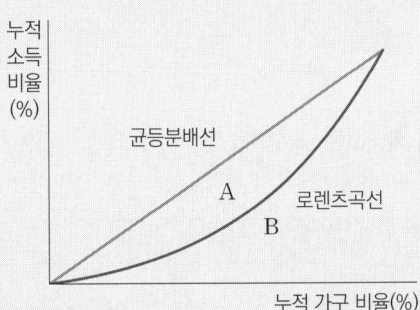

먼저 경제 전체를 누적 가구 비율과 누적 소득 비율로 구분한다. 전체 소득이 평등하다면 누적 가구 비율에 따라 누적 소득 비율도 일정할 것인데, 이를 나타낸 선이 균등분배선이다. 물론 현실적으로 이런 경우를 찾긴 어렵다 보니 로렌츠곡선은 그보다 오른쪽에 위치한다. 어쨌건 저소득층에서 고소득층으로 갈수록 결국에는 100(%)-100(%)에서 만나기 때문에 로렌츠곡선과 균등분배선을 기준으로 하는 A 면적을 도출해 낼 수 있다.

지니계수는 A+B 면적 중 A가 차지하는 비중을 의미한다. A가 0에 가까우면 그만큼 경제의 분배가 균등하다는 의미고, 따라서 지니계수 값이 0에 가까울수록 경제가 평등하다고 해석하는 것이다. 반대로 A가 상대적으로 커지다 보면 1에 가까워지고, 그 결과 경제는 불평등하다고 해석한다.

2) 5분위배율

5분위배율이란 5분위계층(최상위 20%)의 평균소득을 1분위계층(최하위 20%)의 평균소득으로 나눈 값을 말한다. 지니계수와 달리 5분위배율은 1, 5분위의 소득만을 이용하기 때문에 측정이 간편하다는 장점이 있다.

> 소득 5분위배율＝소득 상위 20%(5분위) 계층의 소득 / 소득 하위 20%(1분위) 계층의 소득

소득이 완전히 균등한 경우 5분위배율 값은 1을 갖는다. 반대로 불균등이 심해질수록 값은 점차 커져 무한대에 가까워진다(한국의 경우는 최근 5를 넘어서는 수준이다).

3) 10분위분배율

10분위분배율은 하위 40% 계층의 소득을 상위 20% 계층의 소득으로 나눈 것이다. 하위계층이 분자에 오는 만큼 5분위와는 정반대라는 점에 주의해야 한다. 값이 클수록 경제가 평등하며, 그 값은 2가 된다. 반대로 경제가 불평등할수록 값이 작아지며 이때는 0이 된다.

> 10분위분배율＝소득 하위 40%계층의 소득 / 소득 상위 20%계층의 소득

핵심유형

44 공유재와 공공재

정상재와 열등재, 필수재와 사치재, 대체재와 보완재, 그 밖에 공유재와 공공재까지 경제학에서는 기준을 어디에 두느냐에 따라 재화가 다양하게 구분된다. 공유재와 공공재는 공유지의 비극, 무임승차자의 문제 등으로 자주 출제된다. 경합성, 배제성을 기준으로 잘 구분할 필요가 있다.

대표예제

01 다음 [표]에서 빈칸 ⊙에 해당하는 재화만을 적절하게 짝지은 것은?

[표] 재화의 구분

구분		경합성	
		있음	없음
배제성	있음	사적재	요금재
	없음	⊙	공공재

① 1,000원에 판매되는 과자, 막히지 않는 유료도로
② 막히는 무료도로, 바닷속의 물고기
③ 국방과 치안, 바닷속의 물고기
④ 막히지 않는 무료도로, 10,000원에 판매되는 의류

문제풀이

경합성과 배제성을 기준으로 재화를 나눈 표이다. 기본적으로 사적재(사적 재화), 요금재(클럽재), 공유재(공유자원), 공공재 4가지 키워드는 기억해야 하며, 공유재는 비배제성＋경합성, 공공재는 비배제성＋비경합성의 차이가 있음을 알고 있어야 한다.

① (X) 여기서 '1,000원에 판매되는' 이라는 말을 붙인 것은 유료로 판매됨을 의미한다. 공짜가 아니라는 뜻이다. 따라서 배제성을 갖는다. 또한 과자는 누군가가 먹으면 다른 사람은 먹지 못하니 경합성도 갖는다. 즉, 과자는 사적재이다. 같은 원리로 막히지 않는 유료도로는 유료이므로 배제성이 있고, 막히지 않으므로 경합성은 없다. 그래서 요금재이다.
② (O) 막히는 무료도로는 무료이므로 배제성이 없고, 막히기 때문에 경합성이 있는 상태이다. 따라서 공유재에 해당한다. 바닷속의 물고기는 누구나 잡을 수 있기 때문에(여기서는 바다의 주인이 없다는 뜻) 배제성은 없지만, 누군가가 잡아버리면 어획량이 줄어드는(경합성이 있다는 뜻) 결과를 가져오기 때문에 공유재에 해당한다.
③ (X) 국방과 치안은 대표적인 공공재 유형이다. 사실상 공짜이고, 누가 서비스를 받는다고 해서 다른 사람이 받지 못하는(경합성) 것도 아니다 보니 아무도 공급하려 하지 않는다는 문제점이 있다.
④ (X) 막히지 않는 무료도로이므로 비배제성, 비경합성이다. 공공재에 해당한다.

정답 ②

02 공공재에 대한 특징으로 적절한 것은?

① 생산엔 참여하려고 하나, 소비에 참여하지 않으려는 경향이 있다.
② 공유지의 비극 문제를 가져온다.
③ 여러 사람이 동시에 소비할 수 있다.
④ 한산한 유료도로는 공공재의 대표적 유형이다.

문 제 풀 이

① (X) 공공재는 소비에만 참여하려고 하지, 생산에 참여하려는 게 아니다.
② (X) 공유지의 비극은 공공재가 아니라 공유재에 관련된 대표적 사례이다. 공공재로는 무임승차자 문제를 들 수 있다.
③ (○) 비경합성, 비배제성을 갖기 때문에 옳은 설명이다.
④ (X) 한산한 무료도로가 대표적이다.

정답 ③

핵 심 이 론

재화

1) 재화의 구분
재화의 구분은 매회 출제되는 만큼 다음 표를 통해 정리해 둘 필요가 있다.

구분		경합성	
		있음	없음
배제성	있음	사적재 • 일반 상품 • 막히는 유료도로	요금재(클럽재) • 케이블 TV • 한산한 유료도로
	없음	공유재 • 바닷속의 물고기 • 막히는 무료도로	공공재 • 국방과 치안 • 한산한 무료도로

2) 무임승차자의 문제와 공유지의 비극
공공재는 해당 재화의 특성상 새로운 사람이 소비에 참여한다고 해서 기존 소비에 영향을 주지 않는다(비배제성＋비경합성). 그렇다 보니 시장의 가격결정 원리에 따른 생산, 소비가 일어나지 않는다. 대표적인 시장실패 중 하나이다. 해결방안으로는 협상을 통해 공공재의 적정 수준을 도출하는 것, 법적·제도적 장치 보완 등이 거론된다.
공유지의 비극은 비배제성 때문에 발생한다. 애초 경합성이 있기 때문에 관리가 필요한데, 그러지 못해 공유지가 황폐화된다는 뜻이다. 해결방안으로는 재산권을 인정 또는 구분해 주는 것과 정부의 관리가 거론된다.

핵심유형 45 — GDP 계산

GDP는 개념과 특징부터 시작해 GDP 해당 유무 고르는 것, 기타 지표(GNP)와의 비교, 물가를 감안한 계산(명목GDP, 실질GDP)등이 고루 출제된다. 특히 계산문제는 출제빈도가 매우 높으니 꼭 기억하도록 하자. IBK기업은행에서는 실질GDP를 계산하는 유형이 출제되었다.

대표예제

01 다음 중 한국의 GDP가 증가하는 경우가 아닌 것은?

> ㉠ 한국에서 생산한 중간재가 중국으로 수출됐다.
> ㉡ A가 갖고 있는 주택 가격이 3억 원에서 4억 원으로 올랐다.
> ㉢ 중고차 매매상이 중고차를 1,000만 원에 사서 1,200만 원에 팔았다.
> ㉣ B는 보유하던 주식을 매각해 500만 원을 벌었다.

① ㉠, ㉡   ② ㉠, ㉢   ③ ㉡, ㉢   ④ ㉡, ㉣

문제풀이

㉠ (○) 중간재가 생산된 국가(위 경우 한국)에서 최종재의 부속품으로 사용된다면 GDP에서 제외시키는 게 맞다. 하지만 해외로 수출될 경우에는 GDP에 포함한다.
㉡ (✕) 별도의 생산이나 서비스 제공, 부가가치 창출 없이 주택 가격만 상승한 경우이므로 GDP 증가에 해당하지 않는다.
㉢ (○) 다만 여기서는 중고차 매매상이 200만 원의 부가가치를 창출했다고 보면 된다. 즉, GDP 증가만 따지면 1,200만 원이 아니라 200만 원이다.
㉣ (✕) 주식 매각은 생산의 개념이 아니라 기존자산을 거래한 것이므로 GDP에서 제외된다.

정답 ④

02 실질GDP가 100이고 GDP 디플레이터(deflator)는 125이다. 이때 명목GDP를 구하면?

① 0.8   ② 1.25   ③ 80   ④ 125

문제풀이

GDP 디플레이터는 명목GDP를 실질GDP로 나눈 것(명목/실질×100)이다. 따라서 명목GDP는 125이다.

정답 ④

핵심이론

GDP

GDP에 관련해서는 알아 둘 게 많다. 여기서는 대표적인 내용만 소개하고자 한다.

1) 실제GDP와 잠재GDP

실제GDP는 경제에서 실제 달성한 GDP의 크기를 말한다. 잠재GDP는 경제에서 모든 생산요소를 정상적으로 가동했을 때 달성할 수 있는 수준이다. 그래서 실제GDP가 잠재GDP보다 크면 경기가 과열된 상태이고, 반대면(실제 GDP보다 잠재GDP가 크면) 경기 침체 상태이다.

경기 과열 시 실제GDP와 잠재GDP의 차이를 인플레이션 갭, 그 반대를 디플레이션 갭이라 한다.

- 실제GDP > 잠재GDP: 경기 과열, 인플레이션 갭
- 잠재GDP > 실제GDP: 경기 침체, 디플레이션 갭

2) 주요 국민소득지표 간의 관계

- 국민총소득(GNI: Gross National Income)
  - 한 나라의 국민이 일정기간 동안 벌어들인 임금, 이자 배당 등의 소득을 모두 합친 것
  - 명목GDP + 국외순수취요소소득(국외수취 − 국외지급) = 명목GNI
  - 실질GDP + 국외순수취요소소득(실질) + 교역조건 변화에 따른 실질 무역손익 = 실질GNI
- 국민순소득(NNI: Net National Income)
  - 국민총소득(GNI)에서 감가상각을 제외한 것(감가상각 = 고정자본소모)
  - GNI − 고정자본소모 = NNI

대개 시험 문제에서는 GDP와 GNP, GNI 정도를 묻는다. NNI까지 나오는 경우는 드물다.

3) GDP와 GNP 구분

다음 표 하나로 간단하게 구분할 수 있다.

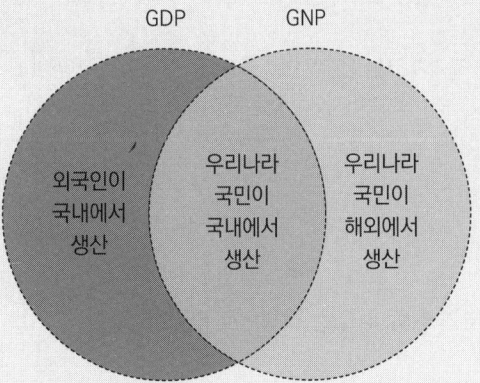

의외로 시험에서 자주 출제되는 내용이니, 문제를 읽을 때 "GDP에 해당하는지 GNP에 해당하는지, 또는 모두에 해당하는지" 등을 따져 보는 습관이 필요하다. 그 밖에 한국 GNP를 물었는데 미국 GNP를 고르는 경우도 있으니, 문제에서 묻고자 하는 기준 국가가 어디인지도 놓치지 말아야 한다.

핵심유형 46 재정정책

경제에서 말하는 정책은 크게 재정정책과 통화정책 두 가지로 구분된다고 보면 된다. 이 중 재정정책은 다시 확장적 재정정책과 긴축적 재정정책으로 나뉜다. 각각의 필요성과 그 적용, 결과 등을 정리해 두어야 한다. 관련 키워드로 구축효과를 기억해 두자.

대표예제

01 다음 중 재정정책 집행 시 효과가 커질 수 있는 경우를 모두 고르면?

> ㉠ 투자의 이자율탄력성이 크다.
> ㉡ 정부지출의 승수효과가 크다.
> ㉢ 구축효과가 크다.
> ㉣ 가계의 소비가 미래보다 현재 중심으로 이뤄진다.

① ㉠, ㉢ ② ㉠, ㉣ ③ ㉡, ㉢ ④ ㉡, ㉣

문제풀이

㉠ (X) 일반적으로 정부의 재정지출이 이뤄질 경우(확장적 재정정책) 이자율이 상승하고, 그에 따라 소비나 투자가 감소하게 되는데 이를 '구축효과'라고 한다. ㉠에서 말하는 투자의 이자율탄력성이란 이자율 상승시 투자가 얼마나 감소하는지를 나타내는 개념이다. 크다고 했으므로 그만큼 투자가 크게 감소한다는 뜻이다. 그러면 재정정책 효과는 줄어든다.
㉡ (O) 일반적으로 승수효과는 일정한 순환 과정에서 몇 배의 파급효과가 나타나는 것을 말한다. 정부지출의 승수효과가 크다는 말은 처음 정부지출에 따른 결과가 더 커진다는 뜻이므로 승수효과가 클수록 그만큼 효과가 크다고 보면 된다.
㉢ (X) ㉠과 같은 맥락이다. 구축효과가 크면 상대적으로 재정정책의 효과가 작아진다.
㉣ (O) 정부의 지출이 지금 당장의 소비로 이어져야 한다는 뜻이므로 옳은 설명이다.

정답 ④

02 다음 상황하에서 정부가 취할 수 있는 정책으로 적절한 것은?

> 국제통화기금(IMF)이 "한국 경제가 중·단기적으로 역풍을 맞고 있어 정책 조치가 필요하다"고 밝혔다. 타르한 페이지오글루(Tarhan Feyzioglu) 미션단장은 "재정 정책은 상당한 규모의 추가경정예산을 통해 더 확장적일 필요가 있고 통화 정책은 명확히 완화적이어야 한다"며 "정부는 성장을 지원하기 위해 서비스 산업 규제 완화를 포함한 구조개혁을 꾸준히 이행해야 한다"고 밝혔다.

① 기업에 대한 세제 감면 혜택을 확대한다.
② 은행의 지급준비율을 낮춘다.
③ 기준금리를 낮춘다.
④ SOC에 관련된 정부지출을 줄인다.

문제풀이

① (O) 기업에 대한 세제 혜택을 확대하면 기업 활동이 활발해져 경제 상황이 개선된다고 본다. 법인세 감면이 대표적이다.
② (X) 지급준비율을 낮추는 것은 불황 시 정책은 맞지만 재정정책이 아닌 통화정책에 가깝다.
③ (X) 기준금리 또한 마찬가지다. 재정정책이 아닌 통화정책이다.
④ (X) SOC는 사회간접자본으로, 도로나 철도 같은 기반 시설을 말한다. 대규모의 건설이기 때문에 경기침체 시에는 SOC 비중을 늘리는 게 일반적이다.

정답 ①

핵심이론

재정정책의 이해

1) 재정정책

정부는 경기가 과열되거나 침체된 경우 정부지출이나 조세를 변화시켜서 총수요에 영향을 주고 이를 통해 경기를 조절하는데, 이를 재정정책이라고 한다. 경기가 침체된 경우 정부는 정부구매지출을 늘려 총수요를 증대시킨다. 1930년대 미국의 뉴딜정책이 대표적이다. 정부는 가계에게 아무 대가를 요구하지 않고 무상으로 지원해 주는 이전지출을 통해서도 총수요를 확대시킬 수 있다. 가계 소득이 낮거나 가장이 실직한 가정에 보조금을 주는 것과 같은 정책이 대표적이다. 이들에게 보조금이 지급된다면 가계 소득이 증가해 소비가 증가하고 총수요가 증대된다.

정부는 세금을 낮춰서 총수요를 증대시키기도 한다. 세금이 낮아지면 가계의 소득이 증가하고 소비할 여력이 커진다. 반면 경제가 지나치게 호황으로 치닫고 있다면 정부는 위에서 언급한 정책을 반대로 취할 수 있다. 호황기에는 일반적으로 물가가 크게 상승하고 주식·부동산 등 자산가격이 상승하는 경향이 있다. 경기가 호황기를 넘어서 어느 순간에 급격히 하락하는 경우 경제의 불안정성이 커지기 때문에 정부는 호황기에도 경기를 진정시키기 위한 안정화정책을 시행한다.

2) 재정정책과 구축효과

정부가 지출을 늘리는 확장적 재정정책을 실시하면 총수요가 증대되고 경제의 움직임은 활발해진다. 경제활동이 활발해지고 소득이 증가하면 사람들은 더 많은 화폐를 필요로 한다. 돈을 필요로 하는 사람이 늘어나면 돈을 구하기 어려워지고 이자율이 올라간다. 한편, 정부가 지출을 늘리려면 예산보다 돈이 더 필요해진다. 정부는 부족한 돈을 자금시장에서 빌리게 되며, 이것은 자금의 수요가 증가하는 효과를 가져오기 때문에 이자율이 올라간다. 정부가 지출을 위해 필요한 돈을 국채를 발행해서 조달하면, 채권공급이 늘어나면서 채권가격이 떨어지고, 이자율은 올라가는 것이다. 이자율이 올라가면 돈을 빌리는 비용이 커지기 때문에 기업은 투자를 줄인다. 기업이 돈을 빌리지 않고 자기 돈으로 투자해도 마찬가지다. 돈의 투자에 지출하는 기회비용이 커졌기 때문이다. 이처럼 정부지출이 늘어나면 총수요가 늘어나지만 이자율이 올라가기 때문에 기업 투자가 위축되어 총수요는 다시 감소하는 것을 구축효과(crowding-out effect)라고 한다.

핵심유형 47 통화정책

통화정책에서는 학습할 내용이 많다. 우선 통화량(본원통화 포함)과 통화지표(M1, M2 등) 개념에 대한 이해가 필요하고, 지급준비제와 같은 화폐 공급 메커니즘을 알아야 한다. 금리 인상/인하에 따른 시장의 반응도 살펴야 한다. 교환방정식(MV=PT)도 기억해 두자.

대표예제

01 다음의 기사 제목을 통해 예상되는 결과로 보기 어려운 것은?

> • 한국은행, 기준금리 연 1.25%로 인하 … 'D공포'에 역대 최저 — □□신문
> • 기준금리 0.25%p 전격인하 … 성장률 전망도 하향조정 — ○○신문

① 한국은행은 경기 둔화가 심각해졌다고 판단했을 것이다.
② 미국의 금리가 오른다면 한은의 부담은 줄어들 것이다.
③ 시장에게는 물가하락에 따른 경제 공포를 떨치고, 경기부양에 나서겠다는 일종의 신호이다.
④ 미중무역분쟁, 반도체 경기 회복 지연 등은 이번 결정에 힘을 실었다.

문제풀이

① (O) 기준금리 인하는 일반적으로 경기 부양(경기 둔화에 대응)을 목적으로 한다.
② (X) 미국의 금리가 오르면 자본유출의 우려가 생긴다. 따라서 한은 입장에서는 미국의 금리가 오르지 않아야 부담이 줄어든다. ②는 반대로 설명했으므로 적절치 않다.
③ (O) 기준금리 인상, 인하 자체가 앞으로의 자금시장 전망을 나타내는 측면에서 신호로 작동한다고 해석할 수 있다.
④ (O) 대외적인 경제 불확실성과 리스크가 커지면 그만큼 경기가 위축된다.

정답 ②

02 다음은 통화량의 변동을 가져오는 요인을 나열한 것이다. 이 중 성격이 유사한 것끼리 묶은 것은?

> ㉠ 중앙은행이 국채를 매각했다.
> ㉡ 법정 지급준비율을 낮췄다.
> ㉢ 재할인율을 높였다.
> ㉣ 가계의 현금보유비율이 상승했다.

	통화량 증가	통화량 감소
①	㉠, ㉢	㉡, ㉣
②	㉡	㉠, ㉣, ㉢
③	㉡, ㉢	㉠, ㉣
④	㉠, ㉡	㉢, ㉣

문제풀이

문제에서 통화량의 변동을 가져오는 요인이라고 했으므로, 증가 또는 감소를 기준으로 구분하면 된다.
㉠ 중앙은행이 국채를 매각했다는 말은 국채를 팔고 통화량을 받는다는(쉽게 말해 중앙은행으로 돈이 들어오는) 뜻이다. 따라서 통화량 감소이다.
㉡ 법정 지급준비율을 낮추면 그만큼 대출여력이 증가해 통화량 증가이다.
㉢ 재할인율은 중앙은행과 시중은행 간 이자율 정도로 생각하면 된다. 이를 높이면 통화량 감소이다(재할인율 정책은 법정 지급준비율과 같은 방향으로 움직인다고 생각하자).
㉣ 우리가 공부하는 금융시장에서 돈은 현금 아니면 예금이라고 생각하자. 이중 통화량 변동에 영향을 주는 건 예금이다. 그러기 위해서는 시중(가계)의 현금이 은행의 예금으로 옮겨가야 한다. 여기서는 가계의 현금보유비율이 상승했다고 했으니 반대로 예금비율은 감소했다는 말이다. 따라서 통화량은 감소한다.
정리하면 ㉠, ㉢, ㉣은 통화량 감소이고 ㉡은 통화량 증가이다.

정답 ②

핵심이론

통화정책

일반적으로 통화정책이란 한 나라에서 화폐(법정화폐 및 본원통화)의 독점적 발행권을 지닌 중앙은행이 경제 내에 유통되는 화폐(통화, 본원통화 및 파생통화)의 양이나 가격(금리)에 영향을 미치고 이를 통해 화폐의 가치, 즉 물가를 안정시키고 지속가능한 경제성장을 이루어 나가려는 일련의 정책을 말한다.

1) 공개시장운영
공개시장운영이란 한국은행이 금융시장에서 금융기관을 상대로 국채 등 증권을 사고팔아 시중에 유통되는 화폐의 양이나 금리 수준에 영향을 미치려는 가장 대표적인 통화정책 수단이다.
먼저 한국은행은 공개시장운영을 통해 금융기관 간 일시적인 자금과부족을 조정하는 콜시장의 초단기금리(콜금리)가 '한국은행 기준금리' 수준에서 크게 벗어나지 않도록 유도하고 있다. 이와 함께 한국은행은 금융불안 시 공개시장운영을 활용하여 시중에 유동성을 확대 공급하는 등 금융시장 안정을 도모하는 기능도 수행한다.

2) 지급준비제도
지급준비제도란, 금융기관으로 하여금 지급준비금 적립대상 채무의 일정비율(지급준비율)에 해당하는 금액을 중앙은행에 지급준비금으로 예치하도록 의무화하는 제도이다. 중앙은행은 지급준비율을 조정하여 금융기관의 자금사정을 변화시킴으로써 시중 유동성을 조절하고 금융안정을 도모할 수 있다. 예를 들어, 지급준비율을 올리면 은행들은 더 많은 자금을 지급준비금으로 예치해야 하기 때문에 대출 취급이나 유가증권 매입 여력이 축소되고 결국 시중에 유통되는 돈의 양이 줄어들게 된다. 이에 따라 시중 유동성이 줄어들게 되고, 과도한 대출 증가로 인한 금융불안 가능성도 방지할 수 있게 된다.

핵심유형 48   물가 계산

물가 계산은 실질GDP와 명목GDP 계산 외에, 라스파이레스 지수와 파셰 지수 계산으로 출제된다. 명목이자율과 실질이자율 계산에서도 물가가 적용된다. 과정 자체는 어렵지 않기 때문에 기준만 분명하게 잡으면 틀릴 일은 드물다. 여기서는 대표 유형 중심으로 소개한다.

대표예제

01 명목이자율과 실질이자율에 대한 설명으로 옳지 않은 것은?

① 명목이자율은 주로 은행이 지급하는 이자율을 말한다.
② 명목이자율이 1%인데, 실질이자율이 −1%라면 인플레이션율에는 아무런 변화가 없다.
③ 물가가 상승하지 않는다면 명목이자율과 실질이자율은 같다.
④ 실질이자율을 통해 예금의 구매력을 측정할 수 있다.

문제풀이

① (○) 명목이자율은 인플레이션율을 반영하지 않은 명목상의 이자율이다.
② (✗) 실질이자율은 명목이자율에서 물가상승률을 뺀 값이다(쉽게 말해 은행에 가 보니 이자율이 1%인데, 시중 물가가 2%나 올랐기 때문에 실제 이자율은 −1%로 해석한다는 뜻).
③ (○) 물가가 변동이 없다고 가정하면 옳은 설명이다.
④ (○) 구매력은 물가를 반영하는 개념이기 때문에 실질이자율로 따져야 한다.

정답 ②

02 다음 중 소비자물가지수의 왜곡을 가져오는 요인으로 보기 어려운 것은?

① 상품별 지수 반영 비중에 차이가 있다.
② 상품의 질적 변화를 반영하지 않는다.
③ 체감물가와의 심리적 격차가 존재한다.
④ 기준 연도와 현시점의 차이가 존재한다.

문제풀이

① (○) 소비자물가지수는 2015년 기준 460개의 대표 품목으로 이루어져 있다. 가중치가 다르기 때문에 특정 품목을 많이 소비하는 사람 입장에서는 상대적으로 소비자물가지수가 낮다고 느낄 수 있다.
② (○) 소비자물가지수는 제품의 품질이 좋아지는, 이른바 질적 변화는 반영하지 못해서 생기는 왜곡 문제가 있다. 제품의 질이 좋아졌기 때문에 그만큼 가격이 높아지는데 소비자 입장에서는 (질적 향상을 빼고) 가격상승분 전체를 물가상승으로 받아들인다는 뜻이다.
③ (○) ①과 유사한 관점으로 볼 수 있다. 우선 소비자 입장에서는 가격 하락 품목보다 상승 품목에 민감하게 반영하는 경향이 있다. 또 저소득층일수록 물가상승이 더 크게 다가온다.
④ (×) 기준연도와의 차이는 소비자물가상승률로 나타나기 때문에 왜곡과는 관계가 없다.

정답 ④

핵심이론

인플레이션의 이해

1) 예상된 인플레이션

경제 주체에게 인플레이션이 완벽히 예상된다면, 인플레이션 발생에 따른 사회적 혼란은 작아진다. 하지만 완벽히 예상되더라도 인플레이션에 따른 비용이 발생하는데 대표적으로 메뉴비용과 구두창효과가 있다.

메뉴비용은 글자 그대로 식당에서 메뉴판을 바꾸는 비용을 떠올리면 된다. 또한 구두창효과는 물가 변동에 따라 돈을 찾거나 맡기러 은행에 가는데, 그 과정에서 구두창이 닳는다고 해서 붙여진 용어이다. 일종의 거래과정에서 발생하는 비용이라고 생각하면 충분하다.

2) 예상하지 못한 인플레이션

예상하지 못한 인플레이션은 경제 주체별 그 결과가 다르게 나타나기 때문에 구분해서 접근할 필요가 있다. 대표적인 경우만 살펴보자.

우선 채권자와 채무자를 따져 보자. 채권자는 돈을 받을 사람이고 채무자는 돈을 갚아야 할 사람이다. 예상하지 못한 인플레이션이 발생하면 채무자 입장에서 유리하다. 인플레이션 덕분에 실제 가치보다 적은 수준만 갚으면 되기 때문이다.

고정된 명목임금을 지급하는 회사와 노동자도 생각할 수 있다. 노동자 입장에서는 인플레이션이 반영되지 않은 명목임금만 받기 때문에 상대적으로 손해를 보고, 해당 임금을 지급하는 기업은 이익을 본다.

그 밖에 고정적인 연금을 받는 연금수급자, 명목가치가 고정된 자산을 보유하는 사람 등도 예상하지 못한 인플레이션의 영향을 받는다.

핵심유형 49 ○○효과

경제학에는 여러 '효과'들이 소개된다. 구축 효과, 피셔 효과, J커브 효과, 기저 효과 등이 대표적이다. 각 개념의 의미를 알아둠으로써 객관식 시험에 대비할 수 있다.

대표예제

01 다음 내용이 설명하는 경제 개념으로 가장 거리가 먼 것은 무엇인가?

> 경기 불황기에 최저 비용으로 품위를 유지하고 소비자의 심리적 만족을 충족시켜 줄 수 있는 상품이 잘 판매되는 현상이다.

① 넥타이 효과
② 카페라테 효과
③ 립스틱 효과
④ 미니스커트 효과

문제풀이

③의 립스틱 효과부터 살펴보자. 이는 여성 소비자의 어려운 경제여건을 나타내는 것으로, 저렴한 립스틱만으로도 만족을 느끼며 쇼핑을 알뜰하게 하는 데에서 유래된 말이다. '경기가 나쁘면 여자들이 빨간 립스틱을 선호한다'는 속설도 있는데, 이는 화장품 지출을 줄이려는 여성이 빨간색 계통의 립스틱 하나만으로도 화사한 얼굴을 연출할 수 있어서 빨간색 립스틱을 선택한다는 해석이다. 립스틱 효과와 비슷한 용어로 넥타이 효과, 미니스커트 효과, 매니큐어 효과 등이 있다. 카페라테 효과는 소액 저축의 중요성을 뜻하는 용어이다.

정답 ②

02 다음 내용이 설명하는 경제 개념은 무엇인가?

> 무역수지 개선을 위해 자국 통화가치의 절하를 유도했음에도 오히려 초기에 무역수지가 악화되다가 상당 기간이 지나서야 개선되는 현상을 가리킨다.

① J커브 효과
② 밸리 효과
③ 링겔만 효과
④ 풍선 효과

문제풀이

① J커브(J Curve) 효과란, 실질환율이 오르더라도 초기엔 무역수지가 오히려 악화되지만 시간이 지난 후 개선되는 현상을 말한다. 그 모양을 그림으로 그리면 J자 모양과 유사하기 때문에 J커브 효과라 부른다. 과거 영국의 파운드가 절하될 때 무역수지가 변동되는 모습에서 유래됐다.
② 올림픽이나 월드컵 등 대규모 국제행사 개최를 위한 과도한 투자로 경기가 과열되다 행사 이후 경기가 빠르게 침체하는 현상을 말한다. 밸리 효과는 올림픽 개최국가가 작을수록, 개최도시의 GDP점유비중이 클수록 높은 경향이 있다.
③ 집단 속에 참여하는 사람의 수가 늘어갈수록 성과에 대한 1인당 공헌도가 떨어지는 집단적 심리현상을 말한다. 즉, 1대1 게임에서 1명이 내는 힘을 100으로 가정할 때, 2명이 참가하면 93, 3명일 때는 85로 떨어지는 것이다.
④ 문제 하나가 해결되면 또 다른 문제가 생겨나는 현상을 말한다. 풍선의 한 곳을 누르면 그곳은 들어가는 반면 다른 곳이 팽창되는 현상에 빗댄 것이다. 특정 지역의 집값을 잡기 위해 규제를 강화하면 해당 지역 집값은 통제가 될지라도 수요가 이동해서 다른 지역의 집값이 오르는 현상도 이에 속한다.

정답 ①

핵심이론

다양한 경제 효과

1) 맥락 효과
처음에 알게 된 정보에 나중에 알게 된 새로운 정보들의 지침을 만들고 전반적인 맥락을 제공하는 것을 말한다. 얼굴이 예쁜 사람이 공부를 잘하면 지혜로운 자라고 생각하게 되는 반면, 못생긴 사람이 공부를 잘하면 독하다고 생각하는 것이 맥락 효과의 예라 볼 수 있다.

2) 백로 효과
특정 상품에 대한 소비가 증가해 희소성이 떨어지면 그에 대한 수요가 줄어드는 소비현상을 말한다. 남들이 구입하기 어려운 값비싼 상품을 보면 오히려 사고 싶어 하는 심리에서 유래한다. 소비자가 제품을 구매할 때 자신은 남과 다르다는 생각을 갖는 것을 백로에 빗댄 것으로, 속물을 뜻하는 영어단어인 snob을 사용해 스놉 효과라고도 한다.

3) 스파게티볼 효과
여러 나라와 동시에 자유무역협정(FTA)을 체결하면 각 나라마다 다른 원산지 규정 적용, 통관절차, 표준 등을 확인하는데 시간과 인력이 더 들어 거래비용 절감이라는 애초 기대효과가 반감되는 현상을 말한다. 대상국별 혹은 지역별로 다른 규정이 적용돼 서로 얽히고설키는 부작용이 발생하게 되는데, 이 같은 현상이 마치 스파게티 접시 속 국수 가닥과 닮았다는 뜻으로 사용되었다.

4) 메기 효과
미꾸라지를 장거리 운송할 때 수족관에 메기 한 마리를 넣으면 미꾸라지들이 메기를 피해 다니느라 생기를 얻어 죽지 않는다는 속설을 기업경영에 적용한 것이 메기 효과이다. 경영진은 다면평가, 진급, 성과급 등을 통해 조직의 정체 현상을 극복하고 동기를 부여해 생산성을 높인다.

5) 카페라테 효과
식사 후에 마시는 커피 한 잔 값을 아낄 경우, 기대 이상의 재산을 축적할 수 있음을 나타낸다. 즉, 하루 카페라테 한 잔 값의 소액의 돈이라도 절약해 장기적으로 꾸준히 모으면 목돈을 만들 수 있다는 의미이다.

핵심유형 50 — 이자율

이자율은 일정기간 빌린 자금에 대한 시간적 가치에 대한 대가로 지불하는 금액이며 흔히 '금리'라고도 한다. 금융시장에는 수많은 형태의 이자율이 존재하기 때문에 각 이자율의 의미를 명확히 이해하는 것은 금융에 대한 이해의 출발점이라 할 수 있다.

대표예제

다음 중 채권가격과 이자율의 관계에 대한 설명으로 옳지 않은 것은?

① 만기일 이전에 무이표채(zero coupon bond)의 가격은 항상 액면가치보다 작다.
② 채권의 만기수익률은 채권이 약정하는 지급액의 현재가치를 현재 채권의 시장가격과 같게 하는 할인율이다.
③ 시장이자율이 9%일 때 이표율이 8%인 채권은 액면가 이상의 가격으로 거래된다.
④ 채권가격이 액면가와 같을 경우 만기수익률은 표면금리와 같다.

문제풀이

① (O) 무이표채의 채권가격에 영향을 미치는 현금흐름은 액면금액뿐이므로 만기일 이전까지는 잔여기간에 대한 할인율이 적용되므로 현재가치(가격)는 액면가치보다 작다.
③ (X) 시장이자율이 낮을 때 발행된 이표율이 8%인 채권은 시장이자율의 상승을 반영한 이표율이 9%의 채권과 비교하면 채권으로부터 발생하는 현금흐름이 더 낮기 때문에 이표율이 9%인 채권가격보다 낮게 되어 할인가 즉, 액면가 이하의 가격으로 거래된다.
④ (O) 채권가격이 액면가 이하일 경우 만기수익률은 표면금리보다 높고, 채권가격이 액면가 이상일 경우에는 만기수익률이 표면금리보다 낮다.

정답 ③

문제풀이 TIP

무이표채의 채권가격	이표채의 채권가격
$P = \dfrac{F}{(1+r)^n}$	$P = \dfrac{c}{(1+r)} + \dfrac{c}{(1+r)^2} + \cdots + \dfrac{c}{(1+r)^n} + \dfrac{F}{(1+r)^n}$
※ P: 현재가치, F: 액면금액, r: 채권 수익률	※ P: 현재가치, c: 매기의 이자지급액, F: 액면금액, r: 채권수익률

- 채권가격과 채권수익률은 역의 관계이다.
- 채권만기가 길수록 채권수익률 변동폭에 대한 채권가격의 변동폭이 커진다.
- 표면금리가 높을수록 채권가격이 이자율 변동에 덜 민감하게 반응한다.

핵 심 이 론

이자율

1) 단리(simple interest)와 복리(compound interest)
- 단리: 원금에 대해서 약정된 이율과 기간을 곱하여 이자를 계산하는 방식이다.

$$I = P \times r \times t$$

※ I: 이자, P: 원금, r: 이자율, t: 기간

- 복리: 일정 기간마다 발생한 이자를 원금에 합산한 후 그 합산금액이 다음 기간의 원금이 되어 이자를 다시 계산하는 방식이다.

$$FV^n = C \times (1+r) \times (1+r) \times \cdots \times (1+r) = C \times (1+r)^n$$

※ 동일한 이자율을 적용하는 경우에도 복리계산의 빈도가 높아질수록 실효이자율이 높아진다.

2) 현재가치(current value)와 미래가치(future value)
- 현재가치의 계산: 확정된 미래의 특정일에 지급하거나 수취하게 될 일정 금액을 현재시점의 금액(가치)으로 할인하여 계산한다.

$$PV = \frac{FV}{\left(1 + \frac{APR}{m}\right)^{mn}}$$

※ PV: 현재가치, APR: 연이자율, m: 매년 복리가 계산되는 횟수

- 미래가치의 계산: 현재시점의 일정금액이 일정기간이 경과한 후 얼마의 금액이 될 것인가를 복리로 계산한다.

$$FV = PV \times (1+r)^n$$

※ FV: 미래가치, P: 원금, r: 이자율, n: 기간

※ 할인율(미래가치 → 현재가치), 수익률(현재가치 → 미래가치)

3) 만기수익률(YTM: Yield To Maturity)
- 투자로부터 얻게 되는 수익률을 의미하며, 투자로 인해 발생하는 미래 현금흐름의 가치와 투자비용을 일치하게 하는 할인율로 산출할 수 있다. 줄여서 수익률(yield)이라고 한다.
- 채권의 만기수익률은 채권이 약정하는 지급액의 현재가치를 채권의 시장가격과 같게 하는 할인율이다.

4) 기준금리

한국은행이 경기상황이나 물가수준 등을 감안하여 정책적으로 결정하는 금리를 말한다(금융통화위원회에서 결정, 한국은행 7일물 RP).

5) 명목금리와 실질금리
- 명목금리: 돈의 가치 변동을 고려하지 않고 외부로 표현된 표면상의 금리를 말한다.
- 실질금리: 물가상승률을 고려한 금리를 의미한다. 예를 들어, 1년 만기 정기예금의 표면금리가 4%이고 물가상승률이 1%일 경우 명목금리는 4%이지만 실질금리는 3%(=4%−1%)가 된다.
- 피셔효과(Fisher Effect): 명목금리=실질금리+예상 물가상승률(기대 인플레이션)

핵심유형 51 환율

환율(exchange rate)이란, 한 나라 통화와 다른 나라 통화 간 교환비율을 의미한다. 즉, 두 나라 통화의 상대적 가치를 나타내는 것이다. 외환시장의 수요와 공급에 의해 결정되는 환율의 상승과 하락은 직접적으로 수출과 수입은 물론 국내물가와 경제성장률에도 영향을 미치게 된다. 여러 종류의 환율의 의미를 이해하고 있는지를 묻는 문제가 빈번히 출제된다.

대표예제

오늘 서울외환시장에서 원/달러 환율이 1달러당 1,185.00원이고 뉴욕외환시장에서 달러/유로 환율이 1유로당 1.08달러인 경우 원/유로 환율은 얼마인가?

① ₩0.00091   ② ₩1,097.22   ③ ₩1,185.00   ④ ₩1,279.80

문제풀이

재정환율을 구하는 문제이다. 재정환율이란 국내 외환시장에서 직접 거래되지 않는 통화에 대한 환율을 기준환율(원/달러)과 국제금융시장에서 형성되는 교차환율을 이용하여 산출한 환율을 말한다.

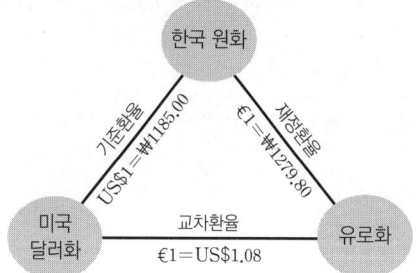

- 기준환율(원/달러): US1$ = ₩1,185.00
- 교차환율: (달러/유로)€1 = US$1.08 → (유로/달러)US1$ = €0.925926
- 재정환율(원/유로): ₩1,185.00/€0.925926 = ₩1,279.80

기준환율	각종 외환거래의 기준이 되는 환율로서 자국통화와 기축통화와의 환율을 말한다. 우리나라의 경우 전 영업일에 거래된 은행 간 원화/미달러화 현물환거래를 기준환율로 삼고 있다(US$1 = ₩1,185).
교차환율 (cross rate)	자국통화가 개재되지 않은 외국통화 간의 환율을 의미한다. (예 엔/달러, 달러/유로, US$1 = ¥110)
재정환율 (arbitrage rate)	국내은행 간 외환시장에서 직접 거래되지 않은 통화에 대한 환율을 계산할 때 기준환율과 국제금융시장에서 형성되는 교차환율을 이용하여 산출한 환율을 말한다(¥100 = ₩1,077.27).

정답 ④

핵심이론

환율

1) 환율의 표시방법
- 자국통화표시법(직접표시법)
  - 외국통화 한 단위와 교환될 수 있는 자국통화 단위 수로 표시한다.
  - 예) US$1=₩1,150, ₩/US$=1,150
- 외국통화표시법(간접표시법)
  - 자국통화 한 단위와 교환될 수 있는 외국통화 단위 수로 표시한다.
  - 예) ₩1=US$0.00087 또는 US$/₩=0.00087
- American term(미국입장, 외국통화 1단위당 미달러화) vs European term(미국 이외의 여타국 입장, 미달러 1단위당 외국통화)

2) 환율의 종류
- 매입환율(bid rate)과 매도환율(asked rate): 외환시장에서 딜러가 외환을 매입 또는 매도하는 경우에 적용되는 환율을 의미한다. 매도환율과 매입환율의 차이를 매매율차(bid-ask spread, 줄여서 스프레드)라 하며 거래통화의 유동성 상황, 환율전망에 따라 거래유형별, 고객별로 스프레드 크기는 달라진다.
- 현물환율(spot exchange rate)과 선물환율(forward exchange rate)
  - 현물환율: 외환거래 당사자가 매매계약을 체결한 후 통상 2영업일 이내에 외환의 결제가 이루어지는 환율을 말한다.
  - 선물환율: 외환의 매매계약 체결일로부터 2영업일 경과 후 장래의 특정일에 결제가 이루어지는 환율을 말한다.

  > **선물환율의 예시**
  > - 현재 US$1=1,200.00, 한국의 3개월 금리 연 4.8%, 미국의 3개월 금리 연 2.4%
  > - 3개월 선물환율 = $\dfrac{\left[1,200 \times \left(1+\dfrac{4.8\%}{4}\right)\right]}{\left[1 \times \left(1+\dfrac{2.4\%}{4}\right)\right]} = 1,207.15$

  - 선물환율과 현물환율의 차이를 스왑레이트(swap rate)라 한다.
- 실질환율과 실효환율
  - 실질환율: 통화의 명목가치를 나타내는 명목환율을 양 국가의 물가지수로 나눠 물가수준을 반영한 환율이다. 즉, 외국통화에 대한 자국통화의 상대적인 구매력을 반영한 환율로서 자국의 수출경쟁력을 나타내는 지표로 활용된다.
  - 실효환율: 자국통화와 주요 교역상대국 통화간의 환율을 무역비중으로 가중평균하여 산출하는 지표이다. 자국 상품의 종합적인 가격경쟁력을 나타내는 지표로 활용된다.

핵심유형	주요 금융지표
52	시장에는 다양한 종류의 경제·금융지표가 존재한다. 국내외 경제의 흐름과 금융시장과 금융상품의 가격에 영향을 미치는 요소들을 제대로 파악하기 위해서는 각종 국내외 경제, 재정, 통화, 물가 및 금융 관련 지표들을 정확히 이해할 필요가 있다.

대표예제

다음 기사 일부를 읽고 빈칸에 들어갈 용어를 고르면?

> 국내 증시는 이번 주 사우디 석유 기업인 아람코의 (　　) 편입 영향으로 하락 압력을 받을 수 있다. "사우디 증시에 상장된 아람코를 특별한 이슈가 없는 경우 신흥 시장(EM) 지수에 편입하겠다"는 방침을 밝힌 상태이다. 아람코가 지수에 편입될 경우 한국 주식 비중이 줄게 돼, 지수를 추종하는 외국인 투자금이 국내 증시에서 800억~2,100억 원가량 빠져나갈 수 있다는 분석이 나온다.

① KOSPI지수
② 수출입물가지수
③ MSCI지수
④ 변동성지수

문제풀이

2019년 말 MSCI의 지수 정기변경(리밸런싱) 시 중국A주 비중 확대 및 사우디아라비아 국영석유사 아람코의 지수 편입 영향으로 EM지수 내 한국기업 비중이 줄어들면서 국내 증시에서 외국인 투자금 유출 가능성에 대한 우려가 있었다.

정답 ③

문제풀이 TIP

대표적 글로벌 투자지수는 다음과 같다.
- **MSCI지수**: Morgan Stanley Capital International사가 작성해 발표하는 세계 주가지수이다. 전 세계 증시를 크게 선진국 지수, 신흥국 지수, 프론티어 지수 3가지로 분류한다. 주로 대형펀드, 미국계 펀드의 자산운용의 주요한 투자기준 역할을 한다.
- **FTSE지수**: Financial Times Stock Exchange 인터내셔날사가 작성, 발표하는 세계 주가지수이다. 전 세계 증시를 선진국, 준선진국, 신흥국, 프론티어 4가지로 구분한다. 주로 대형펀드, 유럽계 펀드의 운용에 중요한 참고자료로 활용한다.

핵 심 이 론

주요 금융지표

1) 지수(index)
- 지수란 시간의 흐름에 따라 수량이나 가격 등이 어떻게 변화되었는지를 쉽게 파악할 수 있도록 통상 비교의 기준이 되는 시점의 값을 100으로 하여 산출한다.
- 국민소득, 통화, 금리, 물가, 환율, 무역, 경기, 고용 등 금융 및 실물경제 현상의 측정에 널리 사용되고 있다.

2) 금리지표

정책금리 목표	한국은행 기준금리(7일물 RP)
직접금융시장	• 단기금리지표: 콜금리, RP금리, CD유통수익률, CP유통수익률 등 • 장기금리지표: 채권유통수익률, 장단기금리차
간접금융시장	금융기관 여수신금리, 코픽스(COFIX)

3) 주가지수
- 주식시장에서 거래되는 각 개별종목의 가격변동을 종합하여 주식가격의 전반적인 움직임을 파악하기 위하여 작성되는 지수이다.
- 투자자의 합리적 의사결정에 필요한 기본자료 및 정책당국의 정책결정 참고자료로 활용된다.

유가증권시장	KOSPI(1980.1.4=100), KOSPI200(1990.1.3=100)
코스닥시장	KOSDAQ(2004.1.26=1,000), KOSDAQ150(2010.1.4=1,000)
통합지수	KRX300(2010.1.4.=1,000)
기타	시가총액, 주식거래량, 거래회전율, 주가수익비율(PER), 주가순자산비율(PBR), 채권수익률, 채권거래량, 거래회전율

4) 물가지수

소비자물가지수(CPI)	가구에서 일상생활을 영위하기 위해 구입하는 상품과 서비스의 평균적인 가격변동을 측정하여 지수화한 것(2015=100), 생계비나 화폐가치 비교
생산자물가지수(PPI)	국내생산자가 국내(내수)시장에 출하하는 상품 및 서비스의 종합적인 가격수준을 측정하여 지수화한 것(2010=100), 디플레이터(deflator), 경기동향 판단
수출입물가지수(XMPI)	수출 및 수입상품의 종합적인 가격수준을 측정하여 지수화한 것(2010=100), 수출채산성 변동, 수입원가 부담 파악, 교역조건 측정

5) 신용스프레드
투자 위험이 서로 다른 증권에 대해 시장에서 요구하는 수익률 간 차이를 말하며 주로 무위험자산인 국채수익률과의 차이로 표시된다. 기업의 재무 및 신용상태, 투자자의 위험회피성향, 국내외 금융시장 변동성, 기업구조조정 이슈 등으로 인한 신용경계감에 따라 달라진다.

핵심유형 53 채권

채권이란, 자금을 조달하기 위한 목적으로 발행하는 차용증서이다. 원금과 이자의 지급기준이 확정되어 있으며 채권발행자는 자신의 경제적 사정과 관계없이 정해진 이자와 원금을 지급해야 한다. 정부, 지방자치단체, 은행, 기업 등이 설비 투자나 기간산업 투자 등을 위해 비교적 장기로 거액의 자금을 조달할 필요가 있는 경우 발행한다.

대표예제

듀레이션(duration)은 채권의 모든 현금흐름(원금과 이자)의 현재가치가 채권가격에서 차지하는 비중을 가중치로 기간별로 곱하여 산출한 것으로, 채권 투자자금이 회수되는 데 걸리는 가중평균 회수기간을 의미한다. 다음 중 듀레이션의 특징에 대한 설명으로 옳지 않은 것은?

① 이표채의 듀레이션은 채권의 만기 또는 잔여기간보다 짧다.
② 이표채권의 듀레이션은 표면금리(액면이자율)가 높을수록 짧아진다.
③ 채권수익률(시장이자율)이 높을수록 듀레이션은 짧아진다.
④ 이자지급횟수가 많을수록 듀레이션은 길어진다.

문제풀이

① (O) 이표채는 할인채(제로쿠폰본드)와는 달리 이자 현금흐름이 발생하기 때문에 가중평균 회수기간인 듀레이션이 짧아지게 된다.
② (O) 표면금리가 높을수록 만기 전에 수취되는 현금흐름의 비중이 높아져 듀레이션은 짧아진다.
③ (O) 각 현금흐름의 할인율로 작용하는 채권수익률(시장이자율)이 높을수록 현금흐름의 현재가치의 비중은 낮아져 듀레이션은 짧아진다.
④ (X) 이자지급횟수가 많을수록 만기 전 현금흐름이 많아지기 때문에 듀레이션은 짧아진다.
참고로, 할인채(제로쿠폰본드)는 채권 발행 후 만기까지 이자지급이 없기 때문에 듀레이션이 채권의 만기와 일치한다.

정답 ④

문제풀이 TIP

신문기사에서 볼 때마다 헷갈리는 본드는 다음과 같다.
- 아리랑본드, 사무라이본드, 양키본드, 불독펀드, 캥거루본드, 판다본드의 공통점: 외국인이 현지에서 현지통화로 발행하는 채권
- 김치본드, 쇼군본드, 게이샤본드의 공통점: 내·외국인이 현지에서 외국통화로 발행하는 채권

핵심이론

채권

1) 채권의 종류

채권은 발행주체, 보증 유무, 담보제공 유무, 이자지급방법 등에 따라 다양하게 구분된다.

발행주체	국채(정부), 지방채(지방자치단체), 회사채(상법상의 주식회사), 금융채(은행·금융투자회사·리스회사·신용카드회사·할부금융사·리스사 등 금융회사), 특수채(한국전력공사·예금보험공사 등 특별법에 의해 설립된 법인)
지급보증 여부	보증채(정부보증채, 일반보증채), 무보증채
담보제공 여부	담보부채권, 무담보부채권
이자지급방법	할인채, 이표채, 단리채, 복리채,
지급이자 변동여부	• 고정금리부채권: 이표채, 복리채, 단리채, 할인채 등과 같이 액면이자율이 사전에 정해진 채권 • 변동금리부채권(FRN: Floating Rate Note): 액면이자율이 특정 기준금리에 연동되어 매 기간마다 이자율이 변경되는 채권
상환기간	단기채(만기 1년 이하), 중기채(1년 초과 5년 이하), 장기채(5년 초과)
상환방법	만기상환채, 분할상환채, 정기상환, 임의상환
표시통화	자국통화표시채권, 외화표시채권
옵션 유무	전환사채, 교환사채, 신주인수권부사채, 이익참가부사채, 옵션부사채(콜채권, 풋채권), 연장가능채권, 단축가능채권, 모기지저당채권, 감채기금채권 등

- 원금이자분리채권(STRIPS): 이표채의 원금과 이자를 분리하여 각각을 별개의 무이표채권으로 거래되도록 만든 채권이다.
- 물가연동국채(TIPS): 원금과 이자를 물가상승률에 연동시켜 물가변동위험을 제거함으로써 실질구매력을 보장하는 국채를 말한다.

2) 채권시가평가제도

- 금융기관이 보유하고 있는 채권의 가치를 적절한 가격으로 평가하는 것을 의미한다. 즉, 시장에서 활발하게 거래가 되고 있는 채권은 '시장가격'으로, 거래 부진으로 인해 시장가격을 발견하기 어려운 경우에는 보유채권을 시장에 매각할 경우 받을 수 있을 것으로 합리적으로 추정되는 '공정가격'으로 평가한다.
- 단기매매계정: 당기손익
- 매도가능계정: 기타포괄손익누계액
- 만기보유계정: 장부가평가

3) 회사채 신용평가제도

- 무보증회사채 발행기업들은 2개 이상의 신용평가회사로부터 기업의 사업성, 수익성, 현금흐름, 재무안전성 등을 기초로 회사채 상환능력을 평가받도록 한 제도이다.
- 투자등급 AAA~BBB, 투기등급 BB 이하로 표시한다.

핵심유형 54

주식

주식이란, 자금 조달을 목적으로 발행하는 출자증권이다. 주식회사의 지분권을 표시하는 유가증권인 주식은 발행기업 입장에서는 상환의무가 없고 경영실적에 배당만 하면 되기 때문에 매우 안정적인 자금조달수단이 되며 자기자본으로서 기업의 재무구조를 개선시키는 효과가 있다. 주식이 거래되는 주식시장은 기업공개 및 유상증자 등을 통해 주식이 새롭게 공급되는 발행시장(primary market)과 이미 발행된 주식이 거래되는 유통시장(secondary market)으로 구분할 수 있다.

대표예제

다음 기사의 본문을 읽고 빈칸에 공통으로 들어갈 배당정책 관련 용어를 고르면?

실적 안 좋은데 (　　) … "이런 기업은 조심해야"

○○경제신문, 2025.01.06.

　대표적인 주주친화전략 중 하나인 (　　) 결정이 작년 말로 마무리되면서 올봄 주주총회 이후 (　　) 시 시장 물량 변동이 예상된다. (　　)은 현금을 지출하지 않고도 주주환원전략을 펼 수 있고 시장에 유통 주식 수를 늘려 거래를 활성화할 수 있다는 장점이 있다. 하지만 배당의 원천인 당기순이익이 줄어들었는데도 배당을 진행한 기업에 대해서는 투자 시 유의해야 한다는 지적이 나온다.

---

① 현금배당　　② 차등배당　　③ 무배당　　④ 주식배당

문제풀이

① (X) 현금배당(cash dividend): 현금으로 배당이 이루어지는 것이다. 현금배당은 운전자본의 직접적인 지출을 수반하게 된다.
② (X) 차등배당: 소유한 주식 규모에 따라 균등하게 배당 받지 않고, 주주 간 배당금 또는 배당률을 달리하는 배당정책을 의미한다.
③ (X) 무배당(non-dividend): 당기 순이익이 거의 발생하지 않았거나 적자를 기록하여 회사가 배당을 하지 않는 것을 말한다.
④ (O) 주식배당(stock dividend): 회사가 주주들에게 배당을 실시함에 있어서 현금 대신 주식을 나누어 주는 것을 말한다. 주주의 입장에서 본다면 주금의 납입 없이 주식 수가 증가하므로 무상증자와 유사하지만 무상증자가 자본준비금이나 이익준비금과 같은 법정준비금을 자본전입하는 것임에 비하여 주식배당은 배당가능성이익, 즉 미처분이익잉여금을 자본금으로 전환하는 방식이라는 점에서 차이가 있다. 따라서 이익잉여금은 감소하고 자본금은 증가하지만 자기자본에는 변동이 없게 된다.

정답 ④

핵심이론

주식

1) 주식의 분류

기준	해당 주식
우선권(배당 및 잔여재산분배)	보통주, 우선주, 후배주, 혼합주
의결권	의결권주, 무의결권주
액면표시	액면주, 무액면주
기명여부	기명주, 무기명주
기타	상환주식, 전환주식

2) 주식의 발행

- 기업공개(IPO: Initial Public Offering): 주식회사가 신규 발행 주식을 다수의 투자자로부터 모집하거나, 이미 발행되어 대주주 등이 소유하고 있는 주식을 매출하여 주식을 분산시키는 것을 말한다.
- 유상증자: 회사가 신주를 발행하여 주금을 납입 받아 자본금을 증가시키는 것을 말한다. 신주인수권의 배정 방법에는 주주배정증자방식, 주주우선공모증자방식, 제3자배정증자방식, 일반공모증자방식 등이 있다.
- 무상증자: 주금의 납입 없이 이사회의 결의로 준비금 또는 자산재평가적립금을 자본에 전입하고 전입액만큼 발행한 신주를 기존 주주에게 소유 주식수에 비례하여 무상으로 교부하는 것을 말한다.
- 주식배당: 현금 대신 주식으로 배당함으로써 이익을 자본으로 전입하는 것을 말한다. 상법에서는 주식배당을 배당가능이익의 50% 이내로 제한하고 있다.

3) 배당성향, 배당률, 배당수익률

- 배당성향 = 주당배당금/주당순이익
- 배당률 = 주당배당금/주당액면가액
- 배당수익률 = 주당배당금/현재주가

4) 배당락과 권리락

- 배당락이란 해당 사업연도에 대한 기업의 이익배당을 받을 권리가 소멸하였음을 의미하며, 배당락 조치는 동 권리가 소멸되었음을 투자자에게 주지시켜 주기 위한 공시를 의미한다.
- 권리락은 주식회사가 주주배정 증자를 하는 경우 해당 증자에 따른 신주를 배정받을 수 있는 권리가 소멸되었음을 의미하며 이러한 사실을 시장참가자에게 알려주기 위한 조치가 권리락 조치이다.
- 상장기업은 해당 사업연도의 최종일(12월 결산법인의 경우 12월 31일)까지 주식을 보유하고 있는 주주에 대해 배당금을 지급한다. 증권시장에서는 실제 증권의 결제가 매매체결일(T)을 포함하여 3거래일(T+2)째 되는 날에 이루어지기 때문에 주주명부에 등록되기 위해서는 주주명부를 폐쇄하고 명의개서를 정지하는 '기준일'인 12월 30일(공휴일인 경우 직전 매매거래일)을 포함하여 3일 전까지 해당 주식을 매수하여야 한다. 즉, 12월 28일까지 주식을 매수하여야 하고 '배당락일'이 되는 12월 29일에는 해당 주식을 매수하더라도 배당을 받을 권리가 없다.

핵심유형 55 　금융시장

금융시장은 자금의 유통경로, 금융상품의 만기나 특징, 자금의 성격, 거래장소, 거래규칙 등의 기준에 따라 여러 가지로 구분할 수 있다. 필기시험에는 각 금융시장별 특성과 해당 상품을 비교하여 출제하는 경향이 있으므로 대비해야 한다.

대표예제

01 다음은 금융시장의 역할을 경제적 관점에서 정리한 것이다. 옳지 않은 것을 고르면?

① 저축의 형태로 축적된 잉여자금을 기업이나 정부의 투자활동을 가능하게 함으로써 경제성장의 원동력이 된다.
② 직접금융은 자금중개기관이 자금공여자 대신 위험을 부담하며, 간접금융은 여러 곳으로 분산 투자하거나 투자위험을 줄일 수 있는 수단을 제공한다.
③ 금융시장은 시장과 거래상대방에 대한 정보를 생산·제공하여 금융거래비용을 절감시킨다.
④ 효율적인 금융시장은 생산자가 자금의 대차를 통해 최적의 생산을 할 수 있도록 하며, 소비자들의 선호에 맞는 효율적인 자금 조달 및 운용을 가능하게 한다.

문제풀이

②의 경우 직접금융과 간접금융의 역할에 대한 설명이 서로 바뀌었다. 경제시스템은 크게 실물시장과 금융시장으로 나눌 수 있는데, 금융시장은 실물시장이 효율적으로 움직일 수 있도록 도와주는 역할을 한다. 다수의 자금 공여자와 수요자가 거래할 수 있도록 끊임없이 정보를 생산해 내고 이를 공급함으로써 시장참여자들의 효율을 극대화시키는 역할을 한다.

정답 ②

02 다음 본문을 읽고 해당하는 단기금융상품을 고르면?

> 특정한 증권을 매매하고 미래 특정 시점 또는 거래 당사자 중 일방이 통지한 시점에 경과 기간에 따라 소정의 이자를 붙여 동일한 증권을 다시 매수 또는 매도할 것을 약정하는 채권이다. 한국은행이 주된 공개시장운영 수단의 하나로 이용하고 있다.

① 양도성예금증서(CD)　　　　② 콜(Call)
③ 자산유동화증권(ABS)　　　 ④ 환매조건부매매(RP)

> **문제풀이**
>
> 환매조건부매매(RP)는 단기금융시장에서 가장 활발하게 거래되는 단기금융상품이다. 또한 한국은행 금융통화위원회에서 결정하는 정책금리인 기준금리가 바로 한국은행 7일물 RP이다. 한국은행과 금융기관 간에 이루어지는 '한국은행 RP', 금융기관 간에 거래하는 '금융기관간 RP'와 금융기관과 일반고객 간의 '대고객RP'로 구분된다.
>
> 정답 ④

핵심이론

금융시장의 이해

1) 금융시장(financial market)

금융시장이란, 자금의 공급자와 수요자 간에 금융거래가 이루어지는 유·무형의 장소를 말한다. 가계에 여유자금을 운용할 수 있는 수단을 제공하며, 가계로부터 조달한 자금을 생산 및 투자를 담당하는 기업에게 이전시켜 생산 활동을 지원하는 역할을 한다. 금융시장은 다음과 같이 다양한 기준에 따라 여러 가지로 구분할 수 있다.

- 자금의 유통경로상 중개기관의 개입 여부: 직접금융시장, 간접금융시장
- 금융상품의 만기: 단기금융시장, 자본시장
- 금융상품의 신규발행 여부: 발행시장(primary market), 유통시장(secondary market)

2) 우리나라의 금융시장 구조

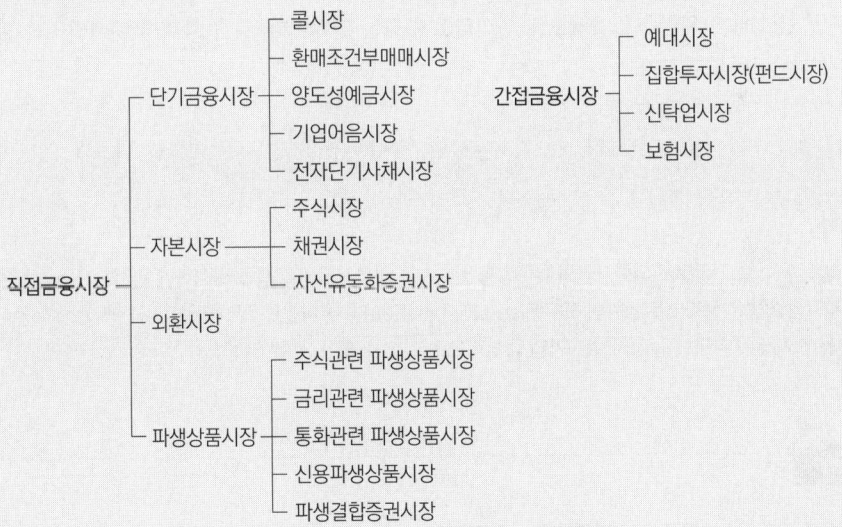

- 단기금융시장: 통상 만기가 1년 이내의 단기금융상품을 거래하는 시장을 의미하며 자금시장(money market), 통화시장이라고도 한다. 금융기관, 기업 등 경제주체들이 단기적인 자금의 과부족을 해소하기 위해 이용하는 금융시장으로 통상 유동성이 높고 가격변동 위험과 부도 위험이 상대적으로 낮은 특징이 있다.
- 자본시장(capital market): 주로 금융기관, 기업, 정부, 지방자치단체, 공공기관 등이 만기 1년 이상의 장기자금을 조달하는 시장으로 장기금융시장이라고도 한다. 상대적으로 시장위험과 가격변동위험이 높다는 특징이 있다. 주식시장과 채권시장 등이 이에 속한다.

핵심유형 56 외환시장

외환시장은 거래당사자에 따라 외국환은행 간 외환매매가 이루어지는 도매시장 성격의 '은행간시장'과 개인 및 기업 등의 개별 고객이 은행과 외환거래를 하는 소매시장 성격의 '대고객시장'으로 구분된다. 일반적으로 외환시장이라 할 때에는 은행간시장을 의미하며, 은행간시장의 거래는 외국환은행 딜러 간에 직접 거래하는 직접거래방식과 외환중개인을 통한 중개거래방식으로 구분된다.

대표예제

다음 본문을 읽고 환위험 관리기법에 대한 설명으로 옳은 것을 모두 고르면?

> 가. 리딩과 래깅(leading & lagging): 결제기간의 조정을 통해 환위험을 감소시키는 방법이다. 가치가 하락 또는 상승할 것으로 예상되는 통화의 송금을 앞당기거나(leading) 이연시키는(lagging) 것이다.
> 나. 네팅(netting, 상계): 본·지사 간에 채권·채무관계를 개별적으로 결제하지 않고 일정기간 경과 후에 채권·채무를 상쇄한 후 차액만을 결제하는 제도이다.
> 다. 매칭(matching): 외화자금의 유입과 지급을 국가별로 일치시켜 외화자금 흐름의 불일치에서 발생할 수 있는 환위험을 제거하는 전략이다.
> 라. 자산부채관리(ALM): 환위험 관리와 관련해서 기업이 보유하고 있는 외화표시 자산과 부채의 포지션을 조정해 환위험을 효율적으로 관리하고자 하는 전략이다. 통상 통화별로 매입초과 포지션을 유지하는 전략을 취한다.

① 가, 나　　② 가, 다　　③ 나, 다　　④ 다, 라

문제풀이

- 매칭 기법은 통화별, 기간별로 외화자금의 유출입을 일치시켜 외화자금의 흐름을 일정하게 일치시키는 전략을 말한다.
- 자산부채관리 기법은 통화별로 스퀘어 포지션(square position)을 유지함으로써 환위험 노출액 최소화하는 것이다.
- 상기 본문에 기재된 환위험 관리기법은 기업 내부적으로 취할 수 있는 전략들이다.

정답 ①

문제풀이 TIP

상기 본문에 기재된 환위험 관리기법은 기업 내부적으로 취할 수 있는 전략들이며, 그 외에도 선물환·옵션·스왑 등 외환·금융시장의 상품들을 이용해 환위험을 관리하는 외부적 관리기법도 다양하다.

핵심이론

외환시장

1) 외국환은행의 포지션

종류		오픈 포지션 (open position)		스퀘어 포지션 (square position)
		매입초과 포지션 (overbought / long position)	매도초과 포지션 (oversold / short position)	
형태		대고객매입 > 대고객매도	대고객매입 < 대고객매도	대고객매입 = 대고객매도
원화자금흐름		원화자금의 유출	원화자금의 유입	영향 없음
외화자금흐름		해당은행의 순외환자산 증가	해당은행의 순외환자산 감소	해당은행의 순외환자산 불변
환위험	환율상승	환차익 발생	환차손 발생	영향 없음
	환율하락	환차손 발생	환차익 발생	

※ 국제무역이나 국제투자를 행하는 기업의 경우에도 여러 가지 형태의 외화 표시 자산이나 부채를 갖게 되므로 외국환포지션 관리가 중요하다.
※ 외환포지션은 환거래의 종류에 따라 현물환포지션(현물자산 - 현물부채), 외환파생상품포지션(외환파생상품자산 - 외환파생상품부채), 현물환포지션과 외환파생상품포지션을 합산한 종합포지션으로 구분된다.
※ 우리나라는 은행의 건전경영을 유도하고 외환시장 교란을 사전에 방지하기 위하여 종합포지션과 외환파생상품포지션을 기준으로 외환매입초과포지션 또는 외환매도초과포지션의 한도를 설정하는 외환포지션 관리제도를 운영하고 있다.

2) 환차손/환차익(exchange gain/loss)
- 환율변동에 따라 자국 통화로 평가한 자산(부채)의 가치 변동으로 이익이 발생하면 환차익, 손실이 발생하면 환차손이라 한다.
- 외화자산이 외화부채보다 많은 외화매입초과포지션인 경우 환율이 상승하면 환차익이 발생하고 환율이 하락하면 환차손이 발생한다. 외회부채기 외회자산보다 많은 외화매도초과포지션은 그 반대이다.
- 환차손 발생위험 관리방법: 리드앤래그(lead & lag), 매치(matching), 자산부채관리(ALM)

3) 차액결제선물환(NDF: Non-Deliverable Forward)
- 만기에 계약 원금의 교환 없이 계약 선물환율과 현물환율(지정환율) 간의 차이만을 계약 당시 약속한 지정통화(통상 미달러화)로 결제하는 파생금융상품을 말한다.
- 차액만 결제하기 때문에 결제위험이 작고, 적은 금액으로 거래가 가능해 레버리지(leverage) 효과가 크며, 국제화되지 않은 통화도 자유롭게 선물환거래를 할 수 있다.
- A은행이 석 달 뒤 1달러당 1,200원에 B은행으로부터 1백만 달러를 사들이는 NDF계약을 체결하고 3개월 후 만기일 전에 현물시장(지정환율)이 1,300원이 된다면 A은행은 1달러당 100원씩 총1억 원의 이득을 보게 되며 B은행은 미달러로 76,923.07달러를 만기일에 A은행에 지급한다.

핵심유형 57 증권시장

증권시장은 주식, 채권, ETF, ETN, ELW, 신주인수권증권, 수익증권 등의 증권이 발행되고 유통되는 일련의 과정이 일어나는 장소로서 발행시장과 유통시장으로 구분된다. 발행시장과 유통시장의 구분이나 가격안정화장치 등에 대한 문제가 가끔 출제되는 경향이 있다.

대표예제

다음 중 기업공개(IPO: Initial Public Offering)과 상장(listing)에 대한 설명으로 옳지 않은 것은?

① 기업공개는 소수의 대주주가 소유한 주식을 일반 대중에게 분산시킴으로써 증권시장을 통해 자유롭게 거래될 수 있게 하는 상장의 이전단계라고 할 수 있다.
② 상장의 목적이 기업의 자금조달이라면, 기업공개는 증권의 원활한 유통을 통한 공정한 가격을 형성하는 것이라 할 수 있다.
③ 상장하고자 하는 기업은 거래소로부터 수익성, 규모, 재무건전성 및 유통가능성 측면에서 거래소가 정하는 일정한 요건을 충족하는지 상장적격여부 심사를 통해 승인받아야 한다.
④ 상장기업이 되면 투자자에게 회사의 중요한 재무 및 경영내용을 공시하여 투자자의 이익을 보호할 의무를 가지게 된다.

문제풀이

② (X) 기업공개의 목적이 기업의 발행시장에서의 자금조달이라면, 상장은 유통시장에서 증권이 원활하게 유통됨으로써 공정한 가격을 형성하게 하는 것이다.

정답 ②

문제풀이 TIP

기업공개와 상장의 차이를 묻는 문제가 자주 출제되니 반드시 개념을 정리해 두도록 하자.

구분	기업공개(IPO)	상장(Listing)
시장	발행시장	유통시장
목적	기업의 자금조달	유가증권의 원활한 유통, 공정한 가격 형성
성격	주식분산의 한 형태	거래적격 유가증권의 선별
특성	발행기업과 청약자의 이해 조화, 발행물량 소화 중시	공익과 투자자보호, 기업의 계속성, 시장성 중시

핵 심 이 론

증권시장

1) 발행시장(primary market)과 유통시장(secondary market)
- 발행시장은 자금 조달을 위해 새로운 주식이나 채권 등이 처음 출시되는 시장을 말한다.
- 유통시장은 이미 발행된 증권이 매매되는 시장으로 증권의 시장성과 환금성을 높여 주고 자유경쟁을 통해 공정한 가격을 형성하는 기능을 한다.
  - 채권: 일반채권시장, 국채전문유통시장, 장외시장
  - 주식: 유가증권시장, 코스닥시장, 코넥스시장, K-OTC

2) 주권상장의 종류
- 신규상장: 기업을 공개하여 일반에게 주식매각 후 처음으로 유가증권시장에 주권을 상장하는 것이다.
- 신주상장: 기 상장된 주권의 발행인이 새로이 주권을 상장하는 것이다.
- 변경상장: 주권의 종목, 종류, 액면금액, 수량 등을 변경 후 주권을 상장하는 것이다.
- 재상장: 상장폐지된 법인이 회사를 정상화한 후 상장하는 것으로, 분할·분할합병·합병 법인의 상장을 말한다.
- 우회상장: 주권상장법인과 비상장법인과 합병, 포괄적 주식교환, 제3자배정증자와 결합한 영업·자산(주식)인수 등을 말한다.

3) 주식시장의 가격안정화장치: 주가의 급격한 변동을 방지하기 위한 제도
- 가격제한폭제도: 개별종목 주가의 일중 변동 폭을 제한하는 제도로, 정규시장 전일 종가의 상하 30%, 시간외시장 당일 정규시장 종가의 상하 10%로 제한한다.
- 매매거래중단제도(circuit breaker): 주가지수가 전일 대비 일정 비율 이상 하락하여 1분간 지속되는 경우 단계적으로 매매를 중단시키는 것이다(1단계 8% 20분, 2단계 15% 20분, 20%이상 당일 장 종료).
- 변동성완화장치(volatility interruption): 주문실수, 수급불균형 등에 의한 개별 주가 급변 시 단기간의 냉각기간(2분간 단일가 매매)을 부여하는 개별종목 가격안정화제도이다.
- 프로그램매매 일시효력정지제도(side car): 주가지수선물시장의 가격 급변동 시 유가증권시장에서의 프로그램매매를 일시 정지시키는 것이다(5% 이상 1분간, 매수/매도 호가 5분간 정지).
- 단일가매매 임의종료(random end): 단일가매매의 체결시점이 정해지지 않고 임의의 시점에 결정되는 체결방식으로, 허수성호가에 의한 가격왜곡 문제를 방지하여 선의의 투자자 피해를 최소화하고자 하는 제도이다.

4) 공매도(short selling) 관리
- 공매도란, 가격하락을 예상하고 소유하지 않은 증권을 매도하여 향후 저렴한 가격으로 재매입해 상환함으로써 차익을 얻고자 하는 거래를 말한다. 우리 증시에서는 소유하지 않은 증권을 매도하는 무차입공매도(naked short)는 원칙적으로 금지하고 있으나 일정한 경우 차입한 증권으로 매도하는 차입공매도(covered short)는 허용하고 있다.
- 공매도는 가격발견의 효율성 제고 및 유동성 공급의 순기능이 있는 반면, 시장 불안 시 공매도 집중으로 주가하락 가속화와 변동성 확대 등의 잠재적 위험요인 및 결제 불이행 가능성 등의 역기능도 갖고 있다.

핵심유형 58 — 국제금융(International Finance)

국제금융은 금융거래가 자국통화로 국내에서 이루어지는 국내금융(domestic finance)과는 대조되는 개념으로, 국제적으로 또는 국가 간에 국제무역, 해외투자, 자금의 대차거래에 수반하여 외환, 주식, 채권 등과 같은 금융자산의 국제적 이동이 반복적으로 이루어지는 현상을 말한다.

대표예제

우리나라 금융시장은 대외여건에 많은 영향을 받기 때문에 국내금융시장 관련 지표뿐만 아니라 국제금융시장의 주요 지표에 대해서도 주의 깊게 살펴볼 필요가 있다. 다음 중 주요 국제금융시장 지표에 대한 설명으로 옳지 않은 것은?

① EMBI+ 스프레드: 신흥시장 채권 인덱스인 EMBI+와 선진국 채권 인덱스 간의 차이로 산출되며, 특정 국가 또는 지역의 경기 모멘텀 파악에 활용된다.
② TED 스프레드: 미국 장기국채(Treasury Bond) 금리와 3개월 LIBOR금리 간의 차이를 의미하며 경제 전반의 장단기 유동성리스크를 나타내는 지표로 활용된다.
③ VIX: S&P500 지수옵션과 관련한 향후 30일 동안 변동성에 대한 시장의 기대치를 지수화 한 것으로 미국 주식시장의 단기 변동성과 투자자들의 심리를 나타내는 지표로 활용된다. 공포지수라고도 불리운다.
④ 달러 인덱스: 주요 6개 통화인 유로화, 일본 엔화, 영국 파운드화, 캐나다 달러화, 스웨덴 크로네화, 스위스 프랑화 대비 미 달러화의 평균적인 가치를 보여 주는 지표로 달러화의 대체제라고 할 수 있는 금, 석유 등 상품시장과 밀접한 관계를 가지고 있어 국제원자재시장을 전망하는 주요 지표로 사용된다.

문제풀이

TED 스프레드는 미국 3개월 국채(T-bill)금리와 3개월 LIBOR 간의 차이를 나타낸 것이다. 무위험 안전자산으로 인식되는 미국 단기국채의 금리와 은행의 신용리스크가 반영된 LIBOR 간의 차이를 통해 경제 전반의 신용리스크를 나타내는 지표로 활용된다. 주가 급락, 신용 불안 등으로 인해 신용리스크에 대한 민감도가 높아지면 안전자산 선호로 3개월 국채금리는 낮아지고 은행 간 대출에 적용되는 LIBOR는 상승하게 되므로 TED 스프레드가 확대된다.

정답 ②

핵심이론

국제금융

1) 유로시장 – 역외시장

유로시장은 금융자산이 특정국 통화로 표시되어 있을 경우 그 통화의 발행국 이외 지역에서 예금, 대출, 증권의 발행·유통 등 금융거래가 일어나는 역외시장(offshore market)을 말한다. 각국의 금융통제를 받지 않는 초국가적 성격을 지니고 있으며 거래되는 금융자산의 형태 및 자금조달방식에 따라 유로통화시장과 유로채시장으로 나뉜다.

2) 국제금융기구

국제금융기구는 그 성격상 국제통화제도의 안정 유지를 주목적으로 하는 통화기구와 국제개발자금지원을 주목적으로 하는 개발금융기구로 분류할 수 있다.
- 국제통화협력기구: 국제통화기금(IMF), 국제결제은행(BIS), 바젤은행감독위원회(BCBS)
- 세계은행그룹: 국제부흥개발은행(IBRD), 국제개발협회(IDA), 국제금융공사(IFC), 국제투자보증기구(MIGA)
- 지역개발금융기구: 아시아개발은행(ADB), 아시아개발기금(ADF), 아시아인프라투자은행(AIIB), 아프리카개발은행(AfDB), 아프리카개발기금(AfDF), 유럽부흥개발은행(EBRD), 미주개발은행(IDB)
- 국제금융회의체: G-20(Group of 20), 금융안정위원회(FSB), ASEAN+3

3) 국제수지(balance of payments)

일정기간 동안 한 나라의 거주자와 비거주자 사이에 일어난 수입과 지급의 차이를 의미한다. 국제기준에 따라 모든 경제적 대외거래를 체계적으로 정리한 통계이다. 경상수지, 자본수지, 금융계정, 오차 및 누락으로 구성된다.

경상수지	상품수지, 서비스수지, 본원소득수지, 이전소득수지
자본수지	자본이전, 비생산·비금융자산
금융계정	직접투자, 증권투자, 파생금융상품, 기타투자, 준비자산
오차 및 누락	–

4) 특별인출권(SDR: Special Drawing Right)
- IMF가 1969년에 국제유동성 부족과 미달러화의 기축통화로서의 신뢰도 저하에 따른 국제통화제도의 모순을 해소하고자 도입한 국제준비자산이다.
- 2016년 이후 5개국 통화바스켓(미달러화, 유로화, 중국위안화, 일본엔화, 영국파운드화)을 이용하여 SDR가치를 산정하고 있다.

5) 통화스왑 계약의 체결

한국은행은 금융안정 및 국제금융협력을 위해 2022년 7월 현재 총 998억 달러 상당 이상의 통화스왑계약을 체결하고 있다. 양자간 통화스왑(자국통화)은 캐나다, 스위스, 중국, 호주, 말레이시아, 인도네시아, 튀르키예(터키), UAE 등 8개국과, 다자간 통화스왑(미달러화)은 ASEAN+3국가들과 체결하고 있다.

6) 알아 두면 필기시험에 도움 되는 국제금융시장 주요 지표
- 세계 주가지수: MSCI지수, FTSE지수, 주요국 주가지수(Dow Jones, NASDAQ, Euro STOXX, Nikkei 등)
- 변동성 지수: 미국의 VIX, 유럽의 VSTOXX, 한국의 VKOSPI 등
- 국제원자재가격지수: IMF원자재가격지수, 로이터 상품가격지수, CRB선물가격지수, S&P GSCI 농산물지수, LMEX 비철금속지수 등
- 리스크 프리미엄: EMBI+가산금리, Euribor-OIS(Overnight Index Swap) 스프레드, CDS(Credit Default Swap) 프리미엄 등

핵심유형 59 지속가능채권과 사회적 금융

최근 세계적으로 채권 투자에 대한 수요 증가로 정부와 기업들의 채권 발행이 늘어나고 있는데, 특히 2020년 1월 국제결제은행(BIS)이 기후변화로 인한 금융위기 가능성을 '그린 스완'이라고 명명하며 기후 관련 위기를 경고한 것과 같이 이제 자금의 조달과 투자에 있어서도 단순히 이익 창출뿐만 아니라 환경, 사회, 지배구조와 같은 사회적 책임투자를 강조하는 ESG채권 시장이 빠르게 성장하고 있다.

대표예제

다음 본문을 읽고 연관성이 없는 하나를 고르면?

> 일반적으로 채권은 기업의 재무적 성과를 달성하기 위한 자금 조달 목적으로 발행되나, 기업의 비재무적 요소인 환경(Environment), 사회(Society), 지배구조(Governance)를 개선하기 위한 자금 조달을 목적으로 발행되는 채권도 있다.

① 산업은행, 유로화 그린본드(Green Bond) 5억 유로 발행
② 한국토지주택공사, 국내 최초 해외투자자 대상 소셜본드(Social Bond) 발행
③ 우리은행, 3억 달러 규모 코코본드(CoCo Bond) 발행
④ IBK기업은행, 3천억 원 규모의 지속가능채권(Sustainable Bond) 발행

문제풀이

- 본문은 ESG채권에 대한 설명으로 그린본드, 소셜본드, 지속가능채권이 이에 속한다. 코코본드(조건부자본증권)는 통상 금융사들이 자본확충을 위해 발행하는 채권을 말한다.
- 그린본드는 재생에너지, 전기자동차, 고효율에너지 등 환경 보존을 위한 친환경 프로젝트에 필요한 자금을 조달하기 위한 특수목적채권이다.
- 소셜본드는 중소기업 지원, 일자리 창출, 취약계층 지원, 사회인프라 구축 등 사회문제 해결에 필요한 자금을 조달하기 위한 특수목적채권이다.
- 지속가능채권은 소셜본드와 그린본드가 결합된 형태의 특수목적채권으로, 사회문제 해결 또는 친환경 프로젝트에 필요한 자금을 조달하기 위한 채권이다. 그린본드나 소셜본드보다 조달 자금을 더 다양한 목적으로 사용할 수 있다는 장점이 있다. 해당 채권을 발행하기 위해서는 국제자본시장협회(ICMA)의 가이드라인에 부합하는 내부체계를 구축해야 한다.

정답 ③

핵심이론

지속가능채권과 사회적 금융

1) 사회적 금융(Social Finance)
- 사회적 가치(social value) 실현을 재무적 이익(finance return)과 함께 추구하는 금융을 의미한다.
- 좁은 의미에서는 사회적 가치 창출을 목적으로 사회적 경제기업 등에 투자·융자·보증을 통해 자금을 지원하는 금융활동을 말하고, 넓게는 보조금(Grant), 자선행위에서부터 사회책임투자(SRI)까지 포괄한다.

	지분투자	자선·기부	사회적 금융	사회책임투자	일반 투자
추구가치		사회적 가치	사회적 가치 우선 동시 추구	재무적 가치 우선	재무적 가치
투자대상		공익법인·단체 (NPO)	사회적경제기업	ESG준수 영리기업	영리기업

2) 사회책임투자(Social Responsible Investment)
- 투자하는 기업의 생산활동 과정이나 결과가 영향을 미치는 환경(Environment), 사회(Society) 또는 지배구조(Governance)와 같은 비재무적 요소(통상 ESG라 칭한다)를 재무적 요소와 함께 고려하는 투자를 말한다.
- 과거 SRI가 사회에 대한 책임에 중점을 두고 규범적으로 접근한 반면, 근래에는 지속가능한 투자수익을 강조하며 수탁자의 책임에 중점을 두면서 RI(Responsible Investment)라고 호칭하기도 한다.

3) 지속가능투자(Sustainable Investement)
- 포트폴리오 선별과 운용에 있어 환경과 사회, 지배구조를 고려하는 투자 접근방법을 말한다.
- 기업의 비재무적 성과(ESG)를 균형 있게 투자의사결정에 반영하는 사회책임투자에서 파생되었으나 최적의 투자성과를 강조하는 선관주의 의무(fiduciary duty)를 최우선시한다는 측면에서 전통적 사회책임투자와는 차이가 있다.

4) 임팩트 투자(Impact Investing)
- 재무 수익과 함께 예측 가능한 사회 또는 환경문제들을 해결하는 것을 목적으로 하는 기업, 단체, 그리고 펀드들에 대한 투자를 말한다.
- 자산 활동과 공공 예산으로 인한 정부의 재정부담 가중으로 사회적 문제 해결이 어렵다는 인식하에 자본주의적 방법으로 사회 문제를 효과적으로 해결하기 위해 임팩트 투자의 필요성이 대두되었다.
- 마이크로파이낸스(micro finance), 사회사업(social business), 지역사회투자(community investment) 등이 이에 속한다.

기후변화 대응 관련 IBK기업은행의 주요 활동
- 글로벌 '탄소 정보공개 프로젝트' 참여
- 기후변화 대응 외부 활동 참여: K-ETS의 온실가스 할당을 위한 의사결정 위원회, 한국탄소금융협회, 2030온실가스 감축 로드맵 위원회, K-ETS시장 안정화 협회, 국제탄소시장연구협회, 환경부 연간 녹색금융전문가 포럼
- IBK 탄소자산관리 컨설팅 제공: 정부 온실가스·에너지 목표관리제 편입 기업, 배출권거래제 할당기업, 상쇄 배출권 사업추진 희망기업, 탄소경영 필수 기업 대상

핵심유형 60 — 그림자금융과 시스템리스크

금융시스템의 상당한 부분에서 경제적 가치 또는 신뢰의 손실을 촉발하고 불확실성을 높임으로써 실물경제에 중대한 부정적 영향을 미치게 될 가능성이 높은 사건이 발생하는 위험을 시스템리스크라고 한다. 이러한 시스템리스크를 촉발할 수 있는 요인으로는 미·중 무역분쟁, 국내 경기둔화, 글로벌 경기둔화, 가계부채, 중국 금융·경제 불안 등 다양하며 그림자금융으로 불리우는 비은행 금융중개도 잠재적인 취약요인 중 하나이다.

대표예제

다음 본문을 읽고 가장 연관성이 높은 용어를 고르면?

> 비은행 금융중개는 전통적인 은행 밖의 영역에서 이뤄지는 신용중개를 가리킨다. 구체적으로는 환매조건부채권 시장과 채권대차시장, 머니마켓펀드(MMF), 자산유동화증권, 헤지펀드 등이 여기 해당된다. 국내 광의의 비은행 금융중개 규모는 2016년 말 기준 1,800조 원으로, 2008년 이후 연평균 11.2%씩 증가 추세이다. 비은행 금융중개는 은행의 신용중개 기능을 보완하고, 시장 내 경쟁을 촉진해 실물경제 활동에 기여하는 순기능이 있지만, 상대적으로 고수익·고위험을 추구하는 데다 은행과 비교하면 규제도 느슨해 잠재 리스크가 누적될 가능성이 있다.

① 생산적금융
② 포용적금융
③ 그림자금융
④ 은퇴금융

문제풀이

'그림자금융(Shadow Banking System)'은 은행과 비슷한 기능을 하면서도 은행과 같은 엄격한 건전성 규제를 받지 않는 금융기관과 그러한 금융기관들 사이의 거래를 이르는 말이다. 즉, '표면적으로 드러나지 않으면서(shadow) 은행과 유사한 신용중개 기능(banking)을 수행하는 시스템'이라는 것이다. 은행과 같은 엄격한 건전성규제를 받지 않으며 중앙은행의 유동성지원이나 예금자보호도 받을 수 없어 시스템적 리스크를 초래할 가능성이 높다.

정답 ③

그림자금융에 속하는 환매조건부채권(RP) 시장과 채권대차시장, 머니마켓펀드(MMF), 자산유동화증권(ABS), 헤지펀드 등을 구분하는 문제도 자주 출제된다.

핵심이론

그림자금융과 시스템리스크

1) 시스템리스크
금융시스템 일부 또는 전부의 장애로 금융 기능이 정상적으로 수행되지 못함에 따라 실물경제에 심각한 부정적 파급효과를 미칠 수 있는 위험을 말한다.

2) 급매 외부성(fire-sale externalities)
개별 금융회사가 건전성 제고를 위한 목적으로 보유자산을 매각함에 따라 발생한 시장가격의 하락을 다른 금융회사들도 예상할 경우 순차적으로 또는 동시다발적으로 자산을 매각하는 것을 말한다.

3) 완충자본(capital buffer)
완충자본이란, 위기상황에서도 최저 자본비율을 유지하고 자기자본규제의 경기순응성을 완화하기 위해 도입될 자본적립기준을 말하며, 자본보전완충자본(conservation buffer) 및 경기대응완충자본(countercyclical buffer)으로 구성된다.
- 자본보전완충자본: 모든 은행에게 상시적으로 보통주자본 기준 2.5% 추가 보유를 의무화한다.
- 경기대응완충자본: 신용확장기에 최대 2.5%까지 자본을 추가 부과한다.
- 완충자본을 포함한 자본비율을 충족하지 못하는 은행의 경우 배당 등 이익배분을 제한함으로써 실질적 자본규제 효과를 발휘토록 하고 있다.
- 가계대출 부문 경기대응 완충자본제도(2019년 시행): 전체 대출(신용) 중 가계신용이 50%를 넘으면 추가자본 적립의무를 부과한다.

4) 시스템적으로 중요한 금융기관(SIFIs: Systemically Important Financial Institutions)
- 규모가 크고 금융시스템 내 상호연계성이 높아 부실화 또는 도산 시 금융시스템에 광범위하고 중대한 영향을 미칠 수 있는 은행, 보험사 및 여타 금융기관을 의미한다.
- 금융안정위원회(FSB)와 바젤은행감독위원회(BCBS)는 매년 글로벌 은행과 보험사를 대상으로 G-SIBs(Global Systemically Important Banks)와 G-SIIs(Global Systemically Important Insurers) 명단을 선정하여 발표하고 있으며, 우리나라 금융위원회도 2016년부터 매년 국내 은행 및 은행지주회사를 대상으로 D-SIBs(Domestic Systemically Important Banks) 명단을 선정하여 추가 자본적립(+1%) 의무를 부과하고 있다.

5) 스트레스 테스트(Stress Test, 위기 상황 분석)
예외적이지만 발생 가능한(extreme but plausible) 위기 상황을 가정하여 개별 금융기관, 금융부문 및 금융시스템이 받게 되는 잠재적 손실을 측정하고 재무 건전성을 평가함으로써 위기 상황에 대한 취약성과 복원력을 평가하는 기법이다. 금융시스템 전반에 대한 안정성 평가(거시건전성 스트레스 테스트)와 개별 금융회사에 대한 건전성 감독(미시건전성 스트레스 테스트) 등으로 진행된다.

> **판데믹(pandemic)**
> 세계보건기구(WHO)가 전염병을 위험도에 따라 1~6단계로 나눈 경보단계에서 최고 등급인 6단계를 말한다. 판데믹이란 그리스어로 판(pan)은 '모두'를, 데믹(demic)은 '사람'을 의미하며, 전염병이 대륙을 넘어 세계적으로 전파돼 모든 사람이 감염된다는 뜻이다.

핵심유형 61 — 예대율 규제와 커버드본드

예대율은 대내외 충격에 대비한 안정적 유동성 관리와 가계부채의 과도한 증가를 억제하기 위해 2012년 7월부터 시행된 은행 경영지도기준이다. 2020년부터는 기업부문으로 자금 흐름을 유도하기 위해 예대율 산정 시 가계대출 가중치는 15%를 상향하는 반면, 기업대출은 15% 낮추는 새로운 예대율 산출방식이 도입되었다. 이에 따라 은행들은 원화예수금의 1% 이내에서 예금으로 인정받을 수 있는 커버드본드 발행에 적극 나서고 있는 상황이다.

대표예제

금융당국은 은행경영의 건전성 확보를 통한 신용질서유지 및 예금자보호를 위해 각종 경영지도기준을 마련해 은행들이 준수토록 하고 있다. 다음 [표]에서 주요 은행 경영지도기준(규제기준)의 목적 및 산출방식이 제대로 기술된 것을 고르면?

[표] 주요 은행 경영지도기준(규제기준)의 목적 및 산출방식

구분	규제기준	목적	산출방식
가	단순기본자본비율 (3% 이상)	은행의 손실 흡수 및 청산능력 확보	$\dfrac{\text{기본자본}}{\text{총위험노출액}}$
나	원화예대율 (100% 이하)	예금인출 등의 수요를 즉시 충족할 수 있는 유동성 확보	$\dfrac{\text{원화대출금*}}{\text{원화예수금}}$ * 기업대출 15%차감, 가계대출 15%가산
다	외화유동성커버리지비율 (80% 이상)	외화자금 조달·운용의 적정성 유지	$\dfrac{\text{외화 고유동성자산}}{\text{향후 60일간 외화 순현금유출액}}$
라	순안정자금조달비율 (100% 이상)	유동성리스크에 대한 단기 복원력 제고	$\dfrac{\text{안정자금가용금액}}{\text{안정자금조달필요금액}}$

① 가 ② 나 ③ 다 ④ 라

문제풀이

① (X) 단순기본자본비율은 과도한 레버리지 제한을 목적으로 한다.
③ (X) 외화유동성커버리지비율은 외화 고유동성자산을 향후 30일간 외화 순현금유출액으로 나누어 산출한다.
④ (X) 순안정자금조달비율은 유동성리스크에 대한 장기 복원력 제고를 목적으로 한다.

정답 ②

문제풀이 TIP

경영실태 분석 및 평가결과 주요 경영지도비율이 악화될 우려가 있거나 경영상 취약부문이 있다고 판단되는 은행에 대해서는 이의 개선을 위한 계획 및 약정서를 제출토록 하거나 해당 은행과 경영개선협약을 체결함으로써 은행 경영의 건전성을 확보한다.

핵 심 이 론

예대율과 커버드본드

1) 예대율(Loan to Deposit Ratio)

- 예대율은 대출금을 예수금으로 나눈 비율을 말한다. 예금에 비해 대출이 많은 오버론(over-loan)의 정도를 파악하는 자료로 사용된다. 은행들이 조달한 예수금을 초과하여 과도하게 대출을 취급하는 것을 지양하고 금융위기와 같은 대내외 충격에 대비해 안정적으로 유동성을 관리하도록 유도하기 위한 은행 경영지도기준이다. 예대율의 규제비율은 100%이다.

$$원화예대율 = \frac{원화대출금}{원화예수금} \times 100 \leq 100$$

- 예대율 산정 시 중소기업 및 사회적 약자 지원을 위한 기반 마련을 위해 온렌딩 대출 등 정책자금대출은 대출금에서 제외하고, 커버드본드와 양도성예금증서의 발행 활성화 등을 위해 예수금에 발행금액의 일정액(원화예수금의 1% 이내)을 포함한다.

$$신\ 예대율 = \frac{(가계대출금 \times 1.15) + (기업대출금 \times 0.85) + 기타대출금}{예수금} \times 100 \leq 100$$

- 생산적 금융을 위한 자본규제 개편방안의 일환으로 가계대출 가중치는 15% 가산, 기업대출은 15% 차감, 개인사업자대출 가중치는 중립을 적용한다.

2) 커버드본드(Covered Bond, 이중상환청구권부 채권)

- 주택담보대출 등의 우량자산을 담보삼아 은행이 발행하는 법정 담보부채권이다.
- 투자자는 발행기관이 파산하더라도 담보자산에 대한 우선변제권을 보장받을 뿐만 아니라 발행기관의 다른 자산으로도 변제받을 수 있어 이중으로 투자금을 보호받을 수 있다.
- 발행기관인 은행의 입장에서는 커버드본드의 안정성으로 인해 낮은 금리로 장기에 걸쳐 자금을 조달할 수 있어 장기·고정금리 대출의 활성화를 통해 가계부채 구조개선에 기여할 수 있다.

가계부채 문제와 주택담보대출 규제비율

GDP 대비 가계부채 비율은 2000년대 초 신용카드 사태 이후 꾸준히 상승했으며, 특히 코로나19 이후 자산시장 과열과 저금리 기조로 증가폭이 크게 확대되었다. 한국은행에 따르면 2024년 말 기준 가계부채 잔액은 약 1,870조 원으로, GDP의 약 97%에 달해 여전히 주요 선진국 대비 높은 수준이다. 정부는 DSR 규제 강화 등 다양한 정책을 시행해 왔지만, 부채 누적 자체를 줄이는 데는 한계가 있으며, '수준'에 대한 근본적 대응이 미흡하다는 비판도 있다.

대표예제

다음 중 금리 상승에 따른 가계부담 증가를 줄이기 위한 제도에 대한 설명으로 옳지 않은 것은?

① 변동금리대출 월상환액 제한 금융상품은 서민 취약차주의 월상환액을 부담을 일정하게 유지할 수 있도록 금리 상승에 따른 금리 인상분을 면제해 주는 상품이다.
② 세일앤리스백(SLB: Sales & Lease Back) 프로그램은 대출을 상환하기 어려운 한계차주를 대상으로 운영하며 차주는 SLB프로그램에 집을 팔아 대출금을 갚고 임대형식으로 임차료를 내며 거주하다 추후 돈이 생기면 매각가에 재매입이 가능하다.
③ 비소구 주택담보대출은 채무자가 대출을 갚지 못하는 경우 채무자의 상환 책임이 해당 담보물로 한정되는 대출 제도이다.
④ 서민형 안심전환대출은 서민·실수요자가 보유한 변동금리나 준고정금리 주택담보대출을 저금리의 고정금리 상품으로 갈아탈 수 있는 대출상품이다.

문제풀이

- 변동금리대출 월상환액 제한 제도는 대출기준금리 변동에도 불구하고 상환액을 일정하게 유지하며, 변동으로 발생한 잔여원금은 만기에 일시 정산하는 구조이다.
- 즉, 월 원리금 상환액이 100만 원(원금상환 95만 원＋이자 5만 원)인 경우 금리가 상승하여 이자금액이 10만 원으로 증가하더라도 월 원리금 상환액은 100만 원(원금상환 90만 원＋이자 10만 원)이다.

정답 ①

문제풀이 TIP

- 전세난: 전셋값이 급등하며 세입자가 전셋집을 구하지 못하는 상황
- 역전세난: 전셋값이 전세계약 시점보다 떨어져 전세가격을 내리지 않는 이상 집주인이 전세입자를 구하기 어려운 상황
- 깡통전세: 전세보증금 또는 전세보증금과 집을 담보로 빌린 대출금을 합한 금액이 매매가를 웃도는 것

핵 심 이 론

가계부채 문제와 주택담보대출 규제비율

1) 여신심사 가이드라인
- 부동산 투기수요를 잠재우고 가계부채의 증가를 억제하기 위한 취지로 도입되었다.
- 주택담보대출 취급 시 ① 객관적인 소득증빙자료를 통한 차주의 상환능력 평가 ② 신규 주택구입자금, 고부담대출 등은 비거치식 분할상환 유도 ③ 변동금리주담대의 경우 금리상승 가능성을 고려한 대출한도 산정 등을 하도록 규정한다.
- 은행에서는 2016년 상반기, 보험에서는 2016년 하반기, 상호금융에서는 2017년 상반기 시행되었다.

2) 가계대출 규제비율

구분	내용
담보인정비율 (LTV: Loan to Value)	• 주택가격에 대한 대출 비율로, 금융기관·지역별 세분화 • 투기과열 9억 이하 40%, 9억 초과 20%
총부채상환비율 (DTI: Debt to Income)	• 주담대 차주의 원리금상환능력 • 신DTI $= \dfrac{\text{모든 주담대 원리금} + \text{기타 대출 이자}}{\text{연소득}}$
총부채원리금상환비율 (DSR: Debt Service Ratio)	• 차주의 상환능력 대비 원리금상환부담 • DSR $= \dfrac{\text{모든 대출 원리금 상환액}}{\text{연소득}}$ • 1금융권 DSR 규제 강화: 연소득 10억 원 초과 40% 이내, 1억 원 초과 10억 원 이하 30~40% 내외, 1억 원 이하 은행자율 관리(30~40%)
소득대비대출비율 (LTI: Loan to Income)	• 자영업자 대출심사 강화 • LTI $= \dfrac{\text{전금융권 가계대출} + \text{개인사업자대출}}{\text{영업이익} + \text{근로소득 등 합산가능소득}}$
임대업이자상환비율 (RTI: Rent to Interest)	• 부동산 임대사업자에 대한 대출심사 강화 • RTI $= \dfrac{\text{임대소득}}{\text{임대업대출 이자비용}}$ • 주택 1.25배(투기·과열 1.5배), 비주택 1.5배

3) 금융불균형
- 가계·기업 부채 수준이 국내총생산(GDP)을 비롯한 실물경제 수준과 비교해 얼마나 과도하게 늘었는가를 산출한 지표이다. 즉, 실물경제와 괴리된 과도한 신용증가와 자산가격 상승을 의미한다. 불균형이 축적될수록 금융위기와 경기침체 가능성이 커진다.
- 한국은행 보고서에 따르면, 한국의 금융불균형 수준은 2008년 금융위기 때 100을 찍고 내려가 2010년부터는 마이너스를 기록했다. 하지만 2017년 3분기 0을 넘어서 꾸준히 상승하다가 코로나19 팬데믹, 2022년 금리인상 시기에 급격히 상승하였다.
- 최근 금융불균형 수준이 올라간 배경으로는 부동산 가격 상승에 따른 과도한 가계부채 증가가 꼽혔다.

4) 금융안정지수(FSI)
- 금융안정 상황을 나타내는 금융 및 실물 6개 부문(은행, 금융시장, 대외, 실물경제, 가계, 기업)의 20개 월별 지표를 표준화해 산출한 지수를 말한다.
- 0(안정)에서 100(불안정) 사이의 값을 가지며 정상(8 미만), 주의(8~22), 위기(22 초과) 단계로 구분한다.

핵심유형 63 — 주택연금과 퇴직연금

우리나라는 2000년 고령화사회가 된 이후 2024년 12월에 공식적으로 초고령사회로 진입했다. 전 세계에서 유례가 없을 정도로 가장 빠른 속도로 고령화가 진행되고 있는 반면, 노인빈곤율은 OECD회원국 중 가장 높을 정도로 사회복지제도, 연금제도 등 노후 대비를 위한 기반이 급속한 고령화 속도를 따라가고 있지 못한 상황이다. 은퇴금융에 대한 관심이 높아지면서 노후생활을 위한 다양한 금융상품과 금융지식에 대한 이해도를 묻는 문제가 자주 출제되고 있다.

대표예제

우리나라는 전 세계에서 가장 빠른 속도로 고령화가 진행되면서 안정적인 노후생활을 위한 금융상품에 관심이 그 어느 때보다 높은 상황이다. 다음 중 주택연금에 대한 설명으로 옳지 않은 것은?

① 주택연금은 고령의 주택보유자가 노후생활에 필요한 자금을 소유자 및 배우자의 사망 시까지 연금 형태로 받아 안정된 주거생활을 확보하도록 하는 제도이다.
② 주택연금을 받기 위해서는 주택을 담보로 제공하고 앞으로 살 집을 새로 마련해야 한다.
③ 주택연금은 노후생활자금 조달을 목적으로 하고 주택자금대출은 주택의 구입이 목적이라는 점에서 차이가 있다.
④ 주택연금은 주택을 담보로 한다는 점에서는 주택담보대출과 유사하나, 기간 경과에 따라 연금 지급으로 인해 부채가 증가한다는 차이점이 있다.

문제풀이

주택연금은 본래 살던 집에서 계속 살면서 연금을 수령할 수 있다. 단, 병원이나 요양소 등의 입원으로 인한 불가피한 사정이 있는 경우에 한하여 임대주택으로 활용 가능하다.
현재 주택연금 가입연령 확대(60세 이상 → 55세 이상), 신탁방식 주택연금(소유권을 주금공으로 이전)의 도입, 공실이 발생하는 주택의 경우 청년·신혼부부 등의 임대주택 확대 허용을 통해 고령층에게 추가수익을 제공하는 방안들이 추진되고 있으므로 관련 법 개정 등을 관심 있게 살펴보도록 하자.

정답 ②

문제풀이 TIP

연금의 소득대체율에 대한 내용은 다음과 같다.
- 은퇴 전 소득 대비 은퇴 후 연금소득의 비율을 말한다.
- 우리나라 연금의 소득대체율은 40% 수준에 불과하여 OECD 권고수준인 70~80%에 크게 미달하는 상황이다.

핵 심 이 론

주택연금과 퇴직연금

1) 연금의 종류
- 공적연금: 국가가 운영하는 연금(국민연금, 기초연금, 직역연금)
- 사적연금: 개인이 준비하는 연금(퇴직연금, 개인연금)
- 자산의 연금화 상품: 주택연금, 즉시연금
- 주요 연금 3종 세트: 국민연금, 퇴직연금, 개인연금

2) 주택연금(reverse mortgage, 역모기지론)
- 주택을 소유하고 있으나 자체 수입이 부족한 고령자가 보유주택을 담보로 소유자 및 배우자의 사망 시까지 노후생활에 필요한 자금을 연금 형태로 받아 안정된 주거생활을 확보하는 제도를 말한다.
- 주택연금(역모기지론)과 주택담보대출(모기지론)은 주택을 담보로 하는 장기대출이라는 점에서는 유사하나, 주택연금은 자금용도가 노후생활자금 조달이고 매달 연금 지급으로 기간 경과에 따라 부채가 증가하는 반면, 주택담보대출은 주택구입이 목적이며 매월 일정 원금을 상환하므로 기간 경과에 따라 부채가 감소하는 점 등에서 차이가 있다.

3) 퇴직연금
- 퇴직연금제도는 사용자가 퇴직급여 지급 재원을 외부 금융회사(퇴직연금사업자)에 적립하고, 퇴직연금사업자가 이를 사용자 또는 가입자의 지시에 따라 운용하여 가입자 퇴직 시 일시금 또는 연금으로 지급하는 제도이다.
- 퇴직연금의 종류

확정급여형 퇴직연금제도 (DB: Defined Benefits retirement pension)	• 근로자가 퇴직할 때 받을 퇴직급여가 사전에 확정된 퇴직연금제도 • 퇴직 시 평균임금에 근속연수를 곱하여 산정 • 사용자가 매년 부담금을 금융회사에 적립하여 책임지고 운용하며, 운용 결과와 관계없이 근로자는 사전에 정해진 수준의 퇴직급여를 수령
확정기여형 퇴직연금제도 (DC: Defined Contribution retirement pension)	• 사용자가 납입할 부담금(매년 연간 임금총액의 1/12 이상)이 사전에 확정된 퇴직연금제도 • 사용자가 근로자 개별 계좌에 부담금을 정기적으로 납입하면, 근로자가 직접 적립금을 운용하며, 근로자 본인의 추가 부담금 납입도 가능 • 근로자가 선택한 금융상품의 운용성과에 따라 퇴직급여가 달라짐 • 적립금은 사용자로부터 독립되어 근로자 개인 명의로 적립되므로 기업이 도산할 때에도 수급권이 100% 보장됨
개인형 퇴직연금제도 (IRP: Individual Retirement Pension)	• 취업자가 재직 중에 자율적으로 가입하거나 이직 시 받은 퇴직급여 일시금을 계속해서 적립·운용할 수 있는 퇴직연금제도 • 연간 1,800만 원까지 납입할 수 있으며, 최대 700만 원까지 세액공제 대상 • 운용기간에는 운용수익에 대한 과세이연(課稅移延) 혜택이 부과되며, 퇴직급여 수급 시 연금 또는 일시금으로 수령 가능

4) 적격TDF(Target Date Fund)
근로자가 은퇴 시점(target date)을 설정하면 펀드매니저가 생애주기별 자산 배분 프로그램에 맞춰 자동으로 주식과 채권 비중을 조절해 운용하는 펀드이다. 투자자의 생애주기에 맞춰 글로벌 자산배분과 함께 주기적인 포트폴리오 재조정(리밸런싱)이 이뤄진다. 즉, 은퇴가 한창 남은 청년기에는 성장주나 고수익 채권 등에 자산을 집중하고, 은퇴시기가 가까워질수록 배당주나 국·공채 비중을 높여 안정적으로 운용하는 방식이다.

2 경영 (핵심유형 64~87)

핵심유형 64 주식회사

기업의 종류(합명, 합자, 유한, 주식회사)와 기업별 주요 특징을 알고 구분해야 한다. 주식회사의 주요 특징, 주주총회와 이사회의 역할 등이 주로 출제된다( 대표이사 선임은 이사회). 최근 유한회사와 외국계기업을 연결하는 사례가 등장하므로 기억해 두자(비교적 진입장벽이 낮은 유한회사 형태를 통해 한국에 들어오는 외국계 기업이 존재).

대표예제

01 주식회사의 종류에 관한 다음 설명 중 가장 옳지 않은 것은?

① 유한책임회사는 주식회사처럼 출자자들이 채무에 대해 유한책임을 진다.
② 유한회사는 모집설립이 인정되지 않는다는 점에서 폐쇄적이다.
③ 합자회사의 무한책임사원은 채무에 대해 직접 연대해 변제할 무한 책임을 진다.
④ 합명회사는 무한책임사원과 유한책임사원으로 나눠진 이원적 구조의 기업형태이다.

문제풀이

합명회사는 무한책임사원으로 구성되며 직접·연대·무한 책임을 진다. 이원적 구조의 회사 형태는 합자회사이다.

정답 ④

문제풀이 TIP

- 유한책임회사(LLC: Limited Liability Company)는 내부적 법률관계에서 합명회사, 합자회사와 같이 민법상 조합의 법리에 따라 운영되고, 외부적으로는 주식회사, 유한회사의 사원과 같이 출자액 범위 내에서 책임을 진다.
- 유한회사는 정관에 미기재된 투자자가 지분을 인수하는 공모의 방식이 인정되지 않는다.

02 다음 중 주주총회 결의사항으로 가장 올바르지 않은 것은?

① 이사와 감사의 선임
② 신주 발행사항 결정
③ 자본의 감소
④ 이사 보수의 결정

문제풀이

신주 발행사항에 관한 결정은 이사회 결의사항이다.

정답 ②

> **문제풀이 TIP**
>
> 수권자본제도는 정관에 기재한 발행예정주식 총수 가운데 미발행한 주식을 이사회 결의에 따라 주식을 발행해 자본금을 조달할 수 있는 제도이다.

핵심이론

주식회사

1) 주식회사의 정의
주식의 발행으로 주주로부터 자본금을 조달해 설립한 회사를 말한다.

2) 주식회사의 3요소
- 주식: 주주가 갖는 지분의 기본적인 단위이자 주식회사 자본금의 구성요소이다.
- 자본금: 발행 주식 수 × 주식의 액면가
- 주주의 유한책임: 주주는 회사에 대해 주식 인수가액을 한도로 책임이 있다.

3) 주식회사의 기관

주주총회	• 주주들이 주식회사의 조직과 경영의 기본적 사항에 관해 결정하는 기업 내 최고 의사 결정기관
	• 주주총회 보통결의
	  - 이사와 감사의 선임, 이사 보수의 결정, 배당 등을 결의
	  - 발행 주식 총수의 1/4 이상, 출석 주주 의결권 과반수에 의해 결정
	• 주주총회 특별결의
	  - 이사와 감사의 해임, 정관 변경, 영업의 양도, 자본의 감소 등 중요한 사항 결의
	  - 발행 주식 총수의 1/3 이상, 출석 주주 의결권의 2/3 이상으로 결정

이사회	• 이사회: 이사들로 구성되어 업무집행에 관한 의사결정을 하는 기관 • 이사회 결의사항: 지배인 선임과 해임, 주주총회 소집, 지점 설치와 폐지, 신주 발행사항의 결정, 재무제표 승인, 사채의 모집 등을 결의
감사	• 이사의 업무집행 전반을 감사하는 기관(업무감사권) • 회사의 재산 상황과 회계를 감사(회계감사권)

4) 주식회사의 특징
- 소유와 경영의 분리: 주주의 자본 소유와 경영자의 경영이 분리되어 경영인이 주주의 이익보다 자신의 이익을 위해 의사결정을 하는 대리인 문제가 발생할 수 있다.
- 자본의 증권화: 증권을 통한 자산조달과 운용이 확대된다.

5) 회사의 종류

주식회사	유한책임을 가진 주주들의 출자로 설립, 대규모 회사에 적합
유한회사	유한책임사원이 출자액 한도로 책임을 짐, 폐쇄적 구조로 중소기업에 적합
합명회사	2인 이상의 무한책임사원으로 구성, 사원은 회사의 채무에 대해 직접·연대·무한책임을 짐
합자회사	이원적 구조, 무한책임사원(업무 집행) + 유한책임사원(자본 제공)으로 구성
유한책임회사	내부적으로 민법상 조합의 법리에 따라 운영되지만, 외부적으로 출자금액 범위 내에서 책임을 짐, 사모펀드나 벤처회사에 적합한 구조

핵심유형 65 — 경영전략

경영전략에서 자주 출제되는 개념은 SWOT이다. SWOT 각각에 해당하는 내용(내부의 강점·약점과 외부환경의 기회·위협)을 구분하고 해당 전략과 내용을 정확히 연결할 수 있어야 한다. 주어진 예시문을 통해 필요한 전략을 선택하거나 전략에 따른 해당 내용을 선택하는 문제가 출제된다. BCG 매트릭스는 두 축과 4가지 영역의 해당 용어(Question Mark, Star, Cash Cow, Dog) 및 특징, 영역별 이상적 현금흐름을 묻는 문제가 출제된다.

대표예제

01 다음 중 경영전략에 관한 설명 중 적절한 항목으로 구성된 것은?

> ㄱ. BCG 매트릭스는 제품의 점유율, 시장 성장률을 두 축으로 사업을 평가한다.
> ㄴ. BCG 매트릭스의 별(Star, 높은 점유율 & 성장률)에서 현금흐름이 가장 많이 발생한다.
> ㄷ. 가치사슬 모형의 지원활동(Support activities)에는 생산, 운송, 마케팅, 판매 등 부가가치를 직접 창출하는 활동들이 포함된다.
> ㄹ. 가치사슬 모형을 통해 기업의 강점과 약점을 파악할 수 있다.

① ㄱ, ㄴ   ② ㄱ, ㄹ   ③ ㄴ, ㄷ   ④ ㄴ, ㄹ

문제풀이

ㄴ. (X) 현금흐름은 캐시 카우(Cash Cow)에서 가장 많이 발생한다.
ㄷ. (X) 부가가치를 직접 창출하는 활동은 주활동(Primary Activitiy)이다. 주활동에는 생산, 운송, 마케팅, 판매, 물류, 서비스 활동 등이 포함된다.

정답 ②

02 다음 중 경영전략에 대한 설명으로 옳지 않은 것은?

① 전방 통합은 공급자의 서비스·제품을 직접 생산하는 전략이다.
② 기능 전략은 기업 전략과 사업 전략의 영향을 받는다.
③ 전략적 제휴는 합병 비용 부담이 큰 경우에 채택할 수 있다.
④ 차별화 전략은 차별화된 제품을 경쟁사보다 비싼 가격에 판매하는 전략이다.

문제풀이

원재료 공급자 방향으로 통합한 것이기 때문에 후방 통합에 해당한다. 전방 통합은 최종 소비자 방향으로 통합하는 것이다. 후방통합의 다른 예로는 제품 생산기업의 원재료 공급기업과의 통합이 있다.

정답 ①

핵 심 이 론

경영전략

1) **SWOT 분석**: 기업의 외부 환경과 내부 요인을 분석, 경영전략을 수립하는 기법

내부요인 외부환경	강점 (Strength)	약점 (Weakness)
기회 (Opportunity)	SO 전략(가장 공격적) 내부의 강점 강화, 시장의 기회 활용	WO 전략 내부 약점 보완, 시장 기회 활용
위협 (Threat)	ST 전략 내부 강점 활용, 외부 위협요소 최소화	WT 전략(방어적) 약점 보완, 위협 회피

2) **기업 전략(Corporate Strategy)**: 기업 본부에서 기업 전체에 대한 전략 수립
- 수직적 통합: 원재료 획득부터 소비자의 구입까지의 과정 중 일부를 내부화하는 것으로 전방통합(예 생산기업이 유통기업 통합)과 후방통합(예 생산기업이 원재료 공급기업 통합)이 있다.
- 수평적 통합: 같은 산업 내 기업을 통합해 시장점유율 상승과 판매망 강화로 경쟁력을 강화한다.
- 다각화: 새로운 사업 분야에 진출하는 전략으로 기업의 사업위험을 분산시킬 수 있다.
- 전략적 제휴: 다른 기업과 일시적 상호협력을 통해 경쟁우위를 확보하려는 전략이다.

3) **사업 전략(Business Strategy)**: 사업 영역 수준의 전략
- 원가우위: 낮은 원가로 제품·서비스를 생산해 원가 우위를 달성한다.
- 차별화: 차별화된 제품·서비스 통해 경쟁우위를 달성한다.
- 집중화: 표적 시장, 소비자, 지역을 집중해 공략하는 전략이다.

4) **포터의 산업구조분석(Five Forces Model)**
- 기업의 수익 창출 과정에서 처한 다섯 가지 위협요인을 말한다.
- 기존 기업 간 경쟁, 대체재의 위협, 신규 기업 진입 위협, 구매자 협상력, 공급자 교섭력이 해당된다.

5) **가치사슬(Value Chain) 모형**: 기업의 부가가치 창출 활동을 주활동과 지원활동으로 구분
- 주활동(Primary Activitiy): 제품 생산, 운송, 마케팅, 판매, 물류, 서비스 활동이 포함된다(가치 직접 창출).
- 지원활동(Support Activity): 기업 하부구조, 인적자원관리, 기술개발, 조달 활동이 포함된다(가치 창출에 간접적 역할).

6) **BCG 매트릭스**
- 상대적 시장 점유율과 시장 성장률을 바탕으로 사업을 분석하는 모형이다.
- Star(높은 시장성장/고점유율/투자와 확장), Question Mark(높은 시장성장/저점유율/확대 혹은 철수), Cash Cow(낮은 시장성장/고점유율/유지전략), Dog(저성장/저점유율/철수)가 속한다.

7) **린 스타트업(Lean Start up)**
신속하게 핵심 기능을 갖춘 제품을 생산한 후 시장성과를 측정해 제품 개선에 반영하는 것을 반복하는 전략이다.

핵심유형	마케팅
66	마케팅 전략으로 STP전략[세분화(Segmentation), 목표시장 선정(Targeting), 포지셔닝(Positioning)]과 4P[제품(Product), 가격(Price), 유통(Place), 촉진(Promotion)]이 있다. 이와 별개로 마케팅 용어 자체를 묻는 경우가 있는데 주로 단답형이다. 따라서 최대한 많은 용어를 알고 있는 게 유리하다.

대표예제

01 다음 마케팅에 관한 설명으로 가장 옳지 않은 것은?

① 전환적 마케팅은 소비자의 부정적 수요를 긍정적 수요로 전환하는 마케팅이다.
② 코즈 마케팅은 소비자, 기업, 사회 복지 모두를 고려한다.
③ 디마케팅은 자사 상품에 대한 수요를 감소시키는 마케팅이다.
④ 앰부시 마케팅은 소비자의 관심을 끌어 스스로 상품을 선택할 수 있게 하는 마케팅이다.

문제풀이

앰부시 마케팅은 올림픽 등의 행사의 공식 후원업체가 아니지만 올림픽과 관련된 활동을 통해 홍보하는 마케팅이다. 소비자의 관심을 끌어 소비자 스스로 상품을 선택하게 하는 마케팅은 넛지 마케팅이다.

정답 ④

02 불안정한 제품의 수요를 마케팅 활동을 통해 제품의 공급과 수요를 일치시키는 마케팅 기법은 무엇인가?

① 동시화 마케팅   ② 자극적 마케팅
③ 개발적 마케팅   ④ 메가 마케팅

문제풀이

① (O) 시간으로 인한 불규칙한 수요 차이를 극복하는 활동은 동시화 마케팅이다. 동시화 마케팅에는 비수기에도 가격 할인 등을 통해 매출을 유지하는 방법 등이 포함된다.
② (X) 자극적 마케팅은 수요가 없는 상황에서 고객의 관심을 자극하는 마케팅이다.
③ (X) 개발적 마케팅은 잠재 고객들의 수요를 충족하는 수단을 개발하는 마케팅이다.
④ (X) 메가 마케팅은 정치, 경제, 사회 등에 대한 여론 형성을 통해 시장에 영향을 미치는 마케팅이다.

정답 ①

핵심이론

마케팅의 정의와 종류

1) 마케팅
생산자가 소비자의 요구를 충족시키는 제품과 서비스를 제공하는 데 관련된 경영활동을 말한다.

2) 코즈 마케팅(cause marketing)
- 안전, 환경보호, 생태계 보전과 같은 사회적 문제 해결을 마케팅과 결합해 기업의 사익과 사회적 공익을 추구하는 마케팅이다.
- 비슷한 용어로 기업의 이익 추구뿐 아니라 사회 전체의 복지까지 고려하는 사회적 마케팅(social marketing)이 있다.

3) 디마케팅(demarketing)
- 자사 상품 구매를 의도적으로 감소시키는 마케팅이다.
- 회사가 생각하는 적정 수요보다 실제 수요가 큰 경우 또는 수익성이 낮은 고객들을 줄이기 위해 사용된다.
- 담배·술의 경고문, 백화점 VIP 마케팅 등이 포함된다.

4) 재마케팅(remarketing)
- 침체된 수요하에서 소비자의 관심을 불러일으키는 마케팅이다.
- 포장 교체를 통한 이미지 개선, 업그레이드, 새로운 광고 등을 통해 수요를 늘린다.

5) 카운터 마케팅(counter marketing)
- 마약과 같은 불건전한 수요를 제거하려는 마케팅이다.
- 수요가 사회적 관점에서 장기적으로 악영향을 미칠 때 사용된다.

6) 동시화 마케팅(synchro marketing)
- 계절 또는 시간으로 인해 불규칙한 상품의 수요를 특별할인 등을 통해 개선하는 활동이다.
- 극장 조조할인, 겨울철 냉방제품 할인 등이 포함된다.

7) 넛지 마케팅(nudge marketing)
흥미와 관심을 유발해 소비자의 관심을 끌어 소비자 스스로 상품을 선택할 수 있게 하는 마케팅이다.

8) 앰부시 마케팅(ambush marketing)
교묘히 규제를 피하는 마케팅 기법으로, 대표적인 예로 대형 이벤트의 후원사인 것처럼 개별 선수나 팀의 후원사가 되어 간접적으로 홍보 효과를 얻는 사례를 들 수 있다.

9) 바이럴 마케팅(viral marketing)
SNS 등의 인터넷 매체를 이용해 기업의 제품을 홍보하는 마케팅을 말한다.

10) 마케팅 근시
경쟁자를 넓게 고려하지 않고 제품 수준으로 협소하게 보는 것을 의미한다.

핵심유형 67 — 기업의 인수·합병

여러 M&A 기법을 제시하고, 이 중 적대적 M&A 공격이 아닌 것(방어)을 고르는 문제가 주로 출제된다. 2020년 상반기에는 '황금주 제도'가 출제되기도 하였으므로, 적대적 M&A의 공격 및 방어의 종류와 그 내용을 정확히 이해하고 구분할 줄 알아야 한다.

대표예제

01 적대적 M&A의 수단으로 피인수기업의 자산을 담보로 금융기관으로부터 차입한 인수대금으로 기업을 인수하는 것은?

① 공개매수 ② 자사주 매입 ③ 차입매수 ④ 위임장 대결

문제풀이

인수할 기업의 현금흐름 또는 자산을 담보로 차입해 기업을 인수하는 방법은 차입매수(Leverage Buyout)이다. 기업 매수 시 비용이 적게 드는 장점이 있다.

정답 ③

02 다음 중 기업 인수합병(M&A) 방어전략에 대한 설명으로 가장 옳지 않은 것은?

① 황금주 발행: 보유 주식 수에 상관없이 결의사항에 대해 거부권을 행사할 수 있는 권리를 가진 주식을 발행하는 전략
② 역공개매수: 경영권 지배를 위해 짧은 시간 동안 공개적으로 주식을 대량 매수하는 방식
③ 백지주(White Squire): 우호적인 투자자가 적대적 M&A에 대항해 신주 또는 기존 지분을 매입하는 상황
④ 독약 풋(Poison Put): 적대적 M&A시 채권자가 피인수 기업으로부터 채권을 상환받을 수 있어 인수 시도하는 기업에 추가적 자금부담을 주는 전략

문제풀이

- 역공개매수(Pac-man Defense): 피인수기업이 공격적 매수 시도기업의 매수를 제안해 적대적 M&A를 방어하는 방법이다.
- 경영권 지배를 위해 짧은 시간 동안 공개적으로 주식을 대량 매수하는 방식은 적대적 M&A의 방법의 하나인 공개매수(Tender Offer)에 해당한다.

정답 ②

핵 심 이 론

기업의 인수·합병

1) 기업의 인수(Acquisition)
- 다른 기업의 경영권을 얻기 위해 자산이나 주식을 취득하는 것을 말한다.
- 자산인수: 피인수기업이 소유한 공장이나 자산을 매수해 기업을 인수하는 것이다.
- 주식인수: 주식 취득을 통한 경영권을 획득하는 것이다.

2) 기업의 합병(Merger)
- 두 개 이상의 회사가 사실적, 법률적으로 통합되는 것을 말한다.
- 흡수합병: 하나의 회사가 소멸하는 회사의 권리와 의무를 수용한다.
- 신설합병: 두 기업 모두 소멸되고, 신설 기업이 기존 권리와 의무를 수용한다.

3) M&A(Merger & Acquisition)의 목적
기업의 새로운 성장동력, 시장점유율 확대, 사업상의 노하우, 신규사업의 투자 기간과 비용 감소, 숙련된 인적자원 확보 등의 목적이 있다.

4) M&A의 종류
- 우호적 M&A: 피인수·합병기업의 동의를 얻고 협의를 통해 기업 경영권을 얻는 경우이다.
- 적대적 M&A: 상대 기업의 의사에 반해 기업 경영권을 얻는 경우이다.

5) 적대적 M&A 주요 방법
- 공개매수: 경영권 지배를 위해 짧은 시간 동안 공개적으로 주식을 대량 매수하는 방식이다.
- 곰의 포옹(bear hug): 사전 경고 없이 매수자가 경영진에게 매수제의를 하고 신속한 의사결정을 요구하는 기법을 말한다.
- 새벽의 기습(dawn raid): 피인수기업의 주식을 상당량 매입한 후 인수 의사를 경영진에 전달하는 기법을 말한다.
- 위임장대결(proxy fight): 주주로부터 의결권을 행사할 수 있는 위임장을 확보해 기존 경영진을 교체하는 기법을 말한다.
- 차입매수(leveraged buyout): 피인수기업의 자산을 담보로 금융기관으로부터 차입한 인수대금으로 기업을 인수하는 것이다.
- 그린메일(green mail): 경영권이 취약한 기업의 지분을 대량 매입한 후 기존의 대주주에게 높은 가격에 되파는 방법으로, 경영권 방어를 위해 기업자금이 사용되는 부담이 발생한다.

6) 적대적 M&A 방어전략
- 황금낙하산(gold parachute): 경영진들이 적대적 M&A로 사임하는 경우 거액의 퇴직금 받도록 해 인수비용 높이는 방법이다.
- 독약조항(poison pill): 기업 매수자가 피인수기업 경영권 침해 시 기존주주에 대한 저가 신주 발행 등의 방법으로 매수자에게 손실을 입히는 전략이다.
- 이사진 임기 분리: 이사진의 임기를 분산시켜 기업 매수자의 이사회 장악을 지연시킨다.
- 백기사(white knight): 적대적 M&A에 대응해서 기업을 인수하는 현 경영진에게 우호적인 제삼자의 매수자이다.
- 자사주매입: 일반 주주로부터 자기주식을 매입해 적대적 M&A를 방어한다.
- 왕관의 보석(crown jewel): 자산처분, 분리설립, 기업분할 등을 통해 M&A 대상 기업 핵심자산을 매각해 인수를 막는 것이다.

핵심유형 68 — M. Porter의 산업구조분석(5 Forces Model)

5Force 모델에서의 5가지 경쟁요인은 무엇이며, 그 내용과 시사점(수익성과 산업의 매력도에 미치는 영향)을 이해하고, 주어진 예시문을 통해 해당 경쟁요인을 선택할 수 있어야 한다.

대표예제

01 포터(M. Porter)의 산업구조분석모형(5 Forces model)의 5가지 위협요인 중 다음 기사 내용에 해당하는 것은?

> 신선식품 새벽배송 시장이 본격적으로 열린 가운데 '터줏대감'인 마켓컬리와 후발주자 쿠팡의 경쟁이 불붙고 있다. 쿠팡은 '로켓배송'을 앞세워 시장에서 급성장 하고 있지만 마켓컬리가 고품질 정책으로 경쟁력을 키우고 있는 만큼 업계에서 쿠팡의 선전을 기대하기 어려울 것으로 보고 있다. 업계에 따르면 올해 새벽배송 시장 규모는 약 1조 5천억 원으로 전망된다.

① 공급자의 교섭력
② 잠재적 진입자의 위협
③ 대체재의 위협
④ 현재 산업 내 경쟁

문제풀이

새벽배송 서비스를 제공하는 유통기업들이 각 기업의 강점을 내세워 산업 내 경쟁이 심화되었기 때문에 포터의 산업구조분석모형 중 현재 산업 내 경쟁요인이 기사 내용에 해당한다.

정답 ④

02 다음 중 포터(M. Porter)의 산업구조 분석기법의 5가지 요소에 포함되지 않는 것은?

① 대체재의 위협
② 산업의 계절적 변동성
③ 진입장벽
④ 기존 산업 내 경쟁

문제풀이

산업구조 분석기법의 5가지 요소에 포함되는 것은 기존 산업 내 경쟁, 대체재의 위협, 신규 기업의 진입 가능성(진입장벽), 구매자·공급자의 협상력이다. 산업의 계절적 변동성은 포함하지 않는다(기존 기업 간 경쟁, 대체재의 위협, 신규 기업의 진입 가능성, 구매자·공급자의 협상력이 낮을수록 높은 수익률을 얻을 수 있다).

정답 ②

핵 심 이 론

M. 포터(Michael E. Porter)의 산업구조분석(5 Forces model Analysis)

다섯 가지 경쟁위협요소(Five Forces)를 통한 산업 분석으로, 기업 전략 수립에 활용된다.

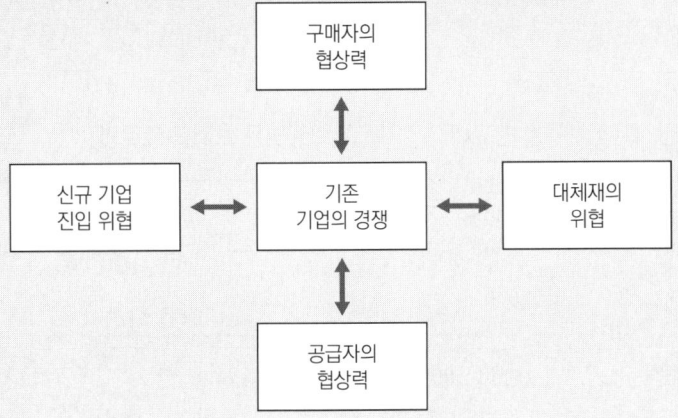

1) 기존 기업 간 경쟁
- 기존 기업 간의 경쟁 강도가 클수록 경제적 성과가 감소해 산업구조의 매력도가 저하된다.
- 경쟁자로 인해 추가적 가격할인, 광고홍보비 지출로 인해 비용이 발생할 수 있다.
- 제품 차별성이 낮아서 다수의 경쟁자가 참여할수록 위협이 크다.

2) 대체재의 위협
- 소비자의 효용을 비슷한 방식으로 충족시키는 대체재가 많을수록 산업구조의 매력도가 저하된다.
- 대체재 예시: 커피와 홍차, 소고기와 돼지고기

3) 신규 기업 진입 위협
- 신규 설립 예정이거나 신규로 설립된 기업이 증가할수록 산업구조의 매력도가 저하된다.
- 진입장벽과 진입원가가 낮을수록 신규 기업 진입 위협이 높다.
- 규모의 경제가 클수록, 브랜드 충성도가 높을수록, 기업이 원가 우위를 가질수록 진입장벽이 높아 신규 기업의 진입 위협은 낮다.

4) 구매자 협상력
- 구매자 협상력이 높을수록 산업구조의 매력도가 저하된다.
- 구매자는 기업의 서비스 또는 제품을 낮은 가격에 구입하려는 유인이 있다.
- 제품의 차별성이 낮고, 구매자는 소수이고, 구매자들의 후방 통합 가능성이 있을 때 구매자의 협상력이 높다.

5) 공급자 협상력
- 공급자의 협상력이 높을수록 산업구조의 매력도가 저하된다.
- 원재료, 노동력 등을 공급하는 공급자는 공급가격을 높이려는 유인이 있다.
- 공급제품의 차별성이 높고, 공급자가 소수이고, 대체재가 없을 때 공급자의 협상력이 높다.

핵심유형 69 재무상태표

재무상태표에서는 자산, 부채, 자본의 의미와 해당하는 대표 계정이 무엇인지 이해하고 분류할 수 있어야 한다. 주어진 거래에 적합한 차변 대변에서의 자산, 부채, 자본의 증감을 연결하는 문제가 출제된다.

대표예제

01 다음 주어진 재무정보들을 참고해 기말자산으로 알맞은 보기를 고르면?

기초자산	100,000	기초부채	30,000	총수익	70,000
기말자산	?	기말부채	35,000	총비용	60,000
현금배당	2,000				

① 110,000   ② 111,000   ③ 112,000   ④ 113,000

문제풀이

기초자산	100,000	기초부채	30,000		기말자산	113,000	기말부채	35,000
		기초자본	70,000				기말자본	78,000

- 당기순이익: 총수익(70,000) − 총비용(60,000) = 10,000
- 기말자본: 기초자본(70,000) + 당기순이익(10,000) ± 자본거래(−2,000) = 78,000
- 기말자산: 기말부채(35,000) + 기말자본(78,000) = 113,000

정답 ④

02 다음 중 재무상태표에 관한 설명으로 가장 옳지 않은 것은?

① 재무상태표는 일정 기간의 재무성과를 나타내는 동태적 재무제표이다.
② 재무상태표는 자산, 부채 자본으로 나눠 표시된다.
③ 재무상태표는 기업의 재무구조에 대한 정보를 제공한다.
④ 재무상태표에는 기업에 대한 모든 정보가 포함될 수 없다.

문제풀이

재무상태표는 일정 시점의 재무상태를 나타내는 정태적 재무제표이다. 재무상태표에는 모든 중요한 사항이 포함될 수 없으며, 금액으로 나타낼 수 있는 재무정보만 포함할 수 있다.

정답 ①

핵심이론

재무상태표

1) 재무상태표의 의의(대차대조표)
- 일정 시점(일반적으로 보고기간말)의 기업의 자산, 부채, 자본에 대한 정보를 나타낸다.
- 기업의 유동성, 수익성과 위험, 재무적 탄력성 등을 파악할 수 있다.
- 회계등식

> 자산총계 = 부채총계 + 자본총계

2) 재무상태표 예시

재무상태표(예시)

(x1기 x1년 12월 31일 현재)

주식회사 가나다 (단위: 원)

과목	금액	과목	금액
자산		부채	
유동자산		유동부채	
현금및현금성자산	150,000	매입채무	250,000
단기금융상품	100,000	단기차입금	100,000
매출채권	400,000	유동성장기부채	150,000
재고자산	500,000	당기법인세부채	200,000
비유동자산		비유동부채	
장기금융자산	100,000	장기차입금	300,000
유형자산	600,000	장기미지급금	200,000
무형자산	350,000	부채총계	1,200,000
기타비유동자산	50,000	자본	
		자본금	
		주식발행초과금	
		이익잉여금	
		기타자본항목	
		자본총계	1,050,000
자산총계	2,250,000	부채 및 자본총계	2,250,000

3) 복식부기의 원리

거래를 차변(왼쪽)과 대변(오른쪽)으로 기록하는 방식이다.

- 자산 = 부채 + 자본
- 당기순이익 = 총수익 − 총비용
- 기말자본 = 기초자본 + 당기순이익 ± 자본거래

4) 발생주의

현금 수령과 상관없이 실질적인 거래 발생 시 거래를 인식하는 방법이다.

핵심유형 70 — 자산, 부채, 자본

전부 중요하지만 핵심(출제비중이 높은 개념)은 자본이다. 자본이 유상증자, 무상증자, 주식배당, 주식분할, 자사주 매입 등에 의해 변화될 때, 재무상태표의 변동과 주주 이익 변화를 정확히 이해해야 한다.

대표예제

01 다음 중 순자산이 증가(현금흐름 증가)하는 것은?

① 주식배당
② 이익잉여금의 자본금 전입
③ 주식 할인 발행
④ 현금배당

문제풀이

- 주식을 할인 발행한 때도 할인한 금액이 기업으로 유입되기 때문에 순자산이 증가한다.
- 자본잉여금·이익잉여금 자본금 전입, 주식배당, 무상증자 시 순자산에 변동이 없다.
- 현금배당은 순자산이 감소한다(현금 유출).

정답 ③

02 주식회사A의 주식 수는 100,000주이고 주당 액면가는 1,000원이다. 주당 20원의 현금배당 시 미처분이익잉여금의 변화액은? (단, 이익준비금은 상법상 최소 금액을 적립하는 것을 가정한다)

① 2,000,000 감소
② 2,000,000 증가
③ 2,200,000 감소
④ 2,200,000 증가

문제풀이

- 현금배당으로 인한 감소액: 20원 × 100,000주 = 2,000,000
- 이익준비금 전입으로 인한 감소액: 2,000,000 × 10% = 200,000

정답 ③

문제풀이 TIP

상법상 이익준비금은 자본금의 1/2이 될 때까지 현금배당액의 10% 이상을 의무적으로 적립하도록 규정되어 있다.

핵 심 이 론

자산, 부채, 자본

1) 자산
- 의의: 과거의 거래 등을 통해 기업이 통제하고 경제적 효익이 유입될 것으로 기대되는 자원을 말한다.
- 유동자산: 정상영업주기 또는 1년 이내에 현금화될 것으로 기대되는 자산을 말한다.
  - 현금및현금성자산, 단기금융상품, 매출채권 및 기타채권, 재고자산 등이 포함된다.
  - 정상영업주기: 영업활동에 필요한 자산을 취득할 때부터 대금이 회수될 때까지의 기간을 말한다.
- 비유동자산: 유동자산 이외의 자산을 말한다(장기금융자산, 유형자산, 무형자산 등이 포함).

2) 부채
- 의의: 과거의 거래 등을 통해 자원이 유출될 것으로 기대되는 현재의 의무를 말한다.
- 유동부채: 정상영업주기 또는 1년 이내에 상환할 것으로 기대되는 부채를 말한다(매입채무, 단기차입금, 유동성장기부채, 당기법인세부채 등이 포함).
- 비유동부채: 유동부채 이외의 부채를 말한다(장기차입금, 장기미지급금 등이 포함).

3) 자본
- 의의: 기업의 자산에서 부채를 차감한 잔여 금액을 말한다.
- 자본의 구성
  - 자본금: 주주 납입자본으로, 액면가 × 주식 수로 구한다.
  - 자본잉여금: 주주와의 자본거래로 발생되는 것으로 주식발행초과금(주식 순발행가액 중 액면가 초과액)·자기주식처분이익·감자차익이 포함된다.
  - 이익잉여금: 순이익과 다른 자본 이입의 합계액에서 배당되는 것으로 자본금 전입 등으로 처분된 금액을 차감한 잔액을 말한다. 미처분이익잉여금·이익준비금(법정적립금)·임의적립금이 포함된다.
  - 자본조정: 자본거래이지만 납입자본·자본금·자본잉여금으로 분류할 수 없는 항목으로, 자기주식·주식할인발행차금·주식선택권 등이 포함된다.
- 자본거래
  - 유상증자: 주식 발행해 자금조달, 자본금 증가·자본잉여금 증가·자본총계 증가·현금 증가·주식 수 증가
  - 무상증자: 자본잉여금 또는 이익준비금을 자본으로 전입해 주식 발행, 자본금 증가·잉여금 감소·자본총계 불변·현금 불변·주식 수 증가
  - 자기주식 매입(특정 목적으로 이전에 발행한 주식을 다시 취득·보유하는 주식)
  - 주식 수 감소, 주가 상승, 주주에게 이익을 분여하는 효과
  - 자기주식 소각: 자본금 감소·감자차손익 증가·자본총계 불변
  - 현금배당: 주주총회 결의로 회사의 이익을 주주에게 현금으로 배분
  - 주식배당(회사의 이익을 주식발행을 통해 주주에게 배분)
  - 출자전환(기업의 부채를 주식으로 전환)
  - 주식분할(자본금 증가 없이 총 주식 수 증가)

핵심유형 71 — 현금흐름표

영업, 투자, 재무활동 현금 흐름에 대한 이해와 거래에 따른 증감을 연결하는 문제가 출제된다. 주된 영업 활동 현금 흐름이 손익계산서와 다르게 좋지 않다면 그 원인을 파악할 줄 알아야 한다(흑자도산의 방지).

대표예제

01 다음 중 영업활동 현금흐름에 포함되지 않는 것은?

① 건물 취득
② 종업원 급여 지급
③ 매출채권 회수
④ 매입채무 상환

문제풀이

건물 취득은 투자활동 현금흐름에 포함된다(영업활동 현금흐름에 포함되는 활동으로 매출채권 회수, 매입채무 상환, 종업원 급여지급, 이자비용 지급, 이자수익 수취, 법인세 지급 등이 있다).

정답 ①

02 다음 주어진 자료를 고려해 현금 유입액을 구하면? (모든 매출은 외상거래이며 주어진 자료만 고려한다)

- 매출액 (X1.1.1~12.31): 1,000,000
- 대손상각비: 50,000
- 매출채권(X1년 초): 400,000
- 대손충당금(X1년 초): 70,000
- 매출채권(X1년 말): 600,000
- 대손충당금(X1년 말): 60,000

① 950,000 ② 940,000 ③ 750,000 ④ 740,000

문제풀이

주어진 자료를 이용해 직접법으로 현금흐름을 구하는 문제이다.
매출을 통한 현금 유입액은 매출 − 매출 채권 증가 − 대손상각비 + 대손충당금 증가로 구한다.
→ $1,000,000 - 200,000 - 50,000 + (-10,000) = 740,000$

정답 ④

핵 심 이 론

현금흐름표

1) 현금흐름표 의의
- 일정한 기간의 기업의 현금 창출·사용을 나타내는 재무제표의 구성요소이다(동태적).
- 미래현금흐름 추정에 대한 정보제공·기업 간 현금흐름 비교가 용이하다.
- 영업활동 현금흐름, 투자활동 현금흐름, 재무활동 현금흐름으로 분류한다.

$$현금흐름 = 순이익 \mp 자산증감 \pm 부채증감$$

[현금흐름표 예시 – 간접법]

(x1.1.1~x1.12.31)

Ⅰ. 영업활동 현금흐름	1,000,000
(1) 영업에서 창출된 현금 (①+②)	1,200,000
① 당기순이익	800,000
② 조정	400,000
(2) 이자의 수령 지급	50,000
(3) 배당금 수령	100,000
(4) 법인세 납부	(350,000)
Ⅱ. 투자활동 현금흐름	(500,000)
Ⅲ. 재무활동 현금흐름	(400,000)
Ⅳ. 현금 및 현금성자산 순증감 (Ⅰ+Ⅱ+Ⅲ)	100,000
Ⅴ. 기초 현금 및 현금성자산	300,000
Ⅵ. 기말 현금 및 현금성자산 (Ⅳ+Ⅴ)	400,000

2) 영업활동 현금흐름
- 기업의 수익창출활동에서 발생한 현금의 유입·유출을 말한다.
- 매출, 매입, 종업원 급여, 이자, 법인세, 기타 영업비용으로 인한 현금 유입·유출을 포함한다.
- 한국채택국제회계기준(K-IFRS)에 따르면 배당금, 이자 수취 및 지급, 법인세로 인한 현금흐름을 별도공시한다.
- 작성방식: 직접법·간접법 중 선택 가능하다.

3) 투자활동 현금흐름
- 유형자산·무형자산·금융자산의 취득·처분, 대여금 회수 등에서 발생한 현금흐름을 말한다.
- 주요 항목별로 구분(직접법)하며, 현금흐름 유입·유출 총액을 표시한다.

4) 재무활동 현금흐름
- 차입금 조달·상환, 신주 발행, 배당금 지급, 자기주식 처분 등의 자금조달·상환 활동에 관련된 거래에서 발생한 현금흐름을 말한다.
- 주요 항목별로 구분(직접법)하며, 현금흐름 유입·유출 총액을 표시한다.

5) 현금흐름표 작성방식
- 직접법: 현금 거래를 개별적으로 추적해 작성하며, 현금 유입·유출 항목별로 구분해 표시한다.
- 간접법: 포괄손익계산서의 당기순이익에 재무상태표 항목 조정을 통해 현금흐름표를 작성한다.

핵심유형 72 — 손익계산서

손익계산서의 수익과 비용이 무엇이며, 최종 당기순이익(총괄손익)의 포함 범위를 이해하고 비용 항목 중 판매비와 관리비 항목, 영업외비용 항목을 구분해야 한다.

대표예제

01 다음 자료를 참고해 영업이익과 당기순이익으로 옳은 것을 고르면?

- 매출액 100,000
- 매출에누리 10,000
- 매출원가 40,000
- 종업원 급여 5,000
- 감가상각비 8,000
- 기타포괄 평가이익 25,000
- 법인세비용 10,000

① 영업이익: 37,000, 당기순이익: 52,000
② 영업이익: 37,000, 당기순이익: 27,000
③ 영업이익: 50,000, 당기순이익: 52,000
④ 영업이익: 50,000, 당기순이익: 27,000

문제풀이

- 매출총이익: 100,000(총매출)−10,000(매출에누리)−매출원가(40,000)=50,000
- 판매관리비: 5,000(종업원 급여)+8,000(감가상각비)=13,000
- 영업이익: 50,000(매출총이익)−13,000(판매관리비)=37,000
- 당기순이익: 37,000(영업이익)−10,000(법인세비용)=27,000

정답 ②

02 다음 포괄손익계산서에 대한 설명 중 옳지 않은 것은?

① 포괄손익계산서는 동태적 재무제표이다.
② 포괄손익계산서의 비용은 성격별·기능별로 구분할 수 있다.
③ 포괄손익계산서는 일정 시점의 재무상태를 나타낸다.
④ 당기순이익은 회계기간의 수익에서 비용을 차감한 금액이다.

문제풀이

포괄손익계산서는 일정 기간의 경영성과를 나타낸다. 일정 시점의 재무상태를 나타내는 정태적 재무제표에는 재무상태표가 있고, 일정 기간의 경영성과를 나타내는 동태적 재무제표에는 포괄손익계산서, 현금흐름표, 자본변동표가 있다.

정답 ③

핵 심 이 론

손익계산서

1) 포괄손익계산서 의의
- 일정 기간의 기업의 순자산 증감을 표시하는 재무제표 요소이다.
- 주주와의 자본거래 이외의 수익과 비용을 포함한다.
- 미래현금흐름, 수익창출능력, 경영성과에 대한 정보를 제공한다.

> 총 포괄손익=당기순이익+기타포괄손익

[포괄손익계산서 예시 - 기능별]

X1.1.1~12.31

	당기	전기
매출	1,000,000	900,000
매출원가	(600,000)	550,000
매출총이익	400,000	350,000
판매관리비	(150,000)	(120,000)
영업이익	250,000	230,000
영업외손익	50,000	40,000
법인세비용	(20,000)	(15,000)
당기순이익	280,000	255,000
기타포괄손익	30,000	35,000
총포괄이익	310,000	290,000

2) 당기순이익
- 한국채택국제회계기준(K-IFRS)에서 제외한 항목 이외에, 회계 기간에 기업 활동으로부터 발생한 모든 수익과 비용 항목을 포함한다.

> - 매출총이익=매출액-매출원가
> - 영업이익=매출총이익-판매관리비

- 영업외손익: 영업활동 외의 재무·투자활동으로 발생한 손익으로, 이자수익·이자비용·금융자산처분이익·금융자산평가이익·배당금수익 등을 포함한다.

3) 기타포괄손익
- 당기순이익으로 인식하지 않는 손익거래로 미실현 손익항목이다.
- 기타포괄손익인식금융자산 재측정손익으로, 유형자산·무형자산의 재평가잉여금 변동, 해외사업장 재무제표 환산손익 등을 포함한다.

4) 포괄손익계산서 비용분류방법
- 성격별 분류법: 비용을 성격별로 통합해 공시한다(예 종업원급여, 광고비, 감가상각비, 재고자산 매입, 운송비 등).
- 기능별 분류법: 비용을 기능별로 통합해 공시한다(예 판매관리비, 매출원가 등).

핵심유형 73 — 재무제표 분석

재무제표의 종류와 제공하는 정보를 정확히 알고 연결하는 문제가 나오며, 각 재무제표는 서로 긴밀한 관계로 연결되면서 기업의 재무상태과 경영성과에 대한 다양한 정보를 제공하므로 5가지 재무제표의 유기적 분석이 필요하다.

대표예제

다음 중 빈칸에 해당하는 숫자로 옳지 않은 것은? (단, 주어진 재무정보만 고려한다)

• 총수익 (㉢)	• 기초자산 700,000	• 기말자산 (㉡)
• 총비용 70,000	• 기초부채 (㉠)	• 기말부채 450,000
• 순이익 30,000	• 기초자본 300,000	• 기말자본 350,000
• 유상증자 (㉣)	• 현금배당 5,000	

① ㉠ = 400,000
② ㉡ = 800,000
③ ㉢ = 100,000
④ ㉣ = 35,000

문제풀이

- 700,000(기초자산) = ㉠(기초부채) + 300,000(기초자본)
  ㉠ = 400,000
- ㉡(기말자산) = 450,000(기말부채) + 350,000(기말자본)
  ㉡ = 800,000
- ㉢(총수익) − 70,000(총비용) = 30,000(순이익)
  ㉢ = 100,000
- 300,000(기초자본) + 30,000(순이익) + ㉣(유상증자) − 5,000(현금배당) = 350,000
  ㉣ = 25,000

정답 ④

핵 심 이 론

재무제표

1) 재무제표의 의의
- 재무정보(재무상태, 경영성과)를 정보이용자에게 전달하는 수단이다.
- 재무상태표, 포괄손익계산서, 현금흐름표, 자본변동표, 주석으로 구성된다.
  - 재무상태표: 일정 시점 기업의 자산, 부채, 자본에 대한 재무정보를 나타낸다.
  - 포괄손익계산서: 일정 기간 기업의 순자산 증감을 나타낸다.
  - 현금흐름표: 일정 기간 기업의 현금 창출·사용을 나타낸다.
  - 자본변동표: 일정 기간 자본의 변화를 나타내며, 재무상태표, 손익계산서, 현금흐름표의 관계 파악에 도움이 된다.
  - 주석: 재무제표 이해를 높이기 위한 정보를 제공한다.

2) 재무제표의 종류
- 정태적 재무제표
  - 일정 시점의 재무상태를 나타내는 재무제표이다.
  - 재무상태표를 포함한다(예 보고 기간 말 12/31).
- 동태적 재무제표
  - 일정 기간의 경영성과를 나타내는 재무제표이다.
  - 포괄손익계산서, 현금흐름표, 자본변동표를 포함한다(예 회계 기간 1/1~12/31).
- 연결재무제표
  - 둘 이상의 기업이 출자로 인해 지배 또는 종속의 관계일 때 이를 하나의 기업처럼 결합해 작성한 재무제표이다.
  - 연결재무상태표, 연결손익계산서, 연결자본변동표, 연결현금흐름표가 포함된다.
- 비교재무제표: 두 회계 기간의 재무제표를 비교형식으로 나타낸 재무제표이다.

3) 재무제표의 한계
- 재무제표의 수치들이 많은 부분 추정과 판단에 근거한다.
- 기업에 대한 모든 중요한 정보를 제공할 수 없으며, 재무제표는 재무정보에 대한 정보만 제공한다.

4) 재무제표 분석의 의의
- 재무제표 지표들과 기타자료를 통해 경영성과와 재무상태를 분석해 정보 의사결정자의 의사결정에 활용한다.
- 수평적 분석
  - 분석 기업의 기간별 재무제표 수치의 변화를 분석한다.
  - 예 작년 대비 매출액 증감, 작년 대비 순이익 증감
- 수직적 분석
  - 재무제표의 기본항목과 비교항목의 상대적 비율을 분석한다.
  - 예 매출액 대비 매출원가율, 매출액 대비 판매관리비 비율
- 재무비율 분석: 다음의 재무제표를 구성하는 지표들의 비율을 통해 관련성을 분석한다.
  - 수익성비율(자기자본 이익률, 매출총이익률, 총자산 영업이익률 등 포함)
  - 활동성비율(매출채권 회전율, 매출채권 평균회수기간, 재고자산회전율, 총자산 회전율 등 포함)
  - 안전성비율(부채비율, 유동비율, 이자보상비율 등 포함)

핵심유형 74 재무비율

재무 분야에서 가장 많이 출제되는 영역이다. 재무비율의 종류와 해당 비율, 그리고 계산식과 의미를 구분해야 한다. 특히 주요 비율(유동비율, 부채비율, 이자보상배율, ROA, ROE 등)은 반드시 내용을 이해하고 계산할 줄 알아야 한다.

대표예제

01 재무비율에 관한 설명으로 가장 적절하지 않은 것은?

① 유동비율과 당좌비율은 안정성비율에 포함된다.
② 자산의 대체원가가 시장가치보다 작은 경우 q비율은 1보다 크다.
③ 매출채권 회전율을 통해 매출채권 평균회수기간을 계산할 수 있다.
④ 유동비율이 높고 당좌비율이 낮은 경우 재고자산의 진부화를 의심할 수 있다.

문제풀이

- 유동비율과 당좌비율은 유동성비율에 포함된다.
- 안전성비율에 포함되는 것으로는 부채비율, 이자보상비율이 있다.
- 유동비율 = 유동자산/유동부채
- 당좌비율 = (유동자산 − 재고자산)/유동부채
- 재고자산의 비중이 클 때 유동자산의 비율은 높아도 당좌비율은 낮을 수 있다.

정답 ①

02 기업의 기초 재고는 10,000 기말 재고는 20,000이다. 당기 매입액이 35,000이고 매출원가가 30,000일 때 재고자산 회수 기간은? (단, 1년은 360일이라고 가정한다)

① 360 ② 180 ③ 45 ④ 2

문제풀이

- 재고자산 회전율 = 매출원가/재고자산(평균) = 30,000/15,000 = 2
- 재고자산 회수 기간 = 360/2 = 180
- 재고자산 회수기간을 구할 때 자산에 대한 가정이 주어지지 않으면 기초와 기말의 평균 자산 금액을 사용해 재무비율을 구한다.

정답 ②

핵 심 이 론

재무비율의 이해

1) 재무비율
재무정보에 대한 비율분석을 통해 기업의 장단기적 지급능력, 수익성, 자산관리능력에 대해 분석과 평가를 할 수 있다.

2) 유동성비율
유동성 비율이 높을수록 기업의 단기적 지급능력이 우수한 것이다.

> - 유동비율 = 유동자산/유동부채
> - 당좌비율 = 당좌자산/유동부채
>
> ※ 당좌자산 = 유동자산 - 재고자산

3) 수익성비율
- 기업의 경영성과를 나타내는 비율로, 투자액에 대한 이익을 나타낸다.
- 매출총이익률

> 매출총이익/매출 = (매출 - 매출원가)/매출

- 매출액 순이익률

> 순이익/매출 = (매출총이익 - 판매관리비)/매출

- 총자산 순이익률(ROA: Return On Asset): 순이익/총자산으로, 자산의 사용에 대한 순이익률이다.
- 자기자본 이익률(ROE: Return On Equity): 순이익/자기자본으로, 주주의 자기자본 투자액의 사용에 대한 이익률이다.

> 자기자본이익률 = (순이익/매출액) × (매출액/총자산) × (총자산/자기자본)
> = (매출액 순이익률) × (총자산 회전율) × (자본구조)

4) 활동성비율
- 기업이 소유한 자산 관리 능력과 자산의 효율적 운영을 나타낸다.
- 매출채권회전율: 매출채권회전율이 낮을수록 매출채권 회수가 늦어지고 있음을 나타내며, 매출채권의 대손 가능성이 크다.

> - 매출채권회전율 = 매출액/매출채권
> - 매출채권 평균회수기간 = 365/매출채권회전율

- 재고자산회전율: 재고자산 관리의 효율성에 대해 평가할 때 사용하며, 재고자산회전율이 낮을수록 자본수익률은 낮아지고 재고의 진부화 가능성은 커진다.

> - 재고자산회전율 = 매출원가/재고자산
> - 재고자산 회수기간 = 365/재고자산회전율

- 총자산회전율: 기업의 자산의 효율적 이용에 대한 비율로, 총자산회전율이 낮을수록 비효율적 투자를 하고 있을 가능성이 크다.

> 총자산회전율 = 매출액/총자산

핵심유형 75 — 위험과 기대수익률

원리만 알면 비교적 값이 딱 떨어지는 수치로 제시되므로 쉽게 풀 수 있지만, 그만큼 훈련이 필요하다. 기대치와 확실성등가, 위험프리미엄이 어떻게 다른지를 이해해야 한다.

대표예제

투자자의 효용함수가 $U = \sqrt{\text{투자안수익}}$ 일 때, 다음 자료를 참고해 계산한 투자안의 확실성등가(CEQ)와 위험프리미엄(RP)으로 옳은 것은?

투자안 수익	상황1(50%)	상황2(50%)
	0	100

	확실성등가	위험프리미엄
①	25	50
②	25	25
③	5	25
④	5	50

문제풀이

- 투자자의 기대효용 $= (0 \times 50\%) + (\sqrt{100} \times 50\%) = 5$
- 투자안의 확실성등가 $= 25 = 5^2$
- 투자안의 기대가치 $= (0 \times 50\%) + (100 \times 50\%) = 50$
- 위험프리미엄 $= 50(\text{기대가치}) - 25(\text{확실성등가}) = 25$

정답 ②

문제풀이 TIP

위험프리미엄에 대한 내용은 다음과 같다.
- 위험 부담에 대해 추가로 얻을 수 있는 수익 또는 수익률을 말한다.
- "기대가치 − 확실성등가(CEQ)" 또는 "기대수익률 − 무위험 수익률"로 표현한다.
- 금액에 대한 자료가 주어져 있다면 "기대가치 − 확실성등가"로 위험프리미엄을 구한다.

핵 심 이 론

위험과 기대수익률의 이해

1) 위험과 기대수익률
- 위험자산: 미래에 현금흐름이 변동할 가능성이 존재하는 자산을 말한다.
- 무위험자산: 현금흐름이 변동하지 않는 자산으로, 현재에 미래 수익률을 알 수 있다(예 은행 예금, 국채이자율).

2) 위험에 대한 투자자의 태도
- 투자자는 투자안 선택 시 기대수익률뿐만 아니라 변동성(위험)에 대해 고려한다.
- 위험회피자: 동일 기대수익률을 얻을 수 있다면 변동성(위험)이 낮은 투자안을 선호한다(일반적 투자자).
- 위험중립자: 동일 기대수익률을 얻을 수 있다면 변동성과 관계없이 각각의 투자안을 무차별하게 느낀다.
- 위험선호자: 동일 기대수익률을 얻을 수 있다면 변동성(위험)이 높은 투자안을 선호한다.

3) 확실성등가(CEQ: Certainty Equivalent)와 위험프리미엄(RP: Risk Premium)
- 확실성등가: 투자자에게 불확실한 현금흐름의 투자안과 같은 효용을 주는 확실한 현금흐름을 말한다.
- 위험프리미엄: 무위험자산이 아닌 위험자산 투자 시 추가적인 위험 부담으로 인해 투자자가 요구하는 수익률로, '기대부-확실성등가(CEQ)' 또는 '위험자산의 수익률-무위험자산의 수익률'로 나타낸다.

4) 화폐의 시간가치

$$V(현재가치) = CF_1/(1+R)^1 + CF_2/(1+R)^2 + CF_3/(1+R)^3 + \cdots + CF_n/(1+R)^n$$

※ $CF^n = n$기의 현금흐름, $R =$ 할인율

> 1년 후 11,000, 2년 후 12,100의 현금흐름 유입 / 할인율 10%일 때 투자안의 가치
> - 투자안의 현재가치: $11,000/(1+10\%)^1 + 12,100/(1+10\%)^2 = 20,000$
> - 투자안의 미래가치(2년 후): $11,000(1+10\%) + 12,100 = 24,200$

5) 자본예산: 투자안의 결정과 평가에 활용
- 순현재가치법(NPV: Net Present Value)
  - 투자안의 현금 유입액의 현재가치에서 유출액의 현재가치를 차감한 것이다.
  - 단일 투자안 NPV>0 일 때 투자, 상호 배타적 투자안들 중 NPV 큰 투자안에 투자한다.
- 내부수익률법(IRR: Internal Rate of Return): 미래 현금 유입의 현재가치와 투자액의 현재가치를 같게 만드는 할인율
- 회계적 이익률법(ARR: Accounting Rate of Return)

> 회계적 이익률 = 연평균 순이익/평균 투자액
> ※ 평균 투자액 = (기초 투자액 장부가 + 기말 투자액 장부가)/2

- 수익성지수법(PI: Profitability Index)

> 수익성지수 = 현금 유입의 현재가치/현금 유출의 현재가치

핵심유형 76 시장가치비율

시장가치비율의 종류와 유용성을 이해하고, 특히 PER, PBR은 빈번히 출제되고 있으므로 내용과 계산식을 정확히 구분해야 한다.

대표예제

01 다음 자료를 참고해 기업의 PER(주가수익비율)을 구하면?

- 매출액 1,000,000
- 매출액순이익률 30%
- 총 발행 주식 수 1,000주
- 1주당 주가 3,000

① 100 ② 10 ③ 1 ④ 0

문제풀이

- 순이익 = 300,000 = 1,000,000 × 30%
- EPS = 순이익/발행 주식 수 = 300,000/1,000 = 300
- PER = 주가/EPS = 3,000/300 = 10

정답 ②

02 EVA(경제적 부가가치)에 대한 설명으로 옳지 않은 것은? [EVA = 세후 영업이익 − (투하자본 × 가중평균자본비용)]

① EVA에서 차감하는 투하자본은 주주가 기업에 투자한 자금만을 의미한다.
② EVA는 주주의 입장을 고려한 기업가치이다.
③ EVA는 NPV의 자기자본 비용을 고려하지 못하는 단점을 극복한 재무지표이다.
④ EVA > 0인 경우 기업은 양의 이익을 얻고 있다.

문제풀이

EVA에서 차감하는 투하자본은 주주의 투자자금뿐만 아니라 채권자의 투자자금도 포함한다.
NPV는 타인자본의 기회비용은 고려하지만, 자기자본의 기회비용은 고려하지 않는다. EVA는 투하자본의 가중평균자본비용을 세후 영업이익에서 차감해 자기자본 기회비용을 고려한 이익이다.

정답 ①

핵 심 이 론

시장가치비율의 이해

1) 시장가치비율
주식의 시장가격과 재무지표를 이용해 구한 비율로, 기업의 성과와 미래 전망 분석에 사용된다.

2) 주가수익비율(PER: Price Earning Ratio)
- 주가/EPS로, 현재 시장에서의 주가가 1주당 이익의 몇 배인지 나타낸다.

$$EPS(주당순이익, Earning Per Share) = 순이익/총 주식 수$$

- 저 PER 주식
  - 주당순이익에 비교해 주식가격이 낮다.
  - 성장 잠재력이 낮거나 주가가 과소평가되었을 가능성이 있다.
- 기업이 속한 산업 분야에 따라 PER이 다를 수 있다(예 바이오산업 분야의 PER 평균이 전체 산업의 평균보다 높게 형성).

3) 주가장부가치비율(PBR: Price Book-value Ratio)
- 주가/BPS로, 현재 시장에서의 주가가 1주당 순자산의 몇 배인지 나타낸다.

$$BPS(주당장부가치, Book\ value\ Per\ Share) = 자기자본 시장가/총 주식 수$$

- 저 PBR 주식
  - 주당순자산에 비교해 주식가격이 낮다.
  - 주가가 과소평가되었을 가능성이 있다.

4) 주가매출액비율(PSR: Price Sale Ratio)
주가/1주당 매출액, 현재 시장에서의 주가가 1주당 매출액의 몇 배인지 나타낸다.

5) 토빈의 q 비율

$$토빈의\ q\ 비율 = 자산\ 시장가치/자산\ 대체원가$$

- q 비율이 1보다 큰 경우, 기업의 시장가치 > 기업 설립 시 드는 비용: 기업의 신규 투자가 증가하고, 경쟁우위 있는 기업의 q 비율이 높다.
- q 비율이 1보다 작은 경우, 기업의 시장가치 < 기업 설립 시 드는 비용: 기업의 신규 투자가 감소하고, 기업 저평가 가능성이 있다.

6) EVA(경제적 부가가치: Economic Value Added)

$$EVA = 당기순이익(세후\ 영업이익) - (투하자본 \times 가중평균자본비용)$$

- 기업이 벌어들인 이익에서 투하자본*에 대해 정상적으로 기대되는 이익을 차감한 금액을 말한다.
  * 투하자본: 채권자와 주주가 기업에 투자한 자본
- EVA의 문제점
  - EVA로 경영자의 성과평가를 하는 경우 단기적인 이익만 고려해 미래의 장기적 이익에 대한 고려가 부족할 수 있다.
  - 경영자가 위험한 투자안을 통해 EVA를 증가시키려는 유인이 생길 수 있다.
  - 투하자본을 줄이기 위해 장부에 계상되지 않는 부채를 이용할 가능성이 있다.

핵심유형 77 — 레버리지

비율에 대입해 푸는 수준이므로, 개념을 암기하기보다는 계산문제에 대비해 공식 중심으로 접근하는 것이 효율적이다.

대표예제

다음 재무정보를 참고해 재무비율을 계산한 것으로 옳지 않은 것은? (단, 소수점 이하는 절사)

재무상태표				손익계산서	
	기말		기말	매출액	85,000
총자산	120,000	타인자본	50,000	매출원가	60,000
		자기자본	70,000	감가상각비	5,000
				영업이익	20,000
계	120,000	계	120,000	이자비용	2,000
				법인세	3,000
				세후순이익	15,000

① 이자 보상비율: 10
② 매출액 순이익률: 17%
③ 부채비율: 140%
④ 자기자본 순이익률: 21%

문제풀이

- 이자보상비율: 영업이익/이자비용＝20,000/2,000＝10
- 매출액 순이익률: 순이익/매출＝15,000/85,000＝17%
- 부채비율: 부채/자기자본＝50,000/70,000＝71%
- 자기자본 순이익률: 15,000/70,000＝21%

정답 ③

핵 심 이 론

레버리지

1) 레버리지비율(안전성비율)
- 기업의 타인자본 의존도를 나타낸다.
- 장기적 채무에 대한 원금과 이자 지급능력을 파악하는 데 활용된다.
- 장기 채권자의 재무위험 측정 시 사용된다.

2) 부채비율
- 총부채/자기자본으로, 자기자본에 대한 부채의 비율을 말한다.
- 높은 경우 기업의 자금융통성이 낮다고 볼 수 있다.
- 부채비율이 낮은 경우: 채권자에게 유리하다.
- 부채비율이 높은 경우: 채무의 이자와 원금 지급이 어려워져 재무위험이 클 수 있다.

3) 이자보상비율
- 영업이익/이자비용으로, 기업의 이자비용 부담을 나타낸다.
- 작을수록 이자비용의 부담이 크다.
- 일반적으로 1 미만이면 금융비용 지급능력에 문제가 있다고 판단한다.

4) 레버리지 분석
- 고정비용이 많이 들수록 순이익 또는 영업이익의 변동성이 확대된다.
- 영업레버리지(DOL: Degree of Operating Leverage)

> 영업레버리지 = 영업이익 변동률/매출액 변동률
> = (매출액 − 변동비용)/영업이익

 − 매출액 변동 시 영업이익이 변화하는 정도를 말한다.
 − 감가상각비 등의 영업 고정비가 커질수록 영업레버리지가 확대된다.
- 재무레버리지(DFL: Degree of Financial Leverage)

> 재무레버리지 = 순이익 변동률/영업이익 변동률
> = 영업이익/순이익

 − 영업이익 변동 시 순이익이 변화하는 정도를 말한다.
 − 이자비용 등의 재무고정비가 커질수록 재무레버리지가 확대된다.
- 결합레버리지: 매출액 변동 시 순이익이 변화하는 정도를 말한다.

> 결합레버리지 = 순이익 변동률/매출액 변동률
> = 영업레버리지 × 재무레버리지

핵심유형 78 — 자본조달의사결정, WACC(가중평균 자본비용)

난도가 높은 편에 속하는 유형이다. WACC의 구성요소와 내용을 알고, 계산은 물론 기업가치에 미치는 영향을 이해해야 한다. 여기서는 기업은행 필기에 맞춰 난이도가 적절한 예제를 소개하였다.

대표예제

투자자는 기대수익률과 위험을 기준으로 의사결정을 한다. 다음 [표]의 주어진 수익률을 참고해 위험 회피적 투자자가 선택할 투자안을 고르면? (단, 상황1과 상황2가 일어날 확률은 각각 50%이다)

[표] 투자안별 수익률

구분	상황1	상황2
투자안(가)	11%	11%
투자안(나)	8%	14%
투자안(다)	13%	13%
투자안(라)	10%	16%

① 투자안(가)
② 투자안(나)
③ 투자안(다)
④ 투자안(라)

문제풀이

- 투자안(가) 기대수익률＝11%
- 투자안(나) 기대수익률＝8%×0.5＋14%×0.5＝11%
- 투자안(다) 기대수익률＝13%
- 투자안(라) 기대수익률＝10%×0.5＋16%×0.5＝13%

따라서 투자자는 기대수익률이 크고 변동성 작은 투자안(다)를 가장 선호한다.

정답 ③

문제풀이 TIP

위험 회피적 투자자는 기대수익률 높고 변동성이 작은 투자안을 선호한다.

기대수익률＝(상황1에서 수익률×상황1 확률)＋(상황2에서 수익률×상황2 확률)＋(상황3에서 수익률×상황3 확률)

핵심이론

자본조달의사결정과 WACC

1) 기업의 현금흐름

- 영업현금흐름(OCF: Operating Cash Flow)

$$OCF = EBIT(1-t) + 감가상각비 = EBITDA(1-t) + 감가상각비 \times t$$

※ t = 법인세율

- 영업이익(EBIT: Earning Before Interest and Taxes)

$$EBIT = 매출액 - 매출원가 - 감가상각비$$

- 법인세, 이자, 감가상각비 차감 전 영업이익(EBITDA: Earning Before Interest, Taxes, Depreciation and Amortization)

$$EBITDA = 영업이익 + 이자비용 + 감가상각비$$

- 기업잉여현금흐름(FCF: Free Cash Flow)

$$FCF = OCF - 영업자산 추가투자액$$

2) 가중평균 자본비용법(WACC: Weighted Average Cosf of Capital)

- 영업활동 현금흐름을 가중평균자본비용으로 할인해 투자안의 가치를 구하는 방법이다.
- 가중평균 자본비용

$$WACC = 자기자본비용 \times (자기자본/총자산) + 타인자본비용 \times (1 - 법인세율) \times (타인자본/총자산)$$

- 기업의 자본비용을 총자본에서 차지하는 자본구성 비율대로 가중 평균한 것이다.
- 타인자본비용: 채권자의 자금 차입 시 지급하는 금액이다.
- 자기자본비용: 주주로부터 자금 투자받을 때 지급하는 금액이다.

$$순현재가치(NPV) = \Sigma FCF_n / (1 + WACC)^n - 투입자산$$

3) 주주 현금흐름법(FTE: Flow to Equity)

채권자에게 속하는 현금흐름을 제외한 현금흐름을 자기자본 비용으로 할인해 투자안의 가치를 구하는 방법이다.

- 주주 관련 현금흐름(FCFE: Free Cash Flow to Equity) = 기업잉여현금흐름(FCF) - 채권자 현금흐름
- 순현재가치(NPV) = $\Sigma FCFE_n / (1 + 자기자본비용)^n$ - 주주투자액

4) 수정현재가치법(APV: Adjusted Present Value)

- 무부채기업을 가정해 투자안의 가치를 구한 후 부채사용이득을 더해 투자안의 가치를 평가하는 방법이다.

$$순현재가치(NPV) = 기본 NPV + 부채사용이득$$

- WACC, FTE, APV 중 어떤 평가방법을 사용해도 투자안 의사결정은 동일하다

핵심유형 79 — 금융리스크

리스크란, 장래 예상하지 못한 손실을 발생시킬 수 있는 불확실성의 정도를 의미한다. 금융은 개인, 기업 및 국가 간의 자금의 흐름을 중개하는 기능을 하기 때문에 금융회사의 부실은 비단 금융회사의 실패로만 그치는 것이 아니라 금융시스템은 물론 국가경제시스템 전반에 매우 큰 영향을 미친다. 따라서 금융 업무와 관련된 다양한 금융리스크를 제대로 이해하고 체계적으로 관리하는 것이 필요하다.

대표예제

01 금융기관을 둘러싸고 있는 리스크는 다양하게 존재한다. 다음 중 그 성격이 다른 것은?

① 운영리스크 ② 금리리스크 ③ 평판리스크 ④ 법률리스크

문제풀이

- 금융기관을 둘러싸고 있는 리스크는 다양하게 존재하지만, 크게 재무적 리스크(financial risk)와 비재무적 리스크(non-financial risk)로 구분할 수 있다.
- 재무적 리스크에는 신용리스크, 시장리스크, 유동성리스크, 금리리스크 및 신용편중리스크 등이 속하며, 비재무적 리스크에는 운영리스크, 평판리스크, 전략리스크, 법률리스크 등이 있다.

정답 ②

02 다음 중 운영리스크(operational risk)의 특징에 대한 설명으로 옳지 않은 것은?

① 운영리스크는 모든 업무에 거의 필연적이다. 최대한 피하고 싶은 리스크이지만 완벽하게 제거할 수 없는 리스크이다.
② 운영리스크는 가끔 발생하지만 한번 크게 발생하면 치명적인 손실을 끼치게 되고 사전에 예측하기도 힘든 리스크라 killer risk라고도 한다.
③ 운영리스크도 신용리스크나 금리리스크와 마찬가지로 수익을 얻기 위해 의도적으로 취하는 리스크이다.
④ 운영리스크는 위험의 측정 방식에 있어 신용리스크나 금리리스크보다 덜 정형화되어 있으며 주관적 판단이 개입될 여지가 많다.

문제풀이

신용리스크, 시장리스크, 금리리스크, 유동성리스크는 수익을 위해 의도적으로 리스크를 취하여 리스크에 상응하는 수익을 얻는 것이지만, 운영리스크는 가능한 한 피하고 싶은 리스크이며 관리의 목표는 최대한 리스크를 줄이는 것이다.

정답 ③

핵심이론

금융리스크

1) 신용리스크(credit risk)
- 신용리스크는 대출을 제공받은 거래상대방(차주, borrower)이 대출계약에 명시된 조건대로 이자 및 원금의 상환의무를 이행하지 못함(채무 불이행)으로 인해 입을 수도 있는 미래의 잠재적인 경제적 손실을 의미한다.
- 신용리스크 핵심 3요소

부도율 (PD)	• Probability of Default • 미래에 차주가 부도날 가능성(확률)
부도시익스포저금액 (EAD)	• Exposure at Default • EAD＝현재의 대출잔액＋(미사용한도×신용환산율)
부도시손실률 (LGD)	• Loss Given Default • 부도 시점의 익스포저 금액(EAD) 중에서 손실이 날 금액의 비율 • 부도시손실률＝1－회수율, 회수율＝회수금액/부도시 익스포저(EAD)

2) 운영리스크(operational risk)
운영리스크는 부적절한 또는 잘못된 내부의 업무절차나 제도, 업무 수행 직원들의 실수나 고의적인 사고, 전산시스템의 불완전성, 외부에서 발생하는 사건들로 인해 손실이 발생할 수 있는 위험을 의미한다.

3) 금리리스크(interest rate risk)
- 금리리스크는 시장의 금리가 은행의 금리민감 자산과 금리민감 부채 등에 불리하게 변하여 이 변화가 대출과 예금의 금리에 영향을 미치고, 그 영향으로 말미암아 은행이 손실을 입을 수 있는 위험을 말한다.
- 금리변경리스크, 옵션리스크, 베이시스리스크, 수익률곡선리스크 등이 있다.

4) 유동성리스크(liquidity risk)
- 유동성리스크는 고객이 예금을 인출하고자 할 때 인출할 수 없는 위험이며, 부채인 예금 상환을 위해 자산을 처분할 때 정상적인 가격을 받지 못할 위험이나, 자산인 대출을 위한 자금을 조달하지 못할 위험(자산증가에 맞추어 자금을 조달할 때 정상비용 이상을 지불할 위험)을 말한다. 운영리스크와 함께 killer risk로 불린다.
- 유동성리스크 관리: 예금자보호제도, 예금지급준비제도, 유동성리스크관리(LCR, NSFR), 비상조달계획, 자금조달 다변화 등

5) 시장리스크(market risk)
- 시장리스크는 금융시장의 금리, 주가, 환율 등의 가격 변동으로 인한 은행의 단기매매 트레이딩 포지션의 손실 발생 가능성을 의미한다.
- 유동성 블랙홀: 시장참여자들이 보유한 자산을 동시에 팔려고 하는 현상을 말하는 용어이다. 대부분의 시장참여자들이 정보를 얻고 해석하는 과정이 비슷하여 대응방안도 비슷하기 때문에 발생한다.

핵심유형 80

펀드(Fund)

펀드란, 다수의 투자자들로부터 자금을 모아 전문적인 운용기관인 자산운용사가 주식, 채권, 부동산 등 자산에 투자하여 운용한 후 그 운용결과를 투자자에게 되돌려 주는 금융상품을 말한다. 전문가가 대신 운용해 주며 소액의 자금으로도 분산투자가 가능해 위험을 줄일 수 있다는 장점이 있는 반면, 직접투자에 비해 수수료 등으로 인한 거래비용 부담이 크고, 투자로 인한 위험을 투자자가 부담해야 한다는 단점이 있다. 투자대상, 투자전략 등 다양한 기준에 따른 펀드의 유형을 구분하는 문제가 자주 출제되는 경향이 있다.

대표예제

01 다음 중 집합투자기구(펀드)의 분류기준이 다른 하나를 고르면?

① 증권펀드   ② 특별자산펀드   ③ 혼합자산펀드   ④ 인덱스펀드

문제풀이

①~③은 투자대상자산 기준으로 분류한 것이고, ④ 인덱스펀드는 투자전략에 따른 분류이다. 인덱스펀드란 목표지수(index)를 KRX100, 코스피200과 같은 특정 주가지수에 속해 있는 주식들을 골고루 편입해 이들 지수와 같은 수익률을 올릴 수 있도록 운용하는 펀드이다. 위험 회피를 중시하는 보수적인 투자방법이다.

정답 ④

02 다음은 집합투자기구(펀드)에 대한 설명이다. 본문을 읽고 해당하는 펀드를 고르면?

> KOSPI200과 같은 주식, 채권, 통화, 원자재 등의 가격지수를 추종하는 것이 목표인 인덱스펀드의 지분을 거래소에 상장하여 일반주식처럼 거래토록 한 금융상품이다. 통상적인 펀드와 달리 개별 주식처럼 매매가 편리하고 증권거래세 면제 등으로 거래비용이 낮고 소액으로도 분산투자가 가능하다는 장점을 가지고 있다.

① 액티브펀드   ② 뮤추얼펀드   ③ 상장지수펀드   ④ 혼합자산펀드

문제풀이

본문의 내용은 상장지수펀드(ETF: Exchange Traded Fund)에 대한 설명이다.
- 뮤추얼펀드(mutual fund): 투자자들이 자금을 모아 투자회사를 설립한 후 전문 펀드매니저가 주식, 채권, 파생상품 등에 투자해 그 운용수익을 투자자, 즉 주주들에게 배당금의 형태로 나누어 주는 투자신탁을 말한다.
- 혼합자산펀드: 투자대상 자산에 대한 운용제한이 없어 증권, 부동산, 특별자산 등의 비중을 자유롭게 조절하여 투자하는 펀드이다.

정답 ③

핵심이론

펀드

1) 여러 기준에 따른 펀드의 구분

투자대상	증권펀드(주식형, 채권형, 혼합형), MMF, 파생상품펀드, 부동산펀드, 특별자산펀드, 혼합자산펀드
모집방식	공모펀드(50인 이상), 사모펀드(49인 이하)
해외펀드	역외펀드(외국 법률), 역내펀드(국내 법률)
환매가능	개방형펀드(가능), 폐쇄형펀드(제한)
추가설정	단위형 펀드(증액 X), 추가형 펀드(증액 O)

2) 투자전략별 펀드

액티브펀드	펀드운용주체가 시장에 대한 상황 분석 및 전망을 기초로 하여 운용전략을 수립하여 운용하는 펀드. 펀드의 운용목표를 비교대상지수인 인덱스보다 더 높은 수익 추구로 설정(정통액티브펀드, 스타일펀드, 섹터펀드, 지역펀드, 테마펀드 등)
패시브펀드	펀드운용주체의 의사를 배제하거나 제한하고 투자대상자산이 속해 있는 시장을 그대로 인정한 상태에서 운용하는 펀드. 펀드의 운용목표를 비교대상인 인덱스의 수익률을 추적하거나 손익구조(pay-off)를 운용전략에 맞도록 구조화(인덱스펀드, 시스템펀드, 구조화펀드, 포트폴리오보험전략펀드, 시장중립운용전략펀드, 커버드콜운용전략펀드 등)
섹터펀드	투자대상 시장 내 특정산업에 집중해 투자하는 펀드(소비재펀드, 금융섹터펀드, 인프라펀드 등)
성장주펀드	시장보다 빠른 속도로 이익이 증가하는 종목 및 미래에 매출이나 이익의 성장기회가 높은 종목에 투자(고PER, 고PBR, 저배당)
가치주펀드	내재가치 대비 저평가된 종목 및 현재의 매출 및 이익에 비해 저평가 종목에 투자(저PER, 저PBR, 고배당)

3) 특수 형태의 펀드(집합투자기구)

종류형펀드 (multi-class fund)	같은 펀드에서 판매보수의 차이로 인하여 기준가격이 다르거나 판매수수료가 다른 여러 종류의 집합투자증권을 발행하는 펀드
전환형펀드 (umbrella fund)	각 펀드의 투자자가 소유하고 있는 집합투자증권을 다른 펀드의 집합투자증권으로 전환할 수 있는 권리를 투자자에게 부여하는 구조의 펀드
모자형펀드	다른 펀드[모(母)펀드]가 발행하는 집합투자증권을 취득하는 구조의 펀드[자(子)펀드]
상장지수펀드(ETF)	증권에 관하여 그 종류에 따라 다수 종목의 가격수준을 종합적으로 표시하는 지수 중 요건을 갖춘 지수의 변화에 연동하여 운용하는 것을 목표로 하는 펀드. 인덱스펀드와 상장주식의 성격을 겸하고 있음

핵심유형 81 — 자산유동화증권(ABS: Asset Backed Securities)

자산유동화증권이란 금융기관 및 기업 등이 보유하고 있는 특정자산 중 일부를 유동화자산으로 집합(pooling)하여 이를 기초로 증권을 발행하고, 유동화자산으로부터 발생하는 현금흐름으로 증권의 원리금을 상환하는 증권을 말한다. 기초자산 보유자의 재무상태 개선, 자금조달비용 경감 등이 자산유동화증권의 장점으로 1980년대 중반 이후 금융기관과 기업의 자금조달수단으로 급부상하였으나 글로벌 금융위기의 주범으로 인식되면서 동 증권에 대한 규제 및 감독이 강화되고 있다.

대표예제

다음 중 주택저당증권(MBS)과 커버드본드(covered bond)에 대한 설명으로 옳지 않은 것을 고르면?

① 주택저당증권(MBS)이란 주택의 구입 또는 건축에 소요된 대출자금 등에 대한 채권인 주택저당채권(mortgage)을 기초로 발행되는 ABS를 말한다.
② 주택저당증권(MBS)의 원리금은 일차적으로 기초자산인 주택저당채권으로부터 발생하는 현금흐름으로 상환되나, 모기지 차입자의 주택매각 등으로 인해 현금흐름의 불확실성이 발생하는 조기상환위험이 있다.
③ 커버드본드는 금융기관의 주택담보대출 등의 대출자산을 기초로 발행된다는 점에서 주택저당증권(MBS)과 유사하며 기초자산의 법률적인 소유권을 특수목적기구에 양도함으로써 자산보유자의 위험을 기초자산으로부터 완전히 분리시키게 된다.
④ 커버드본드는 주택저당증권(MBS)보다 유동화가 쉽고 이중상환청구권으로 인해 MBS보다 낮은 금리로 자금조달이 가능하다. 반면 발행기관이 부실화될 경우 예금주, 일반 채권자 등이 커버드본드 투자자에 비해 채권확보에 상대적으로 불리할 수 있는 문제점이 잠재해 있다.

문제풀이

커버드본드는 주택담보대출을 기초로 발행된다는 점에서 MBS와 유사하나, 담보자산이 특수목적기구/SPC 등에 이전되지 않고 발행기관의 대차대조표에 남게 되며, 투자자는 커버드본드의 담보자산뿐만 아니라 발행자의 다른 자산에 대해서도 상환청구권을 보유하게 된다는 점에서 차이가 있다.

정답 ③

문제풀이 TIP

자산유동화증권(ABS)과 커버드본드의 자금조달 구조상의 차이점을 묻는 문제가 자주 출제되니 유의하기 바란다.

핵 심 이 론

자산유동화증권

1) 자산유동화
- 자산유동화란 매출채권, 대출금, 부동산 등 여러 형태의 비유동성 자산을 기초로 유가증권을 발행해 자본시장에서 자금을 조달하고 유동성을 확보하는 것을 뜻한다.
- 자산유동화 시 가장 중요한 요소는 기초자산 또는 미래 현금흐름에 대한 권리를 유동화전문회사 또는 특수목적기구에 완전히 이전시킴으로써 자산보유자의 위험을 기초자산으로부터 완전히 분리시키는 것이다. 필요한 경우에는 신용보강 조치를 통해 신용등급을 향상시켜 증권의 판매가능성을 제고할 수도 있다.

2) 주요 자산유동화증권

CDO
(부채담보부증권)
	• Collateralized Debt Obligations
	• 회사채나 대출채권 등으로 구성된 ABS로, CBO와 CLO로 구분
	• CBO(Collateralized Bond Obligations)
	  - 채권을 기초로 발행되는 ABS
	  - 신용도가 낮아 채권시장에서 회사채를 직접 발행하기 어려운 기업의 회사채 차환발행 또는 신규발행 지원
	• CLO(Collateralized Loan Obligations)
	  - 금융기관의 대출채권을 기초로 발행되는 ABS
	  - 무수익대출채권(NPL) 등의 부실대출채권 또는 신규 대출채권 유동화

CARD	• Certificates of Amortizing Revolving Debts • 신용카드매출채권을 기초로 발행되는 ABS
ABCP (자산담보부기업어음)	• Asset-Backed Commercial Paper • CP의 형태로 발행되는 ABS
MBS (주택저당증권)	• Mortgage-Backed Securities • 주택저당채권(mortgage)을 기초로 발행되는 ABS • MBS는 일반 ABS와 달리 조기상환위험을 가짐
부동산 PF ABS	• 아파트, 상가 등의 개발사업을 추진하는 과정에서 금융기관이 시행사(건설기획사)에게 실행한 대출채권을 기초로 하여 발행하는 ABS • 개발사업 참여 시공사(건설회사)가 신용보강을 한다는 특징이 있음

※ 합성 CDO(synthetic Collateralized Debt Obligation): 유동화자산의 소유권이 자산소유자의 장부에 그대로 남고 자산과 관련한 신용위험만이 제3자(자산유동화회사)에게 이전되는 부채담보부증권이다.

핵심유형 82 — 파생상품

파생상품은 주식, 채권, 금리, 통화, 원자재 등과 같은 기초자산(underlying asset)의 가치변동에 의해 그 가치가 결정되는 계약을 말한다. 계약 형태에 따라 크게 선도계약(forward contracts), 선물(futures), 옵션(options), 스왑(swaps) 등으로 구분된다. 선도/선물거래의 차이, 콜옵션과 풋옵션의 손익구조, 금리스왑 효과를 묻는 문제가 자주 출제된다.

대표예제

금융시장에서 A은행과 B금융기관의 차입조건은 다음 [표]와 같다. 두 기관이 각자 비교우위가 있는 금리로 차입을 한 후 변동금리 CD+2%와 고정금리 6%로 금리스왑을 한다면 각각 얼마만큼의 차입조달 비용을 줄일 수 있는가?

[표] A은행, B금융기관의 차입조건

구분	A은행	B금융기관
고정금리시장	4%	9%
변동금리시장	CD+2%	CD+4%

① A은행 1% 절감, B금융기관 1% 절감
② A은행 2% 절감, B금융기관 1% 절감
③ A은행 2% 절감, B금융기관 2% 절감
④ A은행 2% 절감, B금융기관 3% 절감

문제풀이

구분	A은행	B금융기관	금리차
고정금리시장	4%	9%	5%
변동금리시장	CD+2%	CD+4%	2%

A은행은 자금조달측면에서 B금융기관보다 고정금리시장 및 변동금리시장에서 절대우위를 갖고 있으나, 비교우위의 관점에서는 고정금리로 자금을 조달하는 것이 더 유리하다. 따라서 A은행은 4%로 자금을 차입하여 이를 B금융기관에게 변동금리(CD+2%)를 지급하고 B금융기관은 CD+4%로 자금을 차입하여 이를 A은행에게 고정금리(6%)를 지급하는 금리스왑 거래를 함으로써 이득을 취할 수 있다.

- A은행: 4%+(CD+2%)−6%=CD+0%의 변동금리로 자금을 조달하는 효과, 2% 절감 효과
- B금융기관: (CD+4%)+6%−(CD+2%)=8%의 고정금리로 자금을 조달하는 효과, 1% 절감 효과

정답 ②

문제풀이 TIP

- 1단계: 고정금리시장과 변동금리시장에서의 두 기관 간 조달 금리차를 비교
- 2단계: 비교우위 금리조달 비용+상대에게 지급하는 비용−상대에게서 수취하는 금리
- 3단계: 비교열위 금리−2단계에서 산출한 금리=절감 효과(이득)

핵 심 이 론

파생상품

1) 파생상품의 구분(계약 형태)

선도계약(forward contracts)과 선물(futures)	기초자산을 미래 특정시점에 특정가격으로 사고팔기로 약정하는 계약이라는 점에서는 선도계약과 선물이 동일한 성격을 지니고 있으나, 선도계약은 장외시장에서 거래당사자 간에 직접 거래되거나 딜러 또는 브로커를 통해 거래가 이루어지는 반면, 선물은 정형화된 거래소를 통해 거래된다는 차이가 있다.
옵션(options)	기초자산을 미래의 특정시점 또는 특정기간 동안 특정가격으로 매입하거나 매각할 수 있는 권리를 사고 파는 계약이다. 옵션계약은 거래시점에 프리미엄을 지급하게 되나 불리한 경우 권리행사를 포기하면 되기 때문에 기초자산의 가격변화에 대해 비대칭적인 손익구조를 가진다는 점에서 선도계약이나 선물과 차이점이 있다.
스왑(swaps)	일반적으로 두 개의 금융자산 또는 부채에서 파생되는 미래의 현금흐름을 교환하기로 하는 계약이다. 서로 다른 통화표시 채무의 원리금 상환을 교환하기로 하는 통화스왑(currency swaps)과 변동금리채무와 고정금리채무간의 이자지급을 교환하기로 약정하는 금리스왑(interest swaps) 등이 있다.

※ 이 외에도 선물, 옵션, 스왑이 혼합된 형태인 swaptions, callable swaps 등과 현물증권과 파생상품이 혼합된 형태인 inverse floaters, warrants 등이 있다.

2) 콜옵션 및 풋옵션의 손익구조

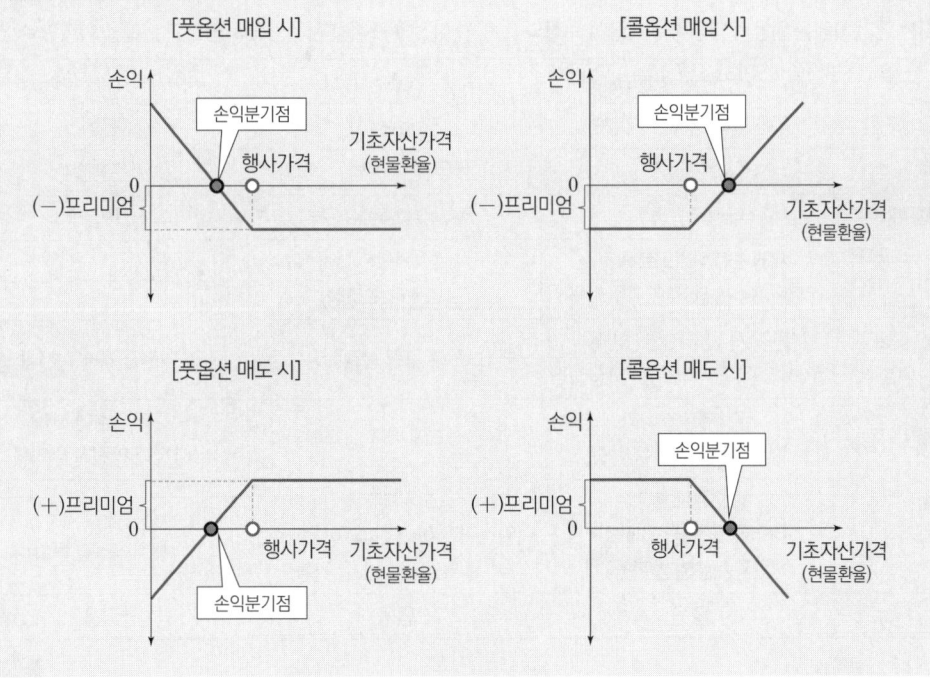

핵심유형 83 : 파생결합증권

기초자산의 가격·이자율·지표·단위 또는 이를 기초로 하는 지수 등의 변동과 연계하여 미리 정해진 방법에 따라 지급하거나 회수하는 금전 등이 결정되는 권리가 표시된 증권이다. 투자자의 투자손익이 기초자산의 가격변화에 연계되어 결정된다는 점에서는 파생상품의 성격을, 최대 손실 가능 규모가 투자원금에 한정된다는 점에서는 증권의 성격을 보유하고 있다. 최근 DLF 사태로 인해 투자자보호 문제가 대두되고 있어 출제 가능성이 높아졌다.

대표예제

다음은 주가연계 금융투자상품 중 주가연계증권(ELS), 주가연계펀드(ELF), 주가연계예금(ELD)의 특징에 관한 설명이다. 다음 중 옳지 않은 것은?

① ELD는 예금자보호대상이며 중도해지가 가능하다.
② ELS는 만기 이전 중도매매 시에도 사전에 약정한 비율대로 원금이 보장된다.
③ ELS와 ELF는 예금자보호대상에 포함되지 않는다.
④ ELF는 실제 펀드의 운용실적에 따라 배당하는 금융상품이다.

문제풀이

ELS는 만기 시에는 원금의 일정비율 지급이 보장되나, 만기 이전 중도해지 시에는 투자원금의 손실을 야기할 수 있다.

구분	주가연계증권(ELS)	주가연계펀드(ELF)	주가연계예금(ELD)
발행기관	증권회사(금융투자회사)	자산운용사	은행
근거법률	「자본시장법」	「자본시장법」	「은행법」
법적형태	파생결합증권	증권집합투자기구	예금
자금운용	채권+주식워런트증권·주가지수옵션·주가지수선물	펀드 (포트폴리오 조정)	대출금 및 증권+주가지수옵션
원금보장 여부	만기 시 원금의 일정비율 (100%, 95%, 90% 등) 지급보장	원금보존 추구형 실적배당상품	만기 시 원금 100% 지급 보장
수익결정	주가지수에 따라 사전에 약정한 수익률	운용성과에 따른 실적배당	주가지수에 따라 사전에 약정한 수익률
중도해지	중도환매 불가 (거래소를 통한 매도, 원금손실 발생 가능)	중도환매 가능 (일정기간 이내 환매 시 환매수수료 부담, 원금손실 가능)	중도해지 가능 (해지수수료 부담)
예금자보호	없음	없음	있음

정답 ②

핵 심 이 론

파생결합증권

1) 파생결합증권의 유형

주식워런트증권 (ELW: Equity-Linked Warrant)	• 특정 주권의 가격이나 주가지수의 변동과 연계하여 미리 정해진 방법에 따라 그 주권의 매매나 금전을 수수하는 거래를 성립시킬 수 있는 권리(option)가 표시된 파생결합증권이다. • 특정 주권을 미리 정해진 가격으로 구입할 수 있는 권리가 부여된 워런트(warrant)의 일종이나, 발행인이 해당 주권발행인과 다른 제3자라는 점에서 신주인수권부증권과는 구별된다.
주가연계증권 (ELS: Equity Linked Securities)	• 특정 주권이나 주가지수의 가격변동에 연계하여 사전에 약정된 조건에 따라 투자손익이 결정되는 파생결합증권이다. • ELS의 손익구조는 디지털형, 클리켓형, 유러피안형, 베리어형, 조기상환형 등으로 매우 다양한데, 최근에는 조기상환형 손익구조상품의 일종인 스텝다운(step-down)형 ELS가 주로 발행되고 있다.
파생연계증권 (DLS: Derivative Linked Securities)	• 특정 주권의 가격이나 주가지수를 제외하고 금리, 환율, 일반 상품의 가격 및 신용위험 지표 등의 변동과 연계된 파생결합증권이다. • 기초자산이 다양하여 분산투자 효과는 크지만 상품구조가 다소 복잡한 편이다. 기초자산의 차이를 제외하고는 ELS와 실질적으로 동일한 특성과 구조를 지니고 있다.
상장지수증권 (ETN: Exchange-Traded Note)	• 투자의 손익이 기초자산의 가격, 이자율, 지표 단위 또는 이를 기초로 하는 지수 등(기초지수)의 변동에 연동되도록 구조화된 장내 파생결합증권이다. • ELW가 옵션 상품이고, ELS와 DLS가 기초자산의 가치 변화에 따른 손익구조가 사전에 약정된 조건부 확정수익 상품이라면, ETN은 발행당시 목표로 정해진 기초지수의 누적수익률이 곧바로 투자수익률이 되는 지수 연동(인덱스) 상품이라는 점에서 다른 파생결합증권과 구별된다.

2) 고난도 금융상품

- 파생상품 내재 등으로 인해 기초자산의 특성, 가격결정 및 손익구조 등의 가치평가방법 등에 대한 투자자들의 이해가 어려운 상품으로서, 최대 원금손실가능비율이 20%를 초과하는 상품을 말한다. 파생결합증권, 파생상품, 파생형 펀드(신탁·일임)가 이에 해당한다.
- 다만, 주식, 채권(전환사채, 교환사채 포함), 부동산 등 실물 상품, 기관투자자 간 거래 및 거래소에 상장된 상품(장내파생 ETN 등)은 제외된다.
- 공모·사모 구분 없이 고난도 금융상품에 적용되는 강화된 투자자 보호장치는 다음과 같다.
  - 녹취·숙려: 개인 일반투자자에게 판매 시 녹취의무 및 숙려기간을 부여한다.
  - 설명의무: 개인투자자(전문투자자 포함)에게는 핵심설명서 교부 의무화 및 투자위험을 충실히 기재토록 한다.
  - 판매인력: 파생상품투자권유자문인력 요건을 갖춘 자로 판매인력을 제한한다.
  - 공시: 고난도 공모 금투상품은 원칙적으로 일괄신고(증권신고서)를 금지한다.

핵심유형 84

BIS자기자본비율과 코코본드(조건부자본증권)

은행의 건전성을 한눈에 알아볼 수 있는 지표 중 대표적인 것이 BIS자기자본비율이다. 국제결제은행(BIS)에서 국제적인 은행시스템의 건전성과 안정성을 확보하여 국제 신용혼란과 금융기관의 연쇄 부실화를 막기 위해 마련한 국제적 기준인 것이다. BIS자기자본비율의 의미는 물론 이를 유지하거나 높이기 위한 금융기관들의 자금 조달 및 운용 방법에 대한 이해를 묻는 문제가 자주 출제된다.

대표예제

다음 본문을 읽고 빈칸에 들어갈 용어가 순서대로 잘 짝지어진 것을 고르면?

> 금융투자업계에 따르면 (가) 규제가 본격적으로 국내에 도입되면서 우리금융, 국민은행, 신한은행, KEB하나은행, BNK금융지주 등 국내 금융사들이 잇따라 (나)의 발행을 확대하고 있다. (다)는 유사시 투자 원금이 주식으로 강제 전환되거나 상각되는 조건을 붙여 발행하는 자본증권의 일종이다. 만기가 되면 갚아야 하는 부채의 성격을 지니지만 회계상 자본으로 인정받을 수 있어 (라)으로 불린다. 은행·지주사가 줄줄이 코코본드 발행에 나서고 있는 이유는 선제적 자본 확충을 통해 (마)을 제고하기 위해서이다.

	가	나	다	라	마
①	바젤II	코코본드	코코본드	자산유동화증권	유동성커버리지비율
②	바젤III	커버드본드	커버드본드	조건부자본증권	유동성커버리지비율
③	바젤III	커버드본드	커버드본드	자산유동화증권	BIS자기자본비율
④	바젤III	코코본드	코코본드	조건부자본증권	BIS자기자본비율

문제풀이

국내에 바젤III 규제가 도입되면서 보통주자본 중심으로 자본의 질적 요건이 강화되었으며 바젤II에 맞춰 발행된 기존 신종자본증권과 후순위채권의 자본인정 한도는 축소되었다. 이에 따라 BIS자기자본비율을 맞추기 위해서는 자본 확충이 불가피하며 국내 은행들은 조건부자본증권(코코본드)의 발행 확대를 통해 대비하고 있는 것이다.

정답 ④

핵심이론

BIS자기자본비율과 코코본드

1) BIS자기자본비율 규제

- 국제결제은행(BIS)의 은행감독규제위원회(BCBS, 일명 '바젤위원회')는 국제적인 은행시스템의 건전성과 안정성 확보를 위해 1988년 '위험가중자산대비 자기자본비율'인 BIS자기자본비율을 8% 이상으로 정한 바젤I 규제를 도입하였다. 이후 바젤II 규제(2004년), 바젤III 규제(2013년)를 통해 단계적으로 강화하고 있다.
- BIS자기자본비율은 은행의 자산을 거래 상대방의 신용도, 채권의 만기, 담보 및 보증 유무 등을 기준으로 분류하고 위험이 높을수록 높은 가중치를 적용함으로써 은행들이 우량자산을 보유해야 할 유인을 높여 자산의 건전성을 제고하는 데 목적이 있다.

$$BIS자기자본비율 = \frac{보통주자본 + 기타기본자본 + 보완자본 - 공제항목}{위험가중자산} \times 100$$

- 바젤III에서는 손실흡수력이 높은 보통주자본 중심으로 규제자본을 개편하면서 기본자본 요건을 보통주자본과 기타기본자본으로 세분화하였다.

보통주자본(A)	은행의 손실을 가장 먼저 보전할 수 있으며 은행 청산 시 최후순위이고 청산시를 제외하고는 상환되지 않는 자본 예 자본금, 보통주 발행 관련 자본잉여금, 이익잉여금
기타기본자본(B)	영구적 성격의 자본증권의 발행과 관련한 자본금, 자본잉여금 등 예 조건부자본증권 요건을 충족하는 영구적 성격의 신종자본증권
기본자본(C)	A+B
보완자본(D)	청산 시 은행의 손실을 보전할 수 있는 후순위채권 등 예 조건부자본증권 요건을 충족하는 후순위채권
총자본	C+D

- 신종자본증권: 일정 수준 이상의 자본 안정성 요건을 충족한 경우 금융감독당국이 은행의 기본자본으로 인정하는 증권을 말한다. 주식과 채권의 중간적 성격을 가지고 있어 하이브리드(hybrid) 채권으로 불리기도 한다. 만기가 정해져 있으나 발행하는 회사의 결정에 따라 연장할 수 있어 회계상 자본으로 인정되는 채권이다.
- 후순위채: 은행 파산 시 예금채권자 등 선순위채권자에게 원리금이 전액 지급된 후에야 원리금이 지급 가능한 점에서 자기자본의 성격을 지니는 채권이다. BIS자기자본비율을 산정할 때 보완자본의 일종으로 분류된다.

2) 코코본드(CoCo Bond: Contingent Convertible Bond, 우발전환사채)

- 조건부자본증권을 의미하는 코코본드는 발행사가 부실회사로 지정될 경우 등의 유사시 투자 원금이 강제적으로 주식으로 전환되거나 상각된다는 조건이 붙은 회사채를 말한다.
- 바젤III에서는 보통주자본 중심으로 자본의 질적 요건을 강화하면서 신종자본증권과 후순위채에 대해 조건부자본 개념 등 자본인정 요건을 강화하였다.
- 조건부자본증권이 신종자본증권형인 경우에는 기본자본(Tier1)에 속하는 기타기본자본으로 인정받을 수 있으며, 후순위채형인 경우에는 보완자본(Tier2)로 분류된다.

핵심유형 85 고정이하여신비율과 자산건전성

금융기관은 부실자산의 발생을 사전에 예방하고 이미 발생한 부실자산의 조기정상화를 촉진함으로써 금융기관 자산운용의 건전화를 도모해야 한다. 고정이하여신비율(부실채권비율)과 같은 대표적인 건전성 지표들의 현황과 추이를 지속적으로 면밀히 모니터링함으로써 금융기관의 여신 건전성을 적기에 판단하는 것은 매우 중요하다.

대표예제

다음은 자산건전성 분류제도에 관한 설명이다. 옳지 않은 것은?

① 금융기관은 보유자산에 대한 건전성을 회수 가능성 정도에 따라 정상, 요주의, 고정, 회수의문, 추정손실의 5단계로 분류한다.
② 고정이하여신비율은 총여신 중 고정이하여신(고정·회수의문·추정손실)이 차지하는 비율이다.
③ 금융기관은 정상 및 요주의 여신을 제외한 고정이하여신에 대해 일정 비율 이상의 대손충당금을 적립해야 한다.
④ 고정이하여신비율은 금융기관이 지닌 부실채권의 현황을 나타내는 대표적인 건전성지표이다.

문제풀이

금융기관은 보유자산에 대한 자산건전성을 5단계(정상, 요주의, 고정, 회수의문, 추정손실)로 분류하고 각 단계별로 일정 비율 이상의 대손충당금을 적립하여야 한다.

정답 ③

문제풀이 TIP

자산건전성 분류 및 대손충당금 적립비율(은행 기업대출금 기준)은 다음과 같다.

구분	채무상환능력 기준	연체기간	대손충당금 적립비율
정상	채무상환능력이 양호하여 대출에 문제가 없는 것으로 판단되는 자산	1개월 미만	0.85
요주의	즉각적인 문제가 발생하지 않았지만 상환능력이 떨어질 수 있는 요인이 잠재된 것으로 판단되는 자산	1개월 이상~3개월 미만	7
고정	상환능력을 악화시키는 요인이 가시화되어 채권회수에 상당한 위험이 발생한 자산	3개월 이상 연체한 자산 중 회수할 수 있는 예상가액	20
회수의문	상환능력이 현저히 악화되어 채권회수에 심각한 위험이 발생한 자산	3개월 이상 12개월 미만 연체한 자산 중 회수예상가액 초과 부분	50
추정손실	회수가 확실히 불가능한 자산	12개월 이상 연체 자산 중 회수 예상가액 초과 부분	100

핵심이론

고정이하여신비율과 자산건전성

1) 자산건전성분류제도

금융기관 보유자산의 신용리스크 정도에 대한 평가를 통해 부실자산의 발생을 사전에 예방하고 이미 발생한 부실자산의 조기정상화를 촉진함으로써 금융기관 자산운용의 건전화 도모를 목적으로 한다.

2) 대손충당금적립비율

- 기업이 보유하는 채권 중에서 거래상대방의 부도 등으로 손실이 발생할 수 있는데, 이러한 손실을 충당하기 위해 미리 비용으로 처리해서 사내에 유보해 둔 자금을 대손충당금이라고 한다.
- 은행업 감독규정에 따라 은행들은 차주의 채무상환능력 등을 감안하여 자산건전성을 분류하고 이에 따라 대손충당금을 적립하도록 하고 있다. 은행이 적립한 대손충당금을 고정이하여신 금액으로 나눈 비율을 대손충당금적립비율이라고 한다.
- 자산건전성 분류결과 회수의문 및 추정손실로 분류된 부실자산은 자산의 건전화 유도 및 자산의 과대계상 방지 등을 위하여 조기에 대손상각하여야 한다.
- 대손상각이란 회수불가능하다고 판단된 채권을 대차대조표상의 장부가액에서 제외시켜 손실로 처리하는 것이다.

3) 금융기관의 자산건전성지표

- 연체대출금비율
- 대손충당금적립비율
- 고정이하여신비율

4) 바젤Ⅲ 규제의 주요 내용

구분	세부 내용	시행시기
자본규제 강화	• 보통주 자본 신설 및 자본의 질적 요건 강화 • 신종자본증권·후순위채 자본인정요건 강화 • 자본보전완충자본 신설	2013년 12월 2013년 12월 2016년 1월
레버리지 강화	레버리지 규제 신설	2018년 1월
거시건전성 강화	• 경기대응완충자본 신설 • G-SIB 및 D-SIB에 추가자본 부과	2016년 1월 2016년 1월
위험커버리지 확대	• 파생상품 거래상대방 신용위험에 대한 자본 부과 • 유동화 익스포저에 대한 자본 보유 기준 강화 • 신용*·시장·운영리스크 규제체계 개선	2013년 1월 2018년 1월 2022년 1월
유동성 관리 강화	• LCR(Liquidity Coverage Ratio) 비율 신설 • NSFR(Net Stable Funding Ratio) 비율 신설	2015년 1월 2018년 1월

* 신용리스크 규제체계 개편은 일정을 앞당겨 2020년 2분기부터 시행함

핵심유형 86 | 유동성커버리지비율과 뱅크런

금융위기 이후 바젤III에서는 유동성 위기 시 은행의 복원력을 강화하기 위해 유동성리스크 규제수단으로 단기 유동성 규제인 유동성커버리지비율(LCR)과 중장기 유동성 규제인 순안정자금조달비율(NSFR)을 새롭게 도입하였다. 우리나라는 2018년부터 시행되었으며 각각 100% 이상으로 유지하여야 한다.

대표예제

유동성커버리지비율(LCR: Liquidity Coverage Ratio)에 대한 설명으로 옳지 않은 것은?

① 단기지표이며 100% 이상을 유지해야 한다.
② 극심한 위기상황하에서 은행이 30일간의 순자금 유출을 견딜 수 있는가를 판단하는 비율이다.
③ 고유동성자산에는 현금이나 한국은행 예치금, 국채, 통안채, 산금채로 보유하고 있는 자산들이 속한다.
④ 30일간 극심한 위기상황하에서 순자금 유출 규모를 계산하기 때문에 동 기간에 만기가 예정된 예금이나 대출은 산출대상에서 제외된다.

문제풀이

(1) 30일 내에 만기가 도래하는 예금뿐만 아니라 만기 전 예금이 인출되는 비율(예금이탈율)을 예금의 종류 및 예금자의 종류별로 다르게 적용하여 산출한 '30일간의 현금 유출'에서 (2) 극심한 위기상황하에서도 30일 이내 은행이 회수할 수 있는 대출 등인 '30일간의 현금 유입'을 차감하여 30일간의 순현금 유출 규모[=(1)-(2)]를 계산한다.

정답 ④

문제풀이 TIP

유동성커버리지비율(LCR)의 산출 예시는 다음과 같다.

구분		금액	가중치	적용금액
고유동성자산	현금	50	100%	50
	국채	250	100%	250
자금 유출	개인 예금	400	20%(이탈률)	80
	기업 예금	800	75%(이탈률)	600
자금 유입	개인 대출	200	50%(회수율)	100
	기업 대출	500	60%(회수율)	300

※ 가중치는 임의의 숫자임

$$LCR = \frac{(50+250)}{[(80+600)-(100+300)]} = \frac{300}{280} = 107.14\%$$

핵심이론

유동성커버리지비율과 뱅크런

1) 유동성(liquidity)

자산을 현금으로 전환할 수 있는 정도를 나타내는 용어로, 기업의 자산을 필요한 시기에 손실 없이 화폐로 바꿀 수 있는 정도를 나타낸다.

2) LCR(Liquidity Coverage Ratio, 유동성커버리지비율)

- 뱅크런을 가정한 유동성 위기 상황에서 30일 동안 빠져나갈 순현금유출액 대비 즉시 현금화할 수 있는 현금, 국채, 지급준비금 등의 고유동성 자산의 비율을 말한다.
- 바젤III 규제에 따른 단기 유동성 규제비율로 2019년부터 100%를 준수해야 한다.

$$LCR = \frac{고유동성자산}{향후\ 30일간\ 순현금유출액(현금유출액-현금유입액)} \times 100 \geq 100$$

3) NSFR(Net Stable Funding Ratio, 순안정자금조달비율)

- 바젤III 규제에 따른 중장기 유동성 규제비율로 유동성을 감안한 은행 보유자산 대비 안정적 조달자금(자본 및 부채)의 비율이다.
- 은행들은 2018년부터 NSFR 비율을 100% 이상으로 유지하여야 한다.
- 즉, 은행들이 단기자금 조달에 과도하게 의존하는 행태를 제한하기 위해 도입되었다.

$$NSFR = \frac{가용\ 안정자금\ 조달금액(\Sigma부채\ 및\ 자본항목잔액 \times ASF가중치)}{필요\ 안정자금\ 조달금액(\Sigma자산항목잔액 \times RSF가중치)} \times 100 \geq 100$$

4) 뱅크런(Bank Run, 예금인출사태)

- 경제상황 악화, 은행 경영 부실 등으로 예금자들의 은행에 대한 신뢰 상실로 위기감이 조성되면서 은행의 예금지급 불능상태를 우려한 고객들이 대규모로 예금을 인출하는 상황을 가리킨다.
- 사례: 2015년 그리스 구제금융 협상 결렬 전 그리스은행 하루에 15억 유로(2조 원) 유출

5) 유동성 함정(liquidity trap)

- 경기 침체를 예상하여 금리 인하를 통한 확장적 통화정책(중앙은행이 정책금리를 낮추고 유동성을 공급)을 취했음에도 불구하고 투자나 소비 등 실물경제에 영향을 주지 못하여 경기 회복으로 이어지지 않는 상태이다.
- 정책금리를 더 이상 낮출 수 없어 확장적 통화정책을 통한 경기 진작이 어려워지는 상황을 유동성 함정에 빠졌다고 표현한다.

6) 유동성 딜레마(Triffin의 딜레마)

기축통화국인 미국이 국제수지 적자를 기록하여 달러화 공급량을 늘리면 세계적으로 유동성은 증가하나 달러화에 대한 신인도가 하락하고, 반대로 국제수지 흑자를 내어 달러화 공급량을 감소시키면 달러화의 신용도는 상승하나 세계적으로 유동성이 부족하게 되는 모순된 상황을 말한다. 특정한 국가의 통화를 기축통화로 삼는 국제통화체계의 내재적 한계로 이러한 문제점에 대한 보완책으로 SDR(특별인출권) 제도가 생기게 되었다.

핵심유형 87 금융소비자보호

금융회사에게 고객으로부터의 신뢰는 그 무엇보다 중요하다. 하지만 최근 라임자산운용의 사모펀드 사태와 해외 금리연계 파생연계펀드(DLF) 투자손실 사태에서 드러났듯 상품의 출시 및 판매과정 전반에 걸친 부실한 내부통제와 직원들의 불완전판매 행위는 결국 금융소비자의 피해로 이어질 수밖에 없다.

대표예제

다음은 금융사기 및 불법금융과 관련한 설명이다. 옳지 않은 것은?

① 보이스피싱 피해구제제도는 보이스피싱 금융사기 피해자가 번거롭고 비용과 시간이 드는 소송절차를 거치지 않고 피해금을 신속히 돌려받을 수 있도록 하는 제도다.
② 유사수신행위란 법령에 따른 인가나 허가를 받지 아니하거나 등록 또는 신고 등을 하지 아니하고 원금보장과 고수익 등을 약속하고 불특정다수인으로부터 출자금이나 예탁금 등의 명목으로 자금을 수신하는 행위를 말한다.
③ 불법사금융이란 공인된 금융기관을 통하지 않고 사채업자를 중심으로 금전의 대부, 금융중개, 주선 등이 이루어지는 사금융의 계약 체결 및 이행의 과정에서 고금리, 과도한 채권추심 등 금융소비자의 권익을 침해하는 채권자의 법률위반행위가 발생하는 것을 의미한다.
④ 보험은 미래의 불확실한 사건을 대상으로 금전을 지급하는 우연적이고 사행적인 보험제도의 속성상 그 제도를 악용하려는 보험사기 가능성이 항상 존재하지만 보험사기의 피해자는 보험금을 지급한 보험회사에만 한정된다는 특징이 있다.

문제풀이

보험의 일차적 피해자는 보험회사이지만 보험사기로 인한 보험금 누수, 보험사기 조사·적발·처벌 과정에서 발생하는 사회적 비용은 궁극적으로 보험소비자 전체에게 돌아갈 수밖에 없다.
(보이스피싱 피해구제제도:「통신사기피해환급법」, 유사수신행위 대응:「유사수신행위법」, 불법사금융 대응: 불법대부광고 전화번호 이용중지제도, 불법사금융피해신고센터 운영 등, 보험사기 대응:「보험사기방지 특별법」)

정답 ④

예금보험은 금융기관의 예금지급 정지, 파산 등으로 해당 금융기관이 기존 예금자의 예금인출요구에 응할 수 없는 경우 예금보험기관이 해당 금융기관을 대신하여 예금을 지급함으로써 예금자를 보호하고, 대규모 예금인출사태(뱅크런)를 방지하여 금융안정을 유지하도록 하는 공적보험이다. 우리나라에서는 1996년 6월 「예금자 보호법」이 시행되면서 예금보험공사가 예금보험업무를 전담하고 있다. 참고로 농·수협 지역조합, 신용협동조합, 새마을금고는 자체 기금 운영을 통해 예금자보호 조치를 취하고 있다.

핵 심 이 론

금융소비자보호

1) 금융소비자와 금융소비자보호
- 금융소비자는 개인 또는 법인을 불문하고 금융회사와 직접 또는 간접적으로 금융상품 또는 금융서비스 등의 금융거래를 하는 금융회사 이용자를 말한다.
- 금융소비자보호는 금융상품을 만들거나 판매하는 은행, 증권회사, 보험회사, 카드회사 등의 금융회사(금융상품 공급자)와 상대적으로 전문지식이나 정보력 및 교섭력이 부족한 금융소비자(금융상품 수요자) 사이에 존재하는 정보의 비대칭성을 해소하고 공정한 금융거래가 이루어질 수 있도록 금융소비자의 권익을 보호하기 위해 불공정하고 불평등한 제도와 관행을 바로 잡는 일련의 업무라 할 수 있다.

2) 금융소비자보호장치
- 사전적 금융소비자보호제도: 금융회사 감독제도, 약관규제, 광고규제, 공시규제, 영업행위준칙 및 영업행위에 대한 규제, 금융소비자 교육 등
- 사후적 금융소비자보호제도: 예금자보호제도, 금융분쟁조정제도, 소비자분쟁조정제도, 금융규제 위반에 대한 제재 등

3) 금융분쟁조정제도
금융분쟁조정이란 예금자, 보험가입자, 증권위탁자 등의 금융소비자가 금융 관련 회사의 금융업무 등과 관련하여 권리·의무 또는 이해관계가 발생함에 따라 금융 관련 회사를 상대로 제기하는 분쟁에 대하여 금융감독원에 설치된 금융분쟁조정위원회가 조정신청을 받아 당사자의 주장과 사실관계를 조사·확인하고 이에 대한 합리적인 분쟁 해결방안이나 조정안을 제시하여 당사자 간 합의를 유도함으로써 소송을 통하지 않고 분쟁을 원만히 해결하는 분쟁해결방식의 하나이다.

4) 금융사기 유형 예시

피싱 (phishing)	개인정보(private data)와 낚시(fishing)의 합성어로서 음성, 이메일, 링크 등으로 유도한 후 정보주체로부터 개인정보나 금융정보를 알아내는 행위를 말한다. 예 보이스(voice) 피싱, 메신저(messenger) 피싱
파밍 (pharming)	사기범이 고객의 컴퓨터에 악성코드 등을 설치하여 이에 감염된 컴퓨터 이용자가 금융회사의 정상적인 홈페이지 주소를 입력하여 접속하더라도 사기범이 만든 피싱사이트로 연결되도록 하여 개인정보나 금융거래정보 등을 탈취하는 해킹 방식이다. 이용자를 피싱사이트에 접속하도록 유도하는 피싱과는 구별된다.
스미싱 (smishing)	문자메시지(SMS)와 피싱(phishing)의 합성어로 사기범이 무료쿠폰 제공, 돌잔치 초대장, 모바일 청첩장 등을 내용으로 하는 문자메시지를 보내서 이용자가 문자메시지에 포함된 인터넷 주소를 클릭하면 악성코드가 휴대전화에 설치되어 이용자가 인식하지 못하는 사이에 소액결제 피해를 발생시키거나 개인정보 또는 금융거래정보를 가로채는 신종 금융사기수법이다.
메모리 해킹 (memory hacking)	파밍 수법보다도 더욱 진화한 형태의 금융범죄의 하나로, 이용자의 컴퓨터에 감염시킨 악성코드를 이용하여 정상적인 인터넷뱅킹 사이트에 입력한 이용자의 계좌번호, 비밀번호, 보안카드번호 등의 금융거래정보를 가로챈 후 이용자의 계좌에서 무단으로 금전을 인출해 가는 금융사기이다.

※ 이 외에도 대출 상담 또는 알선을 가장해 금전을 요구하여 가로채는 '대출빙자사기', 연금, 보험료, 세금 등이 환급되었다는 등의 허위사실로 현금을 편취하는 '환급금사기' 등이 있다.

3 시사 (핵심유형 88~92)

핵심유형 88 | 에너지

에너지는 실물경제에 있어서 가장 중요한 요소 중의 하나여서 시사문제로 자주 출제되고 있다. 주로 석유 관련 용어와 개념, 유가 변동사항, 신재생 에너지, 원자력 발전 등 출제 시점에 이슈가 되고 있는 내용 중심으로 출제되고 있으니 평소 신문기사, 보고서 자료에 나타나는 에너지 관련 내용을 꼼꼼히 챙겨 봐야 한다.

대표예제

01 다음 중 세계 3대 원유에 해당되지 않는 것은?

① 두바이유 ② 브렌트유 ③ 타피스유 ④ 서부텍사스중질유

문제풀이

전 세계에서 거래되는 원유는 품질과 성격에 따라 여러 종류가 있으므로 거래를 위해서는 기준(벤치마크)이 될 원유가 반드시 필요한 상황이다. 벤치마크 원유는 생산량이 많고, 생산이 독점되어 있지 않아 가격 형성이 투명하고, 각 지역의 대표 원유로 자리잡은 것으로 원유 시장의 선행지표로 사용되고 있다. 서부텍사스중질유(WTI), 북해산브렌트유(BTI), 두바이유가 일명 '3대 벤치마크 원유'이니 꼭 알아 두자. 타피스유는 말레이시아의 대표적인 유전이다.

정답 ③

02 다음이 설명하고 있는 것은 무엇인가?

- 진흙이 쌓여 만들어진 퇴적암층 내에 존재하는 천연가스
- 수평시추 및 수압파쇄와 같은 최신 공법을 통해 시추 기술을 비약적으로 발전시킴으로써 적정한 비용으로 채굴가능하게 됨
- 트럼프 행정부의 '미국 우선 에너지 계획(America First Energy Plan)' 이후 생산량이 급격히 증가함

① 셰일가스 ② 에탄가스 ③ LNG ④ CNG

문제풀이

셰일가스와 셰일오일은 전 세계 유가 흐름에 가장 중요한 영향을 미치는 공급요인이므로 반드시 정리해 두어야 한다. LNG(Liquefied Natural Gas)는 천연가스를 −162°C 이하로 냉각시켜 액체상태로 만든 것으로, 무색이고 투명한 것이 특징이다. LPG와 같이 공해물질이 거의 없고 열량이 높아 주로 도시가스로 많이 사용된다. CNG(Compressed Natural Gas)는 천연가스를 200~250/1로 압축하여 압력용기에 저장한 가스를 말한다.

정답 ①

핵 심 이 론

에너지 관련 주요 용어

1) 석유수출국기구(OPEC: Organization of the Petroleum Exporting Countries)
석유 생산국 간의 석유 정책을 조정하고 적정한 원유가격을 유지하기 위해 1960년에 결성된 조직이다. 현재 사우디, 이란, 쿠웨이트, 이라크, 베네수엘라 등 14개국의 회원국이 있다.

2) RE100
RE100은 기업이 필요한 전력을 2050년까지 전량 재생에너지 전력으로 구매 또는 자가생산으로 조달하겠다는 자발적 캠페인으로, 재생에너지(Renewable Energy) 100%의 약어이다. 여기서 재생에너지는 석유화석연료를 대체하는 태양열, 태양광, 바이오, 풍력, 수력, 지열 등에서 발생하는 에너지를 말한다.

3) 수소경제
현재의 석유 중심 화석연료 경제체제가 무공해, 무한 에너지원인 수소 중심 경제체제로 전환된 사회를 의미한다. 즉 수소를 에너지원으로 활용하는 자동차, 선박, 열차, 기계 혹은 전기발전 열 생산 등을 늘리고, 이를 위해 수소를 안정적으로 생산 → 저장 → 운송하는 데 필요한 모든 분야의 산업과 시장을 새롭게 만들어내는 경제시스템이다.

4) 스마트 그리드(Smart Grid)
'지능형 전력망'을 뜻하는 용어로, 기존 전력망(발전 → 송배전 → 판매)에 정보기술(IT)을 접목하여, 전력공급자와 소비자가 양방향으로 실시간 정보를 교환, 에너지효율을 최적화하는 차세대 전력망을 말한다.

5) 그리드 패리티(Grid Parity)
화석연료 발전단가와 신재생에너지 발전단가가 같아지는 시기를 말한다. 현재 신재생에너지 발전단가가 화석연료보다 월등히 높지만, 각국 정부의 신재생에너지 육성 정책과 기술 발전에 따라 비용이 낮아지게 되면 언젠가는 등가(parity) 시점이 올 것이라는 전망이다.

6) 제5의 에너지
"에너지 절약"이 중요한 에너지라는 차원에서 미국 시사주간지 타임이 2009년 신년호에서 "에너지 문제가 부각되면 사람들은 대체 에너지 개발과 원자력 에너지 부활을 주로 이야기 하지만, 더욱 중요한 것은 에너지 절약이다"를 강조하면서 제5의 에너지로 "에너지 절약"을 규정하였다.

7) 탄소배출권
일정기간 동안 이산화탄소, 메탄, 아산화질소 등 온실가스의 일정량을 배출할 수 있는 권리를 말한다. 주식, 채권처럼 거래소나 장외에서 매매가 가능하다. 기업들이 온실가스 감축능력을 높여 온실가스 배출량이 줄어들었을 경우 줄어든 분량만큼 배출권을 팔 수 있으며, 반대로 온실가스 배출권이 감축비용보다 저렴하면 배출권을 구입할 수도 있다.

8) 탄소세
탄소세는 소비세로, 화석연료의 탄소성분에 따라 제품을 생산하는 과정에서 배출되는 탄소에 대해 부과된다. 즉, 현재의 버는 것에 대한 세금(Earning Tax)인 소득세와 달리 탄소를 태우는 것에 대한 세금(Burning Tax)이다. 탄소세는 이산화탄소 배출에 따른 외부비용을 배출원이 내부화(internalization)하도록 해 자원배분의 왜곡을 시정하는 역할을 수행한다.

핵심유형 89 — 환경과 기후

환경과 기후는 시사상식에서 자주 다루어지는 주제이므로 환경과 기후 관련 용어, 국제적으로 중요한 협약, 이와 파생되는 개념에 대해 익혀 두도록 하자.

대표예제

01 다음이 설명하고 있는 것은 무엇인가?

- 1992년 6월 지구온난화에 따른 이상 기후현상을 예방하기 위한 목적으로 전 세계 정상 및 정부 대표단이 참여하여 지구 환경 문제를 다루었다.
- 채택된 내용으로는 환경보전 행동계획인 '어젠다 21', 지구온난화 방지를 담은 '기후변화협약', 종의 보전을 위한 '생물 다양성 보존 협약' 등이 있다.
- '기후변화협약' 등에 대해서는 미국 등 여타 선진국들이 반대하여 구속력 있는 의무 규정이 아닌, 단순한 노력 사항으로 규정되었다.

① 리우회의   ② 교토의정서   ③ 스톡홀름협약   ④ 파리협정

문제풀이

리우회의에 대한 설명이다(나머지 내용은 핵심이론 참고).

정답 ①

02 다음 지역과 가장 관련이 깊은 것은?

- 강원도 인제군 대암산 용늪
- 경상남도 창녕군 우포늪
- 전라남도 보성군 벌교갯벌
- 인천시 강화군 매화마름 군락지

① 연안습지   ② 람사르협약   ③ 몬트리올협약   ④ 유네스코 자연유산

문제풀이

습지에는 크게 내륙습지와 연안습지가 있으며 벌교갯벌이 연안습지, 나머지는 모두 내륙습지이다. 보기에 나오는 지명은 모두 우리나라의 대표적인 람사르협약 등록 습지이다.

정답 ②

핵심이론

환경 관련 주요 용어

1) ESG펀드
환경(Environment), 사회(Social), 지배구조(Governnance)를 고려하여 투자하는 펀드를 말한다. 해당 기업이 환경에 얼마나 기여하는지, 사회적으로 좋은 평판을 얻는 활동을 얼마나 하고 있는지, 또한 기업의 지배구조가 투명한지 등을 살펴 투자할 종목을 선택한다.

2) 바나나현상
'Build Absolutely Nothing Anywhere Near Anybody'의 앞 글자를 딴 것으로, 각종 환경오염 시설을 자기가 사는 지역권 내에는 절대 설치하지 못한다는 지역 이기주의의 한 현상이다.

3) 람사르 협약(Ramsar Convention)
이란의 람사르에서 채택된 협약으로, 정식 명칭은 '철새 및 물새 서식지'로서, 특히 국제적으로 중요한 습지에 관한 협약'이다.

4) 바젤협약
유해폐기물의 국가간 이동 및 교역을 규제하는 협약으로, 1989년 3월 22일 유엔 환경계획(UNEP) 후원하에 스위스 바젤(Basel)에서 채택된 유해폐기물의 불법 이동을 줄이자는 국제협약을 말한다.

5) 스톡홀름협약(Stockholm Convention on Persistent Organic Pollutants)
잔류성 유기오염물질의 감소를 목적으로 독성, 생물농축성 등 유기성 오염물질(POPs: Persistent Organic Pollutants)로부터 인간의 건강과 환경을 보호하기 위해 지정 물질의 제조·사용·수출입 금지 또는 제한하는 협약이다. 2001년 5월에 스웨덴에서 채택되어, 2004년 5월 17일에 발효되었다.

6) 교토의정서(Kyoto Protocol)
지구 온난화의 규제 및 방지를 위한 국제 협약인 기후변화협약의 수정안이다. 온실가스의 실질적 감축을 위해 1997년 12월 일본 쿄토에서 개최된 기후변화협약 제3차 당사국 총회에서 기후변화협약 부속 의정서를 채택한 것을 말한다. '교토기후협약'이라고도 한다. 기후변화 대응 국제협약에서 교토의정서가 갖는 중요한 의미는 △ 온실가스의 배출량 삭감목표를 선진국 사이에서 최초로 약속한 점(법적 구속력이 있는 수치목표의 설정) △ 산림에 의한 이산화탄소 흡수량이 감축목표 산정에 허용된 점 △ 교토 메커니즘이라 불리는 배출권거래(ET), 공동이행(JI), 청정개발체계(CDM) 등의 시장기반의 국제제도가 도입되었다는 점이다.

7) 파리기후협약(Paris Agreement)
신기후체제란 지구 온난화의 규제 및 방지를 위한 국가 간 국제협약으로, 2020년 만료된 교토의정서(Kyoto Protocol)를 대체할 새 기후변화 체제에 대한 국제적 합의문이다. 신기후체제가 파리기후협약으로도 불리는 이유는 신기후체제 합의문이 마련된 배경에 있는데, 2015년 파리에서 열린 유엔기후변화협약(UNFCCC: United Nations Framework Convention on Climate Change)의 21번째 당사국총회에서 도출된 합의문이어서 개최 도시의 이름을 따 파리기후협약이라고도 부른다. 파리기후협약은 1997년 체결되고 선진국에게만 온실가스 감축 의무를 부과했던 교토의정서와 달리, 195개 당사국 모두에게 구속력있는 감축 의무를 부과한 첫 기후협약이라는 점에서 역사적 의의를 가진다.

핵심유형 90 인구와 세대

인구와 세대는 경제, 사회, 문화 등 모든 면에 영향을 미치는 가장 구조적인 변화요인이므로 기본적인 용어, 개념, 새로운 신조어와 관련 시사 이슈 등을 꼭 익혀 두도록 하자.

대표예제

01 다음이 설명하고 있는 것은 무엇인가?

> • 2차 세계대전 직후인 1947~1949년 사이에 태어난 일본의 1차 베이비붐 세대
> • 680만 명 수준으로 일본 전체 인구의 5% 이상을 차지
> • 진학이나 취업, 결혼, 주택 문제 등에서 심각한 경쟁을 겪었지만 풍부한 노동력을 사회에 제공했다는 측면에서 일본 경제의 고도 성장에 기여

① 쇼와 세대　　② 단카이 세대　　③ 사토리 세대　　④ 유토리 세대

문제풀이

단카이 세대는 '덩어리'라는 의미로, 1947년부터 1949년 사이에 태어난 800만 명 이상의 사람들을 가리킨다. 일본 고도 경제성장의 원동력이 됐다는 평가를 받고 있고 동시에 버블 경제를 만들어 20년 장기 불황을 가져온 주범으로 꼽히기도 한다. 교육 수준이 높은 데다 근면하고 성실하며 자신들이 일본 경제성장 신화의 주역이라는 자부심이 크다.

정답 ②

02 다음 괄호 ㉠, ㉡, ㉢, ㉣에 들어갈 숫자를 모두 더한 것은?

> 국제 연합(UN)은 총인구에서 (㉠)세 이상 인구가 (㉡)% 이상일 경우 고령화사회, (㉢)% 이상일 경우 고령사회, (㉣)% 이상일 경우 초고령사회로 구분하였다. 우리나라의 경우 2000년에 본격적인 고령화사회로 진입했으며, 2018년에는 고령사회, 2024년 12월에는 초고령사회에 진입했다. 이와 같은 인구의 고령화 현상은 노동력 부족, 생산성 저하 등 노동시장 변화를 야기하여 경제성장을 둔화시키고, 노년 인구 부양비 상승과 연금, 의료, 복지비용 등의 증가 문제를 발생시킬 수 있다.

① 101　　② 105　　③ 106　　④ 110

문제풀이

65세 이상 인구가 7% 이상일 경우 고령화사회, 14% 이상일 경우 고령사회, 20% 이상일 경우 초고령사회로 구분한다.

정답 ③

핵 심 이 론

인구와 세대 관련 중요 용어

1) 에이지퀘이크(Age-quake)
영국의 인구학자 폴 월리스가 만든 용어로 고령사회의 충격을 지진(earthquake)에 빗댄 것이다. 그는 에이지퀘이크가 지진보다 훨씬 파괴력이 강하며 그 강도가 리히터규모 9.0에 달할 것으로 예측했다. 베이비붐 세대가 은퇴하는 2020년께 세계 경제는 에이지퀘이크로 뿌리째 흔들릴 것이며 한국도 피해를 크게 입는 국가 중의 하나로 예측했다.

2) 통크족(TONK族)
'Two Only No kids'의 이니셜을 따 만든 신조어로, 자녀에게 부양받기를 거부하고 부부끼리 독립적으로 생활하는 노인세대를 말한다. 1960년대의 히피족, 1970~80년대의 여피족, 1990년대의 딩크족에 이은 새로운 계층이다.

3) 에코 세대(Echo Generation)
1979년부터 1992년 사이에 태어난 20~30대 계층으로 6.25전쟁 이후 대량 출산으로 태어난 베이비붐 세대(1955~1963년)의 자녀 세대를 말한다. 전쟁 후에 대량 출산이라는 사회 현상이 수십 년이 지난 후 2세들의 출생 붐으로 다시 나타나는 것을 산 정상에서 소리치면 얼마 후 소리가 되돌아오는 메아리(에코) 현상에 빗댄 말이다.

4) 밀레니얼 세대(Millenials)
1980년대 초부터 2000년대 초 사이에 출생한 세대로, IT기술의 급격한 변화와 함께 성장한 세대를 일컫는다. 밀레니얼 세대의 주요 특징으로는 대학 진학률이 비교적 높다는 것, 청소년기부터 인터넷을 접해 모바일 및 소셜네트워크 서비스(SNS) 이용에 능숙한 것, 2007년 글로벌 금융위기 이후 사회생활을 시작한 탓에 다른 세대에 비해 결혼과 내집 마련을 포기하거나 미루는 경향이 있다는 것 등이 있다.

5) 디지털 네이티브[Digital Native, 연관어: 호모 모빌리스(HomoMobilians)]
태어나면서부터 디지털 기기에 둘러싸여 성장한 세대로, 통상 1980년~2000년 사이에 태어난 세대를 일컫는다. 반면, 이전 세대는 아무리 노력해도 아날로그적 취향을 완전히 떨치지 못해 이주민으로 전락한다는 의미에서 '디지털 이주민(Digital Immigrants)'으로 간주된다. 미국의 교육학자 마크 프렌스키가 2001년 발표한 논문 '디지털 원주민, 디지털 이민자(Digital Natives, Digital Immigrants)'에서 처음 사용했다.

6) 리터루족(Returoo族, 연관어: 자라 증후군, 캥거루족)
'돌아가다(return)'와 '캥거루(kangaroo)족'의 합성어이다. 결혼 후 독립했다가 다시 부모님 세대와 재결합해서 사는 자녀 세대들을 가리킨다. 일부는 높은 전셋값 등의 주택 문제와 육아 문제 등이 리터루족 탄생의 주요 원인이라고 분석하기도 한다. 미국과 같이 성년이 되면 부모를 떠나 독립하는 것이 당연시되는 문화에서도 경기침체로 인해 최근 이러한 현상이 늘어나고 있다.

7) 니트족(NEET: Not in Education, Employment or Training)
직장이 없는데도 취업이나 진학할 생각을 하지 않으면서 직업훈련조차 받지 않는 젊은층을 일컫는다. 구조적 실업자와 달리 일자리를 구할 의욕이 없기 때문에 '청년 무업자(無業者)'로도 불린다.

8) 포미족(ForMe族)
건강(For health), 싱글족(One), 여가(Recreation), 편의(More convenient), 고가(Expensive)의 알파벳 앞 글자를 따서 만든 신조어로, 가격이 비싸더라도 스스로 가치를 두는 제품에 과감히 투자하는 소비 행태를 보이는 사람들을 일컫는다. 이들은 자기만족적이며 개인적인 성향이 두드러지는 특징을 가진다.

핵심유형 91 글로벌 이슈

글로벌 이슈에 대해서는 강대국 중심의 최신 트렌드와 시사 내용이 자주 출제된다. 미국, 중국, EU, 일본 등과 관련하여 정치, 경제, 사회, 문화 주제 중 최근 신문기사에서 자주 눈에 띄는 용어 중심으로 익혀 두도록 하자.

대표예제

01 다음 중 밑줄 친 내용과 관련이 먼 나라는?

> 미국은 화웨이, 중흥통신(ZTE) 등 중국의 대형 통신기기 업체들이 공급하는 5세대(5G) 네트워크 장비에 인증되지 않은 사용자에 의해 컴퓨터 기능이 무단으로 사용될 수 있는 '백도어' 프로그램이 심어진 것으로 의심하고 있다.
> 미국은 이를 활용해 사이버 공간에서 중국의 불법적인 정보수집이 이뤄질 가능성을 들어 주요 동맹국으로 구성된 기밀정보 동맹체인 <u>'파이브 아이즈(Five Eyes)'</u> 동참을 요구해 왔는데, 일본 등 3개국이 합류함으로써 '파이브 아이즈＋3' 체제가 출범하였다.

① 캐나다 ② 호주 ③ 뉴질랜드 ④ 아일랜드

문제풀이

파이브 아이즈(Five Eyes)는 미국, 영국, 호주, 뉴질랜드, 캐나다가 맺고 있는 첩보동맹이다. 중국의 사이버 공격 및 불법 정보수집 가능성에 대응하기 위해 2019년 초에 기존 5개국＋3국(일본, 독일, 프랑스) 체제가 가동되었고 2020년 초에는 북한의 도발을 억제하기 위해 기존 5개국＋3국(한국, 일본, 프랑스) 체제가 출범하였다.

정답 ④

02 다음 괄호 안에 들어갈 말로 적당한 것은?

> (   ) 위험이란 미셸 부커 세계정책연구소(World Policy Institute) 전 소장이 2013년 다보스포럼에서 제기한 용어로 충분히 예측이 가능한 데도 간과되고 있는 위험 요소를 가리킨다. 예측 불가능한 위험 요소인 블랙 스완(Black Swan) 위험과 대비되는 개념이다. 부커 소장은 중국 경제에 대해 이 개념을 적용하였는데 구체적으로 ▲그림자 금융 ▲부동산 버블 ▲비금융 제조업 부채 ▲지방정부 부실 등 네 가지를 지적했다.

① 하얀 곰(White Bear) ② 네온 스완(Neon Swan)
③ 회색 코뿔소(Gray Rhino) ④ 하얀 코끼리(White Elephant)

문제풀이

'회색 코뿔소'는 다가올 가능성이 매우 높고 빤히 보이지만 사람들이 간과하는 위험을 뜻한다. '네온 스완'은 스스로 빛을 내는 백조를 의미하며 절대 불가능한 상황을 일컫는 말로서 미국 연방 정부의 채무불이행(디폴트) 우려가 커질 때 나왔던 표현이다. '하얀 코끼리'는 겉만 번지르르하고 쓸모없는데 관리하기 어려운 것을 지칭하는 용어로서 대회가 치러진 올림픽 경기장이 대표적인 예이다.

정답 ③

핵심이론

글로벌 이슈 주요 용어

1) G-Zero

전 세계를 이끌던 특정국의 영향력이 약해져 뚜렷한 주도세력이 없는 상태를 뜻하는 용어이다. 2011년 이언 브레머 유라시아그룹 회장이 다보스포럼에서 처음 사용했다. 그는 G-Zero시대에는 국제사회를 이끌던 강력한 국가가 사라져 우발적 충돌이 일어날 가능성이 높다고 봤다. 관련 용어로는 G2(미국, 중국), G7(미국, 일본, 독일, 영국, 프랑스, 캐나다, 이탈리아)이 있다.

2) 일대일로

2014년 중국 북경 APEC 정상회의에서 시진핑 주석이 제창한 경제권 구상이다. 이는 중국과 중국 이외의 유라시아 국가들을 연결하고 협동하도록 하는 것에 그 목표를 두고 있는 계획이다. 이 구상은 크게 두 가지로 이루어져 있는데, 하나는 육지 기반의 실크로드 경제벨트 계획이고, 다른 하나는 해상 기반의 21세기 해상 실크로드 계획이다.

3) 로제타 플랜(Rosetta Plan)

청년 실업문제의 심각성을 다룬 영화(로제타, Rosetta)의 이름을 원용하여, 2000년 벨기에 정부가 도입한 강력한 청년실업자 의무고용제도이다. 종업원 50명 이상 사업장에서 고용 인원의 3%에 해당하는 청년 노동자를 추가 고용하도록 의무화한 것이다. 이 기준을 지킨 사용자에게는 고용 첫해에 사회보장 부담금을 감면해 준 반면, 할당량을 채우지 못한 기업에는 벌금을 부과했다.

4) GAFA세

구글(Google), 애플(Apple), 페이스북(Facebook), 아마존(Amazon) 등 현재 ICT 세계를 장악하고 있는 네 개 회사의 머리글자를 따서 만든 명칭으로 '디지털세(Digital Tax)' 또는 '구글세'라고 불리기도 한다. 디지털세는 법인세처럼 이익에 과세하는 게 아니라 디지털 서비스 매출에 과세하며 회사 법인이 어디 있는지가 아니라 그들의 상품을 소비하는 소비자가 어디에 있는지에 따라 세금을 부과한다.

5) 네오 러다이트(Neo Ludite)

새것을 뜻하는 Neo와 18세기 영국에서 산업혁명에 반대해 일어난 기계파괴운동인 Ludite를 합성한 용어로, 첨단기술의 수용을 거부하는 현상을 의미한다. 산업혁명으로 인해 기계에게 일자리를 빼앗긴 것처럼 IT나 통신분야에서의 신기술 발전으로 일자리 감소를 우려해 신기술의 도입에 반대하는 것을 말한다. 최근 우리나라에서 일어난 '타다' 금지법 논란이 대표적인 예라고 할 수 있다.

6) 노모포비아(Nomophobia)

no mobile+phobia(공포)의 합성어이다. 휴대폰을 분실하거나, 배터리 방전이나 통화금액이 모자라게 되는 경우, 혹은 이동통신 네트워크에서 벗어나 있을때 불안 증세를 보이는 것을 의미한다.

핵심유형 92 — 국제협약과 국제기구

시시각각 일어나는 글로벌 주요 이슈를 다루는 근거가 국제협약(협정)이고 그러한 업무를 수행하는 곳이 바로 국제기구이다. 당연히 시험 출제를 하기에도 좋은 내용들이다. 단순히 암기보다는 제대로 된 이해를 위해 관련 배경, 연관성 높은 협약과 기관 등을 묶어서 익혀 두도록 하자.

대표예제

01 다음 중 괄호 안에 들어갈 내용은?

> 1944년 7월 미국 뉴햄프셔주 브레튼우즈의 한 호텔에 45개 나라의 대표가 모였다. 이 자리에서 제2차 세계대전 이후 새로운 글로벌 경제질서의 틀이 만들어졌다. 달러를 세계의 기축통화로 하는 고정환율 시스템이 도입된 것이다. 이른바 '브레튼우즈 체제'의 탄생이다. 이 회의에서 환율과 국제수지를 통제할 (   )의 설립이 결정됐다.
>
> 영국 대표였던 경제학자 케인스는 이 새로운 국제기구의 설립에 적극적이었다. 불황 타개를 위해선 전 세계적 공조가 필요하다고 본 것이다. 수출을 늘리기 위해 제각각 자국 통화가치를 끌어내리는 악순환이 벌어지면서 모두가 피해자가 됐고 결국 1930년대 대공황으로 이어졌던 과거의 실패를 반복해서는 안 된다는 공감대가 형성됐다.

① GATT   ② WTO   ③ IBRD   ④ IMF

문제풀이

IMF(국제통화기금)은 1944년 브레튼우즈협정에 의해 IBRD(국제부흥개발은행)과 함께 업무를 개시한 국제금융기구로, 주로 저개발국가에 대해 개발자금을 지원하고 개발계획의 수립과 집행을 자문하고 있다.

정답 ④

02 다음 중 밑줄 친 내용과 관련이 없는 것은?

> SDR은 실제 통화가 아닌 일종의 가상 화폐이다. 1969년 국제통화기금이 브레튼우즈 체제의 고정환율제를 뒷받침하기 위해 내놓은 것으로, 국제 유동성이 부족할 경우를 대비해 금이나 달러 등의 준비자산을 보완하는 2차적 준비자산이다.
>
> SDR은 회원국이 IMF에서 가지는 일종의 '권리'에 해당한다. IMF 회원국에는 출자 비율에 따라 SDR이 배분되고 국가의 유동성 위기 등 필요한 시기에 자국 몫만큼 <u>SDR 바스켓</u> 중 하나로 교환할 수 있다.

① 유로   ② 위안   ③ 엔   ④ 스위스 프랑

문제풀이

IMF는 SDR 바스켓 구성과 그 비율을 5년마다 논의를 거쳐 재조정한다. 현재 SDR 바스켓은 미국 달러, 유로, 파운드, 엔, 위안화 5개 통화로 이루어져 있다.

정답 ④

핵심이론

중요한 국제협약과 국제기구

1) 베른협약

문학적·예술적 저작물의 저작자 권리를 보호하기 위해 1886년 9월 스위스 베른에서 체결된 협약으로서 오늘날 전 세계에서 저작권 보호에 관한 기본적 국제조약으로 인정받고 있다. 베른협약은 내국인 대우 원칙, 최소한의 보호, 무방식 주의, 소급보호 등을 기본원칙으로 하고 있으며, 서적·소책자·강의·연극·무용·영화 등 문학 및 예술적 저작물을 대상으로 하고 있다.

2) 포괄적·점진적 경제동반자협정(CPTPP: Comprehensive and Progressive Agreement for Trans-Pacific Partnership)

아시아·태평양 지역 경제의 통합을 목적으로 만들어진 다자간 자유무역협정이다. 2005년 6월 뉴질랜드, 싱가포르, 칠레, 브루나이 등 4개국 체제로 환태평양경제동반자협정(TPP: Trans-Pacific Partnership)이 출범하였으며, 2015년까지 회원국 사이의 모든 무역장벽을 철폐하는 것을 목표로 하였다. 이후 미국, 말레이시아, 베트남, 페루, 호주, 멕시코, 캐나다, 일본이 참여하여 2015년 10월 타결되었다. 2017년 1월 미국의 탈퇴로 명칭을 포괄적·점진적 환태평양경제동반자협정(CPTPP)으로 변경했다. 11개국이 참여하는 CPTPP가 2018년 12월 30일 발효되었다.

3) 아시아인프라투자은행(AIIB)

아시아 지역의 경제개발을 목적으로 설립한 국제기구이다. 미국·일본 주도의 세계은행, 아시아개발은행(ADB: Asian Development Bank) 등에 대항하기 위해 중국이 주도하여 2016년 1월 출범하였다. 본부는 중국 베이징에 위치하고 있다.

4) 치앙마이 이니셔티브

동남아시아 국가 연합(ASEAN) 10개국과 한국, 중국, 일본 3개국이 외환위기 및 금융위기 발생을 방지하기 위한 1200억 달러 규모의 공동기금을 마련하는 것을 골자로 한 통화교환협정. 2010년 3월 24일에 공식적으로 발효되었다.

5) 동남아시아 국가연합(ASEAN: Association of Southeast Asian Nations)

동남아시아 국가연합은 10개국이 회원국으로 가입한 지역 협력 기구로서 아세안(ASEAN)이라고도 부른다. 1967년 필리핀, 말레이시아, 싱가포르, 인도네시아, 태국 등 5개국이 회원국으로 가입하면서 설립된 이후 1984년 브루나이, 1995년 베트남, 1997년 라오스와 미얀마, 1999년 캄보디아가 차례로 가입했다.

6) 유엔난민기구(UNHCR: United Nations High Commissioner for Refugees)

난민들의 권리를 보호하고 복지 제공 등을 주요 목표로 하여 설립되었다. 모든 사람이 비호(난민지위)를 신청할 권리를 누리며, 자발적 본국 귀환, 현지 동화, 제3국 재정착 등 안전한 피난처를 보장받을 수 있도록 국제적인 지원 활동을 전개하고 있다. 1950년 12월 14일 스위스 제네바에 설립되었고 1954년과 1981년 두 차례 노벨 평화상을 수상하기도 했다.

4 디지털 (핵심유형 93~110)

핵심유형 93 — 디지털 기술과 금융혁신

최근 금융부문에 블록체인, 사물인터넷, 바이오인증, 빅데이터, 인공지능 및 클라우드 컴퓨팅 등의 디지털 기술이 도입되면서 디지털 통화, 거래정보 분산 기록, 모바일 지급결제, 생체정보 이용 인증, 로보어드바이저, P2P대출, 크라우드펀딩 등 다양한 형태의 금융서비스에 활용되고 있다. 디지털 기술 관련 용어 및 개념은 물론 금융상품 및 금융서비스에 미치게 될 혁신적 변화의 움직임도 함께 파악해 두도록 하자.

대표예제

01 최근 디지털 기술에 대한 투자가 급증하고 핀테크산업이 빠르게 성장함에 따라 지급결제, 여신, 투자 및 자산관리 등 금융분야에 다양한 변화가 일어나고 있다. 다음 중 디지털기술 도입에 따른 금융 분야에 미치게 될 영향으로 가장 관련이 없는 것은 무엇인가?

① 금융업의 기능별 분할(unbundling) 현상 심화
② 금융의 탈중개화 및 탈집중화
③ 금융서비스의 편리성 및 효율성 증대
④ 기존 금융회사의 수익 기반 강화

문제풀이

디지털 기술을 이용한 핀테크 기업들이 참여함으로 인해 전통적 금융업의 모델이 분화됨으로써 기존 금융회사들은 더 이상 규모 및 범위의 경제를 누리지 못할 수 있게 됨으로써 예대마진, 수수료 등의 전통적인 수익원이 축소될 가능성이 높아지고 있다.

정답 ④

02 다음이 설명하는 것은 무엇인가?

> 온라인 플랫폼을 통해 다수의 개인으로부터 자금을 조달하는 금융서비스를 의미한다. 자금 수요자가 은행 등 금융중개기관을 거치지 않고 직접 자금공급자를 모집하는 새로운 방식의 자금조달 수단으로서 운용과정에서 빅데이터를 이용한 신용평가 등 디지털 기술이 활용된다.

① 클라우드 서비스 ② 블록체인 ③ 크라우드펀딩 ④ 로보어드바이저

문제풀이

크라우드펀딩은 자금모집 방식 및 목적에 따라 크게 후원·기부형, 대출형, 투자형 등으로 구분할 수 있다. 후원·기부형 크라우드펀딩은 예술, 복지 등 분야의 프로젝트에 자금을 후원하거나 단순 기부하는 형태, 대출형 크라우드펀딩은 자금이 필요한 개인, 소규모 사업자 등에 소액 대출을 지원하는 유형, 투자형 크라우드펀딩은 투자금액에 비례한 지분취득, 이익배당을 목적으로 주로 창업기업 등의 초기 사업자금 조달에 유용하다.

정답 ③

핵심이론

금융부문에서 디지털 혁신을 주도하고 있는 주요 핵심 기술

1) 인공지능(AI: Artificial Intelligence)
알고리즘을 통해 인지·학습·추론 등 인간 고유의 지적 능력을 컴퓨터로 구현하는 기술을 의미한다. 컴퓨터가 대량의 데이터로부터 패턴을 학습하고 이를 바탕으로 결과값을 예측하거나 최적의 의사결정을 도출하는 기계학습(머신러닝, machine learning) 기술과 인간의 두뇌 작동방식을 모방한 심화학습(deep learning) 기술이 핵심이다. 인공지능을 활용한 금융서비스의 사례로 로보어드바이저(robo-advisor)가 대표적이다.

2) 빅데이터(big data)
기존의 데이터 처리 및 활용 능력을 뛰어넘는 수준의 대규모 데이터를 수집·저장하는 데이터 처리 기술을 의미하며, 수치 데이터 등 기존의 정형화된 정보뿐만 아니라 텍스트, 이미지, 오디오, 로그기록 등 다양한 형태의 비정형 정보까지 활용하여 데이터를 분석·시각화하는 데이터 분석 기술까지 포함한다. 금융정보를 방대하게 보유하고 있는 금융업에서는 마케팅, 신용평가, 금융보안 등에서 빅데이터의 활용가치가 높다.

3) 블록체인(blockchain)
일정 기간 동안 발생한 모든 거래정보를 블록 단위로 기록하여 모든 구성원에게 전송하고 블록의 유효성이 확보될 경우 기존의 블록에 추가 연결하여 보관하는 방식을 말한다. 거래정보를 기록한 원장을 특정 기관의 중앙 서버가 아닌 P2P(Peer-to-Peer) 네트워크에 분산하여 참가자가 공동으로 기록하고 관리하는 기술인 분산원장기술(distributed ledger technology)의 운영 메커니즘의 하나이다.

4) 생체인증(biometrics)
개인을 식별하거나 인증하기 위해 인간의 고유한 생체정보(지문, 홍채, 정맥 등의 신체적 특성과 음성, 서명, 걸음걸이 등 행동적 특성)를 자동화된 장치로 추출하여 등록·보관하고 인증하는 기술이다. 기존 금융거래 인증수단에 비해 별도의 보관 및 암기가 불필요하고 분실 우려가 적으며 도용 및 양도가 어렵다는 장점을 바탕으로 금융 분야뿐만 아니라 금융 이외의 분야에서도 활발히 이용 중이다.

5) 사물인터넷(IoT: Internet of Things)
각종 사물들이 유무선 통신 네트워크를 통해 연결되어 사람과 사물, 사물과 사물 간 정보를 실시간으로 사람의 개입 없이 상호 교환 처리하는 기술 또는 서비스를 의미한다. 주로 스마트 팩토리 등 제조업 분야에서 응용되고 있으며 금융분야에서는 동산담보대출 등의 분야에서 도입되고 있으나 아직 초기 단계이다.

6) 클라우드 컴퓨팅(cloud computing)
서로 다른 물리적인 위치에 존재하는 IT자원(소프트웨어, 저장공간, 서버, 네트워크 등)을 가상화 기술로 통합해 제공하는 기술을 의미한다. 클라우드 서비스를 이용하면 IT설비 구축을 위한 초기비용은 물론, 운영 및 관리비용의 절감이 가능하고, 하드웨어 및 소프트웨어적인 IT자원을 필요에 따라 신속하게 확보하고 사용할 수 있는 유연성을 확보할 수 있어 신기술을 활용한 혁신적 금융서비스 경쟁력 제고가 가능하다.

핵심유형 94 — 디지털 혁신과 금융규제

금융산업의 경쟁과 디지털 혁신을 저해하는 불합리한 규제는 개선해야 하며, 새로운 형태의 금융서비스와 참여기관은 물론 예상하지 못한 리스크의 출현 등에 따른 금융의 안정성 및 이용자 보호를 위해 새로운 금융규제 체계 구축이 필요하다.

대표예제

다음 본문 빈칸에 공통으로 들어갈 용어는?

> IBK기업은행은 은행 최초로 (　　) 사업을 통한 대고객 서비스를 출시했다고 밝혔다. 'IBK 1st Lab' 참여 기업인 팝펀딩, 피노텍과 각각 위수탁 계약을 체결하고 서비스 출시 행사 및 간담회를 가졌다. (　　) 제도는 금융회사가 핀테크 기업에게 예금, 대출심사 등 금융회사의 고유 업무를 위탁해 핀테크 기업이 혁신적 금융서비스를 출시하고 최대 2년 동안 시범 운영하는 제도이다.

① 임시허가　　② 신속확인　　③ 지정대리인　　④ 실증특례

문제풀이

지정대리인 제도에 관한 내용이다. ①, ②, ④는 새로운 혁신 상품과 서비스가 기존 규제에 막혀 지체되는 일이 없도록 도입된 규제혁신 3종 세트이다.

[규제혁신 3종세트]

신속확인	• 기업이 신기술·신산업 관련 규제가 존재하는지, 허가가 필요한지 여부를 문의하면 30일 이내에 회신을 받는 제도 • 정부가 30일 이내에 회신하지 않으면 관련 규제가 없는 것으로 간주
임시허가	• 안전성과 혁신성이 검증된 신제품·신서비스임에도 불구하고 관련 규정이 모호하거나 불합리해 시장 출시가 어려울 경우, 일정 조건 하에서 기존 규제의 적용을 받지 않는 임시허가로 시장 출시를 허용 • 최대 2+2년 허용(2년간 허용, 2년 연장 가능)
실증특례	• 관련 법령이 모호하고 불합리하거나, 금지규정 등이 있어 신제품·신서비스 등에 대한 시험 검증이 필요한 경우, 기존 규제에도 불구하고 제한된 구역·규모·기간 등 일정 조건 하에서 신기술이나 서비스의 테스트를 허용하는 우선 시험 검증 제도 • 최대 2+2년 허용(2년간 허용, 2년 연장 가능)

※ 위탁테스트: 핀테크 기업이 개발한 금융서비스를 금융회사에게 위탁하여 금융회사를 통해 해당 서비스를 시범 영업해 보는 제도이다. 미인가 기업, 독자적 테스트가 어려운 소규모 기업, 금융회사와 협업을 희망하는 기업의 테스트 기회 확보 효과를 기대할 수 있다.

정답 ③

핵심이론

디지털 혁신과 금융규제

1) 빅테크(BigTech)
- Big과 Technology의 합성어로 광범위한 고객 네트워크를 통해 기존 금융상품과 유사한 금융상품 및 서비스를 직접 제공하는 대형 기술회사로 정의된다(FSB 2019).
- 미국의 GAFA(Google, Amazon, Facebook, Apple), 중국의 BAT(Baidu, Alibaba, Tencent), 국내의 네이버, 카카오 등 대형IT플랫폼 기업을 일컫는 말이다.
- 금융산업에서 빅테크는 후발주자이지만, 폭넓은 고객 네트워크와 강력한 브랜드 인지도, 충분한 자본 및 뛰어난 IT기술 수준을 기반으로 지급결제, 온라인 자산관리, 보험은 물론 대출서비스까지 점차 진출범위를 확대하고 있어 향후 본격적으로 금융시장에 진입할 경우 사업영역 측면에서 은행과 빅테크 간의 치열한 경쟁은 불가피할 것으로 전망된다.

> **금융의 탈중앙화(De-Fi: Decentralized Finance)**
> 금융권과 빅테크의 경쟁과 협력을 통해 금융산업의 효율성이 향상되고 다양한 혁신적 금융서비스의 개발이 가능할 것으로 예상되나, 빅테크의 시장지배력이 높아질수록 금융권의 자금중개 기능 약화 및 금융안정성 저해 가능성도 있는 만큼 빅테크의 금융시장 진출에 따른 금융시장 및 소비자를 보호하고 불공정한 경쟁환경 조성을 방지하고 금융시장 안정성을 강화하기 위한 제도와 규범을 정비할 필요가 있다.

2) 금융규제 샌드박스(Regulatory Sandbox)
- 금융규제 샌드박스란, 금융소비자·금융시장을 위협하지 않는 범위 내에서 금융회사 등이 혁신적인 금융서비스를 실제 시장에 출시해 볼 수 있도록, 일시적으로 규제를 유예 또는 면제해 주는 제도를 말한다.
- 금융규제 샌드박스를 통해 법적 불확실성 해소 및 출시기간 단축(핀테크사업자, 금융회사), 서비스 선택폭 확대 및 편리성 제고(금융소비자), 시장에 미치는 영향이나 규제 개선 필요성 등의 사전검증(금융당국) 등 긍정적 효과가 기대되며, 규제 샌드박스를 통해 지정된 혁신금융서비스가 시장에 본격 정착하는 선순환 구조가 확립되면 디지털 금융혁신이 더욱 가속화될 것으로 전망된다.

> **GFIN(Global Financial Innovation Network)**
> 영국 FCA, 미국 CFPB, 싱가포르 MAS, 호주 ASIC 등 해외 금융당국이 참여하는 글로벌 금융혁신 네트워크로 국경 간 시범 출시할 수 있는 환경을 제공하고 규제당국 간 혁신 경험을 공유·협력할 수 있는 글로벌 규제 샌드박스를 추진 중에 있다.

3) 데이터 3법
- 데이터 3법은 개인정보보호법을 중심으로 정보통신망법과 신용정보법이 연결된 구조이다.
- 개정된 개인정보보호법은 가명정보의 개념 및 이용목적에 관한 내용을 포함하고 있으며, 기존의 정보통신망법 내의 개인정보보호 관련 규정을 이관하였다. 또한 신용정보법에는 비금융정보전문 CB(Credit Bureau) 등 특화 CB사와 본인신용정보관리업(MyData) 인가단위를 새롭게 도입하였으며, 신용정보주체의 보호를 목적으로 신용정보주체의 권한을 강화한 내용을 포함하였다.
- 개인정보의 유통과 활용을 위한 데이터 경제의 제도적 기반이 마련되어 시장참여자들에게 새로운 사업기회를 제공하고 있다.

핵심유형 95 — 디지털 트렌드

데이터 경제 활성화와 디지털 전환의 성공은 뉴노멀 2.0 시대에 우리나라가 위기를 기회로 바꿔 디지털 선도국가로 재도약할 수 있는 계기가 될 수 있을 것이다. 금융과 기술의 융합으로 급속히 변하고 있는 금융산업의 흐름을 익혀 두자.

대표예제

01 다음 중 클라우드 컴퓨팅(cloud computing)에 대한 설명으로 옳지 않은 것은?

① 서비스 종류에 따라 IaaS(IT인프라), PaaS(개발환경), SaaS(소프트웨어)로 구분할 수 있다.
② 공유 범위에 따라 퍼블릭 클라우드, 프라이빗 클라우드, 하이브리드 클라우드로 구분된다.
③ 클라우드는 IT비용 부담 완화, IT자원 확장성 제고, 비즈니스 민첩성 향상 및 신기술 활용 용이 등의 기대효과를 지닌다.
④ 클라우드 활용 시 서비스 제공 중단, 서비스 장애 발생 및 주요 클라우드 사업자에 대한 의존도 심화 등의 리스크 요인이 존재하나 보안위협은 크지 않다.

문제풀이

클라우드 이용 확대로 외부 클라우드에 저장하는 데이터가 증가함에 따라 클라우드 공격 유인도 함께 증가하고 있는 상황이다. 금융권 클라우드를 타깃으로 한 공격 발생 가능성이 지속적으로 증가하고 있다. 2018년 한 해 동안 클라우드 서비스 대상 공격이 약 6억 8천만 회 발생한 바 있다.

정답 ④

02 개정된 개인정보보호법, 신용정보법, 정보통신망법(데이터 3법)의 시행으로 개인정보의 유통과 활용을 위한 제도적 기반을 바탕으로 다양한 형태의 데이터를 서로 융합하여 금융 분야를 비롯한 전 산업분야의 혁신성장의 기회가 될 것으로 기대되고 있다. 다음 중 가명정보·익명정보 관련 용어에 대한 설명으로 옳지 않은 것은?

① 개인정보: 특정 개인에 관한 정보, 개인을 알아볼 수 있게 하는 정보
② 가명정보: 추가정보의 사용 없이는 특정 개인을 알아볼 수 없게 가명처리한 개인신용정보를 말한다.
③ 추가정보: 특정 개인인 신용정보 주체를 알아볼 수 없도록 개인신용정보를 익명처리하는 데 사용된 정보로서 익명정보를 원래의 상태로 복원하는 데 사용할 수 있는 값을 말한다.
④ 익명정보: 개인신용정보를 더 이상 특정 개인인 신용정보주체를 알아볼 수 없도록 익명처리한 정보를 말한다.

문제풀이

추가정보는 개인신용정보를 가명처리하는 데 사용되거나 가명정보를 원래의 상태로 복원하는 데 사용할 수 있는 값을 말한다.

정답 ③

핵심이론

디지털 트렌드

1) 데이터 경제
- 데이터는 4차 산업혁명 흐름 속에서 미래의 지속가능한 성장을 위한 핵심자원으로서 가치를 지니며, 데이터의 수집·분석·활용 등이 경제활동의 중요한 생산 요소로 사용되는 경제 구조를 의미한다.
- 데이터 주도 경제(Data-driven economy)는 데이터에 대한 공정한 접근과 다양한 활용을 보장하여 자유로이 경쟁할 수 있도록 함으로써 데이터 산업의 성장과 함께 양질의 일자리도 창출 가능하다.
- 데이터 보호 없는 무분별한 활용은 서비스 신뢰 저하로 이어지게 되고, 과도한 데이터 보호는 데이터 산업 활성화를 크게 저해하는 요인이 될 수 있으므로, 데이터 보호 및 활용에 대한 사회적 합의를 바탕으로 안전한 데이터 활용을 위한 정책적·기술적 토대 마련이 필요하다.

> **데이터 유출 방지를 위한 주요 기술**
> - 비식별조치: 특정 개인을 식별할 수 없도록 개인정보 삭제 또는 대체 등의 처리를 적용하는 기술
> - 차등 프라이버시(Differential Privacy): 특정 데이터가 포함된 또는 포함되지 않은 각각의 비식별 데이터 집합에 대해 질의 후 나온 응답결과를 임의의 잡음(노이즈) 추가 등의 방법으로 유사하게 만들어 재식별 가능성을 줄이는 기법
> - 동형암호: 암호화된 데이터를 복호화하지 않고 암호화된 상태에서 분석이 가능한 암호화 기법

2) 디지털 전환(Digital Transformation)
- 디지털적인 모든 것으로 인해 발생하는 다양한 변화에 디지털 기반으로 기업의 전략, 조직, 프로세스, 비즈니스 모델, 문화, 커뮤니케이션, 시스템을 근본적으로 변화시키는 경영전략이다.
- 전통적인 금융기관의 영역에 디지털 기술로 무장한 핀테크 업체들이 진출하자 금융기관들은 사업영역을 빼앗기지 않기 위해 디지털 인재를 확보하고 핀테크 업체와의 협업을 통해 플랫폼 비즈니스 경쟁력을 강화해 나가는 등 디지털 트랜스포메이션을 적극 추진하고 있다.

3) 클라우드 컴퓨팅
- 서버 등의 IT인프라(IaaS), 애플리케이션(SaaS), 개발도구·환경(PaaS) 등 IT자원을 직접 소유하지 않아도, 언제 어디서나 이용자의 요구나 수요 변화에 따라 클라우드 서비스 제공자(CSP: Cloud Service Provider)로부터 필요한 만큼 IT자원을 빌려 쓰고, 탄력적으로 이용하는 컴퓨터 방식을 말한다.
- 2019년 1월 전자금융감독규정 개정을 통해 금융권 클라우드 활용 범위를 기존 비중요정보에서 개인신용정보 및 고유식별정보를 포함하는 중요정보로 확대하는 등 클라우드 관련 규제 개선이 이어지면서 국내 금융권의 클라우드 활용이 점차 증가할 것으로 기대된다.

핵심유형 96 금융플랫폼 변화

금융회사들은 금융 소비자와 만나는 자사만의 독특한 플랫폼을 구축하기 위해 경쟁하고 있다. 각종 금융 서비스를 이용하는 플랫폼의 모습이 '은행점포에서 은행원을 만나는 모습'에서 점차 ATM/CD기를 거쳐 '인터넷 뱅킹 및 모바일 뱅킹을 이용해 손 안에서 금융 서비스를 누리는 모습'으로 확장되어 왔으며 비대면 금융 플랫폼을 확대하고 고도화시키는 방향으로 움직이고 있다.

대표예제

다음 본문의 빈칸에 들어갈 용어는 각각 무엇인가?

> 금융회사 및 빅테크·핀테크 기업은 많은 사람들이 특정 상품 및 서비스를 이용할수록 해당 상품 및 서비스의 가치가 높아지는 현상인 (A) 효과를 위해 각자만의 방식으로 플랫폼화를 추진하고 있으며, 특정 상품 및 서비스 사용 시 전환 비용이 매우 커서 다른 상품 및 서비스로 쉽게 갈아타기 어려운 상태가 되는 (B) 효과가 플랫폼 특성상 존재함에 따라 고객을 선점하기 위한 금융플랫폼 경쟁이 본격화될 전망이다.

문제풀이

플랫폼 비즈니스의 핵심인 네트워크 효과와 잠금 효과(lock-in effect)에 관한 내용이다.

정답 A: 네트워크, B: 잠금

핵심이론

금융플랫폼 변화

1) 금융플랫폼
- 금융플랫폼이란 다수의 공급자와 소비자가 서로 만나 금융 상품 및 서비스 거래 등의 상호작용을 할 수 있는 공간으로 온라인·모바일 기반의 플랫폼을 말한다.
- 금융회사 및 핀테크 기업들은 고객 잠금 효과, 네트워크 효과 등을 위해 각자만의 방식으로 플랫폼화를 추진하고 있다.
- 4차 산업혁명 기술과 금융산업의 융합과 함께 비대면 계좌개설 허용, 비금융회사의 금융업진출규제 완화 등의 규제환경의 변화로 인해 비대면 방식으로 다양한 금융상품 및 서비스를 다수의 공급자와 수요자가 상호작용하며 공급 및 소비할 수 있는 매개체인 '금융플랫폼'이 증가하고 있다.

2) 비대면 금융플랫폼
- 비대면 금융플랫폼은 금융소비자가 24시간, 원하는 시간에, 원하는 장소에서, 맞춤형 서비스를 누릴 수 있다는 면에서 장점이 있다.
- 금융기관 입장에서도 대면 금융서비스를 제공하기 위한 인력 유지비용 및 점포 운영비용 절감이 가능하며, 비용을 축소하는 만큼 저렴한 수수료 혜택을 소비자에게 제공한다는 점에서 경쟁력 구축의 기반이 된다. 또한 해외진출의 교두보로서 비대면 금융플랫폼을 적극 활용할 필요가 있다.

3) 오픈뱅킹
- 고객이 여러 앱을 설치할 필요 없이 하나의 은행 앱 또는 핀테크 앱만으로 모든 은행의 계좌를 조회 및 이체할 수 있는 서비스로, 금융결제 인프라 개방을 통한 금융혁신을 촉진하기 위해 2019년 12월 출범한 이후 시장에 빠르게 안착하고 있다.
- 기대효과

은행권	신규고객 유치 및 새로운 서비스·사업모델 개발 → 모바일 종합금융서비스 제공 기반 마련
핀테크기업	획기적 비용절감을 통한 대고객 서비스 향상 및 신규상품 출시 가능
금융소비자	금융 이용의 편의성 확대 및 금융이용 비용 절감 확대

- 고도화 추진방향: 은행 및 핀테크 기업 이외에 상호금융, 금융투자회사, 카드사 등 타금융업권의 참여 확대, 이용 가능계좌 추가 및 마이데이터, 마이페이먼트 등 디지털 신산업과의 연계 강화

핵심유형 97 — 인증 및 신원확인

1999년 「전자서명법」 제정으로 도입된 공인인증서는 ActiveX 설치와 같은 복잡한 절차와 특정 브라우저 종속성으로 인해 사용자 불편과 보안 취약성이 지속적으로 제기되었다. 이에 2020년 5월 공인인증서 폐지를 골자로 「전자서명법」이 개정되면서 공인인증서와 사설인증서의 법적 지위가 동등해졌다. 이후 패턴·간편비밀번호, 생체인증, QR 인증, PASS, 공동인증서, 블록체인 기반 DID(분산신원증명) 등 다양한 인증 수단이 보편화되었고, 이는 금융·공공 분야를 포함한 비대면 서비스 전반에서 이용자 편의성과 선택권을 획기적으로 개선하는 계기가 되었다.

대표예제

다음은 본인확인 및 본인인증 수단으로 이용 가능한 인증수단을 인증 특성에 따라 분류한 것이다. 인증수단에 대한 설명이나 예시가 잘못된 것은?

	분류	설명	예시
①	지식 기반	사용자가 알고 있는 지식을 활용하여 사용자를 인증하는 방법	ID/PW + 휴대폰SMS 인증
②	소지 기반	사용자가 소지하고 있는 인증수단을 활용하여 사용자를 인증하는 방법	OTP
③	생체 기반	사용자의 생체정보를 활용하여 사용자를 인증하는 방법	손바닥정맥 인증
④	행동 기반	사용자의 행동패턴을 분석하여 사용자를 인증하는 방법	서명패턴 인증

문제풀이

- ①의 예시인 'ID/PW + 휴대폰SMS 인증'은 지식 기반 인증수단과 소지 기반 인증수단을 함께 사용하여 안정성 및 보안성을 높여 인증하는 방식인 다중 인증(2팩터 인증)의 예시이다. 인증요소의 개수에 따라 단일 인증 방식과 다중 인증 방식으로 나눌 수 있다.
- 인증수단이란 본인 또는 전자금융거래 등의 진실성 및 정확성을 확보하기 위한 기술 또는 방법을 말하며 금융권에서는 비밀번호, 보안카드, OTP, 공인인증서 등이 전통적인 인증수단으로 사용되었고, 공인인증서 의무사용 폐지 이후 특히 모바일 환경에서 바이오 인증, 일회용비밀번호 등 다양한 인증수단이 활용되고 있다.

[기존 인증 방식의 장 · 단점]

구분	장점	단점
패스워드 인증	간단하고 적용이 용이	정적인 인증정보의 전달 및 패스워드 탈취 문제
USB토큰 인증	복잡한 인증정보의 기억 불필요	서비스 간 상호 연동이 어려움
바이오 인증	기억 또는 매체 소지의 불편 없음	바이오 정보의 제공에 대한 거부감
공개키 인증	강력한 인증 가능	개인키 보관 문제

정답 ①

핵 심 이 론

인증 및 신원확인

1) 생체 인증
- 생체 인증 기술이란 개인을 식별할 수 있는 고유의 신체적 또는 행동적 특징을 통해 신원을 확인하는 방식을 말한다.
- 비밀번호, OTP 등과 같이 인증정보를 소지하거나 기억할 필요가 없기 때문에 기존 인증방식과 비교하여 편리하며 분실 및 유출 등으로 인한 악용 우려가 적은 안전한 인증방식으로 평가받고 있다.
- 생체인증 유형 및 특징

구분	생체정보	인증방법	특징
신체적 특징	지문	지문의 형상적 특징을 비교	• 편의성, 센서 소형화 수준 높음(스마트폰 내장) • 땀, 먼지 등에 의한 인식률 저하
	홍채·망막	홍채의 무늬, 형태, 색, 망막의 모세혈관 분포 패턴 비교	• 낮은 오인식률과 위조의 어려움 • 눈을 뜨고 있어야 하는 불편함
	정맥	손바닥, 손가락 등의 정맥 분포 패턴 비교	• 위조가 어려움 • 높은 시스템 구축비용
	얼굴	눈, 코, 입 등 3차원 얼굴 형상 비교	• 낮은 시스템 구축비용(스마트폰 카메라 등 활용 가능) • 주변 환경, 노화 등에 의한 인식률 저하
행동적 특징	서명	서명과제(속도, 필압 등) 형상 비교	• 낮은 시스템 구축비용(스마트폰 터치스크린 활용 가능) • 서명 목제 및 위조 가능
	음성	개인 고유 음성패턴 비교	• 전화, 인터넷 등으로 원격 인증 가능 • 목소리 및 주변 환경에 위한 인식률 저하 • 녹음을 통한 도용 가능

2) 글로벌 생체 인증 표준, 'FIDO(Fast IDentity Online)'
- 기존 아이디·패스워드 방식 등 사용자 인증의 문제점을 해결하고 소지(Possession) 및 바이오(Inherence) 요소 기반의 인증을 포함하는 전 범위의 인증기술을 지원하기 위하여 FIDO Alliance(글로벌 생체 인증 기술표준 연합회)가 제정한 국제인증표준이다.
- FIDO 인증은 인증의 단계를 사용자 확인의 로컬 인증과 원격지 인증으로 이중화, 인증기(Authenticator) 이용을 유기적으로 연계하여 사용자가 편리하게 지문 등 바이오정보를 입력하는 것만으로 원격지 서버와 강력한 공개키 인증이 가능하다.

3) 분산신원증명(DID: Decentralized IDentity)
- DID란 본인의 신원을 증명함에 있어 블록체인을 활용함으로써 센터에 의존하지 않는 탈중앙화된(decentralized) 디지털 신원증명 체계를 의미한다.
- DID기술은 W3C(World Wide Web Consortium)에서 표준화를 진행하고 있으며, 국내는 2020년 12월부터 공인인증서의 독점적 지위가 폐지되면서 차세대 신원확인 기술로 주목받고 있는 DID기술이 금융혁신 및 핀테크 활성화, 블록체인 신기술 산업육성 등의 정부정책과 연계되어 주목 다수의 DID사업이 추진되고 있다.
- 최근 마이데이터 산업 등 개인정보 주체의 권한 강화 트렌드와 맞물려 대두되면서 개인의 데이터 주권을 실현할 수 있는 기술로 DID가 각광받고 있으며, 블록체인의 특징인 위변조를 검증할 수 있다는 점이 신원확인 서비스로의 활용 가능성을 더욱 높이고 있다.

핵심유형 98 — 금융보안

금융의 디지털화 가속화로 해킹이나 정보유출 등의 사이버 리스크가 기업의 운영·평판·재무리스크에도 큰 영향을 미치는 핵심 리스크로 부각되고 있다. 금융보안 사고 발생 시 그 어떤 편의성과 효율성도 담보할 수 없으며, 집단 소송으로 인한 금전적 피해는 물론 고객 이탈, 평판 실추, 신뢰도 하락 등 유·무형의 피해가 매우 크기 때문이다.

대표예제

01 다음 중 암호기술의 주요 보안 특성에 대한 설명으로 옳지 않은 것은?

① 기밀성: 비인가 대상이 데이터에 접근하여 내용을 파악할 수 없음을 보장하는 것
② 가용성: 원래의 정보/신호가 전송, 저장, 변환 또는 그 후에도 동일함을 유지하는 것
③ 인증: 정보 및 시스템의 자원을 사용하는 주체가 정당한 사용자임을 확인할 수 있도록 보호하는 것
④ 부인방지: 송신자나 수신자 양측이 메시지를 전송한 사실을 부인하지 못하도록 막는 것

문제풀이

②의 설명은 '무결성'에 대한 내용이다. '가용성'이란 승인된 사용자가 필요시 정보 및 관련 자산에 접근할 수 있도록 보장하는 것으로 파괴 자체로부터의 보호를 의미한다.

정답 ②

02 다음 중 성격이 다른 하나는 무엇인가?

① 스미싱(Smishing)
② FDS(Fraud Detection System)
③ 스피어피싱(Spear Phishing)
④ APT(Advanced Persistent Threat)

문제풀이

- ②는 최신 보안 기술 중 하나이고, ①, ③, ④는 최신 주요 보안 위협 수법들이다.
- 다크웹(Dark Web): 토르(TOR)와 같은 특정 웹브라우저를 통해 제한된 사용자만 접속 가능한 인터넷 영역을 가리킨다. 철저한 익명성, 접근 제한성 및 은닉성 등의 특징으로 인해 다크웹에서는 개인금융정보, 악성코드, 위조화폐, 범죄 기기 등이 거래되고 있을 뿐만 아니라 사이버 공격도 모의되고 있는 등 금융사고에 악용될 수 있는 여지가 높다.

정답 ②

핵 심 이 론

금융보안

1) 최신 주요 보안 위협
- APT공격(Advanced Persistent Threat): 정치적, 사회적, 경제적, 기술적, 군사적으로 중요한 공격대상을 표적으로 정기적인 정보 수집으로 취약점을 파악하여 다양한 공격기술과 사회 공학적 해킹기법을 활용하는 공격을 말한다.
- 스미싱(Smishing): 문자(SMS)와 피싱(Phishing)의 합성어로 SMS를 통하여 무료쿠폰 지급, 이벤트 당첨 등을 사칭하여 스마트폰 소액결제서비스를 악용하여 공격이 진행되는 신종 사기수법이다.
- Open SSL 취약점(하트블리드, HeartBleed): OpenSSL 암호화 라이브러리의 하트비트(Heartbeat)라는 확장 모듈에서 클라이언트 요청 메시지를 처리할 때 데이터 길이 검증을 수행하지 않아 시스템 메모리에 저장된 64kb 크기의 데이터를 외부에서 아무런 제한 없이 탈취할 수 있는 취약점을 말한다.
- 스피어 피싱(Spear Phishing): 기밀데이터나 중요 시스템의 접근 권한자 등을 공격 목표로 설정하여 대상자에 대해 수집한 정보를 바탕으로 스피어 피싱 이메일을 보내 주요 직무자의 단말기 권한을 획득한 후 수개월 이상 모니터링을 통해 계정정보를 가로채거나 원격 제어 도구를 이용해 주요 시스템과 네트워크를 장악한다.
- NTP취약점(Network Time Protocol): NTP는 네트워크를 통해 컴퓨터 시스템 간 시간 동기화를 위해 사용된다. NTP분산서비스 거부 취약점, NTP 스택 오버플로우 취약점의 경우 전 세계적으로 이슈가 되고 있다.
- 악성메일 공격: 특정 개인이나 기관을 사칭하여 이메일을 보내 악성코드가 포함된 첨부파일을 다운로드하게 하거나 또는 URL에 접속하도록 유도하여 악성코드 감염 또는 사기성 공격 등을 수행하는 공격 행태를 말한다.

2) 네트워크 공격의 유형
- DoS: 다양한 형태의 부담을 발생시켜 특정 서버가 정상 동작을 하지 못하도록 방해하는 공격으로 보안 서비스 중 하나인 가용성에 대한 공격이다.
- DDoS(Distributed DoS): DoS공격의 진화된 방식으로 공격의 근원지가 복수 개인 DoS공격이다.
- 스니핑(sniffing): 도청, 엿듣기 등과 같은 개념으로 LAN카드를 프로미큐어스 모드로 설정하여 특정 LAN상의 모든 트래픽을 도청하는 공격이다.
- 스푸핑(spoofing): 자기 자신의 식별 정보를 속여 다른 대상 시스템을 공격하는 기법으로 패킷 스니퍼링, DoS공격, 세션 하이재킹 등과 같은 다른 공격을 위해 사용된다.

3) 최신 주요 보안 기술
- 망분리/망연계: 외부 인터넷 망을 통한 물리적인 접근과 내부 정보 유출을 차단하기 위해 내부 업무망과 외부 인터넷망을 분리하는 망 차단조치이다.
- MDM(Mobile Device Management): 원격에서 모바일 디바이스를 강도 설정, VPN설정 구성, 화면 잠금 지속시간 지정, 특정 앱 비활성화, 잠재적 위험성이 있는 행동 차단 등을 등록하고 관리하는 기능을 제공한다.
- WIPS(Wireless Intrusion Prevention System, 무선침입방지시스템): 특정 조직에서 운영되는 무선랜을 지속적으로 모니터링하여 인가되지 않은 무선장비들의 접근을 자동 탐지 및 방지하고 무선랜의 안정성을 높이고 통합관리할 수 있도록 지원하는 시스템이다.
- FDS(Fraud Detection System, 이상거래탐지시스템): 다양하게 수집된 정보를 종합적으로 분석하여 이상 금융거래 유무를 판별하는 복합적인 시스템으로 정보수집, 분석 및 탐지, 대응 및 모니터링/감사 기능으로 이루어진다.

핵심유형 99 디지털금융 생태계

혁신적 핀테크·금융회사 등의 디지털 금융산업 진입을 촉진하고 지속 성장하는 디지털금융 생태계를 구축해야 디지털 경제와 디지털 뉴딜을 선도할 수 있을 것이다. 글로벌 수준의 규제 혁신을 촉진하고 이용자 보호체계를 마련함은 물론, 금융 인프라 및 법·제도적 체계 구축을 위해 금융규제 샌드박스 도입, 데이터3법 개정에 이은 전자금융거래법 개정을 통해 마이데이터, 마이페이먼트 등 새로운 디지털 금융산업의 육성을 추진하고 있다.

대표예제

01 다음은 마이데이터에 대한 설명이다. 옳지 않은 것은?

① 마이데이터의 핵심 개념은 개인의 데이터 주권인 자기정보결정권으로, 개인데이터의 활용과 관리에 대한 통제권을 정보주체인 개인이 갖는다.
② 금융거래, 통신, 구매, 진료, 여행, SNS 등 다양한 서비스를 이용하면서 생성되는 개인데이터에 대하여 개인들이 접근하고, 저장하고, 활용할 수 있는 환경을 조성하는 것이 마이데이터의 목적이다.
③ 본인신용정보관리업(마이데이터)은 개인 신용정보 통합조회업, 정보관리 및 데이터 제3자 제공업 등을 영위하는 사업으로 신고제로 운영되고 있다.
④ 마이데이터 서비스를 기준으로 하나의 기관(기업)이 마이데이터 서비스 제공자는 물론 개인데이터 보유자 및 개인데이터를 공유 받는 제3자의 역할을 수행할 수 있다.

문제풀이

2020년 8월 5일부터 시행된 개정 신용정보법에 따라 본인신용정보관리업의 고유 업무를 영위하고자 하는 모든 회사는 금융위원회의 허가를 받아야 한다. 다만, 수집하는 정보가 개인신용정보가 아니거나, 수집된 정보를 정보 주체에게 제공하지 않는 경우 본인신용정보관리업에 해당하지 않으므로 허가 대상이 아니다.

정답 ③

02 최근 증가하고 있는 금융플랫폼 등의 영업 확장·경쟁 또는 AI·머신러닝·빅데이터 등의 신기술 활용 시 발생할 수 있는 이용자 피해를 예방하기 위한 영업행위 규율체계 마련이 필요하다. 다음 중 금융플랫폼의 공정한 영업행위와 신기술 활용의 투명성 및 책임성 확보를 위한 원칙에 대한 설명으로 옳지 않은 것은?

① 오인방지: 금융상품·서비스의 제공, 연계·제휴 시 UI(User Interface) 등을 통해 이용자가 명칭, 제조·판매·광고의 책임 주체 등을 오인하지 않도록 할 것
② 인위적 개입 금지: 이용자는 희망하는 금융상품·서비스를 자유롭게 선택할 수 있어야 하며, 계약체결 전까지는 불이익 없이 중단 가능할 것

③ 공정·정확성 확보: 신기술에 따른 의사결정은 불합리한 차별이 없고 설명 가능해야 하며 편향된 의사결정 여부를 정기적으로 점검할 것

④ 책임성 강화: 플랫폼의 AI·알고리즘에 의한 의사결정 등에 대해 이용자의 설명·질의·이의제기 등이 제약되지 않는 여건을 마련할 것

문제풀이

②는 '자율선택 보장' 원칙에 대한 내용이다. '인위적 개입 금지' 원칙은 플랫폼 사업자의 이해관계에 유리하도록 알고리즘 변경, 편향된 상품노출 등의 개입행위를 금지한다.

정답 ②

핵심이론

디지털금융 생태계

1) 마이데이터(MyData, 본인신용정보관리업)
- 마이데이터란 개인이 자신의 정보에 대한 관리와 통제 권한을 가지고, 이를 바탕으로 개인정보의 활용처 및 활용범위 등에 대해 능동적인 의사결정을 하는 개인정보 활용 체계의 새로운 패러다임이다.
- 마이데이터 서비스는 마이데이터 원칙에 의해 제공되는 개인데이터 기반의 서비스로, 투명성, 신뢰성, 통제권, 가치가 보장되어야 한다.
- 마이데이터 서비스 주요 내용: 통합조회, 맞춤형 금융상품 자문·추천, 개인정보 삭제·정정 요구, 신용정보 관리, 금리인하요구권 대리행사 등
- 관련 주요 권리
  - 데이터 이동권: 정보 주체(개인)가 기관, 기업, 단체 등이 보유한 자신의 정보를 정보 주체가 지정하는 제3자에게 기계 가독형(Machine-Readable)으로 전송하도록 요구할 수 있는 권리
  - 개인정보 열람권: 정보 주체(개인)가 기관, 기업, 단체 등이 보유한 자신의 정보에 대한 열람을 요구할 수 있는 권리
  - 프로파일링 대응권: 신용평가, 금리·보험료 산정 등을 위해 개인정보 처리가 기계에 의해 자동으로 이루어진 경우, 자동화된 의사결정에 대한 설명요구·이의제기를 할 수 있는 권리

2) 마이페이먼트(MyPayment, 지급지시전달업)
- 마이페이먼트란 이용자로부터 결제·송금 지시(지급지시)를 받아, 금융회사 등이 이체를 실시하도록 전달하는 업무를 말한다.
- 지급지시전달업자는 고객계좌를 보유하지 않는 대신, 고객의 동의를 받아 결제서비스 제공에 필요한 고객의 금융계좌 정보에 대해 접근권을 보유한다.
- 고객자금의 직접 보유 및 정산 관여가 없으므로 자본금 등에 대해 낮은 수준의 규제 적용이 가능하여 전자금융산업에 가장 쉽게 진입할 수 있는 스몰라이센스 역할을 하게 된다.
- ※ 종합지급결제사업자: 하나의 금융 플랫폼을 통해 간편결제·송금 외에도 계좌 기반의 다양한 종합적인 디지털금융 서비스를 One-Stop으로 제공하는 플랫폼 사업자를 말한다. 자금이체업·대금결제업·결제대행업 등 모든 전자금융업의 업무를 영위 가능하며, 이용자의 계좌를 직접 보유할 수 있어 예대 업무를 제외한 급여이체, 카드대금·보험료 납입 등의 계좌 관리도 가능하다.

핵심유형 100 — 디지털 마케팅

금융산업의 디지털화에 따른 비대면 금융서비스와 함께 몇 해 전 코로나19 사태의 영향으로 시작된 언택트 소비가 대중적 소비 패턴으로 자리 잡았다. 고객들의 소비 트렌드 변화에 맞춘 디지털 마케팅 전략 수립이 필요하다.

대표예제

01 태어난 시점을 기준으로 성장 배경이 같은 연령대는 라이프스타일이나 소비생활에 있어 비교적 유사한 특징을 갖고 있어 각 세대별 특성을 이해하는 것은 필수적이다. 다음 중 세대별 특징에 대한 설명으로 옳지 않은 것은?

① 베이비붐 세대: 1960년대 출생, 민주화 운동 앞장, 정치적 이념 중시
② X세대: 1970년대~80년대 초반 출생, 개인주의 문화 시작, 개성 중시, 조직에는 비교적 순응
③ 밀레니얼 세대: 1980년대 중반~90년대 출생, 저성장 시대, 취업난 경험, 소셜미디어 등 디지털 문화 익숙
④ Z세대: 1990년대 후반~2000년대 출생, 디지털 네이티브, 유튜브 세대

문제풀이

①은 386 세대에 대한 특징이다. 베이비붐 세대는 1955~1963년 출생한 세대로, 빈곤과 고속 경제성장을 함께 경험한 세대이다.

정답 ①

02 다음 본문의 빈칸에 들어갈 용어로 알맞은 것은?

> '스타인 듯 스타 아닌 스타 같은 너, (   ) 마케팅'
> SNS뿐만 아니라 유튜브 등 방송을 통해 실시간으로 Z세대들과 소통하는 이들의 영향력은 유명 연예인보다 훨씬 커지고 있으며 소비생활에도 많은 영향을 끼치고 있다. 이에 금융회사를 포함한 기업들은 이들을 새로운 마케팅 채널로 인지하고 각종 이벤트 및 홍보에 참여시키고 있다.

① 감성   ② 일반인
③ 마케터   ④ 인플루언서

문제풀이

'인플루언서 마케팅'에 대한 내용이다. 타인에게 영향력을 끼치는 사람(influence+er)라는 뜻의 신조어로 이들을 활용한 마케팅을 의미한다.

정답 ④

핵심이론

디지털 마케팅

1) Z세대
- Generation Z(Gen Z, Z세대): 1995년~2000년 중반에 태어난 세대이다.
- Digital Natives로 불리는 Z세대는 어린 시절부터 다양한 디지털 기기들을 사용해 온 세대로 태생적으로 디지털 진화적이며, '참여'에 적극적이고 정치, 경제, 사회적 이슈에 대한 관심도 많다.
- 약 650만 명인 Z세대는 우리나라 인구 구성 중 12.5% 수준을 차지하며 밀레니얼 세대의 뒤를 이어 소비의 주축으로 부상하고 있다.
- 텍스트보다는 동영상을 통해 정보를 소비하고 YouTube 시청에 가장 많은 여가시간을 보내는 Z세대를 놓치지 않기 위해 동영상을 활용한 V커머스(Video Commerce)와 재미의 요소를 반영한 감성 마케팅이 주목을 받고 있다.
- 디지털 기기의 조작과 활용에 능하고 간편함을 중요시하는 Z세대와 인공지능, 빅데이터, 블록체인 등 IT기술의 만남은 금융산업의 디지털화와 비대면 서비스의 확대 및 핀테크 산업 성장의 기반이 되고 있다.

2) 언택트
- 언택트(Untact)는 접촉을 의미하는 'Contact'에 부정적 접두사 'Un'을 붙인 신조어로, 고령화와 비대면 소비를 선호하는 사회현상이 ICT 및 간편결제 기술 발달과 맞물려 나타나는 새로운 트렌드를 의미한다.
- 특히, 코로나19의 영향으로 디지털 플랫폼에 대한 수요가 지속적으로 증가하고 유통, 금융, 교육 등의 영역에서 '언택트 서비스(Untact Service)'가 확대되는 추세로, 기업들은 기존의 상품, 서비스, 화폐 등의 비즈니스를 IT기술과의 결합을 통한 디지털 트렌스포메이션을 이뤄 내야만 지속가능성을 확보할 수 있게 되었다.
- 언택트 시대로의 변화는 은행, 보험, 증권 등 금융회사의 영업 행태를 근본적으로 변화시킬 것으로 전망된다. 과거 대면 영업이 필수였던 전세대출, 신용대출 등의 가계대출도 온라인으로 이루어지는 등 판매채널의 비대면화가 더욱 가속화되고, 대면 영업 인력과 점포를 축소하는 대신, 무인점포를 확대하는 등 오프라인 판매 채널의 구조조정도 확대될 것으로 예상된다.

3) 펀 세이빙(Fun Saving)
- 쉽고 재미있는 방식으로 저축을 할 수 있는 금융상품을 말한다.
- 금융에 '즐거움'을 접목해 금융소비자가 오락을 즐기듯 금융서비스를 이용할 수 있도록 하자는 아이디어에서 비롯되었다.
- IBK기업은행 'IBK 디데이 적금', 신한은행 '쏠 플레이 적금', 카카오뱅크 '26주 적금' 등이 대표적이다.

핵심유형 **101** 데이터베이스의 개념과 시스템

평소 사용하는 앱에 회원가입 기능이 있다면 떠올려 보자. 회원가입은 기업이 회원 관리를 위해 개인 정보를 활용할 수 있도록 허용하는 행위다. 사용자는 앱 내에서 자신의 행위를 기업에 제공하고, 기업은 그에 따른 혜택을 알린다. 이처럼 상호작용으로 생성된 데이터는 방대한 양으로 축적되며, 이를 체계적으로 관리할 시스템이 필요한데, 그것이 바로 데이터베이스다. 데이터베이스란 고객 정보, 업무 내용 등 다양한 데이터를 정형화된 구조로 설계하고, 조직 내 여러 사용자가 공동 활용할 수 있도록 통합해 저장한 운영 데이터의 집합이다. 데이터베이스의 기능과 필요성을 이해하는 것은 데이터를 해석하는 데 기본이 된다.

이 유형은 2023년까지 출제되었지만, 이후 반복 출제되지는 않았다. 따라서 과거의 출제 흐름을 참고하되, 향후 새로운 방식으로 응용될 수 있다는 점에서 핵심 개념을 정확히 이해해 두는 것이 중요하다.

대표예제

데이터베이스 관리 시스템(DBMS)의 필수기능에 해당하지 않는 것은?

① 정의기능(definition facility)
② 사전기능(dictionary facility)
③ 제어기능(control facility)
④ 조작기능(manipulation facility)

문제풀이

데이터베이스 관리 시스템(DBMS)의 주요 기능 정의, 조작, 제어를 '정조제'로 암기하자.

정답 ②

문제풀이 TIP

데이터베이스는 특정 조직의 업무수행에 필요한 상호 관련된 데이터들의 모임으로, 최소의 중복으로 통합하고 저장된 운영데이터로 구성되어 있다. DBMS는 이러한 데이터베이스를 관리하는 시스템으로 다음 기능을 수행한다.

데이터 정의	데이터베이스 구조를 정의하는 기능을 제공한다.
데이터 조작	데이터베이스 연산을 처리하는 기능을 제공한다.
데이터 제어	데이터의 무결성 및 일관성을 유지시키고, 접근 권한을 검사하며 동시접속이 가능하도록 동시성(concurrency) 제어 기능을 한다.

핵 심 이 론

데이터베이스의 개념과 시스템

1) 데이터베이스 관리 시스템(DBMS: Database Management System)
- 데이터, 하드웨어, 소프트웨어, 사용자로 구성된다.
- 사용자와 데이터베이스 사이에서 사용자의 요구에 대한 연산 및 정보를 생성해 주고 데이터베이스를 관리해 주는 소프트웨어(프로그램)이다.
- 자료가 중복되거나 잘못 이동되는 자료 처리 시스템의 문제점에 대비하고 해결하기 위한 시스템이다.
- 스마트폰의 앱과 같은 응용프로그램과 데이터의 중재자 역할을 한다.
- 목적

독립성 보장	응용프로그램과 데이터베이스를 독립시킴으로써 데이터 논리적 구조를 변경시키더라도 응용프로그램은 변경되지 않는다.
중복 제거	데이터가 중복으로 겹쳐 있는 이상현상을 방지한다.
무결성 보장	데이터를 항상 정확하게 유지한다.

2) DBMS의 주요기능

정의기능	• DBMS는 데이터베이스와 다양한 '응용프로그램' 간의 상호작용을 도와주는 수단이다. • DBMS는 데이터베이스에 저장될 데이터의 형식이나 구조에 대한 정의, 제약조건, 처리방식 등을 명시한다. • DBMS는 물리적 저장장치에 데이터베이스가 저장될 수 있도록 물리적인 구조를 정의한다.
조작기능	• 데이터베이스와 '사용자' 간의 상호작용수단이다. • 데이터베이스에 접근하여 데이터 검색, 삽입, 삭제, 갱신 등 연산작업을 위해 사용자와 데이터베이스 사이의 인터페이스 수단을 제공한다.
제어기능	• 데이터베이스의 내용을 항상 정확하게 유지한다. • 데이터의 무결성이 파괴되지 않도록(모순이 생기지 않도록) 한다.

3) 스키마(schema)
- 데이터베이스 '구조'를 뜻한다.
- 제품의 뒷면이나 상세정보에 표시된 제품의 규격이나 재질 등을 표시한 스펙(규격표시사항)을 의미한다(데이터베이스를 구성하는 파일, 레코드, 항목의 형식과 상호 관계 전체).
- 스키마의 종류

외부 스키마 (external schema)	• 사용자나 응용 프로그래머가 각 개인의 입장에서 필요로 하는 데이터베이스의 논리적 구조를 정의한다. • 사용자의 요구사항을 도출해 내는 과정이기 때문에 '사용자'나 '응용 프로그래머'의 관점에 중점을 두는 스키마이다. 즉, 사용자의 뷰(user view)=외부(겉모습)를 뜻한다.
개념 스키마 (conceptual schema)	• 논리 스키마라고도 한다. • 데이터는 아무나 접근할 수 없으니 이를 제한하자는 의미의 스키마라 볼 수 있다. • 데이터 개체, 개체 간 관계, 제약조건, 접근권한, 무결성 규칙 등을 명세한 것이다. • 전체적인 논리적 구조를 '기관', '조직체'의 관점에서 정의한 것이다. • 외부 스키마를 분석하여 데이터베이스에 저장해야 할 필요 정보를 도출하고 데이터베이스 구조로 설계한 것이다.

| 내부 스키마
(internal schema) | • 물리 스키마라고도 한다.
• 데이터의 실제 저장 방법을 기술한 것이다.
• 물리적 구조를 '프로그래머'나 '시스템 설계자'의 관점에서 정의한 것이다. |

4) 데이터베이스 사용자

일반 사용자	단말기를 이용하여 데이터베이스에 접근하는 사람을 말한다.
응용 프로그래머	• 데이터 부속어와 호스트 프로그래밍 언어를 이용하여 프로그램을 작성한다. • 작성한 프로그램으로 데이터에 접근하는 사람을 말한다.
데이터베이스 관리자 (DBA)	데이터베이스 시스템을 총체적으로 감시, 관리하는 책임과 권한을 갖는 사람 또는 그룹을 말한다.

핵심유형

102

데이터 설계와 모델링

현실 세계의 다양한 정보를 컴퓨터 환경에 맞게 단순화하고 추상화하여 체계적으로 표현한 개념적 도구를 '데이터 모델링'이라고 한다. 이는 정보시스템 구축의 대상이 되는 업무 내용을 정확히 분석·정의하는 데 목적이 있다. 과거 데이터 모델의 구성 요소 3가지를 물어본 적이 있으므로, 개념적·논리적·물리적 데이터 모델링의 차이를 이해하는 것이 필요하다. 이 유형은 2023년까지 출제되었으며 이후 반복 출제되지는 않았지만, 향후 새로운 방식으로 응용될 수 있어 핵심 개념의 정확한 이해가 중요하다.

대표예제

데이터베이스 설계 시 물리적 설계 단계에서 수행하는 사항이 아닌 것은?

① 레코드 집중의 분석 및 설계
② 접근 경로 설계
③ 저장 레코드의 양식 설계
④ 목표 DBMS에 맞는 스키마 설계

문제풀이

개념적 설계 단계에서 데이터의 조직과 표현을 중심으로 한 데이터 중심 설계를 했다면, 이렇게 생성된 독립적 개념 스키마를 목표 DBMS에 맞는 논리적 스키마로 변환하는 것은 논리적 설계이다. 물리적 설계 단계에서는 논리적 스키마로부터 효율적인 내부 스키마를 설계하는 단계로, 레코드를 집중 분석하고 설계하며 접근경로를 설계하고 저장 레코드의 양식을 설계한다.

정답 ④

문제풀이 TIP

데이터베이스 설계 단계의 각 특징은 다음과 같다.

개념적 설계	사용자의 요구사항 분석 후, 정보를 구조화하기 위해 데이터베이스에 대한 추상적인 형태를 ERD(개체 관계 다이어그램)를 작성하여 설계한다.
논리적 설계	자료를 컴퓨터가 이해할 수 있도록 목표 DBMS에 맞는 논리적 자료 구조로 변환한다.
물리적 설계	특정 DBMS가 제공하는 물리적 구조에 따라 테이블 저장 구조로 필드의 데이터 타입, 인덱스, 테이블 저장 방법 등과 같은 내부설계를 한다.

핵 심 이 론

데이터 설계와 모델링

1) 데이터 모델링

정보 시스템을 만들기 위해 현실 세계의 데이터(업무적인 프로세스)를 물리적 데이터베이스화하기 위한 변환과정으로, 데이터베이스 설계의 핵심과정이다.

2) 데이터베이스(데이터 모델링) 설계 단계

요구 조건 분석	• 요구 조건 명세서를 작성한다. • 데이터베이스를 구축하고자 하는 사용자들의 목적을 파악한다.

↓

개념적 설계 (정보 모델링)	• 개념 스키마, 트랜잭션 모델링, E-R모델링을 진행한다. • 현실세계에 존재하는 개체를 인간이 이해할 수 있는 정보 구조로 표현하는 과정이며, 위 모델링을 통해 데이터(자료)를 결정한다.

↓

논리적 설계 (데이터 모델링)	• 목표 DBMS에 맞는 논리 스키마 설계, 트랜잭션 인터페이스 설계를 진행한다. • 현실세계에 존재하는 개체를 컴퓨터 환경에 맞도록 변환하는 과정이다. • 개념모델에서 정의한 구조를 통해 데이터의 범위와 정의를 명시한다.

↓

물리적 설계 (데이터 구조화)	• 목표 DBMS에 맞는 물리적 구조의 데이터로 변환한다. • 논리적 구조로 만들어진 데이터를 사용자 또는 프로그램이 직접 접근하여 사용할 수 있는 디스크 등에 실제로 저장할 수 있는 물리적인 모습으로 표현한다.

↓

데이터베이스 구현	• 목표 DBMS의 DDL(데이터 정의어)로 데이터베이스를 생성하고, 트랜잭션을 작성한다. • 논리적 설계와 물리적 설계에서 산출된 스키마를 데이터베이스 파일로 만드는 단계이다.

3) 데이터 모델의 구성요소와 표시할 요소

• 구성요소

개체 (entity)	• 현실세계에서 사람, 사물 또는 개념과 같이 뚜렷하게 구별되는 유형이며, 무형의 정보이다. • 다른 개체와 구별되는 이름을 가지고 있고 각 개체만의 고유한 특성이나 상태를 가진다.
속성 (attribute)	• 데이터의 가장 작은 논리적 단위로, 하나의 개체는 한 개 이상의 속성으로 구성된다. • 각 속성은 개체의 특성이나 상태 등을 기술한다.
관계 (relation)	• 개체-개체, 개체-속성 간의 연관성을 말하며 일반적으로 동사형으로 표현된다. • 예 현장직과 사무직으로 구분되어 있다(개체-개체), 사원이 현장직에 소속되어 있다(개체-속성).

• 표시할 요소

구조	• 추상적 개념으로 조직된 것으로, 데이터베이스에서 표현될 정적인 대상을 뜻한다. • 개체 타입과 이들 간의 관계를 명세한 것이다.
연산 (operation)	구조에서 허용되는 행위로, 데이터의 동적 성질로 인스턴스(어떤 값이 도출)에 적용 가능한 연산을 말한다.
제약조건	데이터베이스의 데이터가 무결성을 유지하기 위해 사용되는 조건이다.

4) E-R Diagram(ERD: Entity Relationship Diagram, 개체-관계형 모델)
- 개념적 데이터 모델의 가장 대표적인 것으로 현실 세계를 개념(논리)적으로 표현한다.
- 개체 사이의 관계를 사람들이 이해할 수 있는 현실 세계가 내포한 의미로 개념적 표현을 통해 모델화한다.

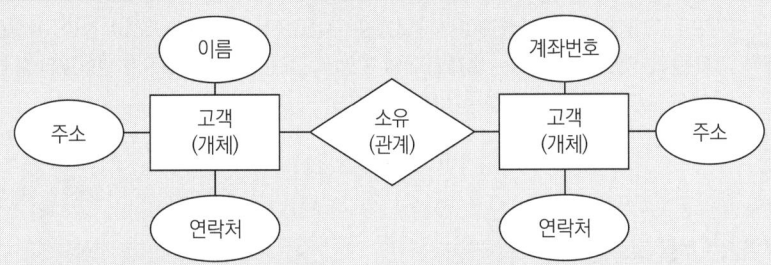

이름, 주소, 연락처, 계좌번호=속성(attribute)

- 개체-관계(E-R) 다이어그램 표기법

표현형태	의미	표현형태	의미
▭	개체	⬭	속성
◇	관계	─	연결

핵심유형 103 — 논리 데이터 모델과 릴레이션

다음은 실제 사용자들의 정보를 보기 좋게 정리해 표현하는 데이터 모델 구현에 대한 내용이다. 데이터 모델은 크게 네 가지 논리적 형태로 구분되며, 각각의 특성과 장단점을 비교해 보는 것이 필요하다. 또한 기출에 등장했던 릴레이션(테이블)의 구성요소는 반드시 숙지해야 한다. 이 유형은 2023년까지 출제되었지만 최근에는 출제되지 않고 있다. 그러나 앞으로 새롭게 변형되어 출제될 수 있으므로 핵심 개념을 정확히 이해하는 것이 중요하다.

대표예제

다음 중 가장 알맞은 것을 고르면?

사원번호	이름	주민번호	성별
101	홍명보	910304-15	남
102	박보영	980501-22	여
103	이지은	990908-21	여
104	박지성	780105-19	남
105	이지은	850204-13	남

① 릴레이션 인스턴스는 총 4개이다.
② 카디널리티는 총 5개이다.
③ 첫 행에 있는 데이터들은 모두 튜플에 해당된다.
④ 성별 필드의 도메인은 1개이다.

문제풀이

① (X) 릴레이션 인스턴스는 릴레이션 스키마를 제외한 나머지 데이터들이 해당되므로 5개이다. 릴레이션 스키마는 사원번호, 이름, 주민번호, 성별로 총 4개이다.
② (O) 카디널리티란, 제목행인 첫 행을 제외한 나머지 튜플의 개수를 말하므로 총 5개가 맞다.
③ (X) 튜플은 제목행이 첫 행을 제외한 나머지 행을 지칭한다. 레코드라고도 불리는 것도 알아 두자.
④ (X) 도메인은 하나의 속성이 취할 수 있는 값의 집합으로, 성별 속성(필드)에서는 남과 여로 2개가 된다.

정답 ②

문제풀이 TIP

다음 예시를 통해 릴레이션(테이블)의 구조를 이해하고 넘어가도록 하자.

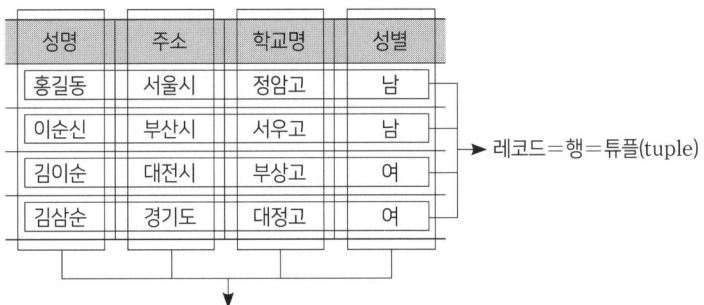

- 이 예시는 '관계형 데이터베이스 모델'의 형태를 띠는 테이블이다.
- 릴레이션 스키마: [정보] 테이블에서는 '성명, 주소, 학교명, 성별'이 해당된다.
- 릴레이션 인스턴스: [정보] 테이블에서는 릴레이션 스키마를 제외한 나머지 데이터들이 해당된다.

핵 심 이 론

논리 데이터 모델(릴레이션)

1) 논리 데이터 모델 구현 형태

구분	논리 데이터 구현 형태	내용
관계형 데이터베이스 모델		• 테이블 구조이다. • 내용을 항상 정확하게 유지한다. • 데이터의 무결성이 파괴되지 않도록(모순이 생기지 않도록) 한다.
계층적 데이터베이스 모델		• 트리(tree)구조로 하나의 부노드가 다수의 자노드를 갖는 형태이다. • 장점: 간단하여 이해가 쉽고 구현, 수정, 탐색이 용이하다. • 단점: 데이터 상호 간의 유연성이 부족하고, 검색 경로가 한정되어 종속되어 비효율적이다.
네트워크 데이터베이스 모델		• 망 구조로 하나의 자노드가 다수 개의 부노드를 갖는 형태이다. • 일종의 그래프 형태로서 계층 데이터베이스 모델의 확장형이다. • 장점: 데이터 상호 간의 유연성이 좋으며, m:n 관계표현이 가능하다. • 단점: 복잡하여 이해가 어려우며, 변경이 어려워 확장성이 없다.
객체형 데이터베이스 모델		• 메시지 형식이다. • 클래스 구조이다. • 다중성과 재사용이 가능하다.

2) 릴레이션(relation)=테이블(table) 개념 및 특징

- 릴레이션(realtion): '관계'라는 용어로 해석된다. 데이터베이스에서의 릴레이션도 이와 비슷하게 관계를 나타내는 저장소의 의미를 가지고 있으며 '테이블' 이라고도 표현할 수 있다. 관계형 데이터베이스의 대표적인 형태로 행과 열로 구성된 '표' 형식의 저장소이다.
- 튜플(tuple): 테이블에서 행을 나타내는 말로, 파일을 구성하는 레코드와 같은 개념이다.
- 속성(attribute): 테이블에서 열을 나타내는 말로, 필드와 같은 의미이다.
- 도메인(domain): 하나의 속성이 취할 수 있는 값의 집합이다.
- 차수(degree): 한 릴레이션(테이블)에서 속성(필드=열)의 개수이다.
- 기수(cardinality): 카디널리티라고도 하며, 한 릴레이션(테이블)에서의 튜플의 개수이다.

릴레이션 스키마	관계형 데이터베이스에서 기본 구조를 정의하는 것으로 일정 수의 속성의 집합, 정적인 성질을 갖는다.
릴레이션 인스턴스	테이블에서 실제로 저장된 데이터를 지칭하는 말로 튜플의 집합, 동적인 성질을 갖는다.

핵심유형 104 — 키의 개념과 무결성 제약조건

대한민국에 사는 사람 중 특정인을 지칭하려면 하나의 기준만으로는 부족하다. 같은 지역에 거주하며, 이름과 성별까지 같은 사람이 존재할 수 있기 때문이다. 이처럼 구별을 위해 필요한 것이 '식별자'이며, 데이터베이스에서는 이를 '키(key)'라고 한다. 키는 조건을 만족하는 튜플을 찾거나 정렬할 때 기준이 되는 속성으로, 이를 통해 찾은 데이터는 실제와 정확히 일치해야 한다. 이는 데이터 무결성 개념과 밀접하다. 이 유형은 2023년까지 출제되었으나 이후에는 거의 출제되지 않고 있다. 하지만 출제 방식이 바뀔 수 있으므로, 핵심 개념을 명확히 이해해 둘 필요가 있다.

대표예제

다음 중 가장 옳지 않은 것은?

① 기본키: 후보키 중 특별히 선정된 키로 중복값과 NULL값 모두 가질 수 없음. 후보키가 2개 이상 존재하면 이 중 하나를 선정
② 후보키: 튜플을 유일하게 구분할 수 있는 최소한의 속성들의 집합. 유일성과 최소성 모두 만족
③ 대체키: 기본키가 아닌 후보키. 후보키가 둘 이상이 되는 경우 그중에서 어느 하나를 선정하여 기본키로 지정하면 나머지 후보키들을 말함
④ 슈퍼키: 다른 릴레이션의 기본키를 참조하는 속성 또는 속성들의 집합. 참조 릴레이션의 기본키와 동일한 키 속성을 가짐. 릴레이션들 간의 관계를 나타내기 위해서 사용

문제풀이

④는 외래키에 대한 설명이다.

정답 ④

문제풀이 TIP

다음과 같은 키의 개념과 키와 관련된 용어를 알아 두도록 하자.

슈퍼키	한 릴레이션 내의 특정 튜플을 고유하게 식별하는 하나의 속성 또는 속성들의 집합을 말한다. 복합키 또는 연결키라 하며, 유일성은 만족하지만 최소성은 만족하지 않는다. 보통 슈퍼키와 후보키를 많이 비교한다. 슈퍼키와 후보키 모두 릴레이션을 구성하는 모든 튜플에 대해 유일성은 만족하지만, 슈퍼키는 최소성을 만족하지 못하고, 후보키는 최소성을 만족하는 특징이 있다. 이 차이를 알아 두자.
유일성	하나의 키 값으로 하나의 튜플을 유일하게 식별할 수 있어야 하는 성질이다.
최소성	키를 구성하는 속성 하나를 제거하면 유일하게 식별할 수 없도록 꼭 필요한 최소의 속성으로 구성되어야 한다는 것이다.
NULL값	정보의 부재를 나타낼 때 사용하는 특수한 데이터 값으로 아직 알려지지 않은 모르는 값을 의미한다.

핵 심 이 론

키의 개념과 무결성 제약조건

1) 키의 종류

[사원] 테이블

기본키 → 사원번호
대체키 → 주민번호

사원번호	이름	주민번호	성별
101	홍명보	910304-15	남
102	박보영	980501-22	여
103	이지은	990908-21	여
104	박지성	780105-19	남
105	이지은	850204-13	남

[관리] 테이블

외래키 → 사원번호

사원번호	근무지
101	인천시
102	서울시
103	대구시
104	인천시
105	부산시

키	설명
후보키 (candidate key)	• 한 테이블에서 유일성과 최소성을 만족하는 키이다. • 기본키를 대신하여 각 튜플을 유일하게 식별한다. • 예 사원번호, 주민등록번호
기본키 (PK: Primary Key)	• 여러 개의 필드값들을 구분할 때 가장 기본이 되는 키이다(필드). • 후보키 중 선정되어 사용되는 키이다. • 기본키는 NULL(비어 있는)값이 될 수 없으며, 중복될 수 없다(유일성). • 유일하게 식별할 수 있는 키이다. • 예 학번, 계좌번호, 사원번호
대체키	• 후보키 중 기본키로, 선택되지 않는 나머지 키이다. • 예 사원번호가 기본키일 때 직급
슈퍼키	• 복합키 또는 연결키라고도 한다. • 유일성은 만족하나 최소성은 만족하지 않는다. • 한 릴레이션(테이블)에서 어떠한 열도 후보키가 없을 때 두 개 이상의 열을 복합(연결)할 경우 유일성을 만족하여 후보키가 되는 키를 의미한다.
외래키 (FK: Foreign Key)	• 한 테이블의 속성(열)이 다른 테이블의 기본키와 일치하거나, NULL값인 키로 하나 이상의 테이블을 연결하여 사용하는 경우에 필요하다. • 다른 참조 테이블(릴레이션)의 기본키일 때 그 속성키를 외래키라고 한다. • 예 [인사] 테이블의 '부서코드'는 [부서코드] 테이블의 '부서코드'를 참조하며 이때 [부서코드] 테이블의 '기본키'이므로 부서코드는 외래키에 해당한다.

2) 무결성

- 데이터베이스에 저장된 데이터 값과 그것이 표현하는 현실세계의 실제 값이 일치하는 정확성을 의미한다.
- 무결성의 종류

개체 무결성	• 기본키와 관련된 개념이다. • 기본 테이블의 기본키를 구성하는 어떤 속성도 NULL값이나 중복값을 가질 수 없다는 규정이다. • 예 [사원] 테이블에서 사원번호가 기본키로 지정되면 레코드 추가 시 이름, 직급 속성에는 값을 입력하지 않아도 되지만, 기본키로 지정된 사원번호 속성에는 반드시 값을 입력해야 한다. 또한 사원번호 속성에는 한 번 입력한 속성 값을 중복하여 입력할 수 없다.
참조 무결성	• 외래키와 관련된 개념이다. • 두 테이블의 연관된 레코드들 사이의 일관성을 유지하는 데 사용한다. • 외래키 값은 NULL이거나 참조 릴레이션의 기본키 값과 동일해야 한다. • 즉, 릴레이션은 참조할 수 없는 외래키 값을 가질 수 없다는 규정이다.
도메인 무결성	주어진 속성 값이 정의된 도메인에 속한 값이어야 한다는 규정이다.

핵심유형 105 · 데이터베이스 정규화

데이터베이스가 잘못 설계되면 설계자부터 사용자까지 혼란에 빠진다. 이때 흔히 '무결성이 깨진다'고 표현하며, 이를 '이상 현상'이라 한다. 이상 현상의 종류와 이를 방지하는 '정규화' 과정을 이해하는 것이 중요하다. 이 유형은 2023년까지 출제되었고, 향후 새로운 방식으로 응용될 수 있으므로 핵심 개념의 숙지가 필요하다.

대표예제

관계 데이터베이스의 정규화에 대한 설명으로 옳지 않은 것은?

① 정규화를 거치지 않으면 여러 가지 상이한 종류의 정보가 하나의 릴레이션에 표현되기 때문에 릴레이션을 조작할 때 이상 현상이 발생할 수 있다.
② 정규화의 목적은 각 릴레이션에 분산된 종속성을 하나의 릴레이션에 통합하는 것이다.
③ 이상 현상은 속성 간에 존재하는 함수 종속성이 원인이다.
④ 정규화가 잘못되면 데이터의 불필요한 중복을 야기하여 릴레이션을 조작할 때 문제가 된다.

문제풀이

정규화의 목적은 각 릴레이션에 분산된 종속성을 각각의 릴레이션에서 분해하여 없애는 과정을 말한다.

정답 ②

문제풀이 TIP

- 이상(anomaly) 현상: 데이터베이스의 논리적 설계 시 하나의 릴레이션에 많은 속성들이 존재하여, 데이터의 중복과 종속으로 인해 발생되는 문제점을 말한다. 이상 현상은 릴레이션을 처리하는 데 여러 가지 문제를 초래하게 된다.

삭제 이상 (deletion anomaly)	관계 데이터베이스에서 삭제는 튜플 단위로 이루어지는데, 테이블에서 하나의 자료를 삭제하고자 하는 경우 그 자료가 포함된 튜플 자체가 삭제됨으로 인해 원하지 않은 자료까지 함께 삭제가 이루어져 발생하는 문제점을 말한다.
삽입 이상 (insertion anomaly)	관계 데이터베이스에서 삽입 또한 튜플 단위로 이루어지는데, 이때 삽입 과정에서 원하지 않는 자료가 삽입된다든지 또는 삽입하는 데 자료가 부족해 삽입이 되지 않아 발생하는 문제점을 말한다.
갱신 이상 (update anomaly)	관계 데이터베이스의 자료를 갱신하는 과정에서 정확하지 않거나 일부의 튜플만 갱신됨으로 인해 정보가 모호해지거나 일관성이 없어져 정확한 정보의 파악이 안 되는 현상을 말한다.

- 정규화의 목적: 이상 현상의 원인이 되는 중복 데이터를 제거하기 위해 데이터 구조의 안정성을 최대화하고, 테이블 불일치 위험의 최소화를 목적으로 한다.

핵 심 이 론

데이터베이스 정규화

1) 정규화(DB Normalization)
- 함수적 종속성 등의 종속성 이론을 이용하여 잘못 설계된 관계형 스키마를 더 작은 속성의 세트로 쪼개어 바람직한 스키마로 만들어 가는 과정이다.
- 개체들에 존재하는 데이터 속성의 중복을 최소화하고, 일치성을 보장하며 데이터 모델을 단순하게 구성한다.
- 정규화 과정

```
비정규
  ↓  도메인이 원자값
제1정규형
  ↓  부분 함수적 종속 제거
제2정규형
  ↓  이행적 함수 종속 제거
제3정규형
  ↓  결정자이면서 후보키가 아닌 것 제거
BCNF
  ↓  다치(다중값) 종속 제거
제4정규형
  ↓  조인 종속 제거
제5정규형
```

도메인이 원자값	모든 속성 값들이 다중 값을 갖지 않도록 해야 한다. 즉, 도메인이 원자값을 갖도록 한다.
부분 함수적 종속성	• 완전하게 함수적으로 종속하지 않으면 부분 함수적 종속성을 갖는다. • 여러 개의 속성이 모여 하나의 기본키를 이룰 경우, 기본키를 구성하는 부분 속성만으로도 결정지어지면 부분 함수적 종속이다.
이행 함수적 종속성	예 x→y이고, y→z일 때, x→z를 만족하는 관계를 이행적 함수 종속이라 한다.
결정자	• 결정자는 무조건 후보키이어야만 한다. 따라서 결정자이면서 후보키가 아닌 것을 제거한다. • 예 x→y이다. 여기서 x가 y를 결정한다. 따라서 x: 결정자, y: 종속자이다.

2) 반정규화(DB Denormalization)
정규화된 개체, 속성, 관계를 시스템의 성능 향상, 개발과 운영을 단순화하기 위해 데이터 모델을 통합하는 프로세스를 말한다. 데이터의 정합성과 데이터의 무결성을 우선으로 할지, 데이터베이스 구성의 단순화와 성능을 우선으로 할지 결정하는 작업단계이다.

핵심유형 106 — SQL의 개념

데이터는 개인정보 보호 차원에서 엄격히 관리되므로, 데이터베이스 관리자만이 직접 접근하고 처리할 수 있다. 이러한 관리자는 소프트웨어인 DBMS로, 데이터의 입력·수정·삭제·출력을 담당하며, 이때 사용하는 명령어가 SQL이다. 넘쳐 나는 데이터를 정형화된 시스템에 정리하고 원하는 정보를 얻기 위해, 사용자와 DB 간의 의사소통 수단으로 SQL이 쓰인다. 이 유형은 2023년까지 출제된 이후 최근에는 거의 출제되지 않고 있지만, 향후에는 핵심 개념을 바탕으로 새롭게 변형되어 출제될 수 있으므로 개념에 대한 깊은 이해가 중요하다.

대표예제

다음 SQL 명령 중 DDL에 해당하는 것만으로 나열된 것은?

| 가. UPDATE | 나. CREATE | 다. SELECT | 라. GRANT |
| 마. DROP | 바. DELETE | 사. ALTER | |

① 나, 마, 사
② 나, 바, 사
③ 나, 마, 사
④ 나, 다, 마, 사

문제풀이

DDL(데이터 정의어): CREATE, ALTER, DROP

정답 ①

문제풀이 TIP

SQL의 분류는 다음과 같다.

데이터정의어(DDL)	데이터조작어(DML)	데이터제어어(DCL)	트랜잭션제어어(TCL)
CREATE	SELECT	REVOKE	COMMIT
ALTER	INSERT	GRANT	ROLLBACK
DROP	DELETE	ROLL	SAVEPOINT
–	UPDATE	–	–

핵 심 이 론

SQL의 개념

1) SQL(Strutured Query Language)
- 구조적 질의 언어의 줄임말로 관계형 데이터베이스 시스템에서 자료로 관리하고 처리하기 위해 설계된 언어이다.
- 데이터베이스를 구축하고 활용하기 위해 사용되는 언어이다.
- IBM 산호세 연구소에서 개발되었다.
- 관계형 데이터 모델로 표현되는 다양한 데이터베이스에 널리 사용되는 언어이다.
- 일정한 데이터 집합으로부터 더 쉽게 자료를 검색하고 입력, 수정, 삭제와 같은 조작을 할 수 있도록 고안된 언어이다.
- 미국 국립표준협회가 표준으로 제정하면서 가장 많이 사용되고 있다.

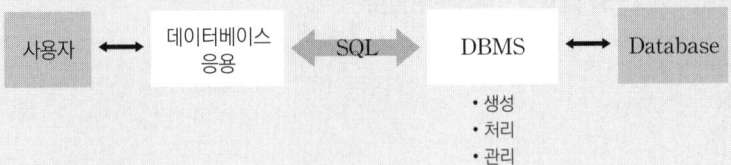

2) 쿼리(query)
내가 원하는 데이터를 조작할 때 사용하는 질문(질의)을 뜻한다. 데이터가 추가되고, 수정되고, 삭제되고, 검색하여 찾아 주는 행위들이 쿼리문으로 구현 가능하다.

3) SQL 언어의 분류
- 데이터 정의 언어(DDL: Data Definition Language)
  - 데이터베이스 구조, 데이터 형식, 데이터 접근방식 등 데이터베이스를 구축하거나 변경할 목적으로 사용하는 언어이다.
  - 데이터베이스 객체의 구조를 정의(CREATE) 및 변경(ALTER)하거나 삭제(DROP) 처리한다.
- 데이터 조작 언어(DML: Data Manipulation Language)
  - 데이터 처리를 위해 응용프로그램과 데이터베이스 관리 시스템(DBMS) 간의 인터페이스를 위한 언어이다.
  - 데이터의 검색(SELECT), 삽입(INSERT), 삭제(DELETE), 갱신(UPDATE) 연산을 수행한다.
- 데이터 제어 언어(DCL: Data Control Language)
  - 데이터의 보안, 무결성, 데이터 회복, 병행 수행 제어 등을 정의하는 데 사용되는 언어이다.
  - 데이터베이스 관리자(DBA)가 데이터 관리를 목적으로 사용한다.

핵심유형 107 — SQL 활용: 데이터 정의어

SQL은 구조화된 질의 언어로, 데이터베이스를 쉽게 관리할 수 있는 테이블을 만들고, 필드를 수정하거나 삭제하는 등의 작업을 가능하게 한다. 이러한 기능을 구현하려면 DDL(데이터 정의어)에 대한 이해가 필요하다. SQL은 기초부터 고급까지 다양하게 응용될 수 있으므로, 명령어 작성 순서를 반드시 암기하자. 이 유형은 2023년까지 출제된 이후 출제 비중이 거의 없는 편이지만, 핵심 개념을 정확히 이해해 두면 향후 새로운 형태로 출제되더라도 유연하게 대응할 수 있다.

대표예제

참조 무결성 유지를 위해 DROP문에서 부모 테이블의 항목 값을 삭제할 경우 자동으로 연결되어 있는 자식 테이블의 해당 레코드를 삭제하기 위한 옵션은?

① CASCADE
② CLUSTER
③ SET-NULL
④ RESTRICTED

문제풀이

① (O) CASCADE: 참조 테이블 튜플 삭제 시 관련 튜플 모두 삭제 및 속성 변경 시 속성값 모두 변경
③ (X) SET NULL: 참조 테이블 변화 시 기본 테이플 관련 속성값 NULL로 변경
④ (X) RESTRICTED: 타 개체가 제거할 요소를 참조 중이면 제거를 취소
 • PRIMARY KEY: 기본키 정의
 • FOREIGN KEY: 외래키 정의
 • UNIQUE: 지정 속성은 중복값 가질 수 없음
 • CONSTRAINT: 제약 조건 이름 지정

정답 ①

핵심이론

SQL 활용: 데이터 정의어(DDL: Data Definition Language)

1) 개념
- 데이터베이스의 정의/변경/삭제에 사용되는 언어이다.
- 논리적 데이터 구조와 물리적 데이터 구조를 정의한다.
- 종류

구분	내용
CREATE	스키마, 도메인*, 테이블, 뷰**, 인덱스를 생성
ALTER	테이블에 대한 정의를 변경
DROP	스키마, 도메인, 테이블, 뷰, 인덱스를 삭제

* 도메인(domain)=속성(attribute)값들
** 뷰(view)=보이지 않는 가상테이블
※ 속성(attribute)=테이블의 열=필드 제목

2) 기본예제 및 응용예제
- 테이블의 생성(CREATE)

  [사원] 테이블을 만드시오. 필드는 id, name, addr, phone, email로 구성하시오.

  > CREATE TABLE 사원(id,name,addr,phone,email);

- 테이블의 변경(ALTER)

  [사원] 테이블에 날짜 필드를 추가(변경)하시오.

  > ALTER TABLE 사원 ADD(날짜);

  ※ ADD 자리에 DROP이 들어가면 삭제(변경)된다.

- 테이블의 변경(ALTER)

  [사원] 테이블에 이름 필드를 최대 3문자로 구성되게 하고 NULL값이 입력되지 않도록 변경하시오.

  > ALTER TABLE 사원 ALTER 이름 VARCHAR(3) NOT NULL;

- 테이블의 삭제(DROP)

  [사원] 테이블을 제거하되, 사원테이블을 참조하는 모든 데이터를 함께 제거하시오.

  > DROP TABLE 사원 CASCADE;

  ※ CASCADE는 제거할 요소를 참조하는 다른 모든 개체를 함께 제거한다.
  ※ RESTRICT는 다른 개체가 제거할 요소를 참조 중일 때는 제거를 취소한다.
  ※ CASCADE와 RESCRICT는 같은 자리에 들어간다.

핵심유형 108

SQL 활용: 데이터 조작어, 데이터 제어어, 트랜잭션 제어어

테이블을 만들고 삭제하며 수정하는 데이터 정의 작업을 마쳤다면, 이제는 테이블 안의 데이터를 실제로 다루는 작업을 익혀야 한다. 조건을 설정하여 필요한 데이터를 검색(SELECT)하고, 새로운 데이터를 삽입(INSERT)하거나, 특정 조건에 해당하는 값을 변경(UPDATE) 또는 삭제(DELETE) 할 수 있다. 이러한 기능을 수행하려면 DML(데이터 조작어)을 알아야 하며, 조작 권한을 사용자에게 부여하거나 제한하는 DCL(데이터 제어어) 명령어도 함께 학습해야 한다. 이 유형은 2023년까지 출제된 바 있으며, 이후 반복 출제되지 않았지만 핵심 개념은 여전히 중요하므로 응용 가능성에 대비해 정확히 이해하고 숙지해 두어야 한다.

대표예제

01 다음 중 SQL문이 문법적으로 옳지 않은 것은?

① SELECT * FROM 홍보팀 WHERE 담당자 LIKE '김%';
② UPDATE 인사팀 SET 좌석번호=3 WHERE 성명='홍길동';
③ INSERT INTO 사원(사원번호, 성명, 지역, 연락처) WHERE (202201, '김철수', '서울', '010-1234-5678')
④ SELECT 사원번호 FROM 개발팀 WHERE 연락처 IS NULL;

문제풀이

③ INSERT 삽입문의 순서는 INSERT INTO 테이블 명(속성) VALUES (데이터) 순이다.
WHERE가 아닌 VALUES로 수정되면 다음과 같은 해석이 된다.
사원테이블의 사원번호는 202201, 성명은 김철수, 지역은 서울, 연락처는 010-1234-5678을 삽입하시오.

정답 ③

02 다음 SQL문에서 DISTINCT의 의미는?

"SELECT DISTINCT DEPT FROM STUDENT;"

① 검색 결과에서 레코드의 중복 제거
② 모든 레코드 검색
③ 검색 결과를 순서대로 정렬
④ DEPT의 처음 레코드만 검색

문제풀이

DISTINCT란, 중복된 튜플이 남아 있으면 그중 첫 번째 한 개만 검색한다는 의미이다.

정답 ①

문제풀이 TIP

SELECT 검색문에서 알아 두어야 할 예제는 다음과 같다.
- [사원] 테이블에서 연락처가 '1234'로 끝나는 사원의 성명을 검색하시오.

  SELECT 성명 FROM 사원 WHERE 연락처 LIKE '%1234';

- [사원] 테이블에서 연락처가 NULL인 사원의 사원번호를 검색하시오.

  SELECT 사원번호 FROM 사원 WHERE 연락처 IS NULL;

- [COMPANY] 테이블에서 ID는 중복된 것을 제외하고 몇 개인가?(=몇 개의 ID가 있는가?)

  SELECT DISTINCT ID FROM COMPANY;

핵 심 이 론

SQL 활용: 데이터 조작어, 데이터 제어어, 트랜잭션 제어어

1) 데이터 조작어(DML: Data Manipulation Language)
- 데이터베이스의 검색/삽입/삭제/변경에 사용되는 언어이다.
- 사용자와 DBMS 간의 인터페이스를 제공한다.
- 종류

구분	내용	활용
SELECT(검색)	테이블에서 조건에 맞는 튜플* 검색	SELECT 튜플 FROM 테이블 WHERE 조건
INSERT(삽입)	테이블에 새로운 튜플을 삽입	INSERT INTO 테이블(속성) VALUES (데이터값)
DELETE(삭제)	테이블에서 조건에 맞는 튜플 삭제	DELETE FROM 테이블 WHERE 조건
UPDATE(수정)	테이블에서 조건에 맞는 튜플 내용을 변경	UPDATE 테이블명 SET 속성=데이터 WHERE 조건

*튜플(tuple)=테이블의 행=레코드

- 기본예제
  - 튜플 검색하기(SELECT)

  [사원] 테이블에서 전산부서에 있는 사원들의 이름을 검색하시오.

  SELECT 이름 FROM 사원 WHERE 부서='전산';

  - 튜플 삽입하기(INSERT)

  [사원] 테이블에 (이름: 홍길동, 부서: 금융)을 삽입하시오.

  INSERT INTO 사원(사원번호,이름) VALUES ('20220104','홍길동') WHERE 부서='금융';

  - 튜플 삭제하기(DELETE)

  [사원] 테이블에서 '홍길동'에 대한 튜플을 삭제하시오.

  DELETE FROM 사원 WHERE 이름='홍길동';

- 튜플 수정하기(UPDATE)

  [사원] 테이블에서 '홍길동' 주소를 '인사동'으로 수정하시오.

  > UPDATE 사원 SET 주소='인사동' WHERE 이름='홍길동';

2) 데이터 제어어(DCL: Data Control Language)
- 데이터 제어 정의 및 기술에 사용되는 언어이다.
- 불법적인 사용자로부터 데이터를 보호하며, 데이터 복구 및 병행제어를 통해 무결성을 유지한다.
- 종류

구분	내용
GRANT	데이터베이스 사용자에게 사용 권한을 부여한다.
	GRANT 권한내용 ON 테이블이름 TO 사용자 [WITH GRANT OPTION];
REVOKE	데이터베이스 사용권한이 부여(GRANT)된 액세스 권한을 취소/철회한다.
	REVOKE 권한내용 ON 테이블이름 FROM 사용자 [CASCADE];
ROLL	데이터베이스 사용자의 역할에 관한 권한을 부여한다.

- 기본예제
  - 권한 설정하기(GRANT)

  [사원] 테이블(릴레이션)에 대한 SELECT(검색) 권한을 모든 사용자에게 허가하도록 설정하시오.

  > GRANT SELECT ON 사원 TO PUBLIC;

  홍길동(사용자)은 [사원] 테이블에 대해 UPDATE할 수 있는 권한과 이 권한이 필요한 다른 사용자에게 (UPDATE 권한을) 부여할 수 있는 권한을 부여하시오.

  ※ 즉, 내가 UPDATE할 수 있는 권한과 UPDATE 권한이 필요한 다른 사용자에게 내가 UPDATE할 수 있도록 권한을 부여한다는 의미이다.

  > GRANT UPDATE ON 사원 TO 홍길동 WITH GRANT OPTION;

  - 권한 취소하기(REVOKE)

  홍길동(사용자)에게 부여했던 [사원] 테이블에 대한 UPDATE 권한을 취소하시오.

  ※ CASCADE란 사용자 권한 취소 시 사용자가 부여했던 다른 사용자들의 권한도 같이 취소됨을 의미하여, 이 문장에서는 홍길동 자신의 UPDATE 권한뿐만 아니라 이 권한을 부여받았던 다른 사용자들도 UPDATE 권한을 회수당함을 말한다. CASCADE가 붙지 않으면 홍길동만 UPDATE 권한이 취소된다.

  > REVOKE UPDATE ON 사원 FROM 홍길동 CASCADE;

3) 트랜잭션 제어어(TCL: Transaction Control Language)
- 트랜잭션이란 일처리 단위를 뜻하며, TCL은 트랜잭션의 DML 작업단위를 제어하는 명령어이다.
- 종류

구분	내용
COMMIT	명령에 의해 수행된 경로를 실제 물리적 디스크로 저장하고, 데이터베이스 조작 작업이 정상적으로 완료되었음을 관리자에게 알려 준다.
ROLLBACK	데이터베이스 조작 작업이 비정상적으로 종료되었을 때 원래의 상태로 복구한다.
SAVEPOINT	트랜잭션 작업 중간에 책갈피와 같이 SAVEPOINT를 저장한다.

핵심유형 109

SQL 활용: 다중검색문

다중 테이블 검색은 관계형 데이터베이스 관리 시스템(RDBMS)에서 여러 테이블을 통합하여 원하는 정보를 추출하는 기법으로, 실무에서 자주 사용된다. DBMS마다 문법에는 차이가 있지만, 개념을 중심으로 이해해 두는 것이 중요하다. 이전 기출에서도 다중 테이블 검색(SELECT) 문제가 출제된 바 있으며, JOIN 역시 유사 개념으로 출제될 수 있으므로 반드시 숙지해야 한다. 이 유형은 2023년까지 출제된 이후 최근에는 거의 출제되지 않고 있지만, 핵심 개념을 바탕으로 새로운 방식으로 응용될 수 있어 대비가 필요하다.

대표예제

두 개의 테이블에 대한 다음 SQL문의 결과로 알맞은 것은?

```
(SELECT 사원번호 FROM A팀)
      INTERSECT
(SELECT 사원번호 FROM B팀)
```

[A팀] 테이블

사원번호	고객평가
20220789	95
20220123	89

[B팀] 테이블

사원번호	고객번호
20220123	1854
20220456	0452

①
사원번호	고객평가	고객번호
20220123		

②
사원번호
20220123

③
사원번호
20220789
20220123
20220456

④
사원번호	고객평가	고객번호
20220789	95	NULL
20220123	89	1854
20220456	NULL	0452

문제풀이

다중 SELECT문에 INTERSECT 명령어가 있는 다중 SELECT문(검색문) 문제이다.
- SELECT 학번 FROM A팀=A팀 테이블의 사원번호 열을 검색하라.
- SELECT 학번 FROM B팀=B팀 테이블의 사원번호 열을 검색하라.
- INTERSECT: 앞뒤에 있는 것의 교집합

정답 ②

문제풀이 TIP

다중 테이블 조회(SELECT(SELECT)) 형태의 형식은 다음과 같다.

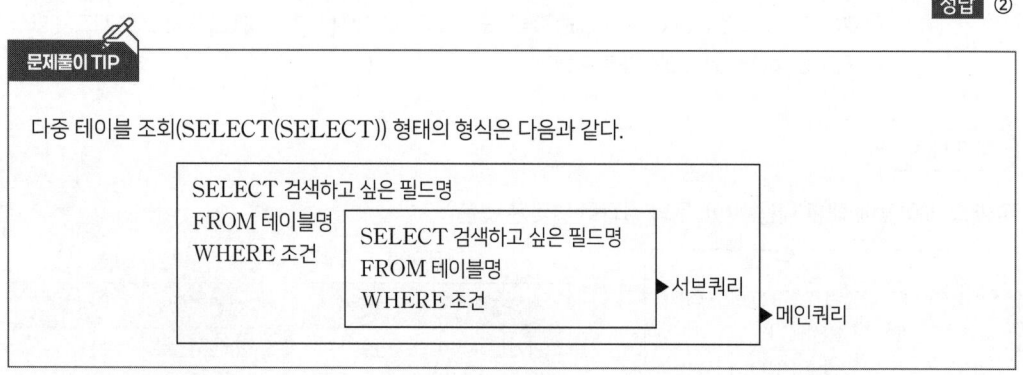

핵심이론

SQL 활용: 다중검색문

1) 다중 테이블 조회

[신입사원] 테이블

사원번호	성명	성별	점수	지역
105	홍명보	남	80	인천
115	박보영	여	90	대구
116	이지은	여	100	서울
135	박지성	남	70	인천
150	이지은	남	80	서울

- 기본예제
  - [신입사원] 테이블에서 '박보영'과 동일한 직급인 사원을 검색하시오.

  ```
  SELECT *
  FROM 신입사원
  WHERE 직급=(SELECT 직급 FROM 신입사원 WHERE 이름='박보영');
  ```

- [신입사원] 테이블에서 '이지은'의 점수보다 더 높은 점수를 받은 사원을 검색하시오.

> SELECT *
> FROM 신입사원
> WHERE 점수 > (SELECT 점수 FROM 신입사원 WHERE 이름='이지은');

- [신입사원] 테이블에서 입사점수가 80점 이상인 사원의 지역과 같은 사원의 이름을 검색하시오.

> SELECT 성명
> FROM 신입사원
> WHERE 지역 IN (SELECT 지역 FROM 신입사원 WHERE 입사점수>=80);

이 경우 결과는 박지성 사원의 정보를 제외한 나머지가 출력된다.
※ *: 모든 데이터를 뜻한다. 즉, SELECT*은 '모든 데이터를 검색하라'라는 뜻이다.
※ IN: 메인 쿼리와 비교조건이 서브 쿼리의 결과 중 하나라도 일치하면 참이다.

2) 조인(join)
- 2개 이상의 테이블에 나누어져 저장된 정보를 1개의 테이블처럼 사용하기 위해 연결하는 방법을 정의한다.
- 조인에 사용되는 기준 필드의 데이터 형식은 '동일'하거나 '호환'되어야 한다.
- 여러 개의 테이블을 조인할 경우 접근속도 향상을 위해 필드 이름 앞에 테이블 이름을 마침표(.)로 구분하여 사용한다(⑩ 부서.코드='부서' 테이블에 있는 '코드'라는 이름의 테이블).
- 내부 조인(inner join)

> SELECT 필드이름
> FROM 테이블이름1 INNER JOIN 테이블이름2
> ON 테이블이름1.필드이름=테이블이름2.필드이름

  - 가장 일반적인 조인의 형태이다.
  - 관계가 설정된 두 테이블에서 공통된 필드가 일치하는 행만 쿼리(질의)에 포함된다.
- 외부 조인(outer join): 두 테이블에서 공통적으로 존재하지 않는 레코드(행)도 포함된다.
- 왼쪽 외부 조인(left join)

> SELECT 필드이름
> FROM 테이블이름1 LEFT JOIN 테이블이름2
> ON 테이블이름1.필드이름=테이블이름2.필드이름

  - LEFT가 RIGHT로 바뀌면 오른쪽 외부 조인이 된다.
  - 왼쪽 테이블에서는 모든 레코드를 포함하고, 오른쪽 테이블에서는 조인된 필드가 일치하는 레코드만 질의에 포함된다.
  - 화살표의 방향이 왼쪽에서 오른쪽으로 이동되듯이 표현된다.

핵심유형

110

데이터베이스 관련 용어

데이터베이스에 중요한 정보가 담겨 있다면, 보안 문제를 반드시 고려해야 한다. 이를 반영한 기능이 '뷰'이며, 이는 실체 없이 존재하는 가상 테이블로, SELECT 문을 통해 데이터를 검색해 사용자에게 보여 준다. 또한 원하는 데이터를 빠르게 찾기 위한 도구와 행위를 무엇이라 하는지, 관련 용어를 정확히 익혀야 한다. 이 유형은 2023년까지 출제된 이후 최근에는 출제 빈도가 많이 떨어진 편이다. 하지만 향후 응용된 방식으로 출제될 수 있으므로 개념을 정확히 이해해 두어야 한다.

대표예제

다음 중 데이터베이스의 트랜잭션에 대해 잘못 설명한 것은?

① 처리되는 특정한 업무, 특정한 거래, 또는 그 결과 얻어지는 데이터 기록
② 망을 통해서 송/수신 양단말 장치 간에서 특정한 테스크를 수행하기 위해 교환되는 자료
③ 사용자에게 접근이 허용된 자료만 제한적으로 보여 주는 단위
④ 데이터 통신 시스템에서 관리의 대상이 되는 기본적인 정보기록 기본파일에 대해서 그 내용에 추가, 삭제 및 갱신을 가져오도록 하는 행위(거래)

문제풀이

③ (X) 사용자에게 접근 허용된 자료만 제한적으로 보여 주는 가상의 테이블은 '뷰'이다.

정답 ③

문제풀이 TIP

다음과 같은 데이터베이스 용어는 꼭 알아 두도록 하자.

용어	설명
트랜잭션	일련의 연산 집합으로 데이터베이스의 상태를 변환시키기 위해 논리적 기능을 수행하는 하나의 작업 단위이다.
인덱스 (INDEX)	데이터 검색속도를 빠르게 처리할 수 있도록 도와주는 데이터베이스 객체이다(한글사전에 있는 모음과 자음 같은 역할).
뷰 (VIEW)	실체가 존재하지 않는 데이터, 가상의 테이블이다(보안).
시스템 카탈로그 (system catalog)	데이터사전이라고도 불리며, DBMS가 스스로 생성하고 유지하는 데이터베이스 내의 특별한 테이블 집합체이다.
데이터 디렉토리 (data directory)	데이터베이스에 수록된 데이터를 실제로 접근하는 데 필요한 위치정보를 관리하는 시스템으로 시스템만 접근할 수 있다.

핵 심 이 론

데이터베이스 관련 용어: 고급 데이터베이스 활용의 대표적인 4가지

1) 뷰
- 목적: 사용자에게 접근 허용된 자료만 제한적으로 보여 준다.
- 의미: 하나 이상의 기본 테이블로부터 유도된 이름을 가지는 가상 테이블이다.
- 장점 및 단점

장점	• 데이터의 논리적 독립성을 어느 정도 제공한다. • 데이터의 접근을 제어함으로써 보안을 제공한다. • 사용자의 데이터 관리를 간단하고 쉽게 해 준다. • 여러 사용자의 상이한 응용이나 요구를 지원한다.
단점	• 정의한 것을 변경할 수 없다. • 삽입, 삭제, 갱신 연산에 많은 제한이 있다.

2) 인덱스
데이터 레코드의 검색시간을 단축시키기 위해 만든 보조적인 데이터 구조로, 데이터의 위치정보(pointer)로 구성되어있는 데이터 구조이다.

3) 시스템 카탈로그(데이터 사전)
- 기본 테이블, 뷰, 인덱스, 접근 권한 등의 정보를 저장하고 있는 시스템 데이터베이스이다.
- 시스템 카탈로그에 저장된 정보를 '메타데이터'라고 한다.
- 일반 사용자도 SQL문으로 내용 검색이 가능하다.
- 직접 갱신하는 것은 불가능하다.
- 갱신은 시스템이 자동적으로 한다.
- 시스템 자신이 필요로 하는 스키마 및 여러 가지 객체에 관한 정보를 포함한다.

4) 트랜잭션
- 동시 다발적으로 발생하는 다수 작업을 독립적이고 안전하게 처리하기 위한 데이터베이스 연산의 가장 기본적인 '일 처리 단위'를 의미한다.
- 안전하고 무결한 거래(transaction)를 보장하는 것이 사용목적이다.
- 특성

원자성 (atomicity)	• 트랜잭션은 '거래'이며 분할할 수 없는 최소단위(all or nothing)이다. • 트랜잭션은 완벽히 수행 완료(COMMIT)되거나 전혀 수행되지 않아야 한다. • 모든 연산의 완료에는 연산, 모든 연산의 취소에는 ROLLBACK 연산을 사용한다.
일관성 (consistency)	트랜잭션이 그 실행을 성공적으로 완료하면 언제나 일관성 있는 데이터베이스 상태로 변환한다.
독립성 (isolation)	둘 이상의 트랜잭션이 동시에 실행되는 경우 결과는 특정 순서에 따라 트랜잭션이 순차적으로 하나씩 실행된 결과와 같아야 한다.
영속성 (durability)	완료된 트랜잭션 결과는 영구적으로 유지되어야 한다.

혼 J O B
IBK기업은행 통합기본서

나만의 성장 엔진, 혼JOB | www.honjob.co.kr

PART 2

실전대비 문제

CHAPTER 1
NCS직업기초 실전문제

CHAPTER 2
직무수행 객관식 실전문제

CHAPTER 3
직무수행 주관식 실전문제

정답 및 해설

CHAPTER 1
NCS직업기초 실전문제

[01~02] 다음 [표]는 I은행의 새희망홀씨 대출 상품에 관한 자료이다. 이를 보고 물음에 답하시오.

[표] 새희망홀씨 대출 상품 안내

상품 특징	저소득·저신용자를 위한 대표적인 서민금융상품
대출 신청 자격	연 소득이 35백만 원 이하(CB등급* 제한 없음)이거나, 35백만 원 초과~45백만 원 이하이면서 CB 등급이 6~10등급인 자 중 다음 (1) 혹은 (2)에 해당하는 고객 (1) 사업자등록증 미보유자로서 생계형 업종에 종사하는 자 (2) I은행 거래 상시근로자 10인 미만 소기업에 1년 이상 재직 중인 근로자 * CB등급: 개인신용평가기관에 의해 산정되는 신용등급 ※ 대출 신청 제외 대상 • 연체, 부도, 대위변제, 조세·과태료·고용보험료 체납, 회생, 파산, 면책 이력이 있는 자 • 대출 신청일 현재 당행 대출금 또는 신용카드 연체 중인 자 • 재외국민, 외국인, 해외체류자
대출 금액	연 소득 금액 범위 내 최고 3천만 원 이내 ※ 전(全) 금융기관 신용대출, 현금서비스, 대학생·청년 햇살론 포함
대출 기간	최대 15년
대출 금리	연 단위로 '기준금리+가산금리-금융취약계층 우대금리'를 적용 ※ 대출 금액 1천만 원, 대출 기간 1년 기준 | 기준금리	가산금리	금융취약계층 우대금리
---	---	---
1.97%	2.17~8.73%	1.2%	

01 다음 중 I은행의 새희망홀씨 대출 상품에 대출 신청을 할 수 있는 사람은? (단, 언급되지 않은 내용은 고려하지 않는다)

① 연 소득이 25백만 원이고 CB등급이 9등급이면서 생계형 업종에 종사하는 사업자등록증 보유자 A
② 연 소득이 39백만 원이고 CB등급이 6등급이면서 사업자등록증 없이 생계형 업종에 종사하는 캐나다 체류자 B
③ 연 소득이 40백만 원이고 CB등급이 5등급이면서 I은행 거래 상시근로자 8인 소기업에 3년 동안 재직 중인 근로자 C
④ 연 소득이 27백만 원이고 I은행 거래 상시근로자 5인 소기업에 6년 동안 재직 중이며 대출 신청일 현재 I은행 대출금을 전액 상환한 근로자 D

02 I은행 새희망홀씨 대출 상품과 관련하여 상담센터에 다음과 같은 고객의 질문이 올라왔다. 상담원의 답변 ㉠~㉣ 중 옳지 않은 것을 모두 고르면? (단, 언급되지 않은 내용은 고려하지 않는다)

> 질문: 연 소득이 2천만 원이고 대학생·청년 햇살론으로 5백만 원을 대출받은 상태입니다. 새희망홀씨 대출 상품으로는 최대 얼마까지 대출받을 수 있을까요?
> 답변: ㉠ 고객님의 경우 최대 대출 가능 금액인 3천만 원에서 대학생·청년 햇살론 대출액 5백만 원을 차감하여, 최대 2,500만 원까지 가능합니다.
> 질문: 새희망홀씨 대출 상품으로 1년간 1천만 원을 대출받는다고 하면 대출 금리는 어느 정도 되나요?
> 답변: ㉡ 대출 금리는 최저 연 5.34%, 최고 연 11.9%입니다.
> 질문: 2년 전에 고용보험료를 체납한 적이 있는데, 현재는 모두 납부한 상태입니다. 새희망홀씨 대출 신청이 가능할까요?
> 답변: ㉢ 대출 신청일 현재 체납된 고용보험료를 모두 납부하셨다고 하더라도 대출이 불가능합니다.
> 질문: 지난해에 S은행에서 1천만 원의 신용대출을 이미 받은 상태입니다. 새희망홀씨 대출 신청이 가능한가요?
> 답변: ㉣ 대출 신청 자격을 모두 충족하신다면, 타 은행에서 신용대출을 받으셨더라도 새희망홀씨 대출을 신청하실 수 있습니다.

① ㉠, ㉡
② ㉠, ㉢
③ ㉡, ㉣
④ ㉢, ㉣

[03~04] 다음 글을 읽고 이어지는 물음에 답하시오.

(가) 비트코인은 사용자들에 의해 직접 발행이 되는데, 이를 통상적으로 채굴이라고 부른다. 이를 기술적으로 끊임없는 해싱 작업을 통한 '목푯값(target value)' 이상의 해시(hash)값 찾기(작업증명, POW: Proof of Work)로 정의할 수 있다. 채굴에 참여하는 모든 사용자가 목푯값을 찾기 위한 경쟁을 벌이며, 특정한 사용자가 목푯값에 해당하는 해시값을 찾는 데 성공하면, '블록'을 발행하게 된다. 이들은 블록을 발행하고 이를 네트워크에 전파하면서 동시에 블록 발행 보상인 '비트코인'과 해당 블록 안에 포함된 '이체 수수료'를 받게 된다. '비트코인 지급'이라는 경제적 보상이 채굴자들이 해싱 작업에 참여하는 동기가 된다. 채굴은 근본적으로 끊임없는 해싱 작업이며, 많은 컴퓨팅 파워를 가지고 있을수록 빠른 속도의 해싱이 가능하다. 즉, 컴퓨팅 파워를 많이 투입할수록 다른 경쟁자들보다 비트코인을 많이 받게 되는 구조이다. 블록 발행 확률(목푯값 경쟁 승리확률)과 네트워크상에서 자신이 차지하는 컴퓨팅 파워 비율은 정확히 비례하며, 만일 누군가가 전체 투입 컴퓨팅 파워 중 30%를 점유하고 있다면, 수학적으로 블록 생성 확률도 정확히 30%에 수렴한다.

(나) 이러한 암호화폐 발행 및 거래 프로그램을 '비트코인' 또는 '비트코인 코어'라고 부르며, 이 프로그램 안에서 통용되는 암호화폐 또한 '비트코인'이라고 칭한다. 비트코인은 특정한 발행 또는 관리 주체 없이 운영되는데, 참여하는 사용자들이 주체적으로 화폐를 발행하고 이체내역을 관리하게 된다. 중앙화된 주체에서 주도적으로 관리하는 것이 아니라 P2P로 운영되기 때문에 계좌동결, 강제인도, 강제신원공개 및 서비스 정지 등이 불가능하다.

(다) 비트코인은 2009년에 '사토시 나카모토'(예명)로 알려진 개인 또는 다수의 개발자를 통해 탄생됐다. 비트코인은 P2P네트워크, 해시, 암호화, POW(작업증명) 등의 기술을 다차원적으로 종합하여 만든 프로그램이며, 기존의 가상화폐들과는 달리 암호화 기술(cryptography)과 해시를 이용한 POW(작업증명) 방식을 이용하였다는 점에서 암호화폐(cryptocurrency)로 불리고 있다.

(라) 블록은 위에서 설명된 채굴 작업을 통해 발행되며, 발행 시마다 비트코인 프로그램 자체(coinbase)에서 '블록 발행 보상'을 채굴자에게 지급하는 방식으로 신규 화폐를 발행(조폐)하게 된다. 블록 발행 보상은 2016년 기준으로 25 비트코인이며, 매 21만 블록(약 4년)을 기준으로 발행량이 절반으로 줄어든다. 2009년 1월 첫 발행 시에는 50 비트코인씩 발행이 되었으나 약 4년 뒤인 2013년 말부터는 25 비트코인으로 발행량이 줄었으며, 역시 4년 뒤 2016년 7월 10일에는 12.5 비트코인으로 4년마다 계속 반으로 줄어든다. 이렇게 발행되는 비트코인의 총량이 2,100만 개에 이르면 비트코인의 신규 발행은 종료된다.

03 위 글의 (가)~(라)를 문맥에 맞게 배열한 것으로 가장 적절한 것은?

① (가) - (다) - (나) - (라)
② (가) - (라) - (나) - (다)
③ (다) - (가) - (라) - (나)
④ (다) - (나) - (가) - (라)

04 위 글을 읽고 기업은행에서 근무하는 두 행원이 [보기]와 같이 대화를 나누었다. 위 글의 내용에 따를 때, 빈칸에 들어갈 발언으로 가장 적절한 것은?

| 보기 |

임 행원: 사용자들의 채굴 작업을 통해 비트코인이 발행된다는 점이 매우 흥미롭네요.
장 행원: 맞아요. 채굴 참여자들이 목푯값에 해당하는 해시값을 찾으면 블록이 발행되고, 이 블록을 네트워크에 전파하면서 비트코인과 이체 수수료를 받게 되는 식이죠.
임 행원: 컴퓨팅 파워와 블록 발행의 관계도 꽤 재미있는 부분이에요.
장 행원: 네, 저 역시도 (   ) 사실이 가장 기억에 남아요.

① 컴퓨팅 파워 비율과 블록 발행 확률은 비례한다는
② 컴퓨팅 파워는 블록 발행에 전혀 관여하지 않는다는
③ 컴퓨팅 파워를 많이 투입할수록 블록 발행 속도가 늦춰진다는
④ 컴퓨팅 파워 비율과 블록 발행 확률은 30%로 고정되어 있다는

05 다음 글에서 결론이 도출되는 방식을 가장 적절하게 지적한 것은?

> 종래의 경제 이론은 '수익 체감의 원리(diminishing return)'를 가정하고 성립되었다. 경제 활동은 '음의 되먹임(negative feedback)'을 유발하여 가격과 시장 점유율을 예측할 수 있는 평행 상태로 이끌어 가게 된다는 것이다. 예를 들어 오일 쇼크를 보자. 1970년대의 높은 원유 가격은 에너지 절약을 촉진시키고, 원유의 탐사를 촉진시켰는데 결국 예측한 대로 이것이 1980년대 초반의 유가 하락을 촉진시켰다. 이러한 종래의 이론에 따르면 결과적으로 평형 상태는 그 특정 상황에서 가능한 '최선의 결과'-자원의 가장 효율적인 배분과 사용-를 의미한다. 그러나 이러한 그럴듯한 그림이 실제와 상충되는 경우도 많다. 경제의 여러 부분에서는 안정화하는 힘이 나타나지 않아 보인다. 오히려 '양의 되먹임(positive feedback)'이 나타나 조그마한 경제적 변화를 증폭하는 것이 관찰된다. 이러한 것을 설명하는 경제학 모델은 종래의 것과는 아주 다르다.
>
> 수익이 점점 줄어든다는 것은 경제에 일정한 단일 평형점이 있음을 상정하는 것이지만, 양의 되먹임(수익 체증)에서는 평형점이 여럿 있을 수 있다. 또 여러 가지 가능성 있는 결과 중에서 선택될 어떤 특정한 경제적 결말이 '최선'이라 할 어떤 보장도 주어지지 않는다. 더구나 어떤 우연한 경제적 사건들이 하나의 특정한 방향으로의 길을 선택하여 움직이게 되면 그 후의 선택은 다른 선택 가능한 방안들이 설사 더 우수한 것이라 하더라도 선행한 방안에 '고착(lock-in)'되어 버린다. 어떤 상품이 우연한 이유로 해서 앞서게 되면 그것이 앞섰다는 것으로 해서 그 시장을 장악하게 된다. 비디오 시장의 흥망은 이것을 잘 보여 준다. 비디오 시장은 같은 가격의 두 종류의 체제(VHS와 Beta)로 시작되었다. 이 전쟁은 VHS의 승리로 끝나게 되었는데 이 승리는 기술적 우위에 의한 것이 아니었다. 비디오 가게에 VHS 방식으로 녹화된 비디오 테이프가 많다는 것이 소비자로 하여금 VHS 방식의 비디오를 사도록 유도했다. 그것은 다시 비디오 가게에 VHS 방식의 비디오 테이프를 많이 비치하도록 했고 이것은 다시 소비자로 하여금 VHS 방식의 비디오를 구입하도록 유도했다. 이런 식으로 시장 점유율에서의 조그마한 우위가 특정 시스템의 경쟁적 위상을 증진시키고 또 그 우위를 더 증가시키게 된 것이다. 이후 세계의 비디오 시장은 거의 VHS 방식의 비디오 테이프와 비디오로 통일되었다.
>
> 이 과정에 대해서 모르는 상태에서 이 결말만을 보고 있으면 마치 비디오 기술에 있어서 어떤 범세계적 합의가 있었던 것처럼 보인다. 그러나 이는 초기에는 여러 형태의 변종들이 출현하지만, 일단 그 가운데 어느 하나가 우위를 점하게 되면 양의 되먹임이 작용하면서 하나의 형태로 통일되어 가는 진화의 한 현상일 뿐이다.

① 기존의 주장과는 다른 새로운 주장을 구체적 사례를 들어 제시함으로써 결론을 도출
② 주요한 용어에 대한 정의가 일상적인 사용과 어긋난다는 것을 분석함으로써 결론을 도출
③ 주요한 용어를 어떻게 해석하느냐에 따라 결과가 다르다는 것을 비교함으로써 결론을 도출
④ 기존의 주장과 다른 현상이 발생하더라도 예외적으로 받아들여야 한다는 것을 논증함으로써 결론을 도출

06 기업은행에서 근무하는 김 행원이 다음 글을 읽고 [표]와 같이 정리하였을 때, ㉠~㉣에 들어 갈 내용 중 적절하지 않은 것을 고르면?

> 인터넷전문은행이란 영업점 없이 금융업무(예금, 자금이체, 대출 등)를 인터넷을 활용하여 처리하는 은행이다. 기존 은행과는 달리 지점이 아예 존재하지 않기 때문에 건물 임대료나 인건비, 운영비 등이 들지 않고 24시간, 365일 금융 서비스를 제공한다. 인터넷전문은행의 출범으로 은행뿐만 아니라 금융시장 전반에 걸쳐 경쟁이 촉진되고 있다.
> 제1금융권에서는 기존 고객 이탈을 방지를 위해 수신금리를 상향하여 연 2%대 특판 예·적금 등을 개시하였다. 또한 비대면 계좌 개설 절차를 보다 간소화하고, 모바일전용 가입 상품에 대한 다양한 부가 혜택을 부여하였다. 또한 모바일로 가능한 전·월세 대출, 주택담보대출, 자동차구입대출, 환전 서비스 등을 출시하였다.
> 인터넷전문은행 출범의 영향력은 제2금융권에서도 예외가 아니다. 저축은행은 중금리 대출시장 선점을 위해 금리 경쟁 등을 본격화하였으며, 증권사는 비대면 거래에 대한 수수료 면제 등 많은 혜택을 부여하고 있다. 또한 P2P대출업계에서도 고객이탈 방지를 위해 '최저금리보상제'를 확대 시행하고 있다.

[표]

인터넷전문은행의 정의 및 특징	• (㉠), 24시간, 365일 금융 서비스 제공
제1금융권의 대응 전략	• 수신금리 상향 • (㉡) 개설 절차 간소화 • (㉢)에 대한 다양한 부가 혜택 부여 • 모바일로 가능한 전·월세 대출, 주택담보대출, 자동차구입대출, 환전 서비스 출시
제2금융권의 대응 전략	• 저축은행: 금리 경쟁 본격화 • 증권사: 비대면 거래에 대한 (㉣) 면제 • P2P대출업: 최저금리보상제 확대 시행

① ㉠: 무점포
② ㉡: 특판 예·적금
③ ㉢: 모바일전용 상품
④ ㉣: 수수료

07 다음을 읽고 [보기]에서 청약가점제에 대한 다양한 주장들 가운데 타당한 것을 모두 고르면?

> 국토교통부는 2007년 9월부터 실수요자 중심의 주택공급을 위한 청약가점제를 실시하기로 하고 아래와 같은 가점점수 산정기준을 제시하였다. 청약예·부금 가입자 대상인 전용면적 85m^2 이하 민영주택은 추첨방식으로 25%를, 나머지 75%는 가점방식으로 각각 뽑는다. 청약예금 가입자 대상인 전용면적 85m^2 초과 주택은 채권입찰제를 우선 적용하고 경쟁이 있을 경우 가점제와 추첨제로 각각 50%씩 선정하는 것이 이 제도의 핵심 내용이다. 지난 공청회 결과를 반영한 세부내용은 아래와 같다.
> 가점항목은 무주택 기간, 부양가족 수, 가입 기간 등에 따라 각각 부여되며, 주택보유자는 청약순위가 2순위 아래로 밀리게 되며, 주택 1채당 5점씩 감점된다. 무주택자로 인정되는 예외조항이 있는데, 부모 등 60세 이상 직계존속을 주민등록등본에 기재하고 부양하는 청약가입자 중 직계존속이 주택 1채를 소유하면 무주택자로 인정될 수 있으나, 2채 이상 소유할 경우에는 역시 한 채당 5점씩 감점된다.
> 부양가족 기준은 강화되었다. 30세 이상 미혼자녀는 입주자 모집공고일 기준으로 '최근 1년 이상' 함께 살아야 부양가족으로 인정받는다. 입주자 선정 업무는 은행에서 대행하도록 의무화했고, 현재 수도권에 한정됐던 인터넷 청약 가능 지역을 전국으로 확대했다.
> 한편 수도권에서 지방으로 이전하는 기업의 종사자 등에 배정되는 특별공급 자격을 '무주택 가구주'에서 '가구'로 완화하여 지방으로의 이전이 용이하도록 하였으나, 교육여건 등 주거 인프라의 열세를 극복할 만한 유인인지는 의문이라는 것이 중론이다.
> 무주택자들의 경우 청약가점제가 시행되면 가점제에서 떨어져도 추첨제로 자동으로 넘어가게 되어 이전보다는 당첨확률이 높아질 것으로 기대된다. 이를 위해서는 혼인신고를 빨리 하는 것이 유리한데, 무주택 기간은 만 30세부터 산정되지만, 30세 이전에 결혼한 경우에는 혼인신고일부터 기산하기 때문이다. 청약통장 가입도 서두르는 편이 유리할 것이며, 부모 등 직계존속을 3년 이상 부양하는 것도 청약가점을 높이는 한 방법이라 할 수 있다.
>
> ※ 무주택 기간 15년 이상일 경우 32점, 부양가족 수 6명 이상일 경우 35점, 청약통장 가입기간 15년 이상일 경우 17점이 각 항목의 최고점이다.
> ※ 국민주택 규모 85m^2: 4인 가족을 기준으로 산정한 안락한 주택 규모

┌─ 보기 ├───
│ A: 청약가점제에 따른 만점자는 저축가입기간을 제외할 경우 가구주 만 45세 이상(만 30세
│   이전 결혼 제외)에 부양가족 6인 이상이어야 하는데, 이는 국민주택 규모인 85m² 이하 주
│   택의 적정 설계 거주인원인 4인 가족 기준과 상당히 동떨어진 것으로 주거지역의 과밀화
│   를 초래할 수도 있을 것이다.
│ B: 핵가족이나 신혼부부들도 청약가점제의 혜택으로 좀 더 쉽게 내집마련의 꿈을 이룰 수 있
│   게 될 것이다.
│ C: 결혼과 출산 연령이 점점 높아져 인구감소가 우려되는 시점에서 부양가족에 대한 가중치
│   를 높인다면 출산율 저하와 노령인구 증가로 인한 사회문제를 해소하는 데 일정 부분 기
│   여할 수도 있을 것이다.
│ D: 청약가점을 통해 자격을 갖추었다 하더라도 만약 분양가가 계속 오르기만 하는 현 추세를
│   감안하면, 실수요자들이 내집을 갖는 것이 쉽지는 않을 것이다.
└──

① B, D
② C, D
③ A, B, C
④ A, C, D

08 다음 글에 나타난 필자의 견해로 볼 수 없는 것은?

> 서양에서 주인공을 '히어로(hero)', 즉 '영웅'이라고 부른 것은 고대 서사시나 희곡의 소재가 되던 주인공들이 초인간적인 능력을 가진 인물들이었기 때문이다. 신화적 세계관 속에서 영웅들은 신과 밀접한 관계를 맺거나 신의 후손이기도 하였다.
> 　신화와 달리 문학 작품은 인물의 행위를 단일한 것으로 통일시킨다. 영웅들의 초인간적이고 신적인 행위는 차차 문학 작품의 구조에 제한되어 훨씬 인간화되었다. 문학 작품의 통일된 구조에 적합하지 않은 것은 대폭 수정되거나 제거되는 수밖에 없었다.
> 　아리스토텔레스는 비극이 '보통보다 우수한 인물'을 모방한다고 하였는데, 이는 문학의 인물이 신화의 영웅이 아닌 보통의 인간임을 지적한 것이다. 극의 주인공은 작품의 통일성을 기하는 데 기여하는 중심적인 인물이면 된다고 한 것으로 볼 수 있다.
> 　낭만주의 및 역사주의 비평가들은 작중 인물을 실제 인물인 양 따로 떼어 내어, 그의 개인적인 역사를 재구성해 보려고도 하였다. 그들은 영웅이라는 표현 대신 '성격(인물, character)'이라는 개념을 즐겨 썼는데, 이 용어는 지금도 비평계에서 애용되고 있다.

① 영웅이라는 말은 고대의 예술적 조건과 자연스럽게 관련된다.
② 신화의 영웅은 문학 작품에 와서 점차 인간화되었다.
③ 아리스토텔레스가 말한 '보통보다 우수한 인물'은 신화적 영웅과 다르다.
④ 역사주의 비평가들은 작중 인물을 역사적 영웅으로 재평가하려고 했다.

09 다음 글의 전개 순서로 가장 자연스러운 것은?

> (가) 현대 사회에서의 사회계층은 일반적으로 학력, 직업, 재산이나 수입 등의 요소를 기준으로 구분한다. 이에 따른 사회계층의 분화가 분명히 상정될 수 있을 때 그에 상응하여 언어 분화의 존재도 인정될 터이지만 현대 한국 사회는 그처럼 계층 사이의 경계가 확연한 그런 사회가 아니다. 언어와 연관해서는 그저 특정 직업 또는 해당 지역의 주요 산업에 의거한 구분 정도가 제기될 수 있을 뿐이다.
> (나) 사회계층은 한 사회 안에서 경제적·신분적으로 구별되는 인간 집단을 말한다. 그러기에 동일한 계층에 속하는 구성원들끼리 사회적으로 더 많이 접촉하며, 상이한 계층에 속하는 구성원들 사이에 그러한 접촉이 훨씬 더 적은 것은 매우 자연스러운 일이다.
> (다) 그런데 한 사회를 구성하는 성원들 사이에 접촉이 적어지고 그러한 상태가 오래 지속되면 언어적으로 분화가 이루어진다. 이러한 사실을 고려할 때 사회 계층의 구별이 엄격한 사회일수록 그에 따른 언어 분화가 쉽게 일어나리라는 점은 충분히 예상하고도 남는다. 반상(班常)의 구별이 있었던 한국의 전통 사회에서 양반과 평민(상민, 서얼 등)의 언어가 달랐다는 여럿의 보고가 이러한 사실을 뒷받침해 준다.
> (라) 그렇더라도 사회계층에 따른 언어의 변이를 확인하려는 시도가 전혀 없었던 것은 아니다. '잽히다(잡히다)' 등에 나타나는 움라우트의 실현율이 학력과 밀접히 관련된다는 보고는 바로 그러한 시도 중의 하나라 할 수 있다.

① (가) - (다) - (나) - (라)
② (가) - (라) - (나) - (다)
③ (나) - (다) - (가) - (라)
④ (나) - (라) - (가) - (다)

10 빨간 공 5개와 흰 공 3개가 들어 있는 주머니가 있다. 동시에 2개를 꺼낼 때, 빨간 공과 흰 공이 1개씩 나올 확률을 구하면?

① $\dfrac{2}{9}$ ② $\dfrac{5}{14}$ ③ $\dfrac{15}{28}$ ④ $\dfrac{17}{28}$

11 다음은 각국의 GDP 대비 유아교육비 투입비율을 나타낸 [표]이다. 이에 대한 설명으로 옳지 않은 것은?

[표] 각국의 유아교육비 투입비율

국가		GDP 대비 유아교육비용(%)	조세부담률	1인당 교육비(US 달러 환산액)	
				유아교육	초등교육
북유럽	스웨덴	0.59	39.0	3,210	5,579
	노르웨이	0.58	—	7,924(공립)	5,761(공립)
	덴마크	0.86	—	5,664	6,713
서유럽	영국	0.42	31.2	4,910	3,329
	이탈리아	0.42	30.0	4,730(공립)	5,653(공립)
	프랑스	0.66	29.0	3,487	3,614
	독일	0.36	23.1	4,648	3,531
미국		0.36	22.7	6,347	5,913
아시아	일본	0.09	17.2	3,123	5,075
	한국	0.04	21.8	1,287	2,838

① GDP 대비 유아교육비용은 평균적으로 북유럽 국가들이 가장 높고, 서유럽 국가들이 중간 수준, 아시아 국가들이 가장 낮은 수준임을 알 수 있다.
② 미국은 조세부담률이 한국과 비슷함에도 불구하고 GDP 대비 유아교육비용은 한국보다 높으며, 일본은 한국보다 조세부담률이 낮음에도 불구하고 1인당 더 많은 비용을 유아교육에 투입하고 있음을 알 수 있다.
③ 노르웨이, 미국, 프랑스 등이 유아 1인당 교육비가 가장 높음을 알 수 있다.
④ 미국의 유아 1인당 교육비는 우리나라의 5배에 달하고 있다.

12 다음 [그림]은 주요국에 대한 우리나라의 수출입 현황을 나타낸 것이다. 이에 대한 [보기]의 분석이 옳지 않은 것으로만 묶인 것은?

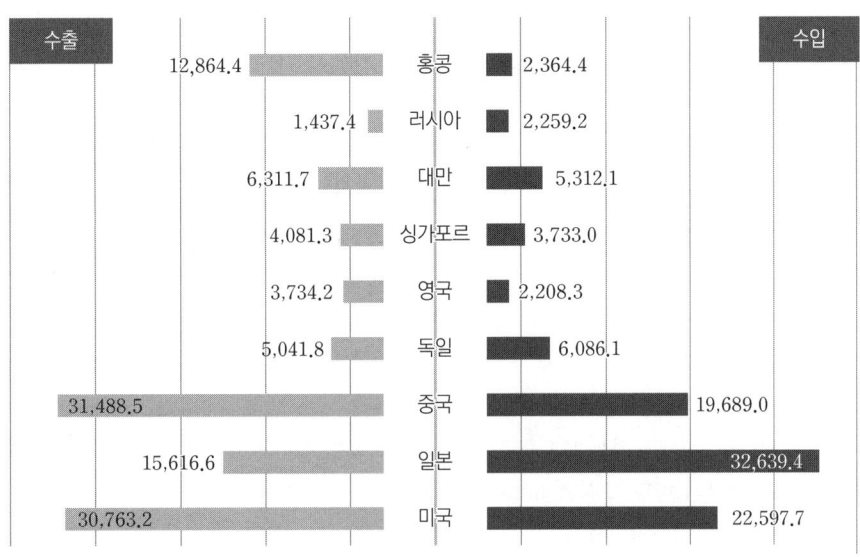

[그림] 주요국에 대한 수출입 현황
기간: 2021년 1월~2021년 11월, 단위: 백만 달러

┤보기├
㉠ 중국과의 무역이 확대되고 있는 추세이다.
㉡ 중국과의 교역에서 가장 많은 흑자를 보인다.
㉢ 무역에서 유럽 지역이 차지하는 비중이 가장 높다.
㉣ 일본과의 교역에서는 무역의 구조적 개선이 요구된다.

① ㉠, ㉡
② ㉠, ㉢
③ ㉡, ㉢
④ ㉡, ㉣

13 다음은 금융상품의 하나인 옵션(option)에 대한 설명이다. 이 설명을 근거로 [표]와 같이 콜옵션을 매입한 투자자의 수익(손실)은 만기에 얼마가 되는지 프리미엄을 포함하여 구하면? (단, 투자자는 수익을 최대화, 손실을 최소화하는 선택을 내린다)

> 옵션(option)이란 일정한 자산을 약정된 미래 시점(만기)에 이미 약정한 가격(행사가격)으로 사거나 팔 수 있는 권리를 일정한 수수료를 대가로 사거나 파는 계약을 말한다. 이때 옵션거래의 대상이 되는 주식이나 주가지수 등의 일정한 자산을 기초자산이라 말하고, 약정된 기간은 만기, 약정된 가격을 행사가격이라 한다. 또한 살 수 있는 권리는 콜옵션(call option), 팔 수 있는 권리를 풋옵션(put option)이라 하며, 일정한 수수료는 프리미엄(premium)이라 한다.
> 콜옵션은 매입할 수 있는 권리에 대한 거래계약으로, 투자자는 프리미엄을 발행자에게 지급하고, 만기에 권리행사를 통해 옵션행사가격으로 기초자산을 매입할 수 있는 권리를 갖게 된다. 발행자는 매도 시 프리미엄을 지급받았으므로 투자자가 권리를 행사할 경우 반드시 이에 응하여야 한다.
> 예를 들어, 만기 1년에 행사가격이 50,000원인 주식의 콜옵션을 프리미엄 4,000원에 주고 매입한 콜옵션 투자자는 1년 후 해당 주식의 가격이 60,000원인 경우 옵션을 행사하여 콜옵션 발행자로부터 해당 주식을 50,000원에 매입한 후, 이를 시장가격인 60,000원에 매도하여 10,000원의 매매차익을 얻을 수 있다. 이때 콜옵션 투자자가 발행자에게 지급한 프리미엄 4,000원을 감안하더라도, 콜옵션 매입을 통해 결과적으로 6,000원의 수익을 얻게 되며, 이때의 수익률은 150%에 달할 것이다.
> 반대로 풋옵션은 매도할 수 있는 권리에 대한 거래계약으로, 투자자는 프리미엄을 발행자에게 지급하고, 만기에 권리행사를 통해 옵션행사가격으로 기초자산을 매도할 수 있는 권리를 갖게 된다. 발행자는 옵션발행 시 프리미엄을 지급받았으므로 투자자가 권리를 행사할 경우 반드시 이에 응하여야 한다.
> 한편 옵션은 권리이기 때문에 투자자가 반드시 행사하여야 할 필요가 있는 것은 아니다. 즉, 옵션을 행사하여 이익이 발생하는 경우에만 해당 옵션을 행사하면 될 것이다. 만일 옵션을 행사하는 것이 오히려 손해가 될 경우에는 옵션의 행사를 포기하면 되고, 이때 옵션의 투자자는 최초에 지급한 프리미엄에 해당하는 손실만을 감수하면 될 것이다.

[표]

현재 주가	50,000원
만기	1년
행사가격	50,000원
프리미엄	4,000원
1년 후 주가	42,000원

① 0원　　② -4,000원　　③ -8,000원　　④ -12,000원

14 가게를 운영하는 김 씨는 경찰서에 자신의 가게에 도둑이 들었다고 신고하였다. 이 사건과 관련하여 A, B, C 3명의 용의자가 검거되어 조사를 받았는데 다음 [보기]와 같은 사실이 밝혀졌다. 범인으로 구속된 사람은 누구인가?

| 보기 |
ㄱ. 사건이 일어난 날 A, B, C는 모두 그 상점에 있었으며, 그날 그 가게에는 그들 이외에 다른 사람은 없었다.
ㄴ. A가 범인이라면 A에게는 한 사람의 공범이 있다.
ㄷ. B가 결백하다면, C도 결백하다.
ㄹ. 범인이 두 사람이라면, 그중 한 사람은 A이다.
ㅁ. C가 결백하다면 B 역시 결백하다.

① A
② A, B
③ C
④ 허위신고

15 A~E 5대의 차가 경주를 하였다. 5대의 차 중 A, C, E는 검은색이고, B, D는 붉은색이다. 처음 5대의 순위는 A – B – C – D – E였다가 그 후 결승점이 이르는 동안 [보기]의 ㄱ~ㅁ과 같은 변화가 차례로 일어났다. 이것으로 판단하여 3번째로 들어온 차를 고르면? (단, 추월은 바로 앞에 달리고 있는 차만을 한 것으로 한다)

| 보기 |
ㄱ. A가 B에게 추월당했다.
ㄴ. 붉은 차가 검은 차 1대를 추월했다.
ㄷ. 붉은 차가 검은 차 1대를 추월했다.
ㄹ. 검은 차가 검은 차 2대를 추월했다.
ㅁ. 검은 차가 붉은 차 2대를 추월했다.

① A
② B
③ C
④ D

16 갑은 자신의 자산을 운용하기 위해 자산에 대한 설계를 받고 싶어 한다. 갑은 자산설계사 A~E를 만나 조언을 들었다. 그런데 이 자산설계사들은 주 투자처에 대해서 조금씩 다르게 추천해 주었다. 해외펀드, 해외부동산, 펀드, 채권, 부동산이 그것들이다. 다음 [보기]의 조건에 따를 때 A와 C가 추천한 항목은?

| 보기 |
ㄱ. 갑은 A와 D와 펀드를 추천한 사람과 함께 식사를 한 적이 있다.
ㄴ. 부동산을 추천한 사람은 A와 C를 개인적으로 알고 있다.
ㄷ. 채권을 추천한 사람은 B와 C를 싫어한다.
ㄹ. A와 E는 해외부동산을 추천한 사람과 같은 대학에 다녔었다.
ㅁ. 해외펀드를 추천한 사람과 부동산을 추천한 사람은 B와 함께 한 회사에서 근무한 적이 있다.
ㅂ. C와 D는 해외부동산을 추천한 사람과 펀드를 추천한 사람을 비난한 적이 있다.

① 채권, 해외펀드
② 채권, 부동산
③ 펀드, 해외펀드
④ 부동산, 펀드

[17~18] 다음 [정보]와 [표]에 근거할 때, 각 개인의 소비 상황을 고려하여 물음에 답하시오.

[정보]
• 각 개인은 가장 유리한 하나의 신용카드만을 결제수단으로 사용함 • 뮤지컬, ××테마파크 및 서점은 모두 B신용카드의 문화 관련업에 해당함 • 신용카드 1포인트＝1원, 문화상품권 1매＝1만 원으로 평가함 • 혜택을 금전으로 환산하여 액수가 많을수록 유리함 • 액수가 동일한 경우 할인혜택, 포인트 적립, 문화상품권 지급 순으로 유리함 • 혜택의 액수 및 혜택의 종류가 동일한 경우 혜택 부여 시기가 빠를수록 유리함(현장할인은 결제 즉시 할인되는 것을 말하며, 청구할인은 카드대금 청구 시 할인되는 것을 말함)

[표] 각종 신용카드의 혜택

A신용카드	××테마파크 이용 시 본인과 동행 1인의 입장료의 20% 현장 할인(단, 직전 1개월간 A신용카드 사용금액이 30만 원 이상인 경우에 한함)
B신용카드	문화 관련 가맹업 이용 시 총액의 10% 청구할인(단, 할인되는 금액은 5만 원을 초과할 수 없음)
C신용카드	이용 시마다 사용금액의 10%를 포인트로 즉시 적립. 사용금액이 10만 원을 초과하는 경우에는 사용금액의 20%를 포인트로 즉시 적립
D신용카드	가입 후 2만 원 이상에 상당하는 도서류(DVD 포함) 구매 시 최초 1회에 한하여 1만 원 상당의 문화상품권 증정(단, 문화상품권은 다음 달 1일에 일괄 증정)

17 甲은 배우자 및 자녀 2명(9세, 7세)과 함께 어린이 뮤지컬을 관람하려고 한다. 관람요금은 성인 2만 원, 15세 미만 청소년 각 1만 5천 원이다. 甲이 결제에 사용할 가장 적절한 신용카드는? (단, 직전 1개월간 A신용카드 사용금액은 30만 원이다)

① A ② B ③ C ④ D

18 乙은 친구 3인과 함께 ××테마파크를 관람하려고 한다. 입장료는 1인당 3만 원이다. 乙이 ××테마파크 입장료 결제 시 가장 많은 혜택을 받을 수 있는 신용카드는? (단, 직전 1개월간 A신용카드 사용금액은 45만 원이다)

① A ② B ③ C ④ D

19 다음 [어린이집 입소기준]에 따를 때 [보기]에 주어진 영유아들의 입소순위로 올바른 것은?

[어린이집 입소기준]

어린이집의 장은 당해시설에 결원이 생겼을 때마다 '명부 작성방법' 및 '입소 우선순위'를 기준으로 작성된 명부의 선순위자를 우선 입소 조치한다.

[명부 작성방법]
○ 동일 입소신청자가 1·2순위 항목에 중복 해당되는 경우, 해당 항목별 점수를 합하여 점수가 높은 순으로 명부를 작성함
○ 1순위 항목당 100점, 2순위 항목당 50점 산정
　- 다만, 2순위 항목만 있는 경우 점수합계가 1순위 항목이 있는 자보다 같거나 높더라도 1순위 항목이 있는 자보다 우선순위가 될 수 없으며, 1순위 항목점수가 동일한 경우에 한하여 2순위 항목에 해당될 경우 추가합산 가능함
○ 영유아 2자녀 이상 가구가 동일 순위일 경우 다자녀가구 자녀가 우선입소
○ 대기자 명부 조정은 매분기 시작 월 1일을 기준으로 함

[입소 우선순위]
○ 1순위
　- 국민기초생활보장법에 따른 수급자
　- 국민기초생활보장법 제24조의 규정에 의한 차상위계층의 자녀
　- 장애인 중 보건복지부령이 정하는 장애 등급 이상에 해당하는 자의 자녀
　- 아동복지시설에서 생활 중인 영유아
　- 다문화가족의 영유아
　- 자녀가 3명 이상인 가구 또는 영유아가 2자녀인 가구의 영유아
　- 산업단지 입주기업체 및 지원기관 근로자의 자녀로서 산업단지에 설치된 어린이집을 이용하는 영유아
○ 2순위
　- 한부모 가족의 영유아
　- 조손 가족의 영유아
　- 입양된 영유아

┌─ 보기 ───┐
A: 일찍 어머니를 여의고, 아버지가 근무하는 산업단지에 설치된 어린이집을 동생과 함께 이용하는 영유아
B: 독신여성에게 입양되어, 어머니가 근무하는 기업체가 입주한 산업단지에 설치된 어린이집을 이용하는 영유아
C: 혈족으로는 할머니가 유일하나, 현재는 아동복지시설에서 생활 중인 영유아
D: 입양되었으며 자신보다 어린 동생 2명과 아동복지시설에서 생활 중인 영유아
E: 국제결혼을 통해 동남아에서 건너온 어머니와 가장 높은 장애 등급인 한국인 아버지가 국민기초생활보장법에 의한 차상위 계층에 해당되는 영유아
└──┘

① D - E - C - A - B
② D - E - C - B - A
③ E - A - D - B - C
④ E - D - A - B - C

20 다음의 법률 규정을 근거로 판단할 때 옳지 않은 것은?

> ○ 유언의 요식성
> 유언은 본법의 정한 방식에 의하지 아니하면 효력이 발생하지 아니한다.
> ○ 유언의 보통방식
> 유언의 방식은 자필증서, 녹음, 공정증서, 비밀증서와 구수증서의 5종으로 한다.
> 1. 자필증서에 의한 유언
>   자필증서에 의한 유언은 유언자가 그 전문과 연월일, 주소, 성명을 자소하고 날인하여야 한다.
> 2. 녹음에 의한 유언
>   녹음에 의한 유언은 유언자가 유언의 취지, 그 성명과 연월일을 구술하고 이에 참여한 증인이 유언의 정확함과 그 성명을 구술하여야 한다.
> 3. 공정증서에 의한 유언
>   공정증서에 의한 유언은 유언자가 증인 2인이 참여한 공증인의 면전에서 유언의 취지를 구수하고 공증인이 이를 필기낭독하여 유언자와 증인이 그 정확함을 승인한 후 각자 서명 또는 기명날인하여야 한다.
> 4. 비밀증서에 의한 유언
>   비밀증서에 의한 유언은 유언자가 필자의 성명을 기입한 증서를 엄봉날인하고 이를 2인 이상의 증인의 면전에 제출하여 자기의 유언서임을 표시한 후 그 봉서표면에 제출 연월일을 기재하고 유언자와 증인이 각자 서명 또는 기명날인하여야 한다.
> 5. 구수증서에 의한 유언
>   구수증서에 의한 유언은 질병 기타 급박한 사유로 인하여 자필증서, 녹음, 공정증서, 비밀증서의 방식에 의할 수 없는 경우에 유언자가 2인 이상의 증인의 참여로 그 1인에게 유언의 취지를 구수하고 그 구수를 받은 자가 이를 필기낭독하여 유언자의 증인이 그 정확함을 승인한 후 각자 서명 또는 기명날인하여야 한다.
> ○ 증인의 결격사유
> 다음의 경우에 해당하는 자는 유언에 참여하는 증인이 되지 못한다.
> 1. 미성년자
> 2. 금치산자와 한정치산자
> 3. 유언에 의하여 이익을 받을 자, 그 배우자와 직계혈족

① A는 자기가 본문과 연월일, 주소, 성명을 쓰고 날인한 편지지를 봉투 속에 집어넣고 봉한 다음 배우자만을 증인으로 삼아 그 앞에서 봉투에 유언서라고 썼으며 A의 배우자는 증인으로서 서명했을 경우 유서로서의 효력이 발생한다.
② 자필증서에 의한 유언과 공증인 앞에서의 유언을 제외한 다른 방법의 유언은 모두 증인이 있어야 효력이 발생한다.
③ 구수증서에 의한 유언에 있어서 그 유언에 의해 재산의 일부를 기부받게 되는 사회봉사단체 임원 3인이 증인이 되는 경우 유언은 효력을 갖지 못한다.
④ 고인이 평상시 가족들에게 반복해서 말하고 가족들이 그렇게 하기로 고인에게 약속한 내용이라 할지라도 유언으로서의 효력을 갖지 못한다.

21 성장주 펀드매니저인 갑은 펀드 자금 중 1,000억 원을 전기차 배터리 기업에 투자하려 한다. 다음과 같은 [지침]에 따라 투자를 한다고 할 때, [표]의 A~E 중 펀드매니저 갑이 투자할 기업은 어디인가?

[지침]

가. 펀드매니저 갑은 '잠재 투자 대상 기업'에 속하지 않은 기업에 대하여는 투자를 할 수 없다.

나. 펀드매니저 갑은 '잠재 투자 대상 기업'을 투자지표인 주당순이익(EPS)과 주당순자산(BPS)의 평가점수를 합산한 값이 큰 기업 순으로 순위를 부여한다. 순위 부여의 결과, 1위인 기업에 700억 원, 2위인 기업에 300억 원을 투자한다. 단, 주가에 미칠 영향을 고려하여 기업별 투자금액 한도는 해당 기업 '시가총액의 3%'로 하고, 이를 초과하는 금액은 다음 순위의 기업에 투자한다.

다. 투자지표별 평가점수 부여: 투자지표별로 1위 기업에는 10점, 2위는 8점, 3위는 6점, 4위는 4점, 이 외에는 0점을 부여한다. 이때 주당순이익(EPS)과 주당순자산(BPS)의 값이 클수록 순위가 높다.

라. 재무건전성을 고려하여 부채비율이 100%를 초과하는 경우에는 '잠재 투자 대상 기업'에서 제외된다.

※ 주당순이익(EPS)=당기순이익/총주식수
※ 주당순자산(BPS)=순자산/총주식수

[표] 기업별 실적 현황

구분	A기업	B기업	C기업	D기업	E기업
당기순이익(억 원)	400	1,000	450	700	400
순자산(억 원)	7,000	10,000	6,000	6,000	5,000
부채비율(%)	25	59	161	25	61
총주식수(주)	40,000,000	80,000,000	20,000,000	40,000,000	20,000,000
시가총액(억 원)	7,000	10,000	30,000	9,000	25,000

① A, D, E
② C, D, E
③ C, E
④ D, E

22. (가)의 규정이 (나)로 변경될 경우의 법적 효과를 옳게 분석한 사람을 [보기]에서 모두 고르면?

(가) 기존	(나) 변경

○ 상속의 순위
1. 피상속인이 유언 등의 특별한 의사표시가 없을 경우 다음 '2'의 순위로 법정상속한다.
2. 상속에 있어서는 다음 순위로 상속인이 된다.
  1) 피상속인의 직계비속
  2) 피상속인의 직계존속
  3) 피상속인의 형제자매
3. 위 '2'의 경우에 동순위의 상속인이 여럿인 때에는 최근친을 선순위(예 직계비속인 아들, 손자가 있는 경우 아들이 선순위)로 하고, 동친 등의 상속인이 여럿인 때에는 공동상속인(예 직계비속인 자녀가 여럿인 경우 자녀들이 공동상속인)이 된다.
4. 피상속인의 배우자는 피상속인의 직계비속이나 직계존속이 있는 경우에는 그 상속인과 동순위로 공동상속인이 되고 그 상속인이 없는 때에는 단독상속인이 된다.
	(좌동)

○ 법정 상속분 1. 동순위의 상속인이 여럿인 때에는 그 상속분은 균등하게 분할한다. 2. 피상속인의 배우자의 상속분은 직계비속과 공동으로 상속하는 때에는 직계비속의 상속분의 5할을 가산하고, 직계존속과 공동으로 상속하는 때에는 직계존속의 상속분의 5할을 가산한다.	○ 법정 상속분 동순위의 상속인이 여럿인 때에는 그 상속분은 균등하게 분할한다. 단, 피상속인의 배우자의 상속분은 상속재산의 5할로 한다.

※ 직계비속: 자기로부터 직선으로 내려가서 후손에 이르는 사이의 혈족. 아들, 딸, 손자, 손녀, 증손, 현손 등
※ 직계존속: 조상으로부터 직선으로 계속하여 자기에 이르기까지의 혈족. 부모, 조부모, 증조부모, 고조부모 등
※ 유언상속: 피상속인이 유언으로 상속인을 지정하는 형태

| 보기 |

갑: 아버지 B와 자녀 C를 두고 있는 홀아비 A가 특별한 유언 없이 사망한다면 B와 C의 상속분이 동일해지겠군.
을: 배우자와 공동상속인이 1명뿐이라면, 배우자의 상속분이 줄어들겠어.
병: 직계비속이 2명이라면 배우자에게 상속분이 유리하게 작용하겠군.
정: 피상속인의 유언과 관계없이 배우자는 상속재산의 5할을 상속받겠군.

① 갑, 을   ② 갑, 병   ③ 을, 병   ④ 병, 정

[23~24] 다음은 2021년 1월 1일부터 시행된 종합부동산세법 개정에 대한 [안내문]이다. 이를 읽고 물음에 답하시오. (단, 제시된 정보 이외의 조건은 고려하지 않는다)

[안내문]

2021년 1월 1일부로 시행되는 종합부동산세법 주요 개정내용(주택)을 안내합니다.

■ 과세표준 금액

과세표준 금액＝납세의무자별 주택의 공시가격 합산금액 (−3억 원) −6억 원

※ 납세의무자: '인별'로 소유한 전국 주택의 공시가격 합계액이 6억 원을 초과하는 자
※ 공시가격: 국토교통부 장관이 주택에 대하여 공시하는 적정가격
※ (−3억 원): 과세기준일 현재 1세대 1주택자의 경우에는 주택의 공시가격 합산금액에서 3억 원을 공제합니다.
※ −6억 원: 납세의무자가 법인 또는 법인으로 보는 단체인 경우에는 6억 원이 공제되지 않습니다.

■ 세율 및 세액

세액＝과세표준 금액 × 납세의무자가 소유한 주택 수와 과세표준에 해당하는 세율

1. 납세의무자가 2주택 이하를 소유한 경우. 단, 조정대상지역 내 2주택을 소유한 경우는 제외합니다.

과세표준	개정 전 세율	개정 후 세율
3억 원 이하	1천분의 5	1천분의 6
3억 원 초과 6억 원 이하	150만 원＋ (3억 원을 초과하는 금액의 1천분의 7)	180만 원＋ (3억 원을 초과하는 금액의 1천분의 8)
6억 원 초과 12억 원 이하	360만 원＋ (6억 원을 초과하는 금액의 1천분의 10)	420만 원＋ (6억 원을 초과하는 금액의 1천분의 12)
12억 원 초과 50억 원 이하	960만 원＋ (12억 원을 초과하는 금액의 1천분의 14)	1천140만 원＋ (12억 원을 초과하는 금액의 1천분의 16)
50억 원 초과 94억 원 이하	6천280만 원＋ (50억 원을 초과하는 금액의 1천분의 20)	7천220만 원＋ (50억 원을 초과하는 금액의 1천분의 22)
94억 원 초과	1억 5천80만 원＋ (94억 원을 초과하는 금액의 1천분의 27)	1억 6천900만 원＋ (94억 원을 초과하는 금액의 1천분의 30)

2. 납세의무자가 3주택 이상을 소유하거나, 조정대상지역 내 2주택을 소유한 경우

과세표준	개정 전 세율	개정 후 세율
3억 원 이하	1천분의 6	1천분의 12
3억 원 초과 6억 원 이하	180만 원＋ (3억 원을 초과하는 금액의 1천분의 9)	360만 원＋ (3억 원을 초과하는 금액의 1천분의 16)
6억 원 초과 12억 원 이하	450만 원＋ (6억 원을 초과하는 금액의 1천분의 13)	840만 원＋ (6억 원을 초과하는 금액의 1천분의 22)
12억 원 초과 50억 원 이하	1천230만 원＋ (12억 원을 초과하는 금액의 1천분의 18)	2천160만 원＋ (12억 원을 초과하는 금액의 1천분의 36)
50억 원 초과 94억 원 이하	8천70만 원＋ (50억 원을 초과하는 금액의 1천분의 25)	1억 5천840만 원＋ (50억 원을 초과하는 금액의 1천분의 50)
94억 원 초과	1억 9천70만 원＋ (94억 원을 초과하는 금액의 1천분의 32)	3억 7천840만 원＋ (94억 원을 초과하는 금액의 1천분의 60)

※ 납세의무자가 법인 또는 법인으로 보는 단체인 경우에는 과세표준에 대하여 아래의 세율을 적용하여 세액을 계산합니다.
  1) 2주택 이하를 소유한 경우(조정대상지역 내 2주택을 소유한 경우는 제외): 1천분의 30
  2) 3주택 이상을 소유하거나, 조정대상지역 내 2주택을 소유한 경우: 1천분의 60

23 위 [안내문]을 근거로 판단할 때 옳은 것은?

① 2020년 2월 14억 원으로 거래된 주택과 동일한 가격으로 거래될 수 있는 옆집 거주자 A(1세대 1주택자)가 2021년에 적용받는 종합부동산세율은 '150만 원＋(3억 원을 초과하는 금액의 1천분의 7)'이다.
② 법인이 1주택만을 보유하고 있고, 공시가격이 8억 원이라면 해당 법인이 2021년 적용받는 종합부동산세율은 '180만 원＋(3억 원을 초과하는 금액의 1천분의 8)'이다.
③ 공시가격 9억 원을 초과하는 1주택자(1인 단독소유)라면 종합부동산세 절감을 위하여 부부 간 증여를 통하여 부부 공동명의로 전환하는 일이 증가할 수 있다.
④ 개정 후 주택의 가격이 높을수록, 주택의 수가 많을수록 더 높은 세율을 부과하는 중과세율 체제가 다소 완화되었다.

24 위 [안내문]을 근거로 판단할 때 납세기준일 현재 다음의 [상황]에 있는 A가 2021년 납부할 종합부동산세액은?

[상황]
• 납세의무자: A(1세대 2주택자)
• A가 소유한 주택의 2021년 가격

구분	시장가격	공시가격
가 주택	5억 7천만 원	4억 원
나 주택	7억 3천만 원	5억 원

• A가 소유한 주택은 모두 조정대상지역에 위치

① 0원
② 1,800,000원
③ 3,600,000원
④ 10,600,000원

25 다음은 [일반적인 소비자 피해보상 기준]이다. 이 기준에 의거할 때 적절한 피해보상을 받지 못한 사례를 [보기]에서 모두 고르면?

[일반적 소비자 피해보상 기준]

　사업자는 물품 또는 용역의 하자·채무불이행 등으로 인한 소비자의 피해에 대하여 다음 각 목의 기준에 따라 수리·교환·환급 또는 배상을 하거나, 계약의 해제·해지 및 이행 등을 하여야 한다.

1. 품질보증기간 동안의 수리·교환·환급에 소요되는 비용은 사업자가 부담한다. 다만, 소비자의 취급 잘못이나 천재지변으로 인하여 고장 또는 손상이 발생한 경우와 제조자 및 제조자가 지정한 수리점이 아닌 자가 수리하여 제품이 변경 또는 손상된 경우에는 그러지 아니한다.
2. 수리는 지체 없이 하되 불가피하게 지체사유가 있을 때는 이를 소비자에게 통보하여야 한다. 소비자가 수리를 의뢰한 날부터 1월이 경과한 후에도 사업자가 수리된 물품을 소비자에게 인도하지 못할 경우 품질보증기간 이내일 때는 동종물품으로 교환하되 동종물품으로 교환이 불가능한 때에는 환급하고, 품질보증기간이 경과한 때에는 구입가를 기준으로 정액 감가상각한 금액에 100분의 10을 가산하여 환급한다.

3. 물품을 유상으로 수리한 경우 그 유상으로 수리한 날부터 2월 이내에 소비자가 정상적으로 물품을 사용하는 과정에서 그 수리한 부분이나 기능에 종전과 동일한 고장이 재발한 때에는 무상으로 수리하되, 수리가 불가능한 때에는 종전에 받은 수리비를 환급하여야 한다.
4. 교환은 동일제품으로 하되, 동일제품으로의 교환이 불가능한 때에는 동종의 유사제품으로 교환한다. 다만, 동일제품으로의 교환이 불가능하고 소비자가 동종의 유사제품으로의 교환을 원하지 아니하는 경우에는 환급한다.
5. 할인판매된 물품을 교환하는 경우에는 그 정상가격과 할인가격의 차액발생과 관계없이 교환은 동일제품으로 하되, 동일제품으로의 교환이 불가능한 때에는 동종의 유사제품으로 교환한다. 다만, 동일제품으로의 교환이 불가능하고 소비자가 동종의 유사제품으로의 교환을 원하지 아니하는 경우에는 환급한다.
6. 환급금액은 거래 시에 교부된 영수증 등에 기재된 물품 및 용역의 가격을 기준으로 한다. 다만, 영수증 등에 기재된 가격에 대하여 다툼이 있는 경우에는 영수증 등에 기재된 금액과 다른 금액을 기준으로 하고자 하는 자가 그 다른 금액이 실제 거래가격임을 입증하여야 하며, 영수증이 없는 등의 사유로 실제 거래가격을 입증할 수 없는 경우에는 당해 지역에서 거래되는 통상적인 가격을 기준으로 한다.

| 보기 |

ㄱ. 지방에 사는 A는 서울에 놀러 갔다가 유명 전자제품회사 직영 대리점에서 노트북 컴퓨터를 구입하였다. 보증기간 1년인 노트북 컴퓨터가 3개월이 지나자 이유 없이 작동을 멈추기 시작하여 A/S를 신청하자 대리점 측에서는 배송 중 파손의 우려가 있으므로 직접 대리점에 방문하여야 한다고 하여 직접 방문하여 A/S를 받았다.

ㄴ. B는 백화점 세일기간 중 동생의 옷을 구입하였으나 치수가 맞지 않아 교환을 하려 하였으나 세일기간이 끝나고 동일 물품의 판매가 종료되었다. 백화점에서는 동종의 유사제품으로의 교환을 제안하였으나 B는 이를 거절하고 환불을 요청하였다. 영수증을 가져가지 않았으나 해당 백화점에서 세일기간 중 판매한 물품임이 확인되어 물품 구입 시 지불한 가격을 환불받을 수 있었다.

ㄷ. 보증기간 1년의 대기업 LED TV를 구입한 C는 1년 3개월이 지나면서부터 TV의 작동이 원활하지 않음을 느껴 A/S를 신청하였다. 색보정 기능을 하는 부품이 문제라 하여 유상교환한 뒤 1개월이 지나자 다시 동일한 문제가 발생하여 역시 동일 부품을 유상교환하였고 지금까지 2년 이상 잘 쓰고 있다.

① ㄱ
② ㄱ, ㄷ
③ ㄴ, ㄷ
④ ㄱ, ㄴ, ㄷ

[26~27] 기업은행 본사의 김 부장은 최근 확산되고 있는 감염병에 대응해 각 영업점이 어떻게 운영되고 있는지 그 실태를 조사하기 위해 이번 주에 기업은행 차량을 이용해 영업점을 순회하고자 한다. 영업점 순회는 본사에서 출발해 A~F영업점 순서로 각 영업점을 방문한 후 다시 본사로 돌아오는 일정이다. 다음 [표]를 보고 물음에 답하시오.

[표 1] 본사와 영업점 간 이동 거리

(단위: km)

경로	이동 거리
본사 → A영업점	6
A영업점 → B영업점	22
B영업점 → C영업점	27
C영업점 → D영업점	15
D영업점 → E영업점	31
E영업점 → F영업점	10
F영업점 → 본사	19

[표 2] 기업은행 차량의 차종별 연비

(단위: km/L)

구분	가	나	다	라
연료	경유	휘발유	경유	휘발유
연비	18	20	15	14

[표 3] 이번 주 경유, 휘발유 가격

(단위: 원/L)

구분	가격
경유	1,200
휘발유	1,400

26 연료비를 가장 절약하기 위해서 김 부장은 기업은행 차량 가~라 중 어떤 차량을 이용하여야 하는가?

① 가
② 나
③ 다
④ 라

27 김 부장은 영업점 순회를 위해 차량 이용을 신청하려고 기업은행 관리부에 문의를 하였다. 그랬더니 관리부에서는 본사에서부터 D영업점까지는 현재 본사에 있는 '라' 차량을 이용하고, D영업점에서부터 본사로 다시 돌아올 때까지는 현재 D영업점에 있는 '나' 차량을 이용하라는 답변을 주었다. 이때 김 부장이 영업점을 순회하는 데 드는 총 연료비는 얼마인가? (단, '라' 차량은 D영업점에 두고 온다)

① 9,600원
② 10,200원
③ 10,600원
④ 11,200원

[28~29] 기업은행 A지역본부에서는 매달 마지막 주 수요일을 문화의 날로 정하고, 퇴근 후 팀별로 문화 체험을 하고 있다. 다음 [마케팅팀 팀장의 전달 사항]을 읽고 물음에 답하시오.

[마케팅팀 팀장의 전달 사항]

이번 달 문화의 날에 우리 팀은 연극, 뮤지컬, 서커스, 콘서트 중 하나를 정해 관람하려고 합니다. 이 날에 우리 팀 5명은 전원 오후 6시에 퇴근을 한 후 함께 공연장으로 이동할 거예요. 공연장에 도착해서 공연을 처음부터 끝까지 관람한 후, 곧바로 밤 10시 30분까지 다시 회사로 돌아와야 합니다. 참, 이번 달에 우리 마케팅팀에 대한 문화의 날 지원금은 총 200,000원인데 이 비용만으로 교통비와 입장료를 충당해야 해요. [공연별 시간 및 비용]을 보고 어떤 공연을 관람할지 함께 정해 봅시다.

[공연별 소요 시간 및 비용]

공연	이동 시간(편도)	1인 교통비(편도)	공연 시간	1인 관람료
연극	70분	3,500원	오후 7:00~9:00	19,000원
뮤지컬	50분	2,900원	오후 7:30~9:30	33,000원
서커스	80분	4,000원	오후 7:30~9:00	27,000원
콘서트	20분	1,500원	오후 7:00~10:00	40,000원

※ A지역본부에서 공연장으로 이동하는 데 소요되는 시간 및 교통비와 공연장에서 A지역본부로 이동하는 데 소요되는 시간 및 교통비는 동일하다.

28 다음 중 이번 달 문화의 날에 마케팅팀이 관람할 수 있는 공연을 모두 찾아 나열한 것은?

① 연극, 뮤지컬
② 뮤지컬, 서커스
③ 연극, 뮤지컬, 서커스
④ 뮤지컬, 서커스, 콘서트

29 마케팅팀이 이번 달 문화의 날 공연 관람에 관해 논의하던 중 기업은행 A지역본부 사내 게시판에 다음과 같은 [공지글]이 올라왔다. 공지 내용에 따라 마케팅 팀원들이 각 공연에 순위를 부여한 결과가 [마케팅팀 팀원들의 공연 선호도]와 같다고 할 때, 마케팅팀에 대한 이번 달 문화의 날 지원금 증액 액수는 얼마인가?

[공지글]

제목: 문화의 날 팀별 지원금 증액 건
작성자: 경영지원팀 홍길동 과장
작성일시: 2022년 ○○월 ○○일 ○요일 14:30

문화의 날 팀별 지원금의 증액과 관련하여 공지드립니다.

기존까지 각 팀의 인원수에 비례하여 고정된 금액을 지원해 왔으나, 다양한 문화 체험을 하는 데에 제한이 있다는 의견을 수렴하여, 이번 달부터는 필요한 경우 지원금을 증액해 드리고자 합니다. 지원금을 증액받을 수 있는 경우는 다음과 같습니다.

먼저, 각 팀은 총 4개의 문화 체험 후보를 정한 뒤, 팀원 개개인이 4개 후보에 대해 순위를 매깁니다. 이후 1위에는 10점, 2위에는 6점, 3위에는 2점, 4위에는 0점을 부여하여 문화 체험별로 각 팀원의 순위점수를 합산한 뒤, 합계점수가 가장 높은 문화 체험을 선정(비용 외의 사유로 합계점수가 가장 높은 문화 체험을 선정할 수 없는 경우에는 합계점수가 그다음으로 높은 문화체험을 선정)합니다. 선정된 문화 체험을 위한 관람료, 교통비의 합이 지원금의 한도를 초과할 경우, 초과 금액에 대하여 증액을 해 드리겠습니다.

이와 관련하여 궁금하신 사항은 경영지원팀으로 문의하시기 바랍니다.

[마케팅팀 팀원들의 공연 선호도]

구분	연극	뮤지컬	서커스	콘서트
김철수 팀장	3위	4위	1위	2위
박미영 차장	2위	1위	4위	3위
이대한 과장	2위	3위	4위	1위
정한국 대리	1위	2위	3위	4위
최은지 대리	2위	4위	3위	1위

① 5,000원
② 7,500원
③ 15,000원
④ 증액 없음

[30~32] 기업은행의 행원 7명은 다음 주 일요일~토요일 중에 1박 2일로 연수를 다녀오려고 하는데, 연수에 참여하기 위해서는 연수 참여 대상자 모두 연수 첫째 날 15시부터 둘째 날 14시까지 시간이 비어 있어야 한다. 다음 [표]를 보고 물음에 답하시오.

[표 1] 연수 참여 대상자의 다음 주 일정표

구분	6/28 일	6/29 월	6/30 화	7/1 수	7/2 목	7/3 금	7/4 토
김 부장	—	—	—	외근 16:00~18:00	—	—	—
이 차장	출장 13:00~24:00	출장 00:00~12:00	—	—	—	—	—
박 과장	—	—	—	—	—	외근 09:00~14:00	—
최 대리	—	—	반일연차 09:00~14:00	—	—	—	—
정 대리	—	—	—	—	—	—	출장 15:00~24:00
신 대리	가족행사 10:00~18:00	—	—	—	—	—	—
윤 대리	—	—	—	—	연차 09:00~18:00	—	—

※ 연수 참여 대상자별로 일정표에 적힌 시간 외에는 비어 있는 시간으로 본다.

[표 2] 숙소별 객실 정보

숙소	객실	수용 인원(명)		면적(m²)	요금(원)			
					비성수기		성수기	
		최소	최대		주중	주말	주중	주말
장미 숙소	A	1	4	26	50,000	60,000	70,000	80,000
	B	3	8	46	80,000	100,000	120,000	140,000
	C	5	10	76	140,000	160,000	180,000	200,000
	D	7	12	116	200,000	220,000	240,000	260,000
하늘 숙소	E	1	6	33	60,000	70,000	80,000	90,000
	F	4	8	63	120,000	140,000	160,000	180,000
	G	6	12	103	210,000	230,000	250,000	270,000
	H	8	20	153	300,000	320,000	340,000	360,000

※ 숙소별 각 객실의 개수는 1개이다.
※ 장미숙소의 성수기는 6월, 7월, 8월, 12월, 1월, 2월이고, 하늘숙소의 성수기는 7월, 8월, 12월, 1월이다. 두 숙소 모두 성수기를 제외한 달은 비성수기이다.
※ 두 숙소 모두 월·화·수·목요일은 주중으로, 금·토·일요일은 주말로 분류한다.
※ 객실 요금은 1박 단위로 구분하여 적용하되, 1박 시작점을 기준으로 한다. 예를 들어, 비성수기 금요일에 입실하여 성수기인 토요일을 보내고 일요일에 퇴실하였다면, 금요일~토요일 1박은 비성수기 주중 요금을, 토요일~일요일 1박은 성수기 주말 요금을 적용한다.

30 다음 중 연수 참여 대상자 7명 전원이 연수에 참여할 수 있는 날짜를 모두 찾아 나열한 것은?

① 7월 3일~7월 4일
② 6월 28일~6월 29일, 7월 1일~7월 2일
③ 6월 30일~7월 1일, 7월 3일~7월 4일
④ 6월 29일~6월 30일, 6월 30일~7월 1일, 7월 2일~7월 3일

31 연수 참석 대상자들이 연수 계획을 짜고 있던 중 기업은행의 상무와 김 부장 사이에 다음과 같은 [대화]가 이루어졌다. 다음 [대화]에 따를 때, 다음 주 연수 시 숙소 이용에 지불하게 될 금액은?

> [대화]
> 상무: 다음 주에 김 부장님을 포함한 직원 7명이 연수를 간다고 했지요?
> 김 부장: 그렇습니다, 상무님.
> 상무: 저도 그 연수에 참여하려고 합니다.
> 김 부장: 네, 그러시겠습니까? 상무님께서는 다음 주 언제쯤 시간이 괜찮으십니까?
> 상무: 저는 다음 주에 특별한 일이 없으니, 행원분들 일정에 맞추겠습니다. 다만, 일요일과 토요일은 연수 기간에 포함되지 않도록 합시다.
> 김 부장: 네, 알겠습니다. 그 밖에 또 말씀해 주실 내용이 있으십니까?
> 상무: 저는 객실을 혼자 사용할 수 있도록 숙소를 예약해 주세요. 그리고 이번 연수 예산 중 숙소 이용에 사용할 수 있는 비용은 최대 250,000원입니다. 예산의 범위 안에서 가능한 한 총면적이 가장 넓은 객실 구성으로 예약하는 것이 좋겠습니다. 아, 그리고 연수 참석자는 장미숙소와 하늘숙소 중 한 군데에서 모두 함께 묵어야 한다는 것도 잊지 마시고요.
> 김 부장: 네, 상무님 말씀대로 준비하겠습니다.

① 180,000원
② 190,000원
③ 240,000원
④ 250,000원

32 상무의 의견에 따라 숙박할 숙소와 객실을 정한 후 예약을 하려던 김 부장은 다음 주에 장미숙소, 하늘숙소 모두 정해진 객실 요금에서 10%씩을 할인해 준다는 사실을 알게 되었다. 이에 김 부장은 상무의 의견에 가장 적합한 숙소를 예약하기 위해 다시 숙소 정보를 살펴보았다. 김 부장의 재결정에 따라 다음 주 연수 시 이용하게 될 숙소와 지불하게 될 금액을 옳게 짝지은 것을 고르면?

	숙소	금액
①	장미숙소	171,000원
②	장미숙소	225,000원
③	하늘숙소	162,000원
④	하늘숙소	243,000원

33 다음 [표]는 A회사의 직급별 1인당 해외 여비지급 기준액과 해외 출장계획을 나타낸 자료이다. 이에 대한 [보기]의 설명 중 옳지 않은 것만을 모두 고르면?

[표 1] 직급별 1인당 해외 여비지급 기준액

직급	숙박비($/박)	일비($/일)
부장 이상	80	90
과장 이하	40	70

[표 2] 해외 출장계획

구분	내용
출장팀	부장 2인, 과장 3인
출장기간	3박 4일
예산한도	$4,000

※ 1) 해외 출장비=숙박비+일비+항공비
　 2) 출장기간이 3박 4일이면 숙박비는 3박, 일비는 4일을 기준으로 지급함
　 3) 항공비는 직급에 관계없이 왕복기준 1인당 $200를 지급함

| 보기 |

ㄱ. 1인당 항공비를 50% 더 지급하면 출장팀의 해외 출장비는 예산한도를 초과한다.
ㄴ. 직급별 1인당 일비 기준액을 $10씩 증액하면 출장팀의 해외 출장비가 $200 늘어난다.
ㄷ. 출장기간을 4박 5일로 늘려도 출장팀의 해외 출장비는 예산한도를 초과하지 않는다.
ㄹ. 부장 이상 1인당 숙박비, 일비 기준액을 각 $10씩 줄이면, 부장 1명을 출장팀에 추가해도 출장팀의 해외 출장비는 예산한도를 초과하지 않는다.

① ㄱ, ㄷ
② ㄱ, ㄹ
③ ㄴ, ㄷ
④ ㄴ, ㄹ

34 다음 시트와 같이 원본값에 LEFT(원본값, 2) 함수를 적용하여 추출값을 뽑아낸 후 추출값들의 합계를 계산하려고 한다. 다음 중 이를 위한 계산 방법으로 옳지 않은 것은?

	A	B
1	원본값	추출값
2	10개	10
3	23개	23
4	15개	15
5	9개	9
6	24개	24
7	합격	

① =SUMPRODUCT(1*(B2:B6))
② =SUM(VALUE(B2), VALUE(B3), VALUE(B4), VALUE(B5), VALUE(B6))
③ =SUMPRODUCT(++(B2:B6))
④ =SUMPRODUCT(--(B2:B6))

[35~36] 다음 글을 읽고 이어지는 물음에 답하시오.

증권 및 관련 금융상품 표준코드는 다음과 같이 12자리로 구성한다.

국명코드 2자리	기본코드 9자리			검사숫자코드 1자리
	속성코드 1자리	발행체고유코드 5자리	종목구분코드 3자리	

1. 국명코드: KS X 1510-1에서 정하는 2문자 국명코드를 적용한다. 한국의 국명코드는 KR이다.
2. 기본코드: 속성코드 1자리, 발행체고유코드 5자리, 종목구분코드 3자리로 구성한다. 이 중에서 발행체고유코드는 국채의 경우 국채명코드 3자리와 월중발생순위코드 2자리로 이루어져 있다. 국채명코드는 다음 표에 따라 부여하고, 월중발생순위코드는 국채명코드 및 이자지급방법별로 월중 발생 순서에 따라 01부터 99까지 순차적으로 부여한다.

국채명	코드	국채명	코드
국민주택 1종 채권	015	외국환 평형기금 채권	027
국민주택 2종 채권	017	국고채권	035
국민주택 3종 채권	019	공공용지 보상 도로채권	037
양곡증권	025	공공용지 보상 철도채권	039

3. 검사숫자코드: 다음 순서에 따라 계산된 숫자를 부여한다.
(1) 검사숫자코드를 제외한 11자리의 코드 중 숫자는 그대로 두고 알파벳은 다음 숫자로 변환하여 숫자열을 만든다.

A=10	E=14	I=18	M=22	Q=26	U=30	Y=34
B=11	F=15	J=19	N=23	R=27	V=31	Z=35
C=12	G=16	K=20	O=24	S=28	W=32	
D=13	H=17	L=21	P=25	T=29	X=33	

(2) 숫자열의 우측부터 한 자리마다 2, 1, 2, 1…(이하 같음)을 곱한다.
(3) '(2)'에서 계산된 일련의 숫자를 한 자리마다 합산한다.
(4) '(3)'에서 산출된 합계에서 일의 자리의 숫자를 10에서 차감하여 얻어지는 숫자가 검사숫자코드가 된다.

※ 검사숫자코드 산출 예

국명		속성	발행체고유					종목구분			
K	R	6	1	2	3	4	5	0	0	1	
2	0	2	7	6	1	2	3	4	5	0	0	1	→ (1)
×2	×1	×2	×1	×2	×1	×2	×1	×2	×1	×2	×1	×2	
4	0	4	7	12	1	4	3	8	5	0	0	2	→ (2)

4+0+4+7+1+2+1+4+3+8+5+0+0+2=41 → (3)
10-1=9(검사숫자코드) → (4)

35 김 대리는 업무 중 금융상품 코드 'KR1××××4839'를 보게 되었다. 코드 중 일부 숫자가 '×'로 가려져 있어 업무를 진행할 수 없었던 김 대리는 다음 [정보]를 토대로 금융상품 코드 전체를 알 수 있게 되었다. 김 대리가 알아낸 금융상품 코드로 옳은 것은?

[정보]
- 발생 국가: 한국
- 발생 날짜: 2018년 3월
- 종류: 국채－공공용지 보상 철도채권
- 이자 지급 방식: 복리채
- 발생 순서: 2018년 3월에 발생된 복리채 공공용지 보상 도로채권 중 7번째

① KR1037704839
② KR1039074839
③ KR1070394839
④ KR1397004839

36 검사숫자코드를 제외한 표준코드가 'KR20061455C'인 금융상품의 검사숫자코드는?

① 0
② 2
③ 4
④ 6

37 다음은 C언어로 작성한 소스 코드 및 출력된 [결과값]과 코드 작성에 사용된 [연산자 정보]이다. 밑줄 친 소스 코드를 '2 * ((1≪num1)+(2≫num2))'로 수정할 경우 결과값은?

```
1   int main()
2
3     int num1=1;
4     int num2=1;
5     int num3;
6
7     num3=2 * 1 ≪ num1+2 ≫ num2 ;
8
9     printf("%d", num3);
10
11    return 0;
12
```

[결과값]

8

[연산자 정보]

수학과 마찬가지로 C언어도 곱셈이 덧셈보다 우선순위가 높고, 다양한 연산자들끼리 우선 순위가 정해져 있다.

우선순위	연산자	설명
1	( )	괄호
2	*	곱셈
	/	나눗셈
3	+	덧셈
	−	뺄셈
4	≪	지정한 수만큼 비트들을 전부 왼쪽으로 이동
	≫	부호를 유지하면서 지정한 수만큼 비트를 전부 오른쪽으로 이동

※ 비트는 2진수를 의미한다.
※ 지정한 수 n만큼 숫자 m을 왼쪽으로 이동한다는 의미는 $m \times 2^n$이 됨을 뜻한다.

① 3
② 4
③ 6
④ 8

38 다음을 읽고 판단했을 때, [보기] 중 옳은 것을 모두 고른 것은?

> 어느 조직이든지 지향하는 가치들 중에 '안정화'와 '활성화'가 있다. 안정화의 가치는 조직의 체계가 지속적으로 변동하지 않고 유지되는 것을 지향하는 것이다. 한편 활성화의 가치는 조직이 역동적이고 진취적으로 움직이는 것을 지향하는 것이다. 조직의 리더나 구성원들은 자신이 속한 조직이 불안정하기를 원하지 않는다. 마찬가지로 이들은 자신의 조직이 침체되어 있기를 바라지도 않는다.
>
> 그런데 안정화와 활성화의 관계는 두 가지 측면을 함께 가지고 있다. 우선 양자는 상호 대립하는 관계에 종종 놓인다. 안정화를 추구하면 활성화의 가치는 역으로 진행된다. 활성화를 높이려다 보면 조직의 안정화를 훼손할 수도 있다. 기업의 임금 제도에서도 이러한 측면이 있다. 안정화를 위해 호봉제를 채택하면 활성화를 역행한다. 활성화를 위해 성과급 제도를 도입하면 안정화가 훼손된다. 이 경우 양자는 서로 대립하는 관계인 셈이다. 하지만 양자는 서로 보완하는, 심지어는 서로를 필요로 하는 관계이기도 하다. 조직이 활성화되지 않으면 경쟁에서 밀려나 조직은 생존이 힘들어진다. 조직이 존폐 위기에 몰리는 것만큼 조직의 안정화를 훼손하는 것은 없다. 따라서 성과급 제도를 도입하여 기업의 생산성이 높아진다면 장기적으로 조직의 안정화에 기여하는 셈이다. 대개 안정화와 활성화의 관계는 단기적으로는 대립하지만 장기적으로는 상호 보완적인 관계를 형성하는 것이 일반적이다.

| 보기 |
ㄱ. 경쟁 조직보다 자기 조직이 침체되어 있다고 판단한 조직의 리더가 활성화의 가치에 우선 순위를 둘 경우 단기적으로 조직 내의 반발에 직면할 수 있다.
ㄴ. A사가 경쟁사에 대한 비교우위를 확보하고 있음에도 불구하고 경쟁사보다 더욱 혁신을 강조하는 전략을 취하고 있다면, 이는 현재의 비교우위를 안정적으로 장기간 지속시키려는 것으로 이해할 수 있다.
ㄷ. 조직의 목표와 성격에 따라 단기적으로 안정화 전략과 활성화의 전략을 취사선택할 수는 있으나 장기적으로는 우선순위를 판단하는 것이 불가능하다.

① ㄱ　　② ㄱ, ㄴ　　③ ㄴ, ㄷ　　④ ㄱ, ㄴ, ㄷ

39 다음 [○○기업 성과상여금 지급기준]과 [표]에 근거할 때, [보기] 중 옳지 않은 것을 모두 고르면?

[○○기업 성과상여금 지급기준]

1. 지급원칙
   - 성과상여금은 적용대상 사원에 대하여 성과(근무성적, 업무난이도, 조직기여도의 평점 합) 순위에 따라 지급한다.
   - 적용대상 사원에는 계약직을 포함한 4급 이하 모든 사원만 포함된다.

2. 상여금의 배분
   성과상여금은 아래의 지급기준액을 기준으로 한다.

5급 이상	6~7급	8~9급	계약직
500만 원	400만 원	200만 원	200만 원

3. 지급등급 및 지급률
   1) 5급 이상

지급등급	S등급	A등급	B등급	C등급
성과 순위	1위	2위	3위	4위 이하
지급률	180%	150%	120%	80%

   2) 6급 이하 및 계약직

지급등급	S등급	A등급	B등급
성과 순위	1위~2위	3위~4위	5위 이하
지급률	150%	130%	100%

4. 지급액 등
   - 개인별 성과상여금 지급액은 지급기준액에 해당 등급의 지급률을 곱하여 산정한다.
   - 계약직의 경우 A등급 이상인 경우 정규직으로 전환한다.

[표] ○○기업 甲부서 소속사원의 평점

사원	평점			직급
	근무성적	업무난이도	조직기여도	
가	8	5	7	계약직
나	9	10	8	7급
다	10	6	9	계약직
라	8	8	6	4급
마	5	5	8	5급
바	9	9	10	6급
사	8	9	6	3급

| 보기 |
ㄱ. 계약직 중 정규직 전환이 가능한 사람이 있다.
ㄴ. 적용대상사원 중 성과 1위 사원과 2위 사원은 상여금 수령액이 동일하다.
ㄷ. 적용대상사원 중 5급 이상 직위의 성과상여금 수령액의 합은 나머지 수령액의 합보다 크다.

① ㄱ　　　　② ㄴ　　　　③ ㄷ　　　　④ ㄱ, ㄷ

40 다음 세미나 발언을 듣고 네 사람이 보인 반응 중 적절하지 않은 것은?

> 부채 비율과 업종 다각화 문제는 모두 동전의 양면을 가지고 있어서, 그 공과를 쉽게 판단해서는 안 됩니다. 사실 생산성이 높고 경쟁력이 있는 기업이라면 장롱 속에 잠들어 있거나 마땅한 투자처를 찾지 못한 유휴 자금을 끌어내 이를 생산 자금화함으로써 기업 발전과 국가 경제에 기여하는 것이 바람직하다고 볼 수 있습니다. 어찌 보면 남의 돈을 효율적으로 활용해서 기업을 경영하는 사람이야말로 유능한 경영자일 것입니다. 그런데도 은행 대출 시 부채 비율이 높다는 이유만으로 불이익을 주고 지주회사 설립을 제한하는 등 여러 가지 규제를 가하고 있습니다.
> 업종 다각화에 의한 선단식(船團式) 경영도 반드시 나쁘다고만은 할 수 없습니다. 산업 사회의 구조 변화에 따라 여러 업종들이 부침하는 현상은 언제라도 나타날 수 있고, 이에 대비한 포트폴리오가 곧 다각화라고 이해해야 합니다. 세계적인 우량 기업으로 알려진 제너럴 일렉트릭사도 금융, 방송 등 수십 개의 자회사를 거느리고 있고, 세계 3대 자동차 회사인 도요타는 300개가 넘는 자회사를 보유하고 있습니다.

① 지민: 부채 비율이 높은 기업은 그렇지 않은 기업에 비해 은행에서 대출을 받기 어려워.
② 승현: 유능한 경영자의 첫째 조건은 다른 사람을 잘 설득해서 그들이 자신의 기업에 투자하게 하는 것이겠군.
③ 유진: 좋은 기업이란 그 부채 비율의 높고 낮음이 아니라 그 생산성과 경쟁력의 높고 낮음으로 평가받아야 해.
④ 재경: 세계적인 기업들이 여러 분야의 자회사를 보유하고 있는 것에서도 알 수 있듯이 기업의 이익 확대 방안을 반드시 한 분야에서만 찾을 필요는 없다고 봐.

CHAPTER 2 직무수행 객관식 실전문제

01 케인스가 주장한 것으로 알려진 '절약의 역설(paradox of thrift)'에 대한 설명으로 적절하지 않은 것은?

① 개인이 소비를 줄이고 저축을 늘리는 절약 자체를 부정하지 않았으며, 다만 경제 전체로 볼 때 나쁜 결과를 가져다준다는 게 주된 내용이다.
② 가계 가처분소득 중 소비지출 비중이 높아질 때, 국내 경제가 절약의 역설에 빠질 우려가 있다.
③ 경제가 불황일 때는 저축보다 소비가 중요하다고 본다.
④ 절약의 역설이 실물 경제에서 항상 들어맞는 건 아니기 때문에, 경제 상황에 대한 정확한 진단이 선행되어야 한다.

02 분양가 상한제에 대한 설명 중 옳은 것을 모두 고르면?

| 보기 |
㉠ 주택 분양가격을 '택지비+건축비' 이하로 제한하는 제도로, 분양가 자율화(1999년) 이후 고분양가 논란과 주택가격 급등에 따른 시장불안이 커지면서 투기수요 억제와 실수요자 보호를 위해 2019년 처음 도입됐다.
㉡ 분양가 상한제를 반대하는 입장에서는 제도 도입에 따른 공급 위축을 주장한다.
㉢ 분양가 상한제로 인해 기존 주택으로 수요가 집중될 수 있는데, 이를 경제용어로 '풍선효과'라 한다.
㉣ 거주의무기간을 도입하면 분양가 상한제 실효성이 약해질 것이다.

① ㉠, ㉡
② ㉠, ㉢
③ ㉠, ㉣
④ ㉡, ㉢

03 다음 그래프는 우리나라의 생산연령·고령인구 비중 추이를 나타낸다. 빈칸 ㉠, ㉡에 각각 들어갈 용어로 적절하게 짝지은 것은?

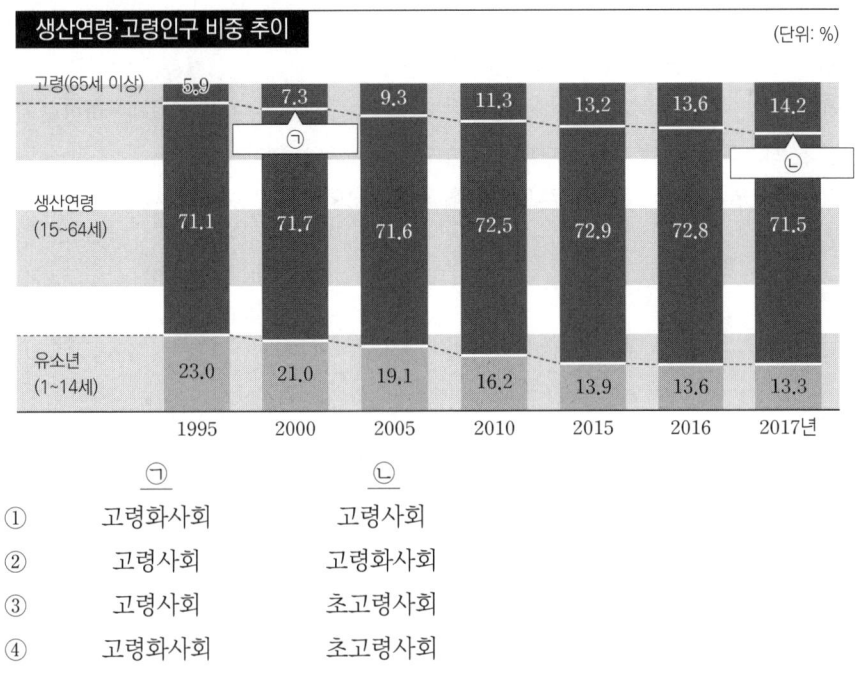

	㉠	㉡
①	고령화사회	고령사회
②	고령사회	고령화사회
③	고령사회	초고령사회
④	고령화사회	초고령사회

04 정부는 코로나19 파급영향 최소화와 조기극복을 위한 민생·경제 종합대책을 발표했다. 경제 원리에 비출 때 금융권에 요구되는 대책으로 보기 어려운 것은?

① 전통시장의 영세상인을 대상으로 미소금융을 확대한다.
② 금융시장의 교란행위에 대한 점검과 단속을 강화한다.
③ 외식업체를 대상으로 자금 지원규모를 확대하거나 금리를 낮춘다.
④ 지역사랑상품권 발행을 확대하고, 할인율을 높인다.

05 다음은 탄력성에 대한 설명이다. 이 중 옳지 않은 것은?

① 커피 값이 10% 올랐을 때 홍차 판매량이 5% 늘었다면 커피와 홍차는 대체재 관계에 있다고 할 수 있다.
② 일반적으로 필수품일수록 수요의 가격탄력성이 작다.
③ 엥겔계수는 총지출에서 차지하는 비중이 가장 큰 식료품 두 품목의 대체탄력성을 측정해 구한다. 저소득층일수록 엥겔계수의 값이 높아지는 경향이 있다.
④ 정상재와 열등재는 소득을 기준으로 탄력성을 비교한다는 공통점이 있다.

06 정부가 지출을 늘리기 위해 취할 수 있는 방법은 크게 두 가지다. 하나는 국민으로부터 거두어들이는 세금을 늘리는 것, 다른 하나는 국채를 발행하는 것이다. 두 가지를 비교한 다음의 설명 중 옳은 것을 고르면?

① 일반적으로 세금 부과가 국채 발행보다 민간 부문의 저항이 작다.
② 긴급 상황이 발생해 당장 재정 확충이 시급할 경우, 정부 입장에서는 세금 부과보다 국채 발행이 수월하다.
③ 세금 부과와 국채 발행 모두 원리금 상환 의무는 존재하지 않는다.
④ 세금 부과와 국채 발행 시 민간 소비 감소에 미치는 영향의 크기는 항상 같다.

07 다음은 각 시장의 장·단기 균형을 설명하고 있다. 이 중 가장 옳지 않은 것을 고르면?

① 완전경쟁시장에서 개별기업은 항상 시장의 가격을 주어진 것으로 본다.
② 독점기업은 단기에서나 장기에서나 항상 초과이윤을 얻는다.
③ 독점적 경쟁시장은 항상 진입장벽이 존재한다.
④ 과점시장에서는 항상 개별기업의 전략적 행동이 나타난다.

08 무차별곡선에 대한 특징으로 옳은 것을 모두 고르면?

| 보기 |
㉠ 무차별곡선의 기울기를 탄력성이라고 한다.
㉡ 서로 다른 무차별곡선은 교차하지 않아야 한다.
㉢ 무차별곡선이 원점에 대해 볼록한 형태를 취할 때, 한계대체율은 체증한다.
㉣ 무차별곡선은 효용의 기수적 관점에서 도출된다.

① ㉡
② ㉠, ㉣
③ ㉡, ㉢
④ ㉠, ㉡, ㉢, ㉣

09 다음 기사에서 소개하는 제도와 가장 거리가 먼 정책을 고르면?

> "근로장려금 6개월마다 받으세요" … 국세청, 155만 가구에 안내
>
> 올해 처음으로 저소득 근로소득자에 대해 6개월마다 근로장려금을 지급하는 반기지급제도가 시행된다. 신청 대상은 올해 근로소득만 있는 가구로 작년 연간 총 소득과 올해 연간 추정 근로소득이 가구원 구성별 기준금액 미만이면서 작년 6월 1일 기준으로 재산 합계액이 2억 원 미만인 가구이다. 가구원 구성별 근로소득 기준 금액은 단독 가구는 2,000만 원, 홑벌이 가구는 3,000만 원, 맞벌이 가구는 3,600만 원 미만이다. 부동산 임대소득 등 사업소득이나 종교인 소득이 있는 가구는 신청 대상이 아니다.

① 부의 소득세제 시행
② 사회보험제도 구축과 취약계층 보조금 지급
③ 누진세제 도입
④ 비례세제 확대

10 다음 빈칸에 들어갈 용어를 가장 옳게 짝지은 것은? (단, 유동성함정이 존재하지 않으며 경제주체의 일반적인 행동만을 고려한다)

> 중앙은행이 이자율을 인하할 경우 주식, 부동산 같은 자산 가격은 (㉠)한다. 또한 환율에도 영향을 줘 순수출이 (㉡)한다. 그 결과 총수요는 (㉢)한다.

	㉠	㉡	㉢
①	불변	감소	감소
②	상승	불변	증가
③	상승	증가	감소
④	상승	증가	증가

11 다음은 적응적 기대(adaptive expectations)이론과 합리적 기대(rational expectations) 이론의 특징을 열거한 것이다. 옳은 것을 모두 고르면?

> | 보기 |
> ㉠ 적응적 기대이론에서는 체계적 오차와 예측 오차 모두 발생 가능하다고 보는 반면, 합리적 기대이론에서는 체계적 오차만 발생한다고 본다.
> ㉡ 통화량이 증가하더라도 장기 균형국민소득에 영향을 줄 수 없다고 보는 관점은 합리적 기대이론이다.
> ㉢ 합리적 기대이론에 따르면 예상된 정부정책 집행은 실질변수에 영향을 주지 못한다.

① ㉢
② ㉠, ㉡
③ ㉠, ㉢
④ ㉡, ㉢

12 IS-LM모형 및 AD-AS모형에 대한 설명 중 옳은 것은?

① IS-LM모형은 재화시장의, AD-AS모형은 화폐시장의 균형을 다룬다.
② 일반적으로 수출이 증가하면 LM곡선이 우측으로 이동하고, 총수요곡선이 우측으로 이동한다.
③ 한계소비성향이 클수록 IS곡선은 완만해진다.
④ LM곡선이 우측으로 이동하면 이자율이 상승한다.

13 국부펀드(Sovereign Wealth Fund)란 정부가 소유 또는 관리하는 공공자금을 출자하여 직접 또는 민간투자회사를 설립해 운용하는 투자펀드 또는 기구를 말한다. 다음 본문을 읽고 해당하는 국부펀드를 고르면?

> - 단일펀드 기준으로 운용자산 규모 세계 1위인 국부펀드로서 석유수입을 통한 국부의 안정적 증진 및 정부 재정적자를 보전함으로써 원유 고갈에 따른 자원의 저주를 극복하고자 1990년에 설립되었다.
> - 향후 석유 수입의 감소 및 고령화에 따른 국가 재정부담 증가 시 국부펀드의 수익이 재정적자 해소를 위해 활용될 것으로 전망된다.
> - 2019년 4월 채권 포트폴리오 운용 전략 재편 계획을 발표하면서 신흥국 채권을 제외한다고 하여 원화환율이 급등하는 등 한국 금융시장을 크게 출렁이게 하기도 하였다.

① 쿠웨이트 국부펀드(KIA)
② 싱가포르 국부펀드(Temasek)
③ 중국 국부펀드(CIC)
④ 노르웨이 국부펀드(GPFG)

14 다음 중 바젤III 규제자본 인정요건에 대한 설명으로 옳지 않은 것은?

① 보통주자본은 은행의 손실을 가장 먼저 보전할 수 있으며 은행 청산 시 최후순위이고 청산 시를 제외하고는 상환되지 않는 자본을 말한다.
② 단기후순위채권도 금리상향조정 요건이 없는 경우 규제자본에 포함된다.
③ 기본자본은 BIS자기자본비율의 분자를 구성하는 자기자본 중 보통주자본과 기타기본자본을 함께 일컫는 말이다.
④ 기본자본은 자본금, 내부유보금 등 실질순자산으로 영구적 성격을 지닌 반면, 보완자본은 후순위채권 등 부채 성격을 지닌 자본이다.

15 다음 중 상장지수증권(ETN: Exchange Traded Note)에 관한 설명으로 옳지 않은 것은?

① ETN은 만기 시 발행사가 기초지수의 수익률 지급을 보장하는 상장지수증권이다.
② 거래소에 상장되어 있기 때문에 풍부한 유동성과 환금성이 있다.
③ 운용의 제약이 없기 때문에 다양한 자산과 연계된 상품의 설계가 가능하다.
④ 증권사가 발행하기 때문에 신용위험이 없어 믿고 거래할 수 있다.

16 다음 중 메자닌 금융인 전환사채, 교환사채 및 신주인수권부사채에 대한 설명으로 옳지 않은 것은?

① 교환사채는 교환권 청구 시 추가 자금부담이 없다는 점에서 신주인수권부사채와 다르다.
② 전환사채는 전환권 행사 시 주식매입대금의 불입은 전환사채의 원금으로 하고 전환사채는 소멸된다.
③ 신주인수권부사채는 신주인수권 행사 시 인수권 부분만 소멸되고 사채 부분은 계속 효력을 갖는다.
④ 전환사채, 교환사채 및 신주인수권부사채 모두 신주발행으로 인한 지분희석 효과가 있다.

17 다음 중 금리(이자율)에 대한 설명으로 옳지 않은 것은?

① 명목금리는 실질금리와 기대인플레이션의 합으로 나타낼 수 있다.
② 단리로 계산하든 복리로 계산하든 실효수익률은 표면금리보다 높다.
③ 채권가격과 시장이자율은 반비례 관계이다.
④ 기대인플레이션과 명목금리가 1:1의 비율로 같은 방향으로 움직이는 것을 완전한 피셔 효과라 한다.

18 다음은 「인터넷전문은행 설립 및 운영에 관한 특례법」에 관한 내용이다. 빈칸에 들어갈 숫자가 옳게 짝지어진 것을 고르면?

> 「인터넷전문은행 설립 및 운영에 관한 특례법」은 인터넷전문은행에 한해 은산분리 규제를 완화하는 조항들로 이뤄져 있다. 산업자본(비금융주력자)의 인터넷전문은행 지분 상한을 기존 의결권 있는 주식 (㉠)에서 (㉡)로 높인 것이 핵심이다. 은산분리 완화에 따른 은행의 사금고화 우려를 고려해 인터넷전문은행에 대해서는 대주주에 대한 신용공여와 대주주의 지분 취득을 원천 금지하는 등의 장치도 마련했다. 또 중소기업을 제외한 법인에 대한 대출을 금지하고 비대면을 원칙으로 하는 등 인터넷은행의 영업 범위도 규정했다.

	㉠	㉡
①	4%	10%
②	4%	34%
③	10%	34%
④	10%	50%

19 다음 내용 중 ( ) 안에 들어갈 공통된 단어는?

> 가. ( )은/는 서로 다른 통화를 약정된 환율에 따라서 상호 교환하는 외환 거래로, 원래는 다른 나라에 있는 개인이나 기업 간 거래에서 환율 변동에 따른 위험을 줄이기 위해 탄생한 금융 상품의 한 종류였다. 하지만 최근에는 외환위기를 방지하기 위한 목적으로 국가 간 체결하는 것이 더 일반적으로 알려졌다.
>
> 나. ( )은/는 국가신용등급을 상승시키는 요인이기도 하다. 외국인 투기자본이 공격해 외화가 썰물처럼 빠져나가더라도 외국에서 유동성을 끌어들여 방어할 수 있기 때문이다. 또한 ( )을/를 맺는 것은 양국이 서로 쉽게 부도가 나지 않는 나라라고 인정하는 것이기 때문에 국내 금융시장에 심리적 안정을 가져온다.

① 통화선물　　② 통화옵션　　③ 통화스왑　　④ CDS

20 다음 그림은 여러 국가의 맥도널드 햄버거 가격을 미국 달러로 환산하여 어느 나라의 물가가 싸고 비싼지를 비교할 수 있게 해 주는 '빅맥지수'이다. 다음 그림과 표를 근거로 할 때 각국의 환율 수준에 대해 기술로 옳지 않은 것은?

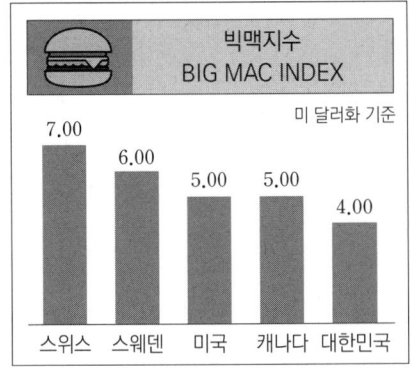

	시장 환율(US$1 대비)	현지 빅맥가격
스위스 프랑 (CHF)	0.90	6.50 CHF
스웨덴 크로나 (SEK)	9.00	45.00 SEK
캐나다 달러 (CAD)	1.10	6.00 CAD
대한민국 원화 (KRW)	1,100.00	4,500 KRW

① 만약 상기 국가들의 명목임금이 동일하다면 스위스의 생활수준이 가장 낮다고 볼 수 있다.
② 스위스 프랑은 미 달러화에 비해 고평가되었다.
③ 빅맥을 기준으로 대한민국 원화의 가치는 구매력에 비해 외환시장에서 저평가되었다.
④ 빅맥지수를 기준으로 향후 환율 변화를 예측한다면 캐나다 달러의 가치는 외환시장에서 상승할 것이다.

21 한 경제주체가 외화 자산 또는 부채를 보유하고 있을 때 환율 변동에 따라 자국 통화로 평가한 자산(부채)의 가치가 변동하게 되며, 환율 변동에 따라 이익이 발생하면 환차익, 반대로 손실이 발생하면 환차손이라고 한다. 다음 중 환차손이 발생할 위험을 최소화하기 위한 기업의 환위험 관리기법에 대한 설명으로 옳지 않은 것은?

① 네팅(netting): 본사/지사 또는 지사/지사 상호 간의 채권·채무를 서로 상쇄한 후 차액만을 결제하는 방법으로 상계라고도 한다.
② 리딩과 래깅(leading and lagging): 수입업자의 경우 향후 자국통화가치의 상승이 예상되는 외국통화의 수입대금 지급(결제)을 앞당기고, 자국통화가치의 하락이 예상되는 외국통화의 수입대금 지급(결제)을 이연하여 환위험을 감소시키는 방법이다.
③ 매칭(matching): 외화자금의 유입과 지급을 통화별, 만기별로 일치시켜 외화자금의 흐름의 불일치에서 발생할 수 있는 환위험을 원천적으로 제거하는 전략이다.
④ 자산부채관리(ALM): 기업이 보유하고 있는 자산·부채의 구성을 종합적으로 관리함으로써 외화표시 자산과 외화표시 부채의 포지션을 조정해 환위험을 효율적으로 관리하고자 하는 방법이다.

22 A은행이 6개월 뒤 1달러당 1,100원에 B은행으로부터 200만 달러를 사들이기로 하는 차액결제 선물환(NDF)계약을 했을 때, 6개월 후 만기일 전에 현물시장 환율(지정환율)이 1,000원이 된다면 A은행의 손익은 얼마이며, 만기에 결제되어야 할 금액은 얼마인가?

① 손실 2억 원, A은행이 B은행에게 20만 달러 지급
② 손실 2억 원, A은행이 B은행에게 2억 원 지급
③ 이익 2억 원, B은행이 A은행에게 2억 원 지급
④ 이익 2억 원, B은행이 A은행에게 20만 달러 지급

23 다음 본문을 읽고 성격이 다른 하나를 고르면?

> **산업은행, 해외 채권시장서 캥거루 본드 발행**
>
> 산업은행은 호주 채권시장에서 5억 호주 달러 규모의 '캥거루 본드'를 발행하였다. 이 채권은 3년 만기의 변동금리 채권(2억 호주 달러)과 고정금리 채권(3억 호주 달러)으로 구성된 듀얼 트랜치 구조(만기와 금리가 다른 두 종류의 채권을 동시에 발행하는 방식)로 발행되었다.
>
> 산업은행은 본 채권 발행을 통해 조달한 자금을 국내 기업의 경영 안정과 해외 사업 자금 등 다양한 목적에 활용할 계획이다.

① 사무라이본드
② 양키본드
③ 김치본드
④ 불독본드

24 다음 본문의 빈칸에 공통으로 들어갈 용어를 고르면?

> 2020년 8월 19일 한국수출입은행은 국내 금융기관 최초로 (   ) 채권을 발행했다.
> (   )은/는 미국 국채를 담보로 하는 환매조건부채권(Repo) 거래의 익일물 금리를 말한다.
> 이번에 발행한 채권은 1억 달러 규모의 (   ) 연동 변동금리 채권이며, 만기 1년에 금리는 (   )에 60bp를 가산한 수준이다.
> 2023년 6월 LIBOR 산출이 공식 종료됨에 따라 국제 금융시장은 이 지표를 대체하는 (   ) 기반의 금리를 기준으로 채권 및 파생상품을 설계하고 있다.

① ESTER
② SOFR
③ SONIA
④ TONA

25 다음 자본과 관련된 설명 중 가장 옳은 것은?

① 무상증자는 현금 유입 없이 자본과 자본금이 모두 증가한다.
② 유상감자는 주식 수의 감소로 인한 보유 주식의 가치 상승으로 주주에게 도움이 된다.
③ 주식을 액면 분할하면 주식 수는 증가하고 자본금은 증가한다.
④ 기업 부채를 주식으로 전환하면 기업의 부채비율은 높아진다.

26 기업의 자본금 관련 내용이 다음과 같을 때 기말 자본금으로 옳은 것은?

• 기초자본금	200,000원	• 유상증자액	50,000원
• 현금배당금	100,000원	• 당기순이익	150,000원

① 100,000원
② 200,000원
③ 300,000원
④ 400,000원

27 다음 중 부채비율을 낮추는 것으로 가장 옳지 않은 것은?

① 원재료를 구매한 거래처에 대한 매입채무를 조기 결제하였다.
② 회사가 신주를 액면가 대비 5배수로 발행하는 유상증자를 실시하였다.
③ 회사가 발행한 전환사채의 전환권이 행사되었다.
④ 새로운 기계장치 투자를 위해 거래 은행으로부터 차입을 진행하였다.

28 다음 주식회사에 대한 설명 중 가장 옳지 않은 것은?

① 주주는 투자한 금액에 한해서 책임을 진다.
② 소유와 경영이 분리되어 대리인 문제 발생의 위험이 있다.
③ 주식의 발행을 통해 자본을 소액으로 균등하게 분할하여 소유권 이전이 용이하다.
④ 이사회는 회사의 주요 사항을 표결 처리하는 최고 의사결정기관이다.

29 다음 중 적대적 인수 합병(M&A) 시도에 대한 방어수단으로 옳지 않은 것은?

① 팩맨
② 그린메일
③ 포이즌필
④ 황금낙하산

30 기업(가)의 매출액은 400,000이고 세전 영업이익은 50,000이다. 기업(가)의 투하자본은 100,000, 부채비율(B/S)은 100%이며 자기자본비용은 30%, 세전 타인자본비용은 20%, 법인세율은 50%일 때 기업의 경제적부가가치(EVA)를 구하면? (단, 주어진 자료만 고려한다)

① 5,000
② 20,000
③ 25,000
④ 50,000

31 다음 주어진 [손익계산서]를 참고해 당해 기업의 영업현금흐름(OCF)과 기업잉여현금흐름(FCF)을 각각 올바르게 표시한 것을 고르면? (단, 순운전자본은 전기 말보다 7 증가하고 고정자산은 전기 말보다 8 증가했다)

[손익계산서]	
매출액	100
매출원가	(50)
감가상각비	(10)
영업이익	40
이자비용	(15)
법인세(세율 50%)	(5)
순이익	20

① 영업현금흐름: 20, 기업잉여현금흐름: 30
② 영업현금흐름: 20, 기업잉여현금흐름: 15
③ 영업현금흐름: 30, 기업잉여현금흐름: 30
④ 영업현금흐름: 30, 기업잉여현금흐름: 15

32 투자안(가)의 초기 투자금액은 10,000이다. 법인세율이 40%일 때 연 15% 이자율로 10,000을 차입해 자금조달을 하려고 할 때, 기업의 재무손익분기점이 되는 영업이익을 구하면?

① 0
② 900
③ 1,500
④ 4,000

33 다음은 기업(가)의 X1년 재무상태표 항목이다. X1년의 총수익은 15,000, 총비용을 9,000, 유상증자는 500, 현금배당은 1,500일 때 빈칸 Ⓐ, Ⓑ, Ⓒ에 알맞은 것을 고르면?

	X1년 초	X1년 말
자산	Ⓐ	Ⓒ
부채	10,000	20,000
자본	20,000	Ⓑ

	Ⓐ	Ⓑ	Ⓒ
①	10,000	26,000	46,000
②	30,000	26,000	46,000
③	30,000	25,000	46,000
④	30,000	25,000	45,000

34 다음 주어진 자료를 보고 [포괄손익계산서]의 빈칸에 들어갈 액수로 알맞은 것을 고르면?

종업원 급여	15,000	매출액	100,000
은행 이자수익	25,000	매출원가	60,000
은행 이자비용	20,000	광고선전비	10,000

[포괄손익계산서]

X1.1.1~12.31

	당기
매출	100,000
매출원가	60,000
매출총이익	40,000
판매관리비	(㉠)
영업이익	(생략)
영업외손익	(㉡)
당기순이익	(생략)

① ㉠: 30,000   ㉡: 0
② ㉠: 25,000   ㉡: 5,000
③ ㉠: 15,000   ㉡: 15,000
④ ㉠: 0   ㉡: 30,000

35 다음 본문의 사례를 읽고 가장 관련이 깊은 것을 고르면?

> 미국 바이어 A사는 한국의 B사와 제품 계약 체결 후 지속적으로 거래를 해 왔다.
> 양사가 추가 오더를 앞두고 잠시 연락을 중단한 사이, 해커는 이메일을 해킹해 A사와 B사의 이메일과 유사한 아이디의 이메일 계정을 만들어 악성 이메일을 보냈다. 해커는 B사에 입금 계좌 정보를 요청하고, A사에는 B사의 입금 계좌 정보 양식을 활용해 자신들의 계좌 정보를 안내했다.
> A사는 기존 거래처라는 믿음으로 해커가 알려 준 중국 계좌에 의심 없이 무역대금을 송금했고, 돈은 결국 해커의 손에 들어가게 되었다.

① 피싱
② 스미싱
③ 파밍
④ 메모리 해킹

36 공개된 정보, 이용내역정보 등을 수집 저장 조합 분석 등을 처리하고자 하는 경우, 개인정보의 보호를 위해 개인식별 요소를 제거하는 비식별화 조치를 통해 이용자의 권익 침해를 최소화해야 한다. 다음 중 비식별화 기술 유형과 비식별화 조치 예시가 잘못 연결된 것을 고르면?

	비식별화 기술 유형	비식별화 조치 예시
①	가명 처리	홍길동, 35세, 서울 거주, 한국대 재학 → 임꺽정, 30대 서울 거주, 국제대 재학
②	데이터값 삭제	주민등록번호 901206-1234567 → 90년대생, 남자
③	범주화	임꺽정 180cm, 홍길동 170cm, 이콩쥐 160cm, 김팥쥐 150cm → 물리학과 학생 키 합 660cm, 평균 키 165cm
④	데이터 마스킹	홍길동, 35세, 서울 거주, 한국대 재학 → 홍**, 35세, 서울 거주, **대 재학

37 다음 본문의 괄호 안에 들어갈 용어로 적합한 것을 고르면?

> 공인인증서의 독점적 지위가 폐지되면서, 다양한 사설인증의 활성화와 새로운 전자서명 기술의 등장이 기대되고 있다. 특히 차세대 신원확인 기술로 (　　　　　　) 기술이 주목받고 있다. 이 기술은 블록체인을 활용함으로써 탈중앙화된 신원확인 서비스를 제공할 수 있는 것이 특징이다. 사용자가 서비스 제공 기업에 필요한 정보만 선택적으로 제공할 수 있어 데이터 주권을 강화할 수 있는 기술로 각광받고 있다. 현재 W3C(World Wide Web Consortium)에서 표준화를 진행하고 있으며, 국내에서도 서비스 상용화를 위해 동분서주하고 있다.

① 생체 인증(Biometric Identification)
② 분산신원증명(DID: Decentralized IDentity)
③ 멀티팩터(Multi Factor) 인증
④ FIDO(Fast IDentity Online) 인증

38 다음 [사례]를 읽고 가장 관련이 적은 것을 고르면?

[사례 1]

금천구는 1995년 구로구에서 분리됐다. 그러나 분구(分區)된 지 20년 이상이 지났지만 아직까지 소방서가 없다. 서울 25개 자치구 가운데 소방서가 없는 유일한 곳이다. 소방서가 없는 금천구에 화재가 나면 구로소방서에서 출동하는데 신고 접수부터 소방차가 현장에 도착하기까지 약 20분가량이 걸린다.

이러한 상황에서 서울시 소방재난본부와 금천구는 2017년 1월 독산2동에 금천소방서를 설치하는 계획을 발표했다. 그러나 독산 2동 주민들이 사이렌 소음과 집값 하락 등을 이유로 반대하고 나서면서 소방서 설립 여부가 불투명해졌다.

[사례 2]

동남권 신국제공항의 경남 밀양시 유치를 기원하는 행진대회가 경남과 경북, 대구에서 열렸다. 밀양시민 500여 명은 밀양시청 광장에서 '신공항 밀양유치 기원 행진대회' 출정식을 갖고 시청광장에서 영남루를 거쳐 삼문동 둔치까지 3km가량 행진했다.

밀양 입장에서는 공사비 5조~10조 원에 이르는 신공항을 따낼 경우 일자리 창출과 향후 공항 운영에 따른 지역 발전 등이 예상되기 때문에 어떻게든 유치하려는 움직임을 보일 수밖에 없다. 게다가 신공항 같은 국책 사업은 100% 국고로 지원되는 데다 향후 운영 과정에서 적자가 나도 지자체로선 책임질 일이 전혀 없다. 일단 따 놓기만 하면 '로또'라는 생각이 과열 경쟁으로 이어질 수밖에 없는 것이다.

① 바나나현상 ② 님비현상 ③ 핌피현상 ④ 스프롤현상

39 다음 SQL문의 빈칸에 들어갈 내용으로 옳은 것은?

> INSERT INTO company (id, userName) _____ (20220193, '홍길동');

① WHERE
② SET
③ VALUES
④ TO

40 데이터 모델링에 관한 설명으로 옳지 않은 것은?

① 개체(엔티티) 타입과 이들 간의 릴레이션을 명세한 것은 데이터 구조이다.
② 하나의 속성이 취할 수 있는 값의 집합을 튜플이라고 한다.
③ 데이터의 가장 논리적인 단위로 속성은 하나의 개체에 한 개 이상을 가지게 된다.
④ 개체와 개체, 개체와 속성 간의 연관성을 릴레이션이라 한다.

CHAPTER 3
직무수행 주관식 실전문제

01 현재 시장에는 X재가 거래되고 있으며, 개별수요함수 및 개별공급함수는 다음과 같이 나타난다. 이때 균형수량은 얼마인가? (단, 개별수요함수와 개별공급함수는 모두 동일하며 X재 시장 전체의 소비자 수는 1,000명, 공급자 수는 500명이다)

- $Q_D = 20 - 2P_X$
- $Q_S = 4P_X$

(   )

02 직장인 A는 자신의 예금 5,000만 원과 은행에서 대출받은 1억 원을 합쳐 가게를 차리고자 한다. 예금의 연 이자율이 1%, 대출의 연 이자율은 2%라고 할 때 A의 연간 기회비용은 얼마인가? (단, 문제에 주어지지 않은 조건은 무시한다)

(   )만 원

03 갑국에서는 국민 10%가 전체 소득의 절반을 균등하게 차지하고 있으며, 나머지 90%가 절반을 균등하게 차지하고 있다. 이때 갑국의 지니계수는 얼마인가? (단, 0에서 1 사이의 값으로 소수점 첫째 자리까지 표시하시오)

(   )

04 을국의 올해 경제활동 결과는 다음과 같다. 이때 을국의 올해 GDP(국내총생산)는 얼마인가?

• 민간 소비지출: 100	• 정부지출: 20	• 투자: 60
• 수출: 80	• 수입: 70	• 대외순수취요소소득: 5

(   )

05 지급준비율이 0.1, 현금예금비율(예금 대비 현금 보유비율)이 0.2일 때 통화승수는 얼마인가? (단, 화폐는 민간의 현금 및 은행의 예금만 있다고 가정하며, 문제에 주어지지 않은 조건은 무시한다)

(   )

06 어느 경제에서 취업자들은 매달 10% 확률로 실업자가 되며, 실업자들은 매달 40%의 확률로 취업자가 된다. 균제 상태에서의 실업률을 구하면 얼마인가? (단, 경제활동인구는 일정하다)

(   )%

07 현재 환율은 1달러당 1,200원이며 미국의 연간 이자율은 4%이다. 이자율 평가설이 성립한다고 가정했을 때, 내년 환율이 1달러당 1,236원으로 오른다면 원–달러 균형을 만족시키는 국내 이자율은 얼마인가?

( )%

08 다음 글에서 설명하는 마케팅 믹스의 4가지 요소(4P)는 무엇인가?

> 마케팅 믹스(marketing mix)란 일정한 환경과 일정 시점 내에서 여러 가지 형태의 마케팅 수단들을 적절하게 결합하여 사용하는 전략을 의미하는 것으로 1960년 E.제롬 메카시 교수가 처음 사용하였다. 회사는 고객을 만족시키기 위해 4가지 영역으로 나누어 마케팅 전략을 적절하게 섞어서 사용하는데 이를 4P전략이라 부른다.

( ), ( ), ( ), ( )

09 다음은 A기업의 요약 포괄손익계산서의 주요 계정과목이다. A기업의 영업이익과 당기순이익을 각각 구하면? (단, 아래 계정 외 다른 거래는 없는 것으로 한다)

계정과목	금액(억 원)
매출액	100
매출원가	50
운송료	10
인건비	10
감가상각비	5
매도가능금융자산평가이익	5
이자비용	5
법인세비용	5

영업이익: ( )억 원
당기순이익: ( )억 원

10 A기업의 재무 상황이 다음과 같을 때, A기업의 배당성향과 배당수익률을 구하면? (A기업의 주식 액면가는 1,000원이고, 현재의 주가는 10,000원이다)

영업이익	120억 원
당기순이익	90억 원
배당금	18억 원 (주당 배당액 1,000원, 현금배당)

배당성향: (　　　　　)%, 배당수익률: (　　　　　)%

11 매출액이 1,000, 변동비가 500, 영업고정비가 250, 이자비용이 100, 법인세비용이 50일 때 영업레버리지를 구하면?

(　　　　　　)

12 효용함수가 $U=\sqrt{W}$인 투자자 A는 현재 100원을 보유하고 있다. A는 50%의 확률로 51원의 손해를 보거나 50%의 확률로 21원의 이익을 얻는 투자안에 대해 고려하고 있다. 보험회사는 투자자 A에게 이 투자안의 위험을 없애 주는 조건으로 보험료를 제시한 상황이다. 투자안 A가 수용 가능한 최대 보험료는 얼마인가? (단, 투자안에 필요한 투자금액은 없으며 A는 투자를 해야 하는 상황이라고 가정한다)

(　　　　　　)원

13 다음은 갑 기업의 [요약 재무자료]와 이를 바탕으로 산출된 [재무비율]이다. A, B에 들어갈 값을 구하면?

[요약 재무자료]

항목	금액(억 원)
매출액	600
당기순이익	150
총부채	200

[재무비율]

항목	비율(%)
총자산회전율	200
ROA	A
ROE	B

A: (　　　　), B: (　　　　)

14 다음에 주어진 A회사의 X1년 사업연도 자본거래에 대한 정보를 통해 해당 사업연도 동안의 자본총액 증감액을 구하면? (단, A회사의 주당 액면 금액은 5원이며 당기 사업연도 초에 보유한 자기주식은 없다고 가정한다)

> ㄱ. X1년 2월 2일: 보통주 5주를 주당 20원에 발행했다.
> ㄴ. X1년 4월 15일: 자기주식 10주를 주당 10원에 취득했다.
> ㄷ. X1년 6월 10일: 자기주식 중 5주를 소각했다.
> ㄹ. X1년 9월 28일: 잔여 자기주식을 주당 20원에 매각했다.
> ㅁ. X1년 12월 31일: 당기순이익 500원이 보고되었다.

(　　　　　　)원, 증가 / 감소

15 ○○기업은 빵 제조를 위한 오븐 구매에 대한 의사결정을 내리고 있다. 오븐의 내용연수는 2년이고 제조 첫해에는 110개의 빵을, 다음 해에는 121개의 빵을 생산할 수 있을 것이라 예상된다. 또한, 기업은 빵의 판매가격을 20원으로 예상하며 개당 변동비용은 10원이 들 것으로 예상한다. 오븐의 가격은 1,000원이고 2년 동안 정액법으로 상각하며 잔존가치는 0이다. 투자안의 할인율이 10%라고 할 때 주어진 자료만을 고려해 투자안의 NPV를 구하면?

( )원

16 ○○기업은 새로운 사업에 진출하는 것을 고려하고 있다. 다음 주어진 자료는 ○○기업의 사업 진출 의사결정을 위한 예산 손익 재무자료이다. 주어진 자료를 바탕으로 ○○기업의 회계손익분기점이 되는 매출액을 구하면?

[판매량 100개 기준 예산 손익계산서]
- 매출액 200만 원
- 총 변동비용 100만 원
- 이자비용 제외 총 고정비용 60만 원
- 영업이익 40만 원
- 이자비용 10만 원
- 세전순이익 30만 원

( )만 원

17 다음 본문에서 설명하고 있는 예금통장의 명칭은 무엇인가?

인터넷으로 조회가 불가능해 예금주가 직접 은행을 방문해야 입출금을 할 수 있는 예금통장으로 보이스 피싱이나 해킹 등 금융사기를 예방하기 위한 용도로 만들어졌다. 인터넷뱅킹에서 ATM 사용까지 불가능한 경우가 많아 '멍텅구리 통장'으로 불리기도 하지만, 보안 측면에서 매우 안전하기 때문에 비상금 관리용 통장으로 인기를 끌고 있다. 군사 기술에서 따온 이름으로 은행마다 다양한 명칭의 서비스를 시행하고 있다. IBK기업은행의 경우에는 '계좌안심서비스'가 여기에 해당된다.

( )

18 다음 (가), (나)의 내용에서 설명하고 있는 용어(효과)는 무엇인가?

> (가) 사람들이 특정 상품을 소비할 때, 비슷하거나 같은 수준의 상품을 소비하는 사람들과 같은 집단 혹은 같은 부류라고 느끼는 환상을 가지게 되는 현상으로, '한 세트' 혹은 '집합'이라는 뜻을 의미하는 프랑스어에서 파생된 용어로서 어린이가 키즈 카페 등에서 요리사 놀이 세트를 가지고 놀면 마치 자신을 요리사로 느끼는 것처럼, 고가의 가방을 구입함으로써 소비자는 마치 상류층이 된 듯한 환상을 가지게 된다는 것이다. 대표적인 사례로는 브랜드 커피 소비가 있다. 드라마나 영화를 통해 주인공이 스타벅스 커피를 들고 뉴욕이나 파리를 걷고 있는 장면을 자주 접한 소비자는 스타벅스 커피를 마시면서 마치 영화 속 주인공과 같은 느낌을 받게 되기 때문이다.
>
> (나) 미국의 하비 레이번슈타인이 처음 사용한 용어로, 어떤 재화에 대한 수요가 많아지면 그 경향에 따라 다른 사람들도 이 재화에 대한 수요를 증가시키는 편승효과를 의미한다. 정치학에서는 선거운동에서 우세를 보이는 후보 쪽으로 투표자가 가담하는 현상을 말하는데, 사람들이 행진 대열의 선두에서 행렬을 이끄는 악대차를 보고 이유 없이 호기심 때문에 따라가는 심리와 같이 어떤 재화의 수요가 증가하면 사람들이 덩달아 움직이면서 수요가 더욱 증가하는 현상을 의미하는 것이다. 대표적인 사례로는 홈쇼핑 방송으로 쇼 호스트들이 자주 사용하는 "상품 주문 폭주, 매진 임박"이란 말은 사람들이 사는 물건이라고 하면 필요여부에 상관없이 따라 사는 소비심리를 이용하는 것이다.

(가): (　　　　　　) 효과, (나): (　　　　　　) 효과

19 A채권은 가격이 200억 원, 채무불이행 확률이 4%, 회수율이 60%이다. 이때 예상손실은 얼마인가?

(　　　　　　)억 원

20 다음 테이블을 보고 빈칸에 알맞은 답을 순서대로 작성하면?

[사원] 테이블

사원번호	이름	근무지역
101	홍명보	인천
102	박보영	서울
103	이지은	대구
104	박지성	서울
105	이지은	부산

[성적] 테이블

사원번호	입사성적
101	80
102	70
103	75
104	89
105	91

- [사원] 테이블의 cardinality: _____ 개
- [사원] 테이블의 degree: _____ 개
- [사원] 테이블의 근무지역 도메인 수: _____ 개
- 아래 SQL문을 실행한다면 결과값은? _____
  SELECT 근무지역 FROM 사원 WHERE 사원번호 IN(SELECT 사원번호 FROM 성적 WHERE 입사성적 > 90)

(   ), (   ), (   ), (   )

CHAPTER 1 NCS직업기초 실전문제

01	02	03	04	05	06	07	08	09	10
④	①	④	①	①	②	④	④	③	③
11	12	13	14	15	16	17	18	19	20
③	②	②	④	④	①	④	③	④	②
21	22	23	24	25	26	27	28	29	30
①	③	③	④	②	①	③	④	③	④
31	32	33	34	35	36	37	38	39	40
④	④	①	③	②	④	③	②	③	②

01
정답 ④

[표]에서 '대출 신청 자격' 항목의 내용을 살펴보면 된다. 이때, 대출 신청 제외 대상 요건에 주의하여야 한다.

① (X) 연 소득 조건은 충족하지만, 사업자등록증을 보유하고 있기 때문에 대출 신청 자격 (1) 조건은 충족하지 못한다.
② (X) 연 소득, CB등급, 대출 신청 자격 (1) 조건 모두 충족하지만, 해외체류자로 대출 신청 제외 대상에 속한다.
③ (X) 연 소득과 대출 신청 자격 (2) 조건은 충족하지만, CB등급 조건을 충족하지 못한다.
④ (○) 연 소득과 대출 신청 자격 (2) 조건 모두 충족한다. 대출 신청일 현재 I은행 대출금을 전액 상환하였기 때문에 대출 신청 제외 대상에 해당하지 않는다.

02
정답 ①

㉠ (X) 대출 금액은 연 소득 금액의 범위 내에서 가능하다. 따라서 연 소득 2천만 원을 초과할 수 없다.
㉡ (X) 대출 금리는 '기준금리+가산금리-금융취약계층 우대금리'로 계산된다. 따라서 대출 금액 1천만 원, 대출 기간 1년을 기준으로 할 때, 최저 연 금리는 $1.97+2.17-1.2=2.94\%$이고, 최고 연 금리는 $1.97+8.73-1.2=9.5\%$이다.
㉢ (○) 대출 신청일 현재 체납된 고용보험료를 모두 납부하였다고 하더라도, 체납 이력이 있으므로 대출 불가능하다.
㉣ (○) 신용대출 연체 이력이 있으면 대출이 불가능하지

만, 타 은행에서 신용대출을 한 사실만으로 대출이 불가능한 것은 아니다.

03
정답 ④

선택지 구성을 살펴보면, (나)는 '이러한~', (라)는 '위에서 설명된'이라는 구문이 들어가 있어 서두일 확률이 다소 낮다. 따라서 제시문은 (가) 혹은 (다)로 시작된다는 것을 알 수 있는데, (가)는 비트코인 채굴 작업의 원리와 과정에 대해 설명하고 있고, (다)는 비트코인의 탄생과 간략한 특성에 대해 언급하고 있다. 따라서 (가)보다는 화제를 제시한 (다)가 맨 앞에 오는 것이 적절하다. (다)는 비트코인이 '암호화폐'로 불리고 있다는 내용으로 마무리되는데, 이는 (나) 서두의 '이러한 암호화폐…'와 이어진다.
또한 (나)에서는 비트코인이 '특정한 발행 또는 관리 주체 없이 운영'된다고 설명하고 있는데, 이는 (가) 서두에 나와 있는 비트코인이 '사용자들에 의해 직접 발행'된다는 내용과 연결된다. 마지막으로 (가)에서 설명하고 있는 채굴 작업은 (라) 서두의 '위에서 설명된 채굴 작업'과 이어진다.
따라서 제시문을 문맥에 맞게 배열하면 (다) - (나) - (가) - (라)가 된다.

04
정답 ①

임 행원이 컴퓨팅 파워와 블록 발행의 관계가 재미있었다는 점을 언급하자, 장 행원도 이에 동의하고 있으므로, 빈칸에는 컴퓨팅 파워와 블록 발행이 구체적으로 어떠한 관계에 있는지에 대한 설명이 들어가야 한다. (가) 후반부

를 보면 "블록 발행 확률(목푯값 경쟁 승리확률)과 네트워크상에서 자신이 차지하는 컴퓨팅 파워 비율은 정확히 비례하며, 만일 누군가가 전체 투입 컴퓨팅 파워 중 30%를 점유하고 있다면, 수학적으로 블록 생성 확률도 정확히 30%에 수렴한다."라고 서술되어 있다. 따라서 빈칸에는 '컴퓨팅 파워 비율과 블록 발행 확률은 비례한다는'이 들어가는 것이 적절하다.

05 정답 ①

제시문은 기존의 경제 이론이 가정하고 있는 '수익 체감의 원리'로는 해석할 수 없는 경제 현상이 있음을 전제한 뒤, 그와 같은 새로운 경제 현상을 설명하기 위해서는 새로운 경제학 모델이 필요하다는 논지를 전개하고 있다. 오일 쇼크와 같은 '음의 되먹임' 현상은 '수익 체감의 원리'로 잘 설명될 수 있지만, 이 같은 '음의 되먹임' 현상과는 다른 '양의 되먹임' 현상은 종래의 경제 이론이 가정하고 있는 '수익 체감의 원리'로는 설명될 수 없다는 것이 제시문의 핵심 논지이다. 제시문은 '양의 되먹임'을 잘 나타내 주는 '비디오 시장의 흥망' 현상에 대한 설명을 통해 기존의 경제 이론과는 다른 새로운 경제학 모델이 필요하다는 것이다. 따라서 이 글은 기존의 주장과는 다른 새로운 주장을 구체적인 사례를 들어 제시함으로써 결론을 도출하고 있다.

06 정답 ②

㉠ (O) 1문단에서 인터넷전문은행이란 영업점 없이 금융업무(예금, 자금이체, 대출 등)를 인터넷을 활용하여 처리하는 은행이라고 정의하고 있다. 주요 특징으로는 24시간, 365일 금융 서비스를 제공한다는 점과 기존 은행과는 달리 지점이 아예 존재하지 않는 '무점포' 형태로 정리할 수 있다.

㉡ (X) 2문단에서는 제1금융권의 대응 전략을 담고 있다. 대응 전략의 두 번째로 비대면 계좌 개설 절차 간소화를 언급하고 있으므로 ㉡에는 '비대면 계좌'가 들어가는 것이 적절하다. '특판 예·적금'은 제1금융권에서 기존 고객 이탈을 방지를 위해 수신금리를 상향하여 만든 상품이다.

㉢ (O) 2문단에서 모바일전용 상품에 대한 다양한 부가 혜택을 부여하였다고 설명하고 있다.

㉣ (O) 3문단에서는 제2금융권의 대응 전략을 담고 있다. 그중 증권사는 비대면 거래에 대한 수수료 면제를 언급하고 있으므로 ㉣에 '수수료'가 들어가는 것은 적절하다.

07 정답 ④

A. (O) 국민주택 규모인 85m² 이하 주택은 부양가족이 6인이 최고점인데, 이는 4인 가족 기준으로 산정한 안락한 주거환경인 85m²의 적정 수용인원의 1.5배인 인원이 거주해야 한다는 모순을 낳게 된다. A는 이를 지적한 것으로 타당한 주장이라 하겠다.

B. (X) 청약가점제를 실시하려는 정책목표는 주택공급분이 실수요자에게 많이 돌아갈 수 있게 하려는 것이다. 이를 위해 무주택 기간이 길고 부양가족이 많은 무주택 세대주에게 유리한 방법으로 가점을 부여하게 되는데, 이렇게 되면 갓 결혼한 신혼부부는 부양가족이 적고 무주택 기간이 짧아 청약가점제로 인해 오히려 불이익을 받게 된다.

C. (O) 많은 가족을 부양하면 그만큼 유리해지므로 출산율 저하를 어느 정도 막고 노령인구 증가와 부양 부담으로 인한 사회문제 해소에 기여할 것이다.

D. (O) 주거환경에 대한 요구가 점점 높아지고 이로 인한 분양가가 계속 상승하는 추세인 현시점에서 분양가가 적정 수준으로 유지되지 않으면 평당 분양가격이 실수요자들의 지불능력을 넘어서는 일이 발생할 수 있기 때문에 D 역시 근거를 지닌 주장이라 하겠다.

08 정답 ④

제시문을 문단별로 요약하면 다음과 같다.
1문단: 주인공을 영웅이라고 부른 이유는 주인공들이 초인적인 능력을 가진 인물들이었기 때문이다.
2문단: 문학 작품에서 영웅들의 초인간석이고 신석인 행위는 문학 작품의 구조에 제한되어 인간화되었다.
3문단: 아리스토텔레스는 문학의 인물이 신화의 영웅이 아닌 보통의 인간임을 지적했다.
4문단: 낭만주의 및 역사주의 비평가들은 작중 인물을 '성격(인물, character)'이라는 개념으로 즐겨 썼다.
제시문은 영웅과 보통사람을 비교대립하여 기술하였다. 고대에서 주인공을 '영웅'으로 만드는 것과 달리 현대로 넘어올수록 '보통 사람'이 중심이 된다는 것이 주된 이야기이다. ④는 제시문에서 언급되지 않은 내용이다.

09 정답 ③

(나): '사회계층'에 대한 정의가 나오므로 서두 부분임을 짐작할 수 있다. 이어서 동일한 계층일수록 접촉 빈

도가 높아짐을 제시하고 있다.
(다): 접촉 빈도가 낮아질수록(사회계층의 구별이 엄격할수록) 언어 분화가 쉽게 일어나며, 이를 뒷받침하기 위해 한국의 전통 사회를 예로 들었다.
(가): 현대 한국 사회의 경우 계층에 따른 언어 분화가 확연하지 않다는 새로운 내용을 제시하고 있다.
(라): '그렇더라도(계층에 따른 언어 분화가 확연하지 않더라도)' 사회 계층에 따른 언어 분화를 확인하려는 시도가 있었다는 내용으로 (가)의 내용과 연결지어서 글을 마무리하고 있다.

10 정답 ③

모든 경우의 수는 2개를 뽑는 조합이므로 $_8C_2 = \frac{8 \times 7}{2 \times 1} = 28$이다.
기대하는 경우의 수는 빨간 공과 흰 공이 1개씩 나올 경우이므로 $_3C_1 \times _5C_1 = 3 \times 5 = 15$이다.
따라서 구하는 확률은 $P = (_3C_1 \times _5C_1) \div _8C_2 = \frac{15}{28}$이다.

11 정답 ③

① (○) GDP 대비 유아교육비용은 유럽 대륙 국가 중 프랑스를 제외하면 평균적으로 덴마크, 스웨덴, 노르웨이 같은 북유럽 국가들이 가장 높고, 영국, 이탈리아, 독일 같은 서유럽 국가들이 중간 수준, 한국, 일본 같은 아시아 국가들이 가장 낮은 수준임을 알 수 있다.
② (○) 미국의 조세부담률은 22.7%로 우리나라의 21.8%와 비슷함에도 불구하고 GDP 대비 유아교육비용은 0.36%로 우리나라의 0.04%에 비해 매우 높은 수준임을 알 수 있다. 한편, 일본의 조세부담률은 17.2%로 우리보다 낮음에도 불구하고 3,123달러를 유아교육에 투입함으로써 1,287달러를 투입하고 있는 우리나라보다 더 많은 비용을 유아교육에 사용하고 있음을 알 수 있다.
③ (X) 유아 1인당 교육비가 가장 높은 국가들을 순서대로 나열해 보면 노르웨이, 미국, 덴마크, 영국, 이탈리아, 독일, 프랑스, 스웨덴, 일본, 한국 순임을 알 수 있다. 프랑스는 순서상 일곱 번째이므로 위에 나열된 국가들 중 유아 1인당 교육비가 높다고 말할 수 없다.
④ (○) 미국의 유아 1인당 교육비는 6,347달러로 우리나라의 1,287달러에 비해 약 5배인 것을 알 수 있다.

12 정답 ②

우리나라의 수출입 현황을 보면 미국, 일본, 중국 세 나라에 특히 편중되어 있다. 중국과의 무역에서 가장 많은 흑자를 보이는 반면, 일본과는 적자를 보이고 있다. 유럽 지역과의 교역은 아시아나 아메리카에 비해 활발하지 못함을 알 수 있다. 또한 이 자료는 특정 기간(2021년 1월~2021년 11월)만을 한정하여 나타낸 현황이기 때문에 중국과의 무역이 확대되고 있는지는 알 수 없다.

13 정답 ②

콜옵션의 투자자는 만기에 해당 주식을 50,000원에 살 수 있는 권리를 4,000원을 주고 매입하였다. 1년 후 해당 주식의 주가는 42,000원이므로, 이 투자자는 자신의 옵션을 행사할 필요가 없다. 왜냐하면 해당 주식을 만기(1년 후)의 시장가격(42,000원)보다 높게 매입할 필요가 없기 때문이다. 이 투자자는 자신의 옵션을 포기하게 되며, 이때 이 투자자의 손실은 최초에 지급한 프리미엄 4,000원이 된다.

이해를 높이는 TIP
옵션의 수익구조를 이해하고 사례에 적용하는 문제이다. 참고로 문제 [상황]의 투자자가 콜옵션을 행사하기 위해서는 1년 후 주가가 행사가격과 프리미엄을 합한 금액인 54,000원을 초과해야 한다.

14 정답 ④

논리퀴즈를 잘하기 위해서는 빠르게 도식화시키는 것이 중요하다.
[보기]의 내용을 범인이 A, B, C 세 가지 경우로 나누어서 하나하나 짚어 가면 다음과 같다.
1) A가 범인인 경우 ㄴ에 의해 다음과 같이 도식화시킬 수 있는데 이는 ㄷ과 ㅁ에 의해 모순이 된다.

범인	결백
A, B	C
A, C	B

2) B가 범인인 경우에는 ㄷ의 대우인 'C가 결백하지 않으면 B도 결백하지 않다'도 성립한다. 이를 도식화하면 다음과 같은데 이는 ㄹ에 의해 모순이 된다.

범인	결백
B, C	A

3) C가 범인인 경우에는 위의 2)와 동일하게 되어 모순이 된다.

따라서 범인은 없고 김 씨의 허위신고가 된다.

15 정답 ④

질문지 정보에 의한 처음 순서는 A(검) → B(붉) → C(검) → D(붉) → E(검)이다.
ㄱ: B(붉) → A(검) → C(검) → D(붉) → E(검)
ㄴ: B(붉) → A(검) → D(붉) → C(검) → E(검)
ㄷ: B(붉) → D(붉) → A(검) → C(검) → E(검)
ㄹ: B(붉) → D(붉) → E(검) → A(검) → C(검)
ㅁ: E(검) → B(붉) → D(붉) → A(검) → C(검)

16 정답 ①

[보기] ㄱ에서 A와 D는 펀드를 추천하지 않았다.
[보기] ㄴ에서 A와 C는 부동산을 추천하지 않았다.
[보기] ㄷ에서 B와 C는 채권을 추천하지 않았다.
[보기] ㄹ에서 A와 E는 해외부동산을 추천하지 않았다.
[보기] ㅁ에서 B는 해외펀드와 부동산을 추천하지 않았다.
[보기] ㅂ에서 C와 D는 해외부동산과 펀드를 추천하지 않았다.

구분	해외펀드	해외부동산	펀드	채권	부동산
A		X	X		X
B	X			X	X
C		X	X	X	X
D		X	X		
E		X			

따라서 해외부동산을 추천한 사람은 B이다. 그리고 다음과 같이 결정된다.

구분	해외펀드	해외부동산	펀드	채권	부동산
A	X	X	X	○	X
B	X	○	X	X	X
C	○	X	X	X	X
D	X	X	X	X	○
E	X	X	○	X	X

17 정답 ②

甲이 혜택을 받을 수 있는 카드는 B와 C이다. 총 이용금액이 7만 원이므로 B와 C 모두 10%인 7,000원의 혜택을 준다. 그러나 B의 경우는 할인 혜택을 제공하고, C의 경우에는 포인트 적립 혜택을 제공하므로 [정보] '액수가 동일한 경우 할인 혜택, 포인트 적립, 문화상품권 지급 순으로 유리함'에 따라 B신용카드가 가장 유리하다.

18 정답 ③

乙이 혜택을 받을 수 있는 카드는 A, B, C이다. A를 사용할 경우에는 동행 1인까지 20% 할인을 받을 수 있으므로 12,000원을 할인받을 수 있고 B의 경우 12만 원의 10%인 12,000원에 대해 청구 할인을 받을 수 있다. C의 경우 총 이용금액이 12만 원이므로 20%인 24,000포인트가 적립되고 이를 금액으로 환산하면 24,000원이 된다. 따라서 C신용카드가 가장 유리하다.

19 정답 ④

A: 한부모 가족의 영유아＋산업단지 입주기업체 및 지원기관 근로자의 자녀로서 산업단지에 설치된 어린이집을 이용하는 영유아＋자녀가 3명 이상인 가구 또는 영유아가 2자녀인 가구의 영유아＝50＋100＋100＝250점

B: 한부모 가족의 영유아＋입양된 영유아＋산업단지 입주기업체 및 지원기관 근로자의 자녀로서 산업단지에 설치된 어린이집을 이용하는 영유아＝50＋50＋100＝200점

C: 조손 가족의 영유아＋아동복지시설에서 생활 중인 영유아＝50＋100＝150점

D: 입양된 영유아＋자녀가 3명 이상인 가구 또는 영유아가 2자녀인 가구의 영유아＋아동복지시설에서 생활 중인 영유아＝50＋100＋100＝250점

E: 다문화가족의 영유아＋장애인 중 보건복지부령이 정하는 장애 등급 이상에 해당하는 자의 자녀＋국민기초생활보장법 제24조의 규정에 의한 차상위계층의 자녀＝100＋100＋100＝300점

A와 D는 동점인데, '영유아 2자녀 이상 가구가 동일 순위일 경우 다자녀가구 자녀가 우선입소' 조건에 의하여 자녀가 더 많은 D가 선순위가 된다.

20
정답 ②

① (○) A의 유언은 비밀증서에 의한 유언의 조건은 갖추지 못했지만 자필증서에 의한 유언의 조건은 갖추었으므로 효력이 발생한다.
② (✗) 공증인 앞에서의 유언(공정증서에 의한 유언)도 증인이 있어야만 효력이 발생한다.
③ (○) 유언에 의해 이익을 보는 자는 증인이 될 수 없다.
④ (○) 유언은 자필증서, 녹음, 공정증서, 비밀증서와 구수증서의 5종 이외의 방식에는 효력이 발생하지 않는다고 규정되어 있다.

21
정답 ①

1) [지침] '라'에 의하여 부채비율 100%를 초과하는 C기업(부채비율 161%)은 잠재 투자 대상 기업이 될 수 없으므로 우선 제외한다.
2) C기업을 제외한 A, B, D, E기업의 EPS, BPS 평가순위 및 점수를 정리하면 다음과 같다.

구분	A기업	B기업	D기업	E기업
주당 순이익 (EPS)	400억 원 /4천만 =1,000 4위 ⇒ 4점	1,000억 원 /8천만 =1,250 3위 ⇒ 6점	700억 원 /4천만 =1,750 2위 ⇒ 8점	400억 원 /2천만 =2,000 1위 ⇒ 10점
주당 순자산 (BPS)	7,000억 원 /4천만 =17,500 2위 ⇒ 8점	10,000억 원 /8천만 =12,500 4위 ⇒ 4점	6,000억 원 /4천만 =15,000 3위 ⇒ 6점	5,000억 원 /2천만 =25,000 1위 ⇒ 10점
평가 점수 계	12점 [3위]	10점 [4위]	14점 [2위]	20점 [1위]

3) 평가점수를 합산한 값이 큰 순서로 순위를 부여하면 1위는 E기업, 2위는 D기업이 된다. E기업에 투자하는 700억 원은 시가총액의 3%인 750억 원(=25,000억 원×3%)을 넘지 않으므로 문제가 되지 않는다. 그러나 D기업에 투자하는 300억 원은 시가총액의 3%인 270억 원(=9,000억 원×3%)을 초과하므로, 초과금액인 30억 원은 3위인 A기업에 투자하게 된다.
따라서 펀드매니저 갑이 투자하는 기업은 A, D, E가 된다.

이해를 높이는 TIP
A, B, D, E기업의 평가순위 및 점수를 부여할 때 EPS, BPS 수치를 직접 계산할 필요는 없다. 평가순위는 상대적인 크기로 결정이 되기 때문이다. 예를 들어 EPS의 경우 상대적인 크기 비교를 위해 분모인 총주식수를 80,000,000으로 통일하여 분자 간 크기를 비교할 수 있다. 그러면 각 분자값은 A는 800(=400×2), B는 그대로 1,000(=1,000×1), D는 1,400(=700×2), E는 1,600(=400×4)이 되므로 E>D>B>A가 됨을 알 수 있다.

22
정답 ③

갑: (✗) 피상속인인 A가 유언 등의 특별한 의사표시가 없는 경우에는 법정상속 순위를 따르면 된다(해당 규정은 변경되지 않음). 직계비속인 자녀 C가 존재하므로 상속인 순위에 의하여 직계존속인 아버지 B는 상속을 받을 수 없다.
을: (○) 공동상속인이 1명일 경우에 배우자는 (가) 기존 규정에 의할 때는 1.5/2.5[=배우자1.5/(공동상속인1+배우자1.5)]가 상속분이지만, (나) 변경 규정에 의한다면 1/2로 상속분이 감소하게 된다.
병: (○) 직계비속이 2명일 경우에 배우자는 (가) 기존 규정에 의할 때는 1.5/3.5[=배우자1.5/(직계비속1+직계비속1+배우자1.5)]가 상속분이지만, (나) 변경 규정에 의한다면 1/2로 상속분이 증가하게 된다.
정: (✗) 유언이 없는 경우에만 법정상속에 의하게 된다. 따라서 (나) 변경 규정이 적용되더라도 유언과 관계없이 배우자가 항상 1/2를 상속받을지는 알 수 없다.

23
정답 ③

① (✗) 종합부동산세법에서 과세표준은 '공시가격'을 기준으로 한다. 거래가격의 기준이 되는 이웃집이 14억 원에 거래되었다 하더라도 이는 2020년도의 사례일 뿐 아니라 공시가격도 아니므로 A가 2021년에 적용받는 세율은 알 수 없다.
② (✗) [안내문]의 마지막 주석(※)에서 법인에 대하여는 과세표준금액 구간에 의한 세율이 아니라 별도의 세율을 적용받게 됨을 알 수 있다. 법인이 1주택을 소유하고 있는 경우에는 '1천분의 30'의 세율을 적용받게 된다.
③ (○) 제시된 정보에서 '※ 납세의무자: 인별로 소유한 전국 주택의 공시가격 합계액이 6억 원을 초과하는 자'

로 정의하고 있다. 즉, 부부더라도 종합부동산세에서 부부는 각각의 납세의무자로 보아 주택을 공동 소유하는 경우 과세표준 금액이 낮아져 세 부담이 경감되므로 부부 공동명의로 전환하는 일이 증가할 소지가 충분하다.
④ (X) '■ 세율 및 세액'에서 개정 전과 개정 후를 비교할 때 고가주택, 다주택 보유자일수록 세율이 더 높아졌음을 확인할 수 있다.

24   정답 ③

[안내문]을 근거로 종합부동세액 계산을 위한 항목을 정리하면 다음과 같다.
1) 과세표준=(가 주택 공시가격 4억 원+나 주택 공시가격 5억 원)−6억 원=3억 원. 납세의무자 A는 1세대 2주택자이므로 1세대 1주택자를 대상으로 한 3억 원은 공제하지 않는다.
2) 세율: 납세의무자가 소유한 2주택은 모두 조정대상지역에 위치하므로, '■ 세율 및 세액'의 '2. 납세의무자가 3주택 이상을 소유하거나, 조정대상지역 내 2주택을 소유한 경우' 세율표(개정 후 세율)를 기준으로 한다. 과세표준은 3억 원이므로 '1천분의 12'를 적용한다.
3) 세액=과세표준 3억 원×세율 1천분의 12
   =3,600,000원

25   정답 ②

ㄱ. (X) 품질보증기간 농안의 모든 제반 비용을 사업자가 부담하여야 한다는 [일반적 소비자 피해보상 기준]의 1과 2 기준에 위배되었으므로 A는 적절한 피해보상을 받지 못한 사례이다.
ㄴ. (○) [일반적 소비자 피해보상 기준]의 6 기준을 적용할 경우 동종제품으로의 교환이 불가능하므로 환불이 이루어져야 하며, 이때 판매가격인 세일가격을 적용하여 환불이 이루어져야 하는 경우에 해당된다. 따라서 백화점에서 세일기간 중의 가격을 적용하여 환불한 것은 정당한 보상이다.
ㄷ. (X) [일반적 소비자 피해보상 기준]의 3 기준을 적용할 경우 보증기간이 경과하여 유상으로 교체한 부품에 2개월 이내에 동일한 하자가 발생하여 다시 수리를 할 경우에는 무상수리가 원칙이므로 적절한 피해보상을 받지 못한 사례이다.

26   정답 ①

사용하는 연료가 같은 차량일 경우에는 연비가 높을수록, 즉 동일한 양의 연료로 더 많은 거리를 이동할수록 연료비를 절약할 수 있다. 따라서 경유를 연료로 사용하는 '가' 차량과 '다' 차량 중에는 연비가 높은 '가' 차량이 연료비 절약 측면에서 유리하고, 휘발유를 연료로 사용하는 '나' 차량과 '라' 차량 중에서는 연비가 높은 '나' 차량이 연료비 절약 측면에서 유리하다. 그러므로 '가' 차량과 '나' 차량의 연료비를 비교하면 되는데, 이때 두 차량의 이동 거리는 동일하기 때문에, 두 차량의 km당 연료비를 구하는 것이 쉬운 비교 방법이다.
이 경우 '가' 차량은 리터당 (1,200원/18km)=약 67원/km이고, '나' 차량은 (1,400원/20km)=70원/km으로, '가' 차량을 이용하는 것이 연료비 절약 측면에서 가장 유리하다.

27   정답 ④

본사에서부터 D영업점까지의 총 이동 거리는 6+22+27+15=70km이다. '라' 차량을 이용해 70km를 이동하는 데 드는 연료비는 (70km/14km)×1,400원=7,000원이다. 다음으로 D영업점에서부터 본사까지의 총 이동 거리는 31+10+19=60km이다. '나' 차량을 이용해 60km를 이동하는 데 드는 연료비는 (60km/20km)×1,400원=4,200원이다. 따라서 김 부장이 영업점을 순회하는 데 드는 총 연료비는 7,000+4,200=11,200원이다.

28   정답 ②

[마케팅팀 팀장의 전달 사항]에 따라 [공연별 소요 시간 및 비용]을 따져 보면서 시간 조건과 비용 조건을 충족하는 공연을 찾으면 된다.

구분	시간		비용		
	공연장 도착	회사 도착	교통비	관람료	합계
연극	오후 7:10	오후 10:10	3,500×2×5 =35,000원	19,000×5= 95,000원	130,000원
뮤지컬	오후 6:50	오후 10:20	2,900×2×5 =29,000원	33,000×5= 165,000원	194,000원

| 서커스 | 오후 7:20 | 오후 10:20 | 4,000×2×5 =40,000원 | 27,000×5= 135,000원 | 175,000 원 |
| 콘서트 | 오후 6:20 | 오후 10:20 | 1,500×2×5 =15,000원 | 40,000×5= 200,000원 | 215,000 원 |

연극의 공연 시작 시간은 오후 7:00인데 공연장 도착 예정 시각은 오후 7:10이므로, 연극은 관람할 수 없다. 또한 콘서트를 관람하는 데 소요되는 비용은 지원금인 200,000원을 초과한 215,000원이므로, 콘서트 역시 관람할 수 없다. 따라서 마케팅팀이 관람할 수 있는 공연은 뮤지컬과 서커스이다.

29 정답 ③

[마케팅팀 팀원들의 공연 선호도]의 순위를 점수로 변환하여 합계점수를 구하면 다음과 같다.

구분	연극	뮤지컬	서커스	콘서트
김철수 팀장	2점	0점	10점	6점
박미영 차장	6점	10점	0점	2점
이대한 과장	6점	2점	0점	10점
정한국 대리	10점	6점	2점	0점
최은지 대리	6점	0점	2점	10점
합계점수	30점	18점	14점	28점

합계점수가 가장 높은 것은 연극이지만 마케팅팀 팀원들은 연극 시작 전에 공연장에 도착할 수 없으므로, 합계점수가 그다음으로 높은 콘서트가 선정된다. 콘서트를 관람하는 데 소요되는 비용은 총 215,000원으로, 마케팅팀은 지원금 200,000원의 초과 금액인 15,000원을 증액받게 된다.

30 정답 ③

다음 주의 1박 2일 기간별로 연수 참여 대상자의 일정을 살펴보면 다음과 같다.

- 6월 28일~6월 29일: (X) 이 차장의 출장과 신 대리의 가족 행사가 연수를 위해 비워 두어야 할 시간과 겹치므로 연수가 불가능하다.
- 6월 29일~6월 30일: (X) 이 차장의 출장은 연수를 위해 비워 두어야 할 시간과 겹치지 않지만, 최 대리의 반일연차가 연수를 위해 비워 두어야 할 시간과 겹치므로 연수가 불가능하다.
- 6월 30일~7월 1일: (O) 최 대리의 반일연차와 김 부장의 외근 모두 연수를 위해 비워 두어야 할 시간과 겹치지 않으므로 연수가 가능하다.
- 7월 1일~7월 2일: (X) 김 부장의 외근과 윤 대리의 연차 모두 연수를 위해 비워 두어야 할 시간과 겹치므로 연수가 불가능하다.
- 7월 2일~7월 3일: (X) 윤 대리의 연차와 박 과장의 외근 모두 연수를 위해 비워 두어야 할 시간과 겹치므로 연수가 불가능하다.
- 7월 3일~7월 4일: (O) 박 과장의 외근과 정 대리의 출장 모두 연수를 위해 비워 두어야 할 시간과 겹치지 않으므로 연수가 가능하다.

따라서 연수 참석 대상자 7명 전원이 연수에 참여할 수 있는 날짜는 6월 30일~7월 1일, 7월 3일~7월 4일이다.

31 정답 ④

상무의 참여로 인해 연수 참석 인원은 8명이 되며, 일요일과 토요일은 연수 가능 날짜에서 제외하게 됨에 따라 연수 기간은 6월 30일(화)~7월 1일(수)로 확정된다. 또한 상무는 객실을 혼자 사용하겠다고 하였으므로, 장미숙소와 하늘숙소 중 한 군데를 선택한 후 상무가 이용할 객실 1개와 나머지 7명이 이용할 객실 1개, 이렇게 총 2개의 객실을 예약해야 한다. 이때 250,000원의 범위 안에서 숙소별로 면적이 가장 넓은 객실 구성을 따져 보면 다음과 같다. 여기서 수용 최소 인원 조건에 유의하도록 한다.

숙소	요금 적용	부사장	부사장 외 7명	총면적	총금액
장미 숙소	성수기 주중 요금	A객실, 26m², 70,000원	C객실, 76m², 180,000원	102m²	250,000원
하늘 숙소	비성수기 주중 요금	E객실, 33m², 60,000원	F객실, 63m², 120,000원	96m²	180,000원

따라서 예산의 범위 안에서 총면적이 가장 넓은 객실 구성을 위해 장미숙소를 선택하게 되고, 이때 숙소 이용에 지불하게 되는 금액은 250,000원이다.

32 정답 ④

참석 인원, 연수 날짜, 예약 객실 수, 예산은 앞 문제의 상황과 동일하며, 면적이 가장 넓은 객실 구성을 찾아야 한다는 조건 역시 그대로 적용된다. 따라서 10% 할인된 금액으로 숙소별로 면적이 가장 넓은 객실 구성을 따져 보면 다음과 같다.

숙소	요금 적용	부사장	부사장 외 7명	총면적	총금액
장미 숙소	성수기 주중 요금	A객실, 26m², 63,000원	C객실, 76m², 162,000원	102m²	225,000원
하늘 숙소	비성수기 주중 요금	E객실, 33m², 54,000원	G객실, 103m², 189,000원	136m²	243,000원

따라서 객실 요금이 10% 할인되는 경우, 예산 범위 안에서 총면적이 가장 넓은 객실 구성을 위해 하늘숙소를 선택하게 되고, 이때 숙소 이용에 지불하게 되는 금액은 243,000원이다.

33 정답 ①

[표 2]를 계산하면 다음과 같다.
부장=(숙박 $80/박×3박+일비 $90/일×4일)/인×2인
    =$1,200
과장=(숙박 $40/박×3박+일비 $70/일×4일)/인×3인
    =$1,200
항공비=$200/인×5인=$1,000
⇒ 출장팀의 해외 출장비=$3,400, 남은 예산 $600

ㄱ. (X) 1인당 항공비를 50% 더 지급하면 $500가 추가되어 예산한도를 초과하지 않는다.
ㄷ. (X) 1박과 1일이 추가되면 부장은 1인당 $170, 과장은 1인당 $110가 추가되어 총 $670가 추가된다. 이는 남은 예산을 초과한다.
ㄹ. (○) 부장 이상이 1인당 숙박비, 일비 기준액을 각 $10씩 줄인다면 기존에 비해 부장 1명당 $70가 줄어 $140가 절약되어 남은 예산은 $740인데, 부장 1명당 해외출장비가 800-70=$730이므로 1명을 추가하여도 예산한도를 초과하지 않는다.

34 정답 ③

추출값은 left 함수를 이용해 맨 앞에서 두 글자를 출력해서 나타내고, 이것을 숫자화시켜 합계를 구하는 문제이다. 숫자화를 시키는 방법에는 세 가지가 있다.
1) *1을 하는 방법: 문자와 숫자를 곱하면 결과값이 숫자값으로 바뀐다.
   =SUMPRODUCT(1*(B2:B6))
   B2:B6 영역 잡은 것에서 1을 곱해서 숫자값으로 바꾸어서 계산한다.
2) value 함수를 사용하는 방법: value 함수가 숫자값으로 바꾸어 주는 함수이다.
   =SUM(VALUE(B2), VALUE(B3), VALUE(B4), VALUE(B5), VALUE(B6))
   VALUE 함수를 써서 각각의 셀을 숫자값으로 변환한 후에 SUM 함수를 이용하여 모두 더해 준다.
3) 수식에 --을 사용하면 숫자값으로 바뀐다.
   =SUMPRODUCT(--(B2:B6))
   --을 붙여서 숫자화시켜 합계를 구한다.

35 정답 ②

금융상품 코드 'KR1××××4839' 중 '×'로 표시된 5자리는 기본코드 중 발행체고유코드 5자리이다. 제시문에서 국채의 발행체고유코드는 '국채명코드 3자리+월중발생순위코드 2자리'로 구성되어 있다고 하였으므로, [정보]를 토대로 국채명코드와 월중발생순위코드를 유추해 보면 다음과 같다.
• 국채명코드: 공공용지 보상 철도채권 → 039
• 월중발생순위코드: 2018년 3월 발생 복리채 공공용지 보상 도로채권 중 7번째 → 07
따라서 발행체고유코드 5자리는 '03907'이고, 금융상품 코드는 'KR1039074839'이다.

36 정답 ④

국명		속성		발행체						종목구분	
K	R	2	0	0	6	1	4	5	5	C	
2	0	2	7	2	0	0	6	1	4	5	5	1	2	→(1)
×1	×2	×1	×2	×1	×2	×1	×2	×1	×2	×1	×2	×1	×2	
2	0	2	14	2	0	0	12	1	8	5	10	1	4	→(2)

2+0+2+1+4+2+0+0+1+2+1+8+5+1+0+1+4=34 → (3)
10-4=6 → (4)
따라서 검사숫자코드는 6이다.

37 정답 ③

제시된 소스코드에서 7행의 계산 순서는 연산자의 우선순위에 의하여,

1) 2 * 1 ⇒ 2
2) num1+2 ⇒ 3
3) '1)' ≪ '2)': 숫자 2를 3개만큼 비트를 왼쪽으로 이동하므로 2×2^3을 한다. ⇒ 16
4) '3)' ≫ num2: 숫자 16을 1개만큼 비트를 오른쪽으로 이동하므로 16÷2를 한다. ⇒ 8의 순서로 연산이 이루어진다.

7행을 '2 * ((1 ≪ num1)+(2 ≫ num2))'로 수정하는 경우

1) (1 ≪ num1): 숫자 1을 1개만큼 비트를 왼쪽으로 이동하므로 1×2를 한다. ⇒ 2
2) (2 ≫ num2): 숫자 2를 1개만큼 비트를 오른쪽으로 이동하므로 2÷2를 한다. ⇒ 1
3) ('1)' + '2)') ⇒ 3
4) 2 * '3)' ⇒ 6으로 계산되어 결과값으로 '6'이 출력된다.

38 정답 ②

ㄱ. (○) 장기적으로는 활성화와 안정화가 상호 보완적이지만 단기적으로는 '활성화를 높이려다 보면 조직의 안정화를 훼손할 수도 있다.'는 진술을 통하여 활성화의 가치를 우선순위로 할 경우 안정화는 역행이 되어 조직 내의 반발이 발생할 수 있음을 유추할 수 있다.

ㄴ. (○) 혁신을 강조하는 전략은 활성화 가치를 택하는 것으로 볼 수 있다. 이 경우 '조직이 활성화되지 않으면 경쟁에서 밀려나 조직은 생존이 힘들어진다.'라는 진술에서 알 수 있듯이 비교우위를 통해 조직을 장기간 안정화시킬 수 있음을 유추할 수 있다.

ㄷ. (×) 장기적으로 안정화와 활성화는 상호 보완적인 가치라는 진술이 우선순위의 판단까지 불가능하게 한다고 보기에는 근거가 부족하다.

39 정답 ③

사원들의 성과 순위와 그에 따른 지급등급을 정리하면 다음과 같다(4급 이하의 사원에게만 적용되므로 '사'는 제외된다).

순위	사원	점수	직급	등급
1위	바	9+9+10=28	6급	S등급
2위	나	9+10+8=27	7급	S등급
3위	다	10+6+9=25	계약직	A등급
4위	라	8+8+6=22	4급	C등급
5위	가	8+5+7=20	계약직	B등급
6위	마	5+5+8=18	5급	C등급

ㄱ. (○) 계약직 사원 '다'는 A등급을 받았고, [성과상여금 지급기준]의 '4. 지급액 등' 항목에 따르면 이러한 경우 정규직으로 전환된다.

ㄴ. (○) 1위와 2위는 각각 6급, 7급이므로 지급기준액이 400만 원으로 동일하고, 지급등급도 S등급으로 동일하여 400×1.5=600만 원의 상여금을 동일하게 받는다.

ㄷ. (×) 5급 이상 직위의 성과상여금 수령액의 합은 400(사원 라)+400(사원 마)=800만 원이고 나머지 수령액의 합은 600+600+260+200=1,660만 원으로 후자가 더 크다.

40 정답 ②

세미나 발언자는 부채 비율과 업종 다각화라는 문제를 들어 기업 경영을 평가하는 태도에 대해 비판하고 있다. 흔히 부채 비율이 낮은 기업을 좋은 기업이라고 생각하지만 발언자의 입장에서는 남의 돈을 빌려 효율적으로 운용하는 것이야말로 유능한 경영자의 조건이라고 보고 있다. 그러므로 단지 부채가 많다는 이유만으로 은행 대출에 불이익을 주는 등의 규제는 문제가 있다는 것이다. 업종 다각화에 대해서도 무조건 비판적인 태도를 지양할 것을 필자는 주장한다. 세계적인 우량 기업들의 업종 다각화는 산업 사회의 구조 변화에 대한 여러 기업들의 대비로 이해해야 한다는 것이다. ② 승현의 반응은 경영자의 조건 중 하나일 수 있는 것을 우선적 성격을 가진 '첫째' 조건으로 보았으므로 적절하지 않다.

CHAPTER 2 직무수행 객관식 실전문제

01	02	03	04	05	06	07	08	09	10
②	④	①	④	③	②	②	①	④	④
11	12	13	14	15	16	17	18	19	20
④	③	④	②	④	④	②	②	③	④
21	22	23	24	25	26	27	28	29	30
②	①	③	②	②	③	④	④	②	①
31	32	33	34	35	36	37	38	39	40
④	③	④	②	①	③	②	④	③	②

01 정답 ②

가처분소득은 전체 소득에서 세금을 제하고 실제 쓸 수 있는 소득을 말한다. 이 중 소비지출 비중이 높아진다는 것은 그만큼 소득에서 저축의 비중이 작아진다는 뜻이다. 절약의 역설은 저축이 증가할 때 오히려 국민소득이 감소한다는, 즉 소비를 미덕으로 보는 이론이다. 따라서 소비지출 비중이 높아질 때가 아니라 낮아질 때, 절약의 역설에 빠질 우려가 있다고 해야 옳다.

① (○) 절약의 역설은 종종 '구성의 오류'로도 소개된다. 개별과 전체의 결과가 달라진다는 이유에서이다.
③ (○) 절약의 역설에서 말하는 주된 내용이므로 옳은 설명이다(절약의 역설에서는 소비가 미덕).
④ (○) 다소 뻔한 내용의 지문이다. 어떤 경제 정책도 실물 경제에 항상 들어맞긴 어렵다. 따라서 경제 상황에 대한 정확한 진단(연구, 해석)이 필요한 것이다.

02 정답 ④

㉠ (✕) 분양가 상한제는 2005년 3월 도입됐다. 여기서의 핵심은 2005년이 중요한 게 아니라, 최근 이슈가 된 분양가 상한제가 이미 있었던 제도라는 점을 알아 둬야 한다는 것이다.
㉡ (○) 분양가 상한제 도입 시 건설 시공사의 이득이 줄어들기 때문에 공급을 꺼릴 것이라는 뜻이다.
㉢ (○) 풍선효과는 어떤 문제를 해결하고자 정책을 취했는데, 또 다른 문제가 불거지는 현상을 말한다. 분양가 상한제에서는 기존 주택의 수요가 증가해 가격이 오르는 것을 풍선효과에 비유한다.
㉣ (✕) 거주의무기간 도입은 실수요자 보호를 위한 취지다. 따라서 실효성이 강화된다고 해야 옳다.

03 정답 ①

유엔 등 국제기구에서는 65세 이상 인구('노인인구', '고령인구'라고도 함) 비중이 7% 이상일 경우 '고령화사회', 14% 이상이면 '고령사회', 20% 이상이면 '초고령사회'로 구분한다. 우리나라는 2000년 노인 비중이 7.3%에 이르며 고령화사회에 진입한 뒤 2017년 노인 비중이 14.2%에 이르며 고령사회로 들어섰다.

04 정답 ④

여기서 말하는 경제 원리는 경기 위축 시 필요한 확장적 재정·금융정책을 의미한다. 문제에서는 '금융권에 요구되는 대책'이라고 했으므로 ④가 옳지 않다. 지역사랑상품권 발행 확대는 해당 지자체의 업무 영역이다. 즉, ①~④ 모두 적절한 대책이긴 하나, 금융권의 정책에 주목해 정답을 찾아야 한다는 뜻이다.

05 정답 ③

① (○) 대체재는 두 재화가 서로 대체된다는 뜻인데, 예를 들어 이 경우 커피가 비싸지면 (커피 수요가 홍차로 이동해) 홍차 수요가 증가한다는 말이다.
② (○) 필수품은 글자 그대로 생활에 필수적인 품목이기 때문에 가격이 오르거나 낮아진다고 해서 수요가 크게 변동하지 않는다. 그래서 필수품에 수요의 가격탄력성은 '비탄력적'이라고 한다.

③ (X) 엥겔계수는 총지출에서 식료품비 지출이 차지하는 비율을 계산한다. 두 품목의 대체탄력성을 측정한다는 것은 관계없는 설명이다. 다만 저소득층일수록 엥겔계수의 값이 높아지는 건 옳은 설명이다.
④ (○) 소득이 오를 때 수요가 늘면 정상재, 반대로 수요가 줄면 열등재이다.

06 정답 ②

① (X) 세금 부과는 국민들이 직접적으로 체감하기 때문에 저항이 크고, 상대적으로 국채 발행의 저항이 작은 것으로 알려져 있다.
② (○) 긴급 상황이 발생하면 정부 입장에서 국채 발행이 수월한 건 맞다. 다만 나중에 이를 갚아야 하기 때문에 재정 부담의 문제가 따른다는 점을 알아 둬야 한다.
③ (X) 국채 발행은 상환 의무가 존재한다.
④ (X) '항상 같다'는 부분이 함정이다. 일반적으로 세금 부과 시 민간 소비 감소에 미치는 영향이 더 크다고 알려져 있으나, 학자별로 해석이 엇갈린다. 따라서 "양측 모두 민간 소비 감소에 영향을 주긴 하나, 그 값이 절대적으로 같은 건 아니다" 정도로 정리해 두면 된다.

07 정답 ②

① (○) 완전경쟁시장에서 개별기업은 시장 가격에 아무런 영향을 미칠 수 없고, 그저 주어진 가격을 받아들일 뿐이다. 따라서 옳은 설명이다.
② (X) 독점기업은 장기에 초과이윤을 얻고, 단기에도 초과이윤을 얻는다. 하지만 항상 그런 건 아니다. 독점기업도 경우에 따라 단기에 손실을 볼 수 있기 때문이다.
③ (○) 표현이 조금 생소할 수 있겠지만, (진입장벽이 없는 완전경쟁시장에 비출 때) 옳은 설명임을 알 수 있다. 책에 따라 독점적 경쟁시장의 진입장벽을 '다소 낮음' 또는 '낮음' 정도로 표현하는데, 이는 진입장벽이 존재한다는 말이기 때문이다.
④ (○) 과점시장은 기업 수가 소수(2~3개)라고 생각하면 된다. 그래서 이들 기업끼리 서로 담합하거나 혹은 배반함에 따라 결과가 달라진다. 이를 전략적 행동이라고 한다(용의자의 딜레마를 떠올리면 된다).

08 정답 ①

㉠ (X) 무차별곡선의 기울기는 탄력성이 아닌 한계대체율(X재 한 단위를 더 늘릴 때 줄여야 하는 Y재 단위의 크기 개념)이다.
㉡ (○) 무차별곡선끼리 교차하면 선호 체계의 오류가 생긴다.
㉢ (X) 볼록할 경우 체감, 오목할 경우 체증이다.
㉣ (X) 한계효용이론에서 기수적 관점이 적용되며, 무차별곡선은 서수적 관점(순서만 비교할 수 있음)이 적용된다.

09 정답 ④

제시된 내용은 근로장려금으로, 소득이 적어 생활이 어려운 근로자 또는 사업자 가구에 근로장려금을 지급함으로써 근로를 장려하고 실질소득을 지원하는 근로연계형 소득지원 제도이다.
① (○) 면세 수준 이하의 소득계층에 대한 현금급여 혜택을 부여하는 제도를 말한다. 국민의 최저생활수준을 보장하기 위하여 정부 지출의 측면에서 빈곤층에게 주는 정부보조금을 소득세 구조와 체계적으로 연결시켜 저소득층에 대한 소득재분배기능을 발휘하려는 공적부조제도이다.
④ (X) 비례세는 소득에 따라 세금을 비례해 받는다는 뜻이므로, 소득 불균형 해소와는 거리가 멀다. 비례세보다 누진세를 적용해야 더 효과적이다.

10 정답 ④

괄호 안의 단서조항은, 중앙은행의 이자율 인하 효과가 실물 경제에 어떤 영향을 주는지를 교과서적으로 알고 있느냐를 묻기 위해서 붙였다. 우선 중앙은행이 이자율을 인하하면 주식, 부동산 같은 자산에 수요가 증가한다. 그래서 자산 가격은 상승한다. 환율에 있어서는 상대적으로 자본 유출이 일어나기 때문에 환율이 상승하고, 그 결과 수출이 증가해 순수출도 증가한다. 그 결과 총수요도 증가한다.

11 정답 ④

기업은행 필기시험 객관식 문제로 출제되기엔 조금 난이도가 있지만, '적응적 vs 합리적'이라는 큰 틀에서 특징 중심으로 구분하는 전략으로 해결할 수 있는 문제이다.
㉠ (X) 적응적 기대이론은 체계적 오차와 예측 오차 모두 발생 가능하다고 본다. 반면 합리적 기대이론은 예측 오차는 발생 가능하지만 체계적 오차는 발생하지 않는 다고 본다.
㉡ (O) 합리적 기대이론은 통화량 증가가 결국 물가 상승만 가져올 것이라고 본다.
㉢ (O) '정책무력성 정리'로 알려진 내용이다.

12   정답 ③

① (X) IS곡선은 재화시장을, LM곡선은 화폐시장을 나타낸다. IS-LM모형은 재화시장과 화폐시장 공통의 균형을 가져오는 국민소득과 이자율의 조합을 다룬다.
② (X) LM곡선이 아닌, IS곡선이 우측으로 이동하고, 총수요곡선도 우측으로 이동한다.
③ (O) 완만해진다는 말은 평평해진다는 뜻과 같다. 한계소비성향이 클수록 IS곡선은 점차 완만해진다(탄력적이라는 뜻).
④ (X) LM곡선이 우측으로 이동하면 이자율은 하락한다(IS-LM곡선상의 세로축이 이자율).
IS-LM모형은 시중 은행 필기에서 잘 출제되진 않지만, 공무원 및 공사공단 시험에서는 자주 출제된다. 따라서 기본적인 내용을 익혀 둔다는 관점에서 출제하였다.

13   정답 ④

① (X) 쿠웨이트 투자청(KIA: Kuwait Investment Authority): 원유 수출로 인해 발생하는 국부의 효율적 운영을 위해 1953년 설립되었다.
② (X) 싱가포르 국부펀드(테마섹, Temasek holdings): 1974년 설립되었으며, 투자활동을 통한 국부의 증진을 주요 목적으로 하고 있다.
③ (X) 중국 국부펀드(CIC: China Investment Corporation): 외환보유고 수익률 증진, 천연자원 확보 및 특정 부문에 대한 지원을 위한 전략적 투자 등을 목표로 2007년 9월 설립되었다.

이해를 높이는 TIP
국부펀드의 분류
국부펀드는 투자성향, 정책목표 등 그 성격에 따라 다양하게 분류될 수 있다. 국부펀드의 투자성향은 재원조달 방법에 따라 원자재 수출을 통해 재원을 조달하는 상품펀드(commodity fund)와 외환보유고 증가분 등을 재원으로 하는 비상품펀드(non-commodity fund)로 분류할 수 있다.
펀드설립에 따른 정책적 목표에 따라 크게 저축형 펀드, 외환보유고 펀드 및 경제개발 펀드 등 크게 세 가지 유형으로 분류할 수 있다.
저축형 펀드는 주로 원자재 수출국이 자원의 고갈에 대비해 개발수익의 일부를 차세대 저축으로 활용하는 유형이라 할 수 있으며, 대표적으로 아부다비투자청(ADIA), 노르웨이투자청(NBIM) 등이 이에 속한다.
외환보유고 펀드는 잉여 외환보유액의 운용수익 극대화에 주 목적을 둔 펀드로 홍콩의 외환 페그제 유지를 위한 단·중기 성격의 국부펀드인 홍콩금융청 외환보유고 펀드(HKMA Exchange Fund) 등이 이에 속한다.
경제개발형은 구체적 펀드의 수익배분에 대한 명시 없이 전반적인 경제개발 목표를 제시하고 있는 펀드로 중국의 중국투자공사(CIC)가 대표적인 예라 할 수 있다.

14   정답 ②

바젤II 규제에서 자기자본은 기존자본, 보완자본과 단기후순위채무로 구성되어 있었으나, 바젤 III에서는 손실흡수력이 높은 보통주자본 중심으로 규제자본을 개편하면서 요건을 강화하였다. 즉, 단기후순위채권을 규제자본에서 제외하고 기본자본 요건을 보통주자본과 기타기본자본으로 세분화하였다.

15   정답 ④

발행사 신용으로 보장된다. 즉, 신용위험이 있다.

이해를 높이는 TIP
상장지수증권(ETN: Exchange Traded Note)
투자의 손익이 기초자산의 가격, 이자율, 지표 단위 또는 이를 기초로 하는 지수(기초지수)의 변동에 연동되도록 증권회사가 자기신용으로 발행한 파생결합증권으로 일반 주식처럼 거래소에 상장되어 거래된다.
지수 연동 상품인 ETN은 거래소에 상장되어 별도의 중도상환 절차 없이 실시간 매매를 통해 수익 확정이 가능하다는 점에서 상장지수펀드(ETF)와 매우 유사하다. 하지만 ETF가 보유자산을 신탁재산으로 별도 보관함에 따라 신용위험이 노출되지 않고 별도의 만기도 없는 것과는 달리, ETN은 발행기관의 신용위험에 노출되고 만기도 1~20년 사이에서 정해져 있다는 차이점이 있다.
또한 ELW가 옵션 상품이고, ELS와 DLS가 기초자산의 가치 변화에 따른 손익구조가 사전에 약정된 조건부 확정수익 상품이라면, ETN은 발행 당시 목표로 정해진 기초지수의 누적수익률이 곧바로 투자수익률이 되는 지수 연동(인덱스) 상품이라는 점에서 다른 파생결합증권과 구별된다.

16 정답 ④

- 교환사채는 발행회사가 보유하고 있는 자기주식을 교환하는 경우 실질 지분의 감소 효과는 있으나 신주를 발행하지 않으므로 지분희석 효과는 없다.
- 전환사채(convertible bond): 주식을 전환할 수 있는 권리가 붙은 사채를 말한다. 전환청구기간 내에 전환권을 행사함으로써 미리 정해진 가격으로 신주를 인수할 수 있다.
- 교환사채(exchangeable bond): 발행회사가 보유하고 있는 다른 기업의 주식과 교환할 수 있는 권리가 부여된 사채를 말한다.
- 신주인수권부사채(bond with warrant): 채권을 발행한 회사가 주식을 발행할 경우 투자자가 미리 약정된 가격에 일정한 수량의 신주를 인수할 수 있는 권리인 워런트(warrant)가 결합된 사채를 말한다.

17 정답 ②

- 단리(simple interest)는 처음에 빌리거나 빌려준 최초의 원금에 대해서만 약정된 이율과 기간을 곱하여 이자를 계산하는 방법이다. 실효수익률은 표면금리와 동일하다.
- 복리(compound interest)는 일정 기간마다 발생한 이자를 원금에 합산한 후 그 합산금액이 다음 기간의 원금이 되어 이자를 다시 계산하는 방식이다. 실효수익률이 표면금리보다 높다.

18 정답 ②

기존 은산분리 규제에 따라 산업자본은 의결권 있는 은행 지분을 4% 초과 보유할 수 없었고, 금융위원회 승인 시 의결권 미행사 조건으로 10%까지 허용되었다. 그러나 2019년 1월 시행된 「인터넷전문은행 특례법」은 ICT 기업이 의결권 있는 주식을 34%까지 보유할 수 있게 하여 규제를 완화하였다. 이후 2021년 9월 개정으로 ICT 기업은 인터넷전문은행 지분을 최대 100%까지 보유할 수 있게 되었고, 실제로 카카오는 금융위 승인을 받아 카카오뱅크의 최대주주가 되었다. 단, ICT 주력기업 여부는 정보통신업 자산총액이 전체 비금융회사 자산의 50% 이상인지 여부로 판단한다.

19 정답 ③

- 통화스왑(CRS: Currency Rate Swaps)은 둘 또는 그 이상의 거래기관이 사전에 정해진 만기와 환율에 의거하여 상이한 통화로 차입한 자금의 원리금 상환을 상호 교환하는 거래이다. 주로 환리스크 헤지 및 필요 통화의 자금을 조달하는 수단으로 이용되고 있으며, 금리변동에 대한 헤지 및 특정시장에서의 외환규제나 조세차별 등을 피하기 위한 수단으로 활용되기도 한다.
- 외화유동성의 부족을 야기하는 금융위기에 대응하여 각국의 외화유동성을 인출하거나 지원받는 협정들을 체결하고 있다. 개별 국가의 외환보유액, 중앙은행들의 양자 간 통화스왑, 다자 간 스왑협정 등이 있다.

20 정답 ④

- 빅맥지수를 기준으로 캐나다 달러는 미 달러화 대비 고평가된 상태이므로 향후 환율 변화를 예측한다면 캐나다 달러의 가치는 외환시장에서 하락하게 될 것이다.

구분	빅맥 가격 (달러 기준)	시장 환율 (달러 대비)	구매력 환율 (현지 빅맥가격/ 빅맥지수 미국가격)	달러 대비 시장환율 수준
스위스	7.00	0.90	1.30	고평가
스웨덴	6.00	9.00	9.00	—
캐나다	5.00	1.10	1.20	고평가
대한민국	4.00	1,100.00	900.00	저평가

- 명목임금이 동일하다면 빅맥을 가장 비싸게 구입해야 하는 스위스의 생활수준이 가장 낮다고 볼 수 있을 것이다. 즉, 빅맥지수의 높고 낮음과 더불어 최저임금 또는 GDP 수준과 비교해 보면 각 국가별 구매력 비교 및 환율의 수준 평가가 가능하다.

21 정답 ②

- 외국통화가치의 상승(자국통화가치의 하락)이 예상되는 경우에 수출업자와 수입업자의 환위험 관리 방향

에는 차이가 있게 된다. 수출업자의 경우에는 수출대금의 매도시점을 이연(lagging)하는 것이 유리하게 되고, 수입업자의 경우에는 수입대금을 앞당겨 지급(leading)하는 것이 유리하다. 반대로 외국통화가치의 하락(자국통화가치의 상승)이 예상되는 경우에 수출업자는 매도시점을 앞당기는 것이 유리하게 되며, 수입업자의 경우에는 이연시켜 결제(송금)하는 것이 환차손 위험을 관리하는 데 있어 유리하게 된다.

- 리딩과 래깅, 네팅, 매칭, 자산부채관리는 기업 내부적으로 행하는 환위험 관리기법이다. 반면 외부적 관리기법은 외환·금융시장의 상품을 이용해 환위험을 관리하는 것을 말한다. 선물환거래, 옵션거래, 스왑거래 등을 이용한 방법뿐만 아니라 할인, 팩토링, 환율변동보험 등이 있다.

22   정답 ①

- 차액결제선물환(NDF: Non-Deliverable Forward) 거래는 선물환계약의 일종으로, 만기에 계약 원금의 교환 없이 계약 선물환율과 현물환율(지정환율) 간의 차이만을 계약 당시 약속한 지정통화(통상 미 달러화)로 결제하는 파생금융상품을 말한다.
- A은행은 2백만 달러에 대해 만기 당시의 현물시장 환율인 1,000원과 선물환율인 1,100원의 차이인 100원만큼을 곱한 후 현물시장 환율인 1,000원으로 산출한 금액을 B은행에게 지급하면 된다.
  → (2백만 달러×100원)÷1,000원=200,000달러

23   정답 ③

아리랑본드, 사무라이본드, 양키본드, 불독본드, 캥거루본드, 판다본드 등은 외국인이 현지에서 현지통화로 발행하는 외화표시채권을 말한다. 반면 김치본드, 쇼군본드 등은 내·외국인이 현지에서 외국통화로 발행하는 외국채권을 일컫는다.

24   정답 ②

SOFR(Secured Overnight Financing Rate)은 미국의 무위험지표금리(RFR: Risk-Free Rate)로, 미국 국채를 담보로 한 익일물 환매조건부채권(Repo) 거래의 실제 거래금리를 기반으로 산출된다. 뉴욕 연방준비은행(FRB NY)이 산출 및 공시하며, LIBOR 조작 스캔들 이후 LIBOR를 대체하는 글로벌 기준금리로 자리 잡았다. 2023년 6월 LIBOR가 공식적으로 완전 중단되면서, 미국뿐 아니라 글로벌 시장에서도 SOFR 연동 변동금리 채권이 널리 사용되고 있다. 한국수출입은행은 이러한 흐름에 발맞춰 2020년 아시아계 최초로 SOFR 연동 변동금리 외화채권을 발행하였다.

각국의 무위험지표금리는 다음과 같이 정해져 있으며, 우리나라는 2021년 11월부터 KOFR(Korea Overnight Financing Repo Rate)을 공식 공시 중이다.

SOFR은 거래 기반의 실제 시장금리로 조작 가능성이 낮고 투명성이 높아, 파생상품 시장 및 글로벌 채권시장에서의 기준금리로서 활용도가 높아지고 있다. 따라서 한국수출입은행이 SOFR 연동 채권을 발행한 것은 국제 기준에 부합하는 조달 전략으로 평가된다.

[주요국의 무위험 지표금리 선정 현황]

국가	지표명		산출기관
미국	SOFR (Secured Overnight Financing Rate)	국채담보 익일물 RP 금리	뉴욕 연준 (FRB NY)
영국	SONIA (Sterling Overnight Index Average)	무담보 익일물 금리	영란은행 (BOE)
유로	ESTER (Euro Short-Term Rate)	무담보 익일물 금리	유럽중앙은행 (ECB)
일본	TONA (Tokyo Overnight Average Rate)	무담보 익일물 콜금리	일본은행 (BOJ)

25   정답 ②

① (✗) 무상증자는 준비금의 자본 전입에 의한 신주 발행으로 현금 유입이 없고 잉여금은 감소하고 동일 금액만큼 자본금은 증가하여 자본의 증감은 없다.
② (○) 감자는 기업이 자본을 감소시키는 것으로 누적결손금 해결을 위한 무상감자와는 달리 적정 자본금 규모를 위한 유상감자는 주식물량이 줄어서 보유하고 있는 주식의 가치가 높아지기 때문에 주주에게는 긍정적인 영향을 미친다.

③ (X) 액면분할은 자본의 증가 없이 발행 주식의 총 수를 늘려 유통주식물량을 확대하는 것으로 자본금과 자본의 증감은 없다.
④ (X) 출자전환은 기업의 재무구조 개선방법의 하나로서 기업 부채를 주식으로 전환하는 것으로 부채는 감소하고 자본은 증가하여 부채비율은 낮아진다.

26　정답 ③

기말자본금은 기초자본금에서 기중 자본변동금액을 반영하여 산출한다. 즉, 유상증자와 당기순이익을 더하고 현금배당금액을 차감하여 계산하면 200,000원+50,000원+150,000원-100,000원=300,000원이다.

27　정답 ④

① (○) 매입채무를 조기 결제하면 현금(자산)의 감소와 매입채무(부채)가 감소하여 일시적으로 부채가 감소한다.
② (○) 유상증자는 신주의 발행을 통해 현금(자산)과 자본(자본금과 자본잉여금)이 증가하여 부채비율이 감소한다.
③ (○) 전환사채는 장래 사채 상환 대신에 발행기업의 주식을 수취할 수 있는 권리가 있는 회사채로 회사가 발행한 전환사채의 전환권이 행사되면 사채(부채)가 감소하고 자본이 증가하게 되어 부채비율이 감소한다.
④ (X) 은행으로부터 차입하게 되면 현금(자산)이 늘어나는 대신 차입금(부채)도 증가하게 되므로 부채비율은 증가한다.

28　정답 ④

① (○) 주식회사는 사원인 주주에 출자에 의한 자본단체로, 주주는 유한책임사원으로 출자 또는 투자한 금액을 한도로 책임을 진다.
② (○) 주식회사는 자본(소유)과 경영의 분리를 통하여 전문경영자가 기업을 경영하는 기업 형태로 "이해상충"과 "정보의 비대칭성"에 의해 대리인 문제가 발생한다. 대리인 문제를 해결하기 위해서는 경영자에게 스톡옵션을 제공하거나 보상을 기업 성과에 연계하여 주주와 경영자 사이의 이해 상충을 제거하고, 이사회제도나 공시제도를 통해 정보의 비대칭성을 감소시켜야 한다.
③ (○) 주식회사의 주식은 자본의 증권화에 의해 시장에서 거래가 가능하여 소유권의 이전이나 양도가 편리하다.
④ (X) 주식회사의 주인인 주주들이 모여 의사를 개진하고 주요 사항을 표결 처리하는 기관은 주주총회이며, 이사회는 주주총회로부터 업무 진행에 관한 일체의 권한을 위임받은 기관이다.

29　정답 ②

① (○) 팩맨: 상대 기업의 주식을 역으로 취득하는 방식이다(역공개매수).
② (X) 그린메일: 인수대상기업의 주식을 매입한 후에 적대적 M&A를 포기하는 대가로 높은 가격에 주식을 재매입토록 인수대상기업에 제안하는 것이다.
③ (○) 포이즌필: 독소조항(합병 시 기존 주주에게 신규 법인 주식을 저가에 인수할 수 있는 권리 등)을 정관이나 계약에 기재하는 것이다.
④ (○) 황금낙하산: 합병으로 퇴직하는 경영진에게 거액의 퇴직금을 지급해야 하는 고용 계약이다.

30　정답 ①

- 세후 영업이익=50,000(1-50%)=25,000
- WACC(가중평균 자본비용)=30%×(1/2)+20%×(1-50%)×(1/2)=20%
- EVA=25,000-100,000×20%=5,000

이해를 높이는 TIP
경제적부가가치(EVA: Economic Value Added)
세후 이익에서 투하자본과 가중평균자본비용을 곱한 값을 차감한 것으로, 주주의 관점에서의 실질적 이익이다. EVA를 구할 때 차감하는 자산은 영업에 관련된 자산만 포함된다. 이 문제에서는 투하자본 이외의 자산에 대한 정보가 주어지지 않았으므로 주어진 투하자본을 사용해 EVA를 계산한다.

31　정답 ④

- 영업 현금흐름(OCF): EBIT(1-t)+감가상각비
  =EBITDA(1-t)+감가상각비×t
  =40(1-50%)+10=50(1-50%)+10×50%=30
- 기업잉여현금흐름(FCF): OCF(30)-영업자산(순운전자본, 고정자산) 추가투자액(15)=15

이해를 높이는 TIP
- 영업현금흐름(OCF: Operating Cash Flow): 기업의 영업활동으로 인한 현금흐름이다.

- 기업잉여현금흐름(FCF: Free Cash Flow): 기업 영업자산 투자액을 제외한 기업의 현금흐름을 의미하고, 재무적 성과의 지표로도 활용된다.

32 정답 ③

재무손익분기점은 순이익=0일 때 영업이익을 의미한다.
- (영업이익−10,000×15%)(1−40%)=0
- 영업이익=1,500

부채 발행 시 이자비용(고정비용)의 증가로 재무레버리지가 커진다. 따라서 부채 발행 시 자기자본을 사용하는 것보다 영업이익 변동에 대해 순이익 변동 폭이 커지게 된다. 영업이익=이자비용일 때가 재무손익분기점이다.

33 정답 ④

Ⓐ: 10,000(부채)+20,000(자본)=30,000(자산)
순이익=15,000(총수익)−9,000(총비용)=6,000
Ⓑ: 20,000(기초자본)+6,000(순이익)+500(유상증자)−1,500(현금배당)=25,000
Ⓒ: 20,000(부채)+25,000(자본)=45,000

이해를 높이는 TIP
- 회계등식: 자산총계=부채총계+자본총계
- 복식부기의 원리: 당기순이익=총수익−총비용
  기말자본=기초자본+당기순이익±자본거래
- 유상증자: 자본총계 증가, 현금증가/주식 수 증가
- 현금배당: 자본총계 감소, 현금유출/주식 수 불변

34 정답 ②

㉠ 판매관리비=15,000(급여)+10,000(광고선전비)
  =25,000
㉡ 영업외손익=25,000(이자수익)−20,000(이자비용)
  =5,000

광고선전비와 급여는 판매관리비에 포함된다. 이 외에 감가상각비, 대손상각비, 연구비 등이 판매관리비에 포함된다. 이자수익과 이자비용은 영업외손익에 포함되며, 금융자산 관련 손익, 배당금수익, 자산 처분 손익 등이 영업외손익에 포함된다.

35 정답 ①

이 문제는 해킹 용어에 대하여 묻는 문제이다. 최근 개인정보 유출로 '피싱, 파밍, 스미싱, 메모리 해킹'과 같은 신종 금융사기 피해가 점점 더 많아지면서 복잡해지고 있는 상황이므로 이에 대한 정확한 개념 숙지가 필요하다.

이해를 높이는 TIP
- 피싱(phishing): 개인정보(private data)를 낚는다(fishing)'라는 의미의 합성어로, 전화, 문자, 메신저, 가짜 사이트 등 전기통신수단을 이용하여 피해자를 기망·공갈함으로써 이용자의 개인정보나 금융정보를 빼낸 후, 금품을 갈취하는 사기 수법을 말한다.
- 스피어 피싱(spear-phishing): '작살낚시'에 빗댄 표현으로서 불특정 다수의 개인정보를 빼내는 피싱과 달리 특정인의 정보를 캐내기 위한 피싱 공격을 의미한다. 주로 특정 개인(유명인)이나 조직(기업)을 표적으로 잘 아는 지인이 보내는 것처럼 위장한 메일을 통해 악성코드에 감염시키는 공격이다.
- 스미싱(smishing): 문자메시지(SMS)와 피싱(phishing)의 합성어로, 스마트폰에 악성프로그램을 설치하여 피해자가 모르는 사이에 소액결제가 이루어지거나 개인정보 및 금융거래정보를 빼내 가는 사기 수법을 말한다. '무료쿠폰 제공', '돌잔치 초대장'과 같은 문자를 받고 인터넷 주소를 클릭하면 악성코드가 스마트폰에 설치되며 이후 휴대전화 명의자도 모르는 사이에 소액결제가 되거나 저장된 주소록과 연락처, 사진, 공인인증서와 같은 개인정보들을 빼내 간다.
- 파밍(pharming): 피싱(phishing)과 조작(farming)의 합성어로, 악성프로그램에 감염된 PC를 조작하여 정상 사이트에 접속하더라도 가짜 사이트로 접속을 유도하여 금융거래정보를 빼낸 후 금전적인 피해를 입히는 사기 수법을 말한다. 피싱이 진짜 사이트처럼 생긴 링크(예를 들어 kbstarx.com)로 접속을 유도한다면 파밍은 이용자가 진짜 사이트(kbstar.com)의 링크로 접속해도 가짜 사이트로 접속되는 차이가 있다.
- 메모리 해킹: 파밍보다 더 교묘한 수법으로, 피해자 PC 메모리에 상주한 악성프로그램으로 인해 정상 사이트에 접속한 상태에서도 금융거래정보를 빼낸 후, 금전을 부당 인출하는 사기 수법을 말한다. 가짜 은행 사이트로 유도하는 피싱, 파밍과 달리 정상 사이트에 접속한 피해자들의 비밀번호 및 보안카드 번호 등을 빼내는 것이 특징이다.

36 정답 ③

③은 총계 처리 또는 평균값 대체의 예시이다.

이해를 높이는 TIP
- 가명처리(pseudonymisation): 개인정보 중 주요 식별 요소를 다른 값으로 대체하여 개인식별을 곤란하게 하는

것이다. 다른 값으로 대체하는 일정한 규칙이 노출되어 역으로 개인을 쉽게 식별할 수 있어서는 안 된다.
- 총계처리(aggregation), 평균값 대체(replacement): 데이터의 총합 값을 보임으로써 개별 데이터 값을 보이지 않도록 하는 것이다. 단, 특정 속성을 지닌 개인으로 구성된 단체의 속성 정보를 공개하는 것은 그 집단에 속한 개인의 정보를 공개하는 것과 마찬가지의 결과가 나타나므로 그러한 정보는 비식별화 처리로 볼 수 없다(⑩ 에이즈 환자 집단임을 공개하면서 특정인물 '갑'이 그 집단에 속함을 알 수 있도록 표시하는 것은 '갑'이 에이즈 환자임을 공개하는 것과 마찬가지이다).
- 데이터 값 삭제(data reduction): 데이터 제공 목적에 따라 데이터 셋에 구성된 값 중에 필요 없는 값 또는 개인식별에 중요한 값을 삭제하는 것이다.
- 범주화(data suppression): 데이터의 값을 범주의 값으로 변환하여 명확한 값을 감추는 것이다(⑩ 홍길동, 35세 → 홍씨, 30~40세).
- 데이터 마스킹(Data Masking): 공개된 정보 등과 결합하여 개인을 식별할 가능성이 높은 주요 개인식별자가 보이지 않도록 처리하여 개인을 식별하지 못하도록 하는 것이다. 남아 있는 정보 그 자체로 개인을 식별할 수 없어야 하며 인터넷 등에 공개되어 있는 정보 등과 결합하였을 경우에도 개인을 식별할 수 없어야 한다.

- 멀티팩터 인증: 단일 인증방식의 취약점을 보완하기 위해 복수 개의 인증 기술을 조합하여 인증의 보안성을 향상시킨 방식을 말한다. 국내 은행들은 인터넷뱅킹 거래 시 업무의 요구 보안강도에 따라 보안등급을 지정하고, 보안등급에 따라 요구 인증방식 유형을 다양화하는 방법을 취하고 있다.

보안등급	거래이용 수단
1등급	OTP+공인인증서, HSM방식 공인인증서+보안카드, 2채널 인증+보안카드+공인인증서
2등급	보안카드+보안SVS+공인인증서
3등급	보안카드+공인인증서

- FIDO는 기존 아이디·패스워드 방식 등의 사용자 인증의 문제점을 해결하고 소지(possession) 및 바이오(inherence) 요소 기반의 인증을 포함하는 전 범위의 인증기술을 지원하기 위하여 FIDO Alliance(글로벌 생체인증 기술표준 연합회)가 제정한 국제인증표준을 말한다. FIDO인증은 인증의 단계를 사용자 확인의 로컬 인증과 원격지 인증으로 이중화하고 인증기(authenticator) 이용을 유기적으로 연계하여 사용자가 편리하게 지문 등 바이오 정보를 입력하는 것만으로 원격지 서버와 강력한 공개키 인증이 가능하다.

37   정답 ②

본문 내용은 전 세계적인 자기주권 패러다임과 맞물려 디지털 신원증명 분야에서 최근 주목받고 있는 분산신원증명(DID, 분산ID)에 대한 내용이다.

이해를 높이는 TIP
차세대 신원확인 서비스
- 기존 대부분의 신원확인 서비스는 중앙화된 시스템에 의해 통제되며, 서비스 제공 기업이 사용자 인증정보와 개인정보를 관리함으로써 사용자의 신원정보가 집중될 수밖에 없다. 따라서 크고 작은 개인정보 유출 사고가 빈번하게 일어나고 있으며, 프라이버시 침해 가능성에 대한 우려가 제기될 수밖에 없다.
- DID란 본인의 신원을 증명함에 있어 블록체인을 활용함으로써 센터에 의존하지 않는 탈중앙화된(decentralized) 디지털 신원증명 체계를 의미한다.
- 국내에서는 전자서명법 개정으로 2020년 12월부터 공인증서의 독점적 지위가 폐지되면서 DID 기술이 금융혁신 및 핀테크 활성화, 블록체인 신기술 산업육성 등의 정부정책과 연계되어 주목받고 있다.

38   정답 ④

문제의 사례는 모두 '지역 이기주의'에 대한 내용으로 연결시킬 수 있다.
① (○) 바나나현상: 어디에든 아무것도 짓지 말라(Build Absolutely Nothing Anywhere Near Anybody)는 뜻으로 자기가 사는 지역에는 절대 설치하지 못한다는 지역 이기주의의 극단적인 현상을 의미한다.
② (○) 님비현상: Not In My Backyard의 약자로 공공시설 중에 쓰레기소각장, 분뇨처리장, 교도소 같은 기피 시설은 다른 지역에 설치돼도 좋지만 '내 집 뒷마당은 안 돼'라는 뜻이다.
③ (○) 핌피현상: Please In My Front Yard의 준말로 주로 그 지역에 이익이 되는 시설들을 자신의 지역에 끌어오려고 하는 것을 의미한다(지하철역, 기차역, 병원, 버스터미널 등).
④ (×) 스프롤(sprawl) 현상: 도시가 급속한 발전을 거듭하는 과정에서 주변지역으로 무분별하게 도시화가 진행되는 것을 말한다.

39

정답 ③

INSERT문은 다음의 형태로 이루어져 있다. SQL문의 순서를 반드시 암기하도록 하자.

> INSERT INTO 테이블명 (속성1, 속성2…) VALUES (속성값1, 속성값2…);

40

정답 ②

② (X) 하나의 속성이 취할 수 있는 값의 집합은 '도메인'이다. 튜플은 테이블에서 행을 나타내는 말로, '레코드'라고도 불린다.

CHAPTER 3 직무수행 주관식

01	10,000	02	250
03	0.4	04	190
05	4	06	20
07	7	08	Product(제품), Price(가격), Place(유통), Promotion(판촉)
09	25, 15	10	20, 10
11	2	12	4
13	50, 150	14	600, 증가
15	1,000	16	120
17	스텔스 통장	18	파노플리, 밴드왜건
19	3.2	20	5, 3, 4, 부산

01 정답 10,000

접근법부터 살펴보자. 개별수요함수와 개별공급함수는 모두 동일하다고 했으므로 전체 수를 계산해 줘야 한다.

- $Q_D = 20 - 2P_X$, 소비자 수는 1,000명이라고 했으므로 1,000을 곱해 주면 $Q_D = 20,000 - 2,000P_X$
- $Q_S = 4P_X$, 공급자 수는 500명이라고 했으므로 500을 곱해 주면 $Q_S = 2,000P_X$
- 균형에서는 $20,000 - 2,000P_X = 2,000P_X$가 성립하므로 $20,000 = 4,000P_X$, $P_X = 5$

문제에서는 균형가격이 아닌 균형수량을 묻고 있으므로 P_X를 본래 식에 대입해 준다. 그러면 균형수량(Q_X)은 10,000이 된다.

02 정답 250

예금의 연 이자율과 대출의 연 이자율을 따로 계산해 합쳐야 한다. 예금 50만 원(1%), 은행 대출 200만 원(1억 ×0.02)으로, 총 250만 원이다.

03 정답 0.4

대략적으로 로렌츠곡선을 그려 보면, (국민 10%가 전체의 절반을 차지하고 있다는 말은 고소득층이라는 뜻이므로) 인구 0.9(90%)까지 소득 0.5(50%)에 도달하고, 나머지 0.1(10%) 구간에서 소득 1(100%)까지 이어짐을 알 수 있다. 삼각형 면적은 0.2, 따라서 지니계수는 0.4(0.2/0.5, 이를 0~1 사이의 값으로 계산)이다.

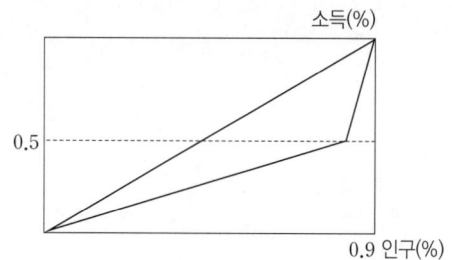

04 정답 190

대외순수취요소소득이 함정이다. GDP는 C(소비), I(투자), G(정부지출), NX(순수출)만 따지면 된다. 순수출은 수출에서 수입을 뺀 값이므로 10으로 계산된다. 전부 더하면 190이다.

05 정답 4

지급준비율을 z, 현금예금비율을 k라고 두면 통화승수는 $(k+1)/(k+z)$이 된다. 따라서 1.2/0.3, 즉 4이다.

06 정답 20

이런 유형은 식을 외워서 그대로 대입하면 쉽게 풀 수 있다. 보통 '자연실업률(u_N)'이라고 해서 계산하는데, 식은 다음과 같다.

- $u_N = s/(s+f)$
- s: 실직률(취업자가 실직하는 비율), f: 구직률(실직자가 취업하는 비율)

따라서 10/50, 20%이다.

07 정답 7

환율 변동을 계산하면 3%이다. 따라서 한국의 이자율에서 미국의 이자율(4%)을 뺀 값이 3%가 되려면, 7%이다.

이해를 높이는 TIP

기본적으로 환율이 올랐을 때는 (그만큼 원화의 가치가 떨어졌으므로) 더 높은 이자율로 보상해 준다는 생각으로 접근해야 한다. 지금 미국의 이자율이 4%인데, 여기서 환율이 상승한 3%만큼 더 줘야 한다. 반대로 환율이 하락했다면 빼 주면 된다.

08 정답 Product(제품), Price(가격), Place(유통), Promotion(판촉)

마케팅 믹스는 Product(제품), Price(가격), Place(유통), Promotion(판촉)으로 구성되어 4P라고 한다.
- Product(제품): 고객이 원하고 고객의 요구에 충족하는 제품인가?
- Price(가격): 어느 정도의 합당한 가격으로 책정할 것인가?
- Place(유통): 제품이 온라인 또는 오프라인에서 고객에게 어떻게 쉽게 전달될 것인가?
- Promotion(판촉): 어떻게 제품을 홍보하여 고객에게 알릴 것인가?

09 정답 25, 15

영업이익은 매출총이익에서 판매비와 관리비를 차감하여 계산한다.

매출총이익은 매출액에서 매출원가를 차감한 것으로 100억 −50억=50억 원이고, 영업이익은 매출이익에서 판매비와 관리비를 차감한 것으로 운송료와 인건비, 그리고 감가상각비가 해당된다. 따라서 영업이익은 50억−(10억+10억+5억)=25억 원이다.

당기순이익은 영업이익에서 영업외손익(이자비용)을 차감한 법인세비용차감전순이익에서 법인세비용을 차감하는 것으로 영업이익(25억)−이자비용(5억)−법인세비용(5억)=15억 원이다.

총포괄손익은 당기순이익에서 기타포괄손익을 가감하는 것으로 매도가능금융자산평가이익이 해당되며, 당기순이익(15억)+매도가능금융자산평가이익(5억)=20억 원이다. 즉, 기타포괄손익은 당기순이익에 영향을 주지 않는다.

10 정답 20, 10

배당성향은 당기순이익 중 현금 배당의 총액이 얼마나 되는지를 나타내는 비율로, 주당 배당금을 주당순이익(EPS)으로 나누어 계산하거나 총배당금을 당기순이익으로 나누어 계산한다. A기업의 배당성향은 배당금 총액(18억 원)÷당기순이익(90억 원)=20%이다.

배당수익률은 투자자금에 대한 배당의 정도로 주당 배당금을 현재의 주가로 나누어 계산하는데 주당 배당액(1,000원)÷현재 주가(10,000원)=10%이다.

참고로, 배당률은 액면가 대비 지급되는 배당금으로 주당 배당금을 주당 액면가로 나눈 값으로, 주당 배당액(1,000원)÷액면가(1,000원)=100%이다.

11 정답 2

- 영업이익=$1{,}000-500-250=250$
- 순이익=$250-100-50=100$
- 영업레버리지=(매출액−변동비용)/영업이익
  =$(1{,}000-500)/250=2$
- 재무레버리지=영업이익/순이익=$250/100=2.5$
- 결합레버리지=영업레버리지×재무레버리지
  =$2\times 2.5=5$

12 정답 4

위험을 제거하는 보험료에 투자자가 지불할 수 있는 최대 금액은 보험이 보장하는 보장액에서 확실성 등가(불확실한 현재 투자안의 효용과 같은 효용을 얻을 수 있는 확실한 금액)를 차감한 값이다.

- 투자 후 기대 부: $(100-51)\times 0.5+(100+21)\times 0.5$
  $=49\times 0.5+121\times 0.5=85$
- 투자 후 기대 효용: $\sqrt{49}\times 0.5+\sqrt{121}\times 0.5$
  $=7\times 0.5+11\times 0.5=9$
- CEQ(확실성등가)=$9^2=81$

불확실한 투자안에 투자 시 기대 효용은 확실한 금액 81원을 보유한 기대 효용과 같다. 위험을 제거하는 보험은 투자안의 기대 수익을 보장하기 때문에 85원을 보장한다. 따라서 투자자 A는 보험료로 4원까지 지불할 용의가 있다.

이해를 높이는 TIP
효용함수가 루트 형식인 것을 통해 투자자 A는 위험 회피적인 것을 파악할 수 있어야 한다. 위험회피적인 투자자는 기대금액이 같으면 불확실한 금액보다 확실한 금액을 선호한다. 따라서 투자자 A는 불확실한 투자안의 모든 위험을 없애 주는 보험료를 지불할 용의가 있다.

13
정답 50, 150

- 기업의 수익성 분석에 사용되는 ROA(Return On Assets: 총자산이익률)와 ROE(Return On Equity: 자기자본이익률)는 당기순이익을 총자산과 자기자본으로 나누어 계산한다. A기업의 [요약 재무자료]에서 당기순이익은 150억으로 총자산과 자기자본을 구하여야 한다.
- 활동성 비율인 총자산회전율은 매출액을 총자산으로 나누어 계산하므로, 총자산회전율(200%)=매출(600억 원)÷총자산, 즉 총자산은 300억이다. 이를 통해 ROA를 계산하면 ROA=당기순이익(150억)÷총자산(300억)=50%이다.
- 총자산=총부채(타인자본)+자본(자기자본)으로 300억=200억+자기자본, 즉 자기자본은 100억이다. 이를 통해 ROE를 계산하면 ROE=당기순이익(150억)÷자기자본(100억)=150%이다.

14
정답 600, 증가

- 2/2 주식발행으로 인한 자본증가: 5×20=100
- 4/15 자기주식취득으로 인한 자본감소: 10×10=(100)
- 6/10 자기주식소각, 자본증감 없음
- 9/28 자기주식매각으로 인한 자본증가: 5×20=100
- 12/31 당기순이익으로 인한 자본증가: 500
- 총 자본 증감액: 600원
- 자기주식을 유상으로 취득하는 경우 취득한 금액만큼 자본이 감소하고, 처분하는 경우 처분으로 받는 금액만큼 자본이 증가한다. 하지만 자기주식을 소각하는 경우에는 취득 처분과 다르게 자본총계에 영향을 주지 않는다는 점에 주의해야 한다. 또한, 자기주식 매입 매도로 발생한 손익은 당기손익으로 인식하지 않는다.
- 자기주식을 취득 시 현금 유출이 발생하고 처분하는 경우 현금 유입이 발생한다. 자기주식 소각 시에는 현금흐름이 발생하지 않는다. 따라서 자기주식 관련 자본증감 문제 풀이 시 실질적인 현금 유입과 유출을 고려하면 쉽게 풀이할 수 있다. 예를 들어, 기존 주주에게서 자기주식을 무상으로 취득하는 경우 실질적인 현금 유입이 발생하지 않아 자본총계에 변함이 없다.

15
정답 1,000

순현재가치(NPV)란 투자안을 통한 미래 현금흐름을 현재가치로 할인한 값에서 투자액을 차감한 금액으로, 투자로 인한 부의 창출을 의미한다. 경영자는 순현재가치법을 통해 기업가치 극대화를 위한 의사결정을 내릴 수 있다.
- 구매 시 현금흐름: −1,000
- 제조 첫해 기대 현금흐름: 110×(20−10)=1,100
- 제조 다음 해 기대 현금흐름: 121×(20−10)=1,210

따라서 $NPV = -1{,}000 + 1{,}100/(1+10\%) + 1{,}210/(1+10\%)^2 = 1{,}000$이다.

이해를 높이는 TIP
투자안의 NPV를 구할 때는 법인세의 절세효과로 인한 현금흐름을 주의해야 한다. 주어진 문제에서는 법인세 자료를 주지 않아 법인세가 없는 것을 가정하고 풀이하면 된다.

16
정답 120

회계손익분기점이란 영업이익이 0이 되는 매출액으로 고정비를 회수할 수 있는 매출액이다.
- 단위당 판매가격=200만 원/100개=2만 원, 단위당 변동비용=100만 원/100개=1만 원
- 영업이익=손익분기점 판매량×(2만 원−1만 원)−60만 원=0
- 회계손익분기점 판매량=60개, 회계손익분기점 매출액=120만 원

손익분기점 문제 계산 시 변동비와 고정비가 구분되어 있는 재무자료가 주어졌다면, 먼저 단위당 판매가격과 단위당 변동비용으로 단위당 공헌이익을 도출하는 것이 중요하다.

17
정답 스텔스 통장

- 적의 레이더망에 포착되지 않는 스텔스 기술에서 따온 명칭으로 인터넷이나 모바일 뱅킹으로 전혀 조회가 되지 않고 자신의 신분증을 가지고 계좌를 개설한 은행의

창구에 가야만 조회나 금전 거래가 가능한 통장이다. 보이스 피싱이나 파밍 같은 전자금융사기를 예방하기 위해 2006년경 처음 등장했지만 초기엔 큰 관심을 받지 못했으나 2012년부터 비상금통장으로 알려지기 시작하면서 인기가 올라가 빠른 속도로 확산되기 시작해 현재 국내 은행들은 보안계좌(신한은행), 전자금융거래 제한 계좌(국민은행), 세이프 어카운트(하나은행), 계좌안심서비스(기업은행) 등 다양한 이름으로 스텔스 통장을 서비스하고 있다.

- 실제 기업은행 필기시험에서는 관련 용어들을 나열한 후 그중 하나를 마킹하는 방식으로 출제된다. 여기서는 미리 연습하는 것이니만큼 용어를 최대한 기억해 두는 데 주목하자.

18 정답 파노플리, 밴드왜건

- **파노플리 효과(panoplie effet)**: 상류층이 되고자 하는 신분 상승의 욕망이 소비로 나타나는 현상으로, 프랑스의 철학자 장 보드리야르가 1980년대에 밝힌 개념이다. 소비자가 명품을 구매하면서 특정 집단, 즉 상류층에 속한다는 환상을 느끼는 것을 뜻하는 것으로, 이러한 소비자의 심리를 이용해 백화점에서는 마케팅 기법으로 활용하기도 한다. 파노플리 효과는 명품 구매뿐만 아니라 특정 집단에 소속되고 싶어 하는 인간의 욕망이 분출되는 곳에서는 어디서나 일어나는 현상이다.
- **밴드왜건 효과(bandwagon effect)**: 유행에 따라 상품 구입하는 소비현상으로 편승효과라고도 한다. 왜건(화물 마차)에 밴드(group of musicians)를 실어 선두에 세우고 요란힌 음악을 연주하며 사람들의 이목을 끌어 사람들을 모으는 데서 유래했다. 일단 사람들이 모이기 시작하면 나중에 사람들은 무슨 일인지도 모르고 따라가기 시작한다. 밴드왜건 효과는 '친구 따라 강남 간다'라는 말처럼 남들이 사니까 나도 산다는 심리가 전제되어 있다. 그래서 많은 기업들이 마케팅 전략으로 사용하고 있으며 연예인이나 정치인 등 사회적으로 유명한 사람이 사용한다는 식의 마케팅을 통해 판매를 유도한다.

19 정답 3.2

신용위험은 예상손실(EL: Expected Loss)과 비예상손실(UL: Unexpected Loss)로 구분되는데 상기 문제는 예상손실(EL)을 계산하는 문제이다. 신용위험은 대출을 제공받은 거래상대방(차주)이 대출계약에 명시된 조건대로 이자 및 원금의 상환의무를 이행하지 못함(채무불이행)으로 인해 입을 미래의 잠재적인 경제적 손실을 의미한다. 신용위험을 일으키는 요인 중 핵심 요소 3가지는 '부도율(PD: Probability of Default), 부도시 익스포저금액(EAD: Exposure at Default) 및 부도시 손실률(Loss Given Default)'이다.

- 예상손실(EL) = 위험노출금액(EAD) × 부도확률(PD) × 손실률(LGD)
- 손실률(LGD) = 1 − 회수율

따라서, 예상손실 = 200억 원 × 0.04 × (1 − 0.6) = 3.2억 원

20 정답 5, 3, 4, 부산

- **카디널리티(cardinality)**: 기수를 말하며 튜플의 개수를 말한다. 튜플은 릴레이션(테이블)에서 행을 나타내는 말로, '레코드'라고도 불린다. 여기서 튜플은 제목 행을 제외한 나머지 행들을 말한다.
- **차수(degree)**: 속성의 개수를 말한다. 속성은 릴레이션(테이블)에서 열을 나타내는 말로 'attribute, 필드'라고도 불린다. 여기서 속성은 사원번호, 이름, 근무지역을 의미한다.
- **도메인(domain)**: 하나의 속성이 취할 수 있는 값의 집합을 의미한다.
- 다중 SELECT문은 안쪽에 있는 서브쿼리인 '(SELECT 사원번호 FROM 성적 WHERE 입사성적 > 90)' 문장의 의미를 보았을 때, '[성적] 테이블에서 입사성적이 90 초과인 사원의 사원번호를 검색하라'라는 뜻으로 105라는 사원번호가 해당이 되는 것을 알 수 있다. 그러므로 전체 문장은 'SELECT 근무지역 FROM 사원 WHERE 사원번호 IN(105)'가 되므로 [사원] 테이블에서 사원번호가 105인 근무지역을 검색하면 '부산'이 된다.

혼 JOB
IBK기업은행
통합기본서

부록

경제·경영·회계·재무
핵심요약집

나만의 성장 엔진, 혼JOB | www.honjob.co.kr

미시경제

1. 경제학 기초

희소성
인간의 물질적 욕구에 비해 이를 충족시켜 줄 수 있는 물질적 공급이 상대적으로 부족한 상태를 나타내는 말이다.

기회비용
- 어떤 선택을 함으로써 포기해야 하는 다른 선택 가치를 말한다.
- 명시적 비용과 암묵적 비용 모두 고려해야 한다.

유량과 저량
유량은 일정 기간, 저량은 일정 시점이다. 대표 변수를 기억해야 한다.
- 유량: GDP, 국제수지, 생산, 소득, 소비, 저축 등
- 저량: 외환보유액, 통화량, 인구, 자산, 부채 등

생산가능곡선의 내부와 외부 구분법
- 내부: 생산이 효율적으로 이뤄지지 않고 있음(실업, 유휴설비 존재 등)
- 외부: 현재 도달 불가능한 지점(기술진보, 인구 증가, 신자원 발견)

2. 수요·공급이론

수요의 변화를 가져오는 요인
- 소득 수준: 정상재일 경우, 소득 증가 시 수요 증가
- 다른 재화의 가격: 대체재 혹은 보완재의 여부에 따라 그 수요가 달라짐. 대체재 가격 상승 시 수요 증가, 보완재 가격 상승 시 수요 감소
- 광고: 보통 광고는 해당 재화의 수요를 증가시킴
- 선호: 선호도가 높을수록 수요도 증가

대체재와 보완재
- 대체재: 한 재화의 수요가 늘면 다른 재화의 수요가 줄어드는 재화(녹차와 홍차, 버터와 마가린, 콜라와 사이다 등)
- 보완재: 한 재화의 수요가 늘어날 때 함께 수요가 늘어나는 재화(커피와 설탕, 팥빙수와 젤리, 바늘과 실 등)

편승효과, 속물효과, 베블런효과
- 편승효과(bandwagon effect): 다른 사람들의 수요가 증가함에 따라 개인의 수요도 증가함
- 속물효과(snob effect): 다른 사람들의 수요가 증가할수록 개인의 수요는 감소함

- 베블런효과(Veblen's effect): 일반적인 수요의 법칙과는 달리, 재화의 가격이 상승할 때 그 수요가 증가하는 것(베블런효과는 수요곡선이 우하향하지 않음에 주의)

공급의 변화를 가져오는 요인
- 기술수준 상승: 공급곡선 우측 이동
- 생산요소가격 상승: 공급곡선 좌측 이동
- 조세부과: 공급곡선 좌측 이동

탄력성(수요) 결정요인
- 대체재: 대체재가 많을수록 탄력적
- 재화의 성격: 필수품일수록 비탄력적
- 측정 기간: 장기로 갈수록 탄력적

재화와 소득탄력성
- 정상재: 수요의 소득탄력성의 값이 0보다 큼(필수재, 사치재로 분류됨)
- 필수재: 수요의 소득탄력성의 값이 0에서 1 사이
- 사치재: 수요의 소득탄력성의 값이 1 이상
- 열등재: 수요의 소득탄력성의 값이 0보다 작음

탄력성(공급) 비교
- 공급곡선이 원점보다 좌측에서 출발: 1보다 큼
- 공급곡선이 원점에서 출발: 1
- 원점보다 우측에서 출발: 1보다 작음

최고가격제와 최저가격제 비교

구분	최고가격제	최저가격제
의미	특정 가격 이상을 금지	특정 가격 이하를 금지
목적	소비자 보호	생산자 보호
범위	균형가격보다 낮아야 효과	균형가격보다 높아야 효과
단점	초과수요, 암시장 존재, 품질저하 문제	실업 발생, 초과공급 발생
예시	임대료 규제	최저임금제

조세부과와 탄력성 관계

구분	탄력적 공급	비탄력적 공급
탄력적 수요	조세부과 시 후생손실 매우 큼	공급자의 조세 부담 커짐
비탄력적 수요	소비자의 조세 부담 커짐	조세부과 시 후생손실 작음

MEMO

3. 소비자이론

총효용과 한계효용
- 총효용(TU: Total Utility): 재화를 소비함으로써 얻을 수 있는 만족의 총량
- 한계효용(MU: Marginal Utility): 재화 1단위 증가 시 추가적으로 얻는 만족
  - MU>0: TU 증가
  - MU=0: TU 극대화
  - MU<0: TU 감소

한계효용과 소비자균형

$$P_X \times X + P_Y \times Y = M$$
$$MU_X/P_X = MU_Y/P_Y$$

무차별곡선
- 소비자에게 무차별한 효용을 주는 두 재화의 조합을 나타낸 곡선이다.
- 효용을 기준으로 하지만 기수적이 아닌 '서수적' 효용개념을 사용한다는 점이 한계효용과 차이가 있다.

무차별곡선의 특징

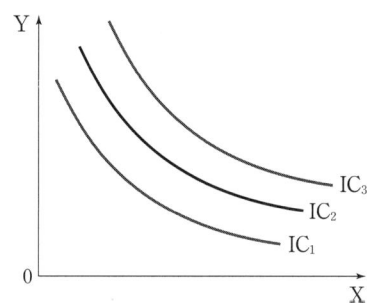

- 무차별곡선은 1사분면에 위치: 무차별곡선은 재화를 소비하는 것을 전제하기에 그 값은 0보다 클 것이며, 결국 1사분면에 위치함을 알 수 있음
- 무차별곡선은 일반적으로 우하향: 하나의 무차별곡선, 즉 곡선 하나를 기준으로 봤을 때 그 곡선이 우하향함을 의미함. 두 재화만으로 이루어진 하나의 무차별곡선 위에서 모든 점은 동일한 크기의 효용을 갖게 되므로 결국 그 형태는 우하향함
- 원점에서 먼 무차별곡선일수록 더 큰 효용수준을 나타냄: 원점에서 멀수록 X재와 Y재의 소비량이 많다는 것을 의미하며, 이는 재화의 소비량이 많아질수록 효용 수준이 커진다는 뜻
- 두 무차별곡선은 서로 교차하지 못함: 만약 IC$_1$과 IC$_2$라는 무차별곡선이 존재한다고 가정하고, 이 두 무차별곡선이 한 점에서 교차한다면 교차되는 점에서는 효

용이 같을 것. 그런데 원점에서 멀어질수록 효용이 커지는데 이 두 무차별곡선은 교차하는 점을 제외하고는 서로 다른 효용을 갖게 됨. 따라서 교차점에서의 효용이 같아지는 것은 모순이며 결과적으로 두 무차별곡선은 교차하지 못하는 것임
- 무차별곡선은 일반적으로 원점에 대하여 볼록한 형태: 한계대체율이 체감한다는 뜻

한계대체율

$$MRS_{XY} = -\Delta Y/\Delta X = MU_X/MU_Y$$

- X재 소비량이 ΔX만큼 증가 → 효용은 $\Delta X \times MU_X$
- Y재 소비량이 ΔY만큼 감소 → 효용은 $-\Delta Y \times MU_Y$
- 증가한 X재 효용의 크기와 감소한 Y재 효용의 크기는 같다(동일한 무차별곡선임을 가정).

$$\Delta X \times MU_X = -\Delta Y \times MU_Y \text{가 성립}$$

- 이를 '한계대체율'이라고 하는데, 원점에 대해 볼록한 형태의 무차별곡선에서는 한계대체율이 점차 작아진다. 이를 '체감'이라고 해서 '한계대체율체감의 법칙'이라 한다.

한계대체율체감의 법칙
- 동일한 효용을 유지하면서 두 재화를 대체할 때 그 한계대체율이 점차 감소하는 것이다.
- 볼록하니까 체감하는 것이다. 만약 볼록하지 않은 형태(예컨대, 직선의 우하향 형태)라면 대체율도 일정하게 나타난다는 뜻이다.

기대효용이론
- 기대치(expected value): 불확실한 상황하에서 예상되는 결과의 크기
- 기대효용(expected utility): 불확실한 상황하에서 예상되는 효용의 크기
- 기대효용의 크기는 개인에 따라 다르게 나타난다.

위험에 따른 구분
- 위험기피자: 기대금액과 확실한 금액의 크기가 같다면 확실한 금액을 선택
- 위험중립자: 기대금액과 확실한 금액의 크기가 같다면 무차별한 선택
- 위험선호자: 기대금액과 확실한 금액의 크기가 같다면 기대금액을 선택

4. 생산자이론

회계비용, 기회비용
- 회계비용(명시적 비용): 회계학에서 주로 사용되는 비용, 실제로 지출된 비용

MEMO

- 기회비용: 기회비용이 포함된 비용, '명시적 비용'과 '암묵적 비용'을 합한 비용

고정투입요소와 가변투입요소

$$TC = FC + VC$$

※ TC: 총비용, FC: 고정비용, VC: 가변비용

총비용과 가변비용의 차이가 '고정비용'이다.

평균비용과 한계비용
- 평균고정비용: 고정비용의 평균값, 생산량 증가에 따라 점차 감소함
- 평균가변비용: 가변비용의 평균값
- 평균비용: 총비용의 평균값, 평균고정비용과 평균가변비용을 합한 것
- 한계비용: 가변비용의 증가분

규모의 경제
투입규모가 커짐에 따라 장기평균비용이 줄어드는 현상을 말한다.
- 발생 원인
  - 분업 등에 따라 기업의 생산성이 향상된다.
  - 기술의 발전, 대량거래 발생에 따른 이익이 증가한다.
- 규모의 불경제 발생 원인(규모의 경제 발생 원인과 반대로 이해할 것)
  - 조직 거대화에 따른 비효율성이 발생한 경우
  - 의사소통의 관료제화, 경영의 비효율성 등

범위의 경제
하나의 기업이 2가지 이상의 제품을 함께 생산할 경우, 따로 생산하는 경우에 비해 생산비용이 작게 드는 현상을 말한다.
- 범위의 경제 사례
  - 생산요소의 공동이용: A, B 두 제품을 하나의 조립라인에서 제작하는 경우
  - 경영상 유리: 관리자는 두 명이 있을 필요가 없음
  - 기업 합병: 다른 분야의 합병을 통해 범위의 경제를 노림

생산요소의 구분
- 투입요소
  - 가변투입요소(VC): 생산량에 따라 투입량이 달라지는 요소
  - 고정투입요소(FC): 일정한 수준으로 투입량이 유지되는 요소
- 장·단기 구분
  - 장기: 모든 투입요소가 가변투입요소이며, 고정투입요소는 존재하지 않음
  - 단기: 고정투입요소가 하나 이상 존재

한계생산
생산요소 투입량을 한 단위 증가시킬 때 추가적으로 늘어나는 생산물의 양을 말한다.

총생산 해석 시 유의점
- 총생산곡선의 기울기: 한계생산(총생산곡선의 한 점을 미분하면 한계생산을 구할 수 있다는 뜻)
- 한계생산이 가장 큰 점: 총생산곡선이 가장 가파른 형태
- 한계생산이 0이 되는 점: 총생산 극대화
- 한계생산이 0보다 작아지면: 총생산은 감소

5. 시장이론

시장이론의 주요 가정
다음 3가지를 기준으로 완전경쟁, 독점, 독점적 경쟁 등으로 나뉜다.
- 수요자와 공급자의 수: 얼마나 많은 수요자와 공급자로 구분되는가?
- 재화의 동질성 여부: 시장에서 판매되는 재화는 동일한가?
- 진입과 탈퇴의 자유: 시장에 진입과 탈퇴는 자유로운가?

완전경쟁시장의 특징
- 다수의 수요자와 공급자: 시장에는 무수히 많은 생산자와 소비자가 존재하므로 개별 생산자와 소비자는 가격에 아무런 영향을 미칠 수 없음. 단지 시장에서 결정된 가격을 주어진 것으로 받아들이는 가격수용자로 행동함
- 재화의 동질성: 모든 생산자가 생산한 상품은 대체 가능하며 상품 또한 동일함
- 자유로운 진입과 퇴거: 산업으로의 진입과 퇴거가 완전히 자유롭기에 진입비용 또는 퇴거비용이 들지 않음
- 완전한 정보: 모든 경제주체가 거래에 있어 완전한 정보를 보유하고 있음

완전경쟁시장 단기균형
- 가격이 AC보다 높은 경우: 생산 선택
- 가격이 AC보다는 낮은데 AVC보다는 높은 경우: 생산 선택(생산이 유리)
- 가격이 AVC보다도 낮은 경우: 중단

완전경쟁시장 장기균형
- 가격은 평균비용수준까지 하락한다.
- 각 기업의 이윤은 0이다. 또한 각 기업들의 평균비용수준도 같아진다.

독점시장의 특징
- 오직 한 명의 사람이나 하나의 단체가 생산한다(독점).
- 대체재가 존재하지 않는다.

MEMO

독점적 경쟁시장의 특징
- 상품이 질적으로 차별화되어 있으며 상품 간 대체성이 존재한다.
- 다수의 기업이 존재할 경우, 개별기업은 가격에 대한 영향력이 작다.
- 자유로운 진입과 퇴출이 가능하다.
- 단기: 초과이윤(독점의 특징)
- 장기: 정상이윤(완전경쟁의 특징)

완전경쟁, 독점, 독점적 경쟁시장 비교

구분	완전경쟁	독점	독점적 경쟁
주요 가정	• 수요자 및 공급자 다수 • 재화 완전 동질 • 진입과 퇴거 자유로움 • 완전 정보 공개	• 공급자 한 명 • 재화 독점 공급 • 진입장벽 매우 큼 • 독점기업이 가격 설정	• 공급자 다수 • 재화 다름(제품 차별화) • 진입장벽 비교적 낮음 • 비가격 경쟁
수요곡선	수평	우하향	우하향
공급곡선	MC곡선(우상향)	없음	없음
단기 균형	$P=AR=MR=MC$	$P=AR>MR=MC$	$P=AR>MR=MC$
장기 균형	$P=MC$	$P>MC$	$P>MC$
장점	효율적 자원배분	기술혁신 가능성	제품 차별화
단점	비현실적	독점의 비효율성	비가격경쟁 문제

진입장벽에 따른 각 시장 구분

구분	완전경쟁시장	독점적 경쟁시장	과점시장	독점시장
진입장벽	자유로움 (매우 낮음)	낮음	높음	불가 (매우 높음)

게임이론
- 우월전략균형: 상대방이 어떠한 전략을 선택하는지 관계없이 자신의 보수를 더욱 크게 만드는 전략
- 내쉬균형: 경쟁자 대응에 따라 최선의 선택을 하면 서로가 자신의 선택을 바꾸지 않는 균형상태
- 최소극대화전략균형: 어떤 전략을 선택했을 때 나타나는 결과 중 최소의 보수를 비교하여 그중 가장 큰 보수를 주는 전략을 선택

내쉬균형

- 민석: 아름이가 b_1을 선택하면 a_1을, b_2를 선택하면 a_2를 선택
- 아름: 민석이 a_1을 선택하면 b_1을, a_2를 선택하면 b_2를 선택

구분		아름	
		b_1	b_2
민석	a_1	(8, 6)	(4, 4)
	a_2	(4, 4)	(6, 8)

※ 우월전략균형은 존재하지 않지만 내쉬균형은 존재한다.
※ 내쉬균형은 (a_1, b_1), (a_2, b_2) 두 개가 존재한다.

6. 기타

정보의 비대칭성

거래에서 각 경제 주체가 보유한 정보 수준에 차이가 있을 때 격차가 생기는 현상이다.

- 숨겨진 정보: 거래 이전에 발생, 정보격차 발생(역선택과 연결)
- 숨겨진 행동: 거래 이후에 발생, 정보격차 및 행동 발생(도덕적 해이와 연결)

외부경제

어떤 경제활동과 관련하여 다른 사람에게 의도치 않은 혜택을 주는 경우이다.

- 양봉업자와 그 주위의 과수원: 별도의 비용 지불 없이 꽃을 수분시킬 수 있음
- 개인이 정원을 가꾸는 행위: 주변 사람들에게 효용(정원을 보고 기분이 좋아짐)을 줄 수 있음
- 기술의 발전: 사회 전체의 수준 향상을 가져옴

외부불경제

어떤 경제활동과 관련하여 다른 사람에게 의도치 않은 피해를 주는 경우이다.

- 공장 매연, 자동차 배기가스 등으로 인한 공해
- 공장 폐수, 생활 하수 무단 방류로 인한 수질 오염
- 지나친 음주로 인해 발생한 음주 운전 및 교통사고
- 흡연으로 인한 질병, 불쾌감, 길거리 청결 유지를 위해 발생하는 비용

외부효과 해결책

- 오염배출권제도: 정부가 발행한 오염배출권을 업체에 배분하고 그 한도 내에서만 배출을 허용함으로써 한 지역의 오염물질 배출총량을 일정수준으로 제한하는 제도
- 코즈의 정리: 민간경제의 주체들이 아무런 비용을 치르지 않고 협상할 수 있다면, 외부효과로 인해 발생하는 문제를 스스로 해결할 수 있다는 정리

재화의 구분

구분		경합성	
		있음	없음
배제성	있음	민간재(사용재)	요금재
	없음	공유재	공공재

공공재 관련 개념
- 공유지의 비극: 경합성은 있고, 배제성이 없는 공유재와 같은 자원을 말하며, 이러한 자원의 과도한 사용으로 인하여 나타나는 문제
- 무임승차자의 문제: 경제 주체들이 재화의 생산에는 참여하려 하지 않고 소비에만 참여하려는 것

기타 필수 용어
- 5분위배율: 소득의 크기에 따라 5등분을 하여, 상위 20%의 소득을 하위 20%의 소득으로 나눈 값
- 지니계수: 소득불평등이 심할수록 1에 가까워짐(0~1 사이의 값)

② 거시경제

1. 국민소득과 GDP

주요 국민소득지표
- GDP(Gross Domestic Product, 국내총생산)
  - 한 나라 영역 내에서 경제 주체에 의해 일정 기간 생산된 모든 최종 재화와 서비스를 시장 가격으로 평가한 것이다.
  - GDP는 경제 활동의 대상을 '국내'로 본다.
- GNP(Gross National Product, 국민총생산)
  - 한 나라 국민이 일정 기간 생산한 모든 최종 재화와 서비스를 시장 가격으로 평가한 것이다.
  - GDP가 영역(국내) 중심 개념인 반면, GNP는 '국적(국민)'을 기준으로 한다.

실질GDP와 명목GDP
- 실질GDP: 그해(당해) 생산물 × 기준년도 가격
- 명목GDP: 그해 생산물 × 그해 가격

GDP디플레이터

$$\text{GDP디플레이터} = (\text{명목GDP}/\text{실질GDP}) \times 100$$

GDP갭

$$\text{GDP갭} = \text{잠재GDP} - \text{실제GDP}$$

- GDP갭 > 0: 실업 존재(총수요 증가정책 필요)
- GDP갭 < 0: 경기 과열(총수요 억제정책 필요)

국민소득 항등관계

$$Y = C + S + T + M$$
$$Y = C + I + G + X$$
$$\rightarrow Y = C + I + G + (X - M)$$

저축과 투자의 관계

$$S = I + (X - M)$$
$$S_P + S_G = I + (X - M)$$

승수

기본 식 $Y(AE)=C+I+G+(X-M)$, 여기서 승수(정부)는 $\Delta Y=1/(1-c) \times \Delta G$이다. 만약 c가 0.8이고, ΔG가 100이면 $\Delta Y=500$이 된다.

※ c값이 클수록 승수효과가 커진다.

주요 승수 정리

$Y=C_0+c(Y-T)+I+G+(X-M)$ 식을 가정했을 때, 정부지출승수 $1/(1-c)$, 조세승수 $-c/(1-c)$, 투자승수 $1/(1-c)$이다.

※ 기본 식에 따라 승수값이 달라짐에 주의해야 한다.

2. 가계 소비와 기업 투자

평균저축성향과 한계저축성향

- 평균저축성향(APS): S/Y_d (S: 저축, Y_d: 가처분소득)
- 한계저축성향(MPS): $\Delta S/\Delta Y_d$
- $APC+APS=1$[일부가 저축(S)되고 나머지는 소비(C)되므로 그 값을 더하면 항상 1]
- $MPC+MPS=1$(한계성향에서도 합은 항상 1)

절대소득가설

소비의 크기는 당기의 소득(절대소득)에 의존한다는 케인스의 가설로, 절대소득가설의 주요 가정은 다음과 같다.

- 독립성: 소비는 자신의 소득에 의해서 결정되므로, 다른 이의 소비와는 관계가 없음
- 가역성: 소득이 늘면 소비도 늘고, 소득이 줄면 소비도 줄어들게 됨

상대소득가설

소비는 상대적으로 나타난다는 이론이다.

- 비가역성: 소득의 증가에 따라 소비가 한번 증가하기 시작하면, 이 증가한 소비는 다시 줄이기 어려움(소득에 '가역적이지 않다'는 의미)
- 외부성: 개인은 그 집단 또는 사회의 영향을 받으므로 그의 소비는 집단의 소비 또는 사회의 소비성향에 영향을 받을 수밖에 없음

전시효과와 톱니효과

- 전시효과: 외부성(주변 사람들, 즉 집단이나 사회의 영향을 받아 '전시'라는 말을 사용함)
- 톱니효과: 비가역성(소득과의 관계가 가역적이지 않음. 모양이 톱니처럼 생겼다 해서 붙임)

항상소득가설

- 항상소득: 비교적 안정적이며, 장기적으로도 예측 가능한 소득(대개 '월급'이 해

당함. 빌딩을 소유한 사람이 임대료를 정기적으로 받고 있다면 항상소득에 해당)
- 임시소득: 임시적으로 얻는 소득(불안정적이며 비정기적으로 얻는 소득. 복권에 당첨될 경우 금액이 크다고 할지라도 이론상으로 보면 임시소득에 해당)
- 항상소득가설에 따르면, 일시적 경기호황(임시소득 증가)은 소비의 증가를 가져 오긴 하나, 평균소비성향은 오히려 감소한다.
- 일시적 경기불황(임시소득 감소)은 소비의 감소를 가져오긴 하나, 평균소비성향 은 오히려 증가한다.

투자의 특징
- 투자는 소비에 비해 규모가 작긴 하나, 변동 폭이 매우 크다.
- 투자는 대개 '뭔가를 얻을 상황'이 되어야 이뤄진다('이윤추구'가 목적, 경기가 나쁘면 투자 자체가 없을 수 있음. 반면 소비는 아무리 경기가 나쁘더라도 기초소비는 이뤄진다는 점이 다름).

현재가치법에서 투자결정원리

$$PV = FV/(1+i)^n$$

- $PV > C$: 투자할 유인이 생기므로 투자 '증가'
- $PV = C$: 투자하든 안 하든 차이가 없어 투자 '불변'
- $PV < C$: 비용이 더 크므로 투자할 유인이 없어지기에 투자 '감소'

※ PV: 현재가치, C: 투자비용
※ 1년 뒤 11,000원을 가져다주는 사업안이 있는데 현재 투입비용이 10,000원이다. 연이율이 10%라면 결국 '본전'에 불과하다. 그런데 투입비용이 9,000원이라면 어떨까? 은행에 넣으면 10%이므로 9,900원을 가져다주지만 투자하면 11,000원이므로 이득이 되는 셈이다 (PV와 C 관계 해석에 참고할 것).

토빈의 q
기업의 시장가치와 대체비용 간의 차이를 기반으로 투자 유무를 설명하는 모형이다.

$$\text{Tobin's q} = \text{기업의 시장가치 총액} / \text{실물대체비용}$$

- $q > 1$: 기업의 시장가치 총액이 실물대체비용보다 큼. 투자 '증가'
- $q = 1$: 투자 '불변'
- $q < 1$: 투자 '감소'

3. 금융시장 이해하기

통화량과 통화지표
- 통화량: 특정 시기에 경제에서 사용할 수 있는 화폐 자산의 총량
- 통화지표: 통화량의 크기와 변동을 측정할 수 있는 지표

MEMO

- 우리나라에서는 어디까지를 화폐로 보느냐에 따라 협의통화(M1), 광의통화(M2), 금융기관유동성(Lf), 광의유동성(L) 등으로 통화지표를 편성하고 있다. 이러한 통화량의 변동은 이자율에 영향을 미쳐 실물변수에 파급효과를 가져다 준다.

통화지표의 구분
- 본원통화: 화폐발행액＋금융기관의 대(對) 한은 원화예치금
- M1(협의통화): 현금통화＋요구불예금·수시입출식 저축성예금－동 금융상품의 예금취급기관 간 상호거래분
- M2(광의통화): M1＋기간물 정기예금, 적금 및 부금＋시장형금융상품(CD, RP, 표지어음)＋실적 배당형금융상품(금전신탁, 수익증권 등)＋금융채＋기타(투신증권저축, 종금사발행어음)－동 금융상품 중 장기(만기 2년 이상) 상품－동 금융상품의 예금취급기관 간 상호거래분
- Lf(금융기관유동성): M2＋M2 중 만기 2년 이상 예적금 및 금융채＋한국증권금융(주)의 예수금＋생보사 계약준비금－동 금융상품의 Lf 편제대상기관 간 상호거래분

본원통화
중앙은행의 독점적 화폐발행 권한으로 공급한 통화를 말한다.
- 화폐발행액＋금융기관의 대(對) 한은 원화예치금
- 본원통화 도식
   ＝개인이 보유한 화폐＋(지급준비예치금＋시재금)
   ＝민간보유 화폐＋(은행의) 지급준비예치금＋(은행의) 시재금
   ＝민간보유 화폐＋(은행의) 지급준비금

지급준비금제도
금융기관으로 하여금 지급준비금 적립대상 채무의 일정비율(지급준비율)에 해당하는 금액을 중앙은행에 지급준비금으로 예치하도록 의무화하는 제도이다.

예금통화창조
예금 1만 원, 지준율 10%를 예로 들어보면,
$=10{,}000+9{,}000+8{,}100+\cdots$
$=1/z \times S$
※ z: 지준율, S: 예금
지급준비율이 10%일 경우 예금창조액은 처음 금액의 10배만큼 증가한다.

신용승수
지급준비율의 역수인 $1/z$이다.
※ 통화승수와 구분해야 한다.

통화승수

- 통화승수: 통화량을 본원통화로 나눈 비율('화폐승수'라고도 함)
- 신용승수: 본원적 예금으로 창조 가능한 총예금통화의 비율(지급준비율의 역수)
  - 통화승수 = $1/\{c+z(1-c)\}$
  - 신용승수 = $1/z$
- c(현금통화비율)의 값이 작아질수록? → 통화승수는 커지고, 이는 통화공급량 증가를 의미
- z(지급준비율)의 값이 작아질수록? → 통화승수는 커지고, 이는 통화공급량 증가를 의미

※ 두 식을 살펴보면, c가 없을 경우 통화승수와 신용승수가 같아진다. 가끔 제시문에 '통화승수=신용승수'로 나오는데, 제시문을 잘 읽고 c가 있는지 없는지 해석해야 한다.

4. 화폐수요와 통화정책

화폐수요에 대한 고전학파, 케인즈학파

- 고전학파
  - 화폐의 교환기능을 강조하며, 화폐수요는 이자율과 별 관련이 없다(오히려 소득을 중요시).
  - 고전학파의 영향을 받은 통화주의학파의 신화폐수량설 등이 여기에 해당한다.
- 케인즈학파
  - 화폐의 교환기능 강조에 동의한다. 단, 화폐수요는 이자율 변동에 큰 영향을 받는다(이자율에 민감).
  - 유동성 함정, 투기적 화폐수요 등이 여기에 해당한다.

고전학파의 화폐수요

$$MV = PT (MV = PY)$$

※ M: 통화량, V: 유통속도, P: 물가, T: 거래량, Y: 산출량

V와 Y가 일정하면 통화량(M)과 물가(P)는 비례한다.

케인즈의 화폐보유동기 3가지

- 거래적 동기: 거래 목적으로 보유(수입 및 지출시점 상이), 화폐보유량은 소득(Y)에 비례
- 예비적 동기: 예비적 보유(예상치 못한 수요 발생에 대비), 화폐보유량은 소득(Y)에 비례
- 투기적 동기: 일시적 보유(투기 목적으로 화폐 일시 보유), 화폐보유량은 '이자율(r)'에 반비례

MEMO

케인즈학파 화폐수요 정리
주요 가정은 다음과 같다.
- 대상(자산): 화폐와 채권 2가지만 존재
- 사람들은 수익률을 기준으로 채권만 보유하거나 화폐만 보유한다.
- 경제주체들은 각각 예상하는 정상이자율의 수준이 존재한다.

채권가격(이자율)과 화폐수요 관계
- 케인즈 또한 고전학파와 같이 화폐의 교환기능 강조에는 동의한다(거래적, 예비적 동기에 따른 화폐수요를 인정한다는 뜻).
- 동시에 케인즈는 투기적 동기에 따른 화폐수요를 주장한다(그 대상은 바로 채권, 채권 투자를 통해 수익을 얻을 수 있으면 채권에 투자할 것이라는 게 케인즈의 주장).
- 채권 투자에 있어 기준은 바로 채권가격, 그리고 이자율이다.
- 케인즈는 채권가격(이자율) 변동에 따라 화폐를 보유할지 채권을 보유할지 결정한다고 보았다.
- 결과적으로 이자율과 화폐보유(수요)는 반비례한다.

유동성 함정
- 이자율이 아주 낮을 경우에는 통화량이 아무리 늘어도 이자율이 더 이상 하락하지 않을 것이기 때문에 정부가 금융정책을 써도 실물부문에서의 변동이 없다면 국민소득에 영향을 줄 수 없다.
- 일반적으로 금리가 낮아지면 기업은 투자를 늘리게 되지만, 이자율이 일정 수준 이하로 내려가면 사람들은 가까운 미래에 이자율이 상승할 것으로 예상해 현금 보유를 늘리고 기업들은 투자를 하지 않아 경기 부양 효과가 나타나지 않는다는 것이다.

통화정책
중앙은행이 돈의 양을 늘리거나 줄임으로써 경제활동의 수준을 조절하는 정책이다. 중앙은행이 시중에 유통되는 돈의 양을 조절하는 방법에는 공개시장조작, 지급준비율, 재할인율 등이 있다.
- (한국은행이) 국채 '매입' → 시장 유동성 '증가' → 통화량 '증가' → 이자율 '하락'
- (한국은행이) 국채 '매도' → 시장 유동성 '감소' → 통화량 '감소' → 이자율 '상승'

통화정책 파급효과
- 금리경로: 금융시장의 금리 전반에 영향을 줌
- 자산가격경로: 주식, 채권, 부동산 등 자산가격에 영향을 줌
- 신용경로: 은행의 대출(신용)상황에 영향을 줌
- 환율경로: 수출입과 같은 환율에 영향을 줌
- 기대경로: 경제주체 기대인플레이션에 영향을 줌

5. 물가와 실업

물가의 측정

- 라스파이레스식: 기준 시와 같은 수량의 상품을 기준 시의 가격으로 구입했을 때의 지출총액 대비 비교 시의 가격으로 구입했을 때의 지출총액 변화 정도로 물가의 움직임을 측정하는 것이다.

$$라스파이레스지수 = \frac{\Sigma 기준\ 시\ 상품수량 \times 비교\ 시\ 가격}{\Sigma 기준\ 시\ 상품수량 \times 기준\ 시\ 가격} \times 100$$

- 파셰식: 라스파이레스식과는 달리 비교 시의 상품 수량을 가중치로 사용한다. 즉, 비교 시와 같은 수량의 상품을 기준시의 가격으로 구입했을 때의 지출총액 대비 비교 시의 가격으로 구입했을 때의 지출총액 변화 정도로 물가의 움직임을 측정하는 것이다.

$$파셰지수 = \frac{\Sigma 비교\ 시\ 상품수량 \times 비교\ 시\ 가격}{\Sigma 비교\ 시\ 상품수량 \times 기준\ 시\ 가격} \times 100$$

수요측 인플레이션

- 발생 원인
  - 케인즈학파: 실물부문의 영향, 주로 정부지출, 하지만 정부 예산제약으로 인해 지속적 인플레이션 설명 어려움
  - 고전학파(통화주의학파): 화폐부문의 영향, 주로 통화량 증가, 이 경우 통화량 제약이 거의 없기 때문에 지속적 인플레이션 설명할 수 있음
- 해결 방안
  - 케인즈학파: 정부지출의 크기 감소, 즉 '긴축정책' 주장
  - 고전학파, 통화주의학파: 통화량의 적절한 조정

인플레이션의 형태

- 혼합형 인플레이션: 수요 측 물가상승과 공급 측 물가상승이 혼합되어 나타나는 인플레이션
- 장기 인플레이션: (글자 그대로) 장기화되는 인플레이션. 주로 통화량 증가가 주원인
- 하이퍼 인플레이션: 인플레이션의 그 정도가 상당히 높은 현상

피셔효과

$$명목이자율 = 실질이자율 + 물가상승$$

인플레이션과 예상, 영향
- 예상된 인플레이션: 메뉴비용, 구두창비용
- 예상되지 못한 인플레이션: 월급 노동자(고정급)와 고용주, 채권자와 채무자
  ※ 예상되지 못한 인플레이션이 발생하면 '고용주와 채무자는 이득'을 보고 '월급 노동자와 채권자는 손실'을 본다.

실업의 유형
- 자발적 실업: 마찰적 실업(탐색적 실업)
- 비자발적 실업: 구조적 실업, 경기적 실업, 계절적 실업

실업의 측정

생산활동가능인구		
경제활동인구		비경제활동인구
취업자	실업자	—

실업에 관련된 주요 식
- 실업률＝실업자 수/경제활동인구×100
- 취업률＝취업자 수/경제활동인구×100
- 경제활동참가율＝경제활동인구/생산활동가능인구×100
- 고용률＝취업자 수/생산활동가능인구×100

자연실업률 관련 내용
- 자연실업률 결정요인(자연실업률 자체에 영향)
  - 산업의 구조적 변화
  - 출산율의 변화
- 자연실업률 감소방안
  - 직업훈련
  - 노동시장의 유연화
  - 탐색비용의 최소화

6. 환율과 국제수지

명목환율과 실질환율
- 명목환율
  - 두 화폐의 교환비율을 말한다.
  - 환율이 원/달러로 표시될 경우 환율 상승은 국내 통화가치 하락(원화 평가절하), 달러 통화가치 상승(달러 평가절상)을 의미한다. 명목환율은 교환비율만을 나타낼 뿐, 국가 간 제품경쟁력을 측정하는 데에는 한계가 있다.

MEMO

- 실질환율
  - 두 상품의 교환비율을 말한다.
  - 명목환율에 국내물가와 해외물가를 고려한 환율이다. 예를 들어, 미국 햄버거 가격이 원화로 6,000원이고 한국 햄버거가 3,000원이면, 미국 햄버거 가격은 한국 햄버거 가격보다 두 배 더 비싸다. 즉, 미국 햄버거 가격은 한국 햄버거 두 개로 표시할 수 있다.

환율 상승 시 외환 수요·공급 변화
- 자국 화폐가치 평가절하 → 수입제품(외국) 가격 상승 → 수입제품 수입량 감소 → 수입제품을 사려면 외환이 필요 → 환율이 오름에 따라 필요한 외환 수요도 줄어듦 → 환율상승 시 외환 수요곡선은 우하향
- 자국 화폐가치 평가절하 → 수출제품의 가격이 하락하여 수출제품 수출량 증가 → 수출제품을 팔고 나면 외환을 받고, 이 외환을 외환시장에서 원화로 거래하고자 함 → 환율이 오름에 따라 수출제품 팔고 받은 외환도 많아짐 → 환율상승 시 외환 공급곡선은 우상향

경상수지(상품과 용역거래의 결과)
- 상품수지: 상품을 수출해서 벌어들인 외화와 상품을 수입하는 데 지출한 외화와의 차이
- 서비스수지: 다른 나라와의 서비스 거래에서 벌어들인 외화와 지급한 외화와의 차이
- 소득수지: 우리 근로자가 해외에서 일하거나 국내자본을 해외에 투자하여 벌어들인 외화와, 국내에서 일하는 외국인 근로자에게 임금으로 지급하거나 외국자본에 대해 이자나 배당금으로 지급한 외화와의 차이
- 경상이전수지: 거주자와 비거주자 간에 무상으로 주고 받은 외화의 차이

자본수지(외국과의 돈거래 결과)
- 투자수지: 직접투자, 증권투자 등을 대상
- 기타자본수지: 해외이주자금, 특허권 및 저작권의 매매 등을 대상

3 경영

1. 경영의 기초

경영의 개념
- 일정한 목적 달성을 위해 인적·물적 자원을 결합한 조직, 또는 활동을 의미한다. 주로 기업 활동을 가리킨다.
- 경영의 분야로는 경영기초, 조직행위, 인적자원관리, 마케팅, 생산관리, 경영전략, 재무, 회계 등이 해당한다.

경영의 목적
- 경영의 일반적인 목적은 '이윤 추구'이다.
- 최근에는 '주주 자본주의'와 '이해관계자 자본주의'로 해석한다('기업 스스로의 이윤 추구 → 주주의 이윤 추구 → 직원·협력업체·고객 등 기업 활동의 이해관계자 이윤 추구' 이렇게 확대되는 개념으로 이해할 것).

기업의 유형
- 출자자에 따라: 사기업, 공기업 공사공동기업
- 법률상에 따라: 합명회사, 합자회사, 유한회사, 주식회사
  ※ 법률상 구분이 가장 중요하다. '명자네 한식집'으로 외우도록 하자. 명자까지는 무한책임이 존재하며, 한식부터는 유한책임이다.
  - 합명회사: 2인 이상, 전원이 연대무한책임
  - 합자회사: 무한책임사원 + 유한책임사원(무한책임사원은 경영에 참가, 반면 유한책임사원은 출자자 모집이나 이익분배에 관심)
  - 유한회사: 유한책임사원만으로 구성, 주식회사와 달리 정보공시 의무가 없음
  - 주식회사: 출자와 지분 양도가 자유로움, 불특정 다수로부터 대규모 자본을 조달받아 형성·운영할 수 있음, 전문경영자 제도
- 규모에 따라: 대기업, 중소기업 등

주식회사 관련 특징
- 유한책임: 주주는 자신이 투자한 금액에 대해서만 책임을 진다는 뜻, 그 이상은 추가적인 책임이 없음
- 전문경영자: 경영효율성을 높일 수 있음. 반면 주인-대리인 문제점 내포
- 자본의 증권화: 주식 표준화 발행 → 다른 주주의 동의 없이도 매매가 가능하기 때문에 투자 용이, 시장 전체의 유동성에 기여
- 주주의 권리: 의결권, 배당청구권, 잔여재산분배청구권 등
- 주식회사 3대 기관: 주주총회, 이사회, 감사
  ※ 주주총회에서 하는 일: 배당, 이사의 선임 및 해임, 정관변경(한마디로 말해 최고 의사결정기관)

대표 조직관리이론

- 베버의 관료제이론
  - 합리성, 합법성, 공식화, 피라미드조직의 특성을 가진다.
  - 장점: 엄격한 순응, 전문성, 연공 중심, 뚜렷한 상하계층, 문서화와 공식화된 의사결정 체계
  - 단점: 의사소통 저해, 매너리즘, 성과 부족, 경직성, 업무 효율성 저해
  - 공무원 조직을 떠올리면서 장단점을 기억해 두면 쉽게 이해할 수 있다.
- 테일러의 과학적 관리법
  - 인적·물적자원의 능률적 활용 목표, 시간·동작 연구의 특징을 가진다.
  - 작업효율이 상승한 노동자는 성과급 지급 등으로 생산성을 높인다.
  - 인간에 대한 이해가 부족했다는 평가를 받는다.
  - 포드의 포디즘(컨베이어벨트, 이동조립법 등의 기계화된 대량 생산)으로 발전했다.
- 메이요의 인간관계론
  - 호손실험의 본래 목적은 과학적 관리법을 검증하는 데 있었다. 하지만 가설과 다른 결과가 나오면서 이를 연구한 게 '호손 효과'이다.
  - 호손 효과: 인간은 물적 동기 외에도 심리, 태도, 행동에 영향을 받으며 그에 따라 생산성에 영향을 준다. 즉, 불만이나 감정과 같은 요인도 고려할 필요가 있다.
  - 경영학에서 점차 인간의 요소를 고려하고, 확대하는 계기로 작용했다.

조직화의 원칙

- 원칙
  - 분업화(일을 나누는 것): 전문화라고도 함. 전문화 수준이 너무 높으면 부정적 효과 발생 우려 존재
  - 통합화(일을 합치는 것)
  - 분권화(책임과 권한의 배분)
- 집권화와 분권화
  - 집권화: 기계적 조직(부서 간 이질성, 엄격한 상하관계, 고정직무 부여, 높은 공식화, 공식적 커뮤니케이션)
  - 분권화: 유기적 조직(부서 간 유사성, 협동관계, 융통성 있는 직무배분, 낮은 공식화, 비공식 커뮤니케이션)

[기계적 조직]

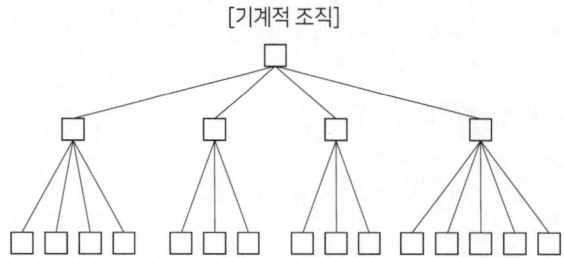

[유기적 조직]

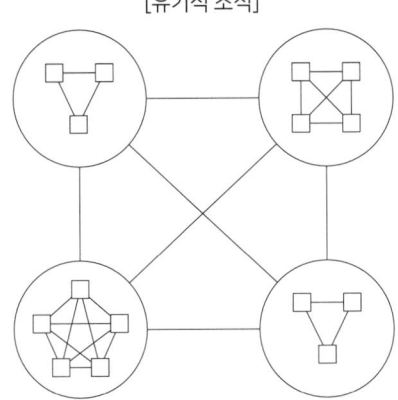

- 조직 형태의 구분
  - 기능 조직: 전체 조직을 기능별로 분류하고(인사·생산·기술·마케팅·R&D·재무 등), 기계적 조직 구조에 가장 가까운 특징을 가지며, 장점은 규모의 경제 획득, 소품종 생산에 적합이고, 단점은 환경변화에 둔감, 혁신 둔화임
  - 사업부 조직: 사업부별 필요한 권한을 부여받아 각각의 경영을 수행하는 분권적 조직, 기능 조직보다 빠른 의사결정, 대기업에서 자주 볼 수 있는 구조, 장점은 성과에 초점, 사업부 실패가 타 사업부에 영향을 주지 않는다는 것이고, 단점은 전사적 차원의 전략 수립 한계, 사업부별 중복에 따른 비효율성이 존재한다는 것임
  - 매트릭스 조직: 기능별 분류와 프로젝트별 분류를 혼합한 형태, 명령 및 보고체계의 이원화, 장점은 환경변화에 신속 대응, 프로젝트성 업무가 많은 기업에 효과적이라는 것이고, 단점은 조직 구조의 혼란, 보고체계의 혼동이 있다는 것임
  - 네트워크 조직: 핵심역량만 보유하고 나머지는 아웃소싱화, 장점은 비용 감소, 조직 운영의 탄력성이고, 단점은 기술과 정보 유출 우려, 직원의 소속감 하락이 있음

[매트릭스 조직]

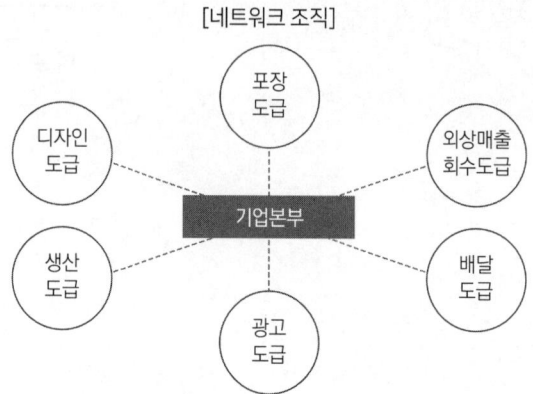
[네트워크 조직]

2. 조직행동론

개요
- 조직 내 개인, 집단, 조직 수준의 행동이나 행동에 영향을 미치는 것을 연구하는 이론이다.
- 조직행동론에는 절대적인 법칙이 없으며 상황에 따라 달라진다.
- 명백한 측정 기준(조직행동에 영향을 주는 요소, 대표적으로 심리) 또는 조직행동 발생 원인으로의 증명이 어렵다는 한계도 존재한다.

동기부여이론
개인 또는 집단이 자발적으로 일하고자 하는 의욕을 갖도록 해 조직목표달성을 위한 행동을 만드는 행위 이론이다.
- 동기부여의 내용: 어떤 욕구가 동기를 자극하는가?
- 동기부여의 과정: 동기부여가 어떤 매커니즘을 통해 행동으로 이어지는가?

동기부여의 내용
- 매슬로우 5단계설
  - 생리적 욕구 → 안전의 욕구 → 애정과 공감의 욕구 → 존경의 욕구 → 자아실현의 욕구
  - 가장 보편적 이론이지만 욕구의 동적 발현, 욕구 간 상호작용 요소를 고려하지 못했다는 비판점이 존재한다.
  ※ 안전의 욕구에는 고용안정과 같은 사회·경제적 안정도 포함되며, 존경의 욕구는 자아존중감의 충족과 관련이 있다.
- 맥그리거의 XY이론
  - X이론: 인간은 책임감이나 욕망이 없는 존재로, 관리가 필요하다. → 조직 내 통제와 규범을 명확화하여, 효율성을 높이는 것이 목표이다.
  - Y이론: 인간은 자발적으로 노력하는 존재이다. → 개인 목표와 조직 목표가 일치되게 설계하는 것이 중요하다.

- 허츠버그의 2요인이론
  - 직무에 만족하지 못했다고 해서 꼭 불만족하다고 볼 수는 없다. 즉, 불만족 요인이 따로 있다는 뜻이다.
  - 동기요인: 승진, 직무 내용, 책임감, 성취감 인정감 등
  - 위생요인: 작업장의 안전, 직원 간 관계, 급여 수준, 회사 정책
  - 인간의 동기 요소를 지나치게 단순화시켰다는 비판이 존재한다.

동기부여의 과정
- 브룸의 기대이론
  - '노력하면 요구되는 수준의 일을 달성할 수 있는가?(기대) → 일의 성과가 좋아지면 내가 바라는 결과를 얻을 수 있는가?(수단성) → 예상 결과에 대해 내가 두고 있는 가치는 어느 정도인가?(유의성)'의 단계를 거침
  - 기대×수단성×유의성＝동기부여의 정도
  - 업무 성과를 낼 확률이 높고(기대○), 그에 따라 높은 보상을 받을 것이라는 생각(수단성○)을 갖더라도, 자신의 욕구에 부합하지 않다고 판단하면(유의성×) 동기부여가 이뤄지지 않을 수 있다.
  - '기대'가 낮더라도 수단성이나 유의성을 높여 주면 동기부여 수준도 높아진다.
- 애덤스의 공정성이론
  - 사람들은 자신의 투자 대비 결과 비율을 다른 사람과 비교해 얼마나 공정한지 정도를 인식한다는 이론이다.
  - 부정적 불공정 발생 시(본인보다 타인의 보상이 상대적으로 크다고 느낄 때): 근무태만, 임금 인상 요구, 이직, 팀 내 갈등이 발생한다.

리더십이론

전통적 리더십	• 현상 유지, 통상적으로 기대되는 수준의 성과 창출 추구 • 상사와 부하 간 수직적 상호관계 • 환경 변화 경시
새로운 리더십	• 조직이 궁극적으로 추구해야 할 비전을 제시하고 구성원에게는 변화와 혁신을 추구 • 신뢰를 바탕으로 한 수평적 상호관계 • 리더십 환경변화 고려

리더십이론의 발달과정
- 특성이론(1930~1950)
  - 리더 개인의 특성과 역량에 주목하며, 우수한 특질(성격, 교육수준, 판단력, 대인관계 등)을 갖는 사람이 우수한 리더가 된다는 이론이다.
- 행동이론(1950~1960)
  - 리더는 타고나는 것이 아니라 만들어진다는 전제의 이론이다.

MEMO

- '리더십 관리격자도' 모형이 대표적이다.
- 조직이 원하는 리더: '과업형'과 '컨트리클럽형'을 합친 '팀형'

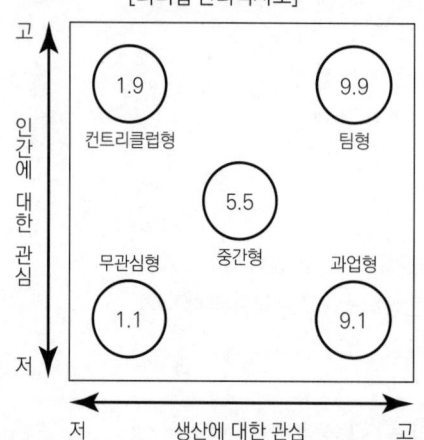

[리더십 관리격자도]

- 상황이론(1970~1980)
  - 리더가 갖는 특성과 행동이 모든 상황에 들어맞는 건 아니라는 이론이다.
  - 피들러의 상황모형: 상황이 리더에게 유리하거나 불리하면 과업형 리더십이 효과적이며, 중간 수준이면 인간관계적 리더가 효과적이다.
- 허쉬-블랜차드 모델: 과업과 관계를 축으로 4가지 상황을 제시한다.

위임형	능력 上, 의욕 上	직원에게 큰 권한 부여
참여형	능력 上, 의욕 下	의사결정을 통한 동기부여 유발
설득형	능력 下, 의욕 上	설명과 교육 필요
지시형	능력 下, 의욕 下	설명 및 지속적 감독

- 새로운 리더십(1980 이후)

3. 마케팅

STP전략

- S(시장세분화, Segmentation): 다양한 욕구를 가진 소비자가 포함된 시장을 특정 소비자들로 묶어서 나눔(특정 상품에 대한 소비자의 욕구나 의견, 행동을 기준)
- T(타깃팅, Targeting): 세분화된 시장에서 가장 매력적인 시장을 선택하는 과정
- P(포지셔닝, Positioning): 소비자에게 경쟁사 대비 유리한 위치를 선점하거나 차별적인 가치를 갖도록 하는 과정
※ 유형: 속성(디카페인), 가격, 품질(아이폰), 상황(졸릴 때 마심), 경쟁제품(타사 대비 우수성), 사용자(유아식)

마케팅믹스

- 구성요소(4P): 제품(Product), 가격(Price), 유통(Place), 촉진(Promotion)
- 제품수명주기: 도입기 → 성장기 → 성숙기 → 쇠퇴기
  - 성장기에 매출이 급격히 증가하여, 성숙기에 매출량이 가장 커진다.
  - 도입기(혁신소비자), 성장기(조기수용자), 성숙기(조기다수자·후기다수자), 쇠퇴기(최후수용자)

가격

- 신제품 가격전략
  - 초기 고가전략: 스키밍·이익극대화
  - 초기 저가전략: 시장침투·시장점유율
- 가격전략의 예
  - 단일가격(담배) / 변동가격(농수산물) / 준거가격(소비자 기준)
  - 유보가격(소비자 최대 지불의사) / 최저수용가격(가격이 너무 낮으면 역효과)
  - 관습가격(평소 느끼는 가격) / 단수가격(990원, 9,900원 등)
  - 명성가격(소비자가 지불할 수 있는 가장 높은 가격)
  - 가격차별화(수요량, 고객집단 차이)

유통

- 옴니채널: 온오프라인 및 다양한 채널을 통해 상품 정보를 탐색하고 구매할 수 있음('옴니'가 '모든 것'을 뜻함)
- 쇼루밍: 오프라인에서 상품 정보를 획득하고 구매는 온라인에서 함
- 역쇼루밍: 온라인에서 상품 정보를 획득하고 구매는 오프라인 매장에서 함

촉진

- 푸시전략: 제약사가 약국에 상품을 넣는 것처럼 유통업자에게 상품을 밀어넣는 것
- 풀전략: 상품에 대한 충성도가 높을 때, 출시일에 맞춰 고객들이 기다리는 상황

4. 경영전략

외부환경분석(5 Forces Model)

기업 운영에 영향을 줄 수 있는 요소는 크게 5가지이다.

[5 Forces Model 구조]

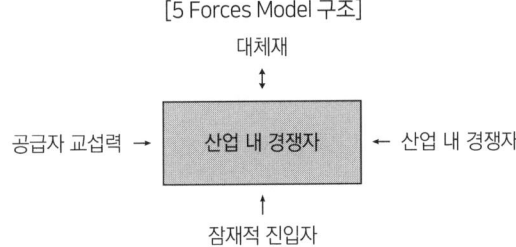

- 한계점
  - 동태적 경쟁 변화 모습을 반영하지 못한다.
  - 산업 외의 실질적 경쟁자를 분류하는 데 한계가 있다.

SWOT분석

구분	기회(O)	위협(T)
강점(S)	SO전략 강점 기반으로 기회를 살림	ST전략 강점 기반으로 위협 최소화
약점(W)	WO전략 약점을 보완해 기회를 살림	WT전략 약점을 보완해 위협 최소화

BCG매트릭스

[BCG매트릭스의 구조]

기업 수준 전략

- 앤소프 매트릭스

[앤소프 매트릭스 구조]

	기존 시장	신시장
기존 제품	시장침투 전략	시장개발 전략 (확장 전략)
신제품	제품개발 전략 (관련다각화 전략)	다각화 전략

- 수직적 통합과 수평적 통합
  - 수직적 통합: 전방통합과 후방통합
  - 수평적 통합: 동일 업종 기업 간 합병이나 제휴

MEMO

회계

1. 재무제표

회계
재무, 투자, 영업 등의 경영활동을 측정해 정보 이용자에게 유용한 정보를 제공하는 것이다.

회계의 분류
재무회계, 관리회계, 세무회계(정보이용자에 따라)가 있다.

구분	재무회계	관리회계	세무회계
회계목적	재무제표 작성	경영자에게 제공	세금 납부
정보이용자	투자자, 채권자 등	경영자, 근로자 등	국세청 등 정부
기준	국제회계기준 (IFRS)	기업내부규정	법인세법 등
제공시기	연차, 반차, 분기	필요에 따라	1년에 한 번
회계대상	과거 경제활동 자료	현재, 미래의 자료	과거, 현재의 자료
기타	강제성(재무제표)	강제성 없음 (양식X)	강제성 (세무조정계산서)

재무제표의 종류
- 재무상태표: 기업의 일정 시점 재무 상태에 관한 정보 제공
- 포괄손익계산서: 기업의 일정 회계 기간의 성과에 관한 정보 제공
- 자본변동표: 기업의 일정 회계 기간의 자본의 증가/감소 변동 내용 보고
- 현금흐름표: 기업의 일정 회계 기간의 투자, 재무 및 영업활농의 현금흐름
- 주석: 재무제표에 나타나지 않는 정보

[재무제표 구성]

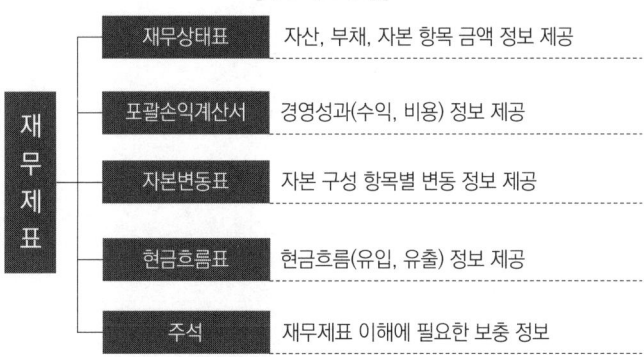

회계 감사

제3자가 작성된 재무제표의 적정성에 대한 의견을 제시하는 것이다.

- 적정(위배 없음)
- 한정(위배 ○ & 영향 小)
- 부적정(위배 ○ & 영향 大)
- 의견거절(의견 표명 불가능 또는 판단 불가능)

2. 재무상태표

재무상태표

보고일 현재 기업의 자산, 부채, 자본의 금액과 구성을 표시하는 재무 보고서이다 (현재의 지갑).

[재무상태표 예시]

자산	부채
Ⅰ. 유동자산 　1. 당좌자산 　　- 현금/단기 금융자산/매출채권 　2. 재고자산 　　- 제품/재공품/원재료 Ⅱ. 비유동자산 　- 투자자산 　- 유형자산 　- 무형자산	Ⅰ. 유동부채 　- 매입채무 　- 단기차입금 Ⅱ. 비유동부채 　- 장기차입금 　- 장기부채
	자본 Ⅰ. 자본금 Ⅱ. 자본잉여금 Ⅲ. 이익잉여금

자산

과거 사건의 결과로 기업이 통제하고 있고, 미래 경제적 효익(가치)을 증가시킬 재화나 채권 등의 경제적 자원을 말한다.

- 유동자산
  - 1년 이내에 현금화가 가능한 자산을 말한다.
  - 현금 및 현금성 자산, 매출채권, 유가증권, 미수금, 선급금, 재고자산이 포함된다.
- 비유동자산
  - 1년 이상 경과 후 현금화가 가능한 자산을 말한다.
  - 투자자산(채권, 주식, 투자부동산), 유형자산(토지, 건물, 기계), 무형자산(영업권, 특허권, 저작권, 개발비)이 포함된다.

MEMO

부채
미래 경제적 효익의 희생을 가져올 장래에 갚아야 할 의무를 말한다.
- 유동부채
  - 1년 이내에 상환일이 도래하는 부채를 말한다.
  - 매입채무, 미지급금, 단기차입금, 선수금, 예수금, 미지급비용이 포함된다.
- 비유동부채: 장기차입금, 사채, 퇴직급여충당부채

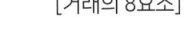

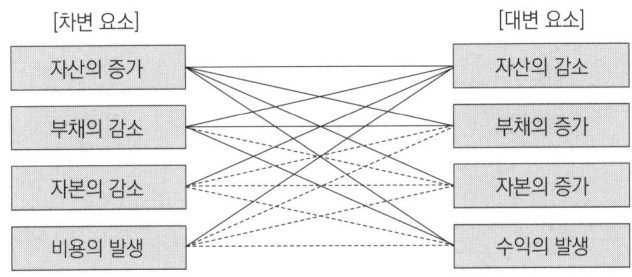

3. 자본

자본

[자본의 분류]

구분		세부항목
납입 자본	자본금	보통주자본금, 우선주자본금
	자본잉여금	주식발행초과금, 기타자본잉여금(자기주식처분이익, 감자차익 등)
이익잉여금		법정적립금, 임의적립금, 미처분이익잉여금
기타포괄 손익누계액		매도가능금융자산평가손익누계액, 재평가잉여금 등
기타자본구성요소		자기주식, 미교부주식배당금, 주식할인발행차금 등

- 자본금: 주주의 불입자본으로, 주식의 액면금액
- 자본잉여금: 자본거래로 발생한 잉여금(주식발행초과금, 기타 재평가 적립금)
- 자본조정: 자기주식
- 이익잉여금: 순이익에서 배당 금액을 차감한 잔액

※ 보통주: 특별한 권리 내용이 없는 보통의 주식(의결, 배당)
※ 우선주: 보통주보다 이익배당과 잔여재산 분배에 있어 우선적 지위를 가진 주식(의결권 없음)

자본의 변화
- 유상증자
  - 신주 발행을 통한 자금 조달을 말한다. 최초는 기업공개(IPO)이다.
  - 현금↑, 자본금↑, 자본잉여금 발생, 주식 증가, 희석화

- 무상증자
  - 준비금의 자본 전입에 의한 신주 발행을 말한다.
  - 현금유입 無, 자본 증감 無, 자본금↑, 준비금↓

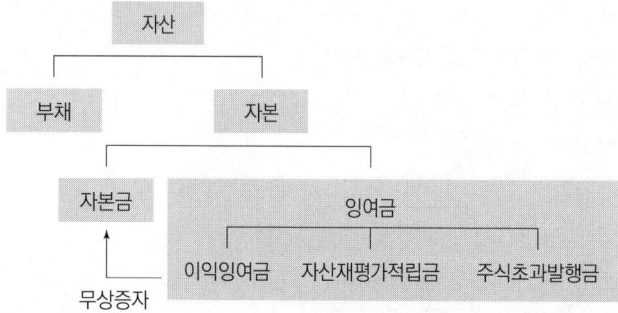

- 주식배당
  - 신규발행한 주식으로 대신하는 배당을 말한다.
  - 주식 수↑, 자본 증감 없음, 자본금↑, 준비금↓, 자금유보
- 주식분할
  - 자본의 증가 없이 발행주식의 총수를 늘리는 것을 말한다.
  - 주식 수↑, 자본금과 자본 증감 없음, 유통주식 물량 확대
- 자사주 매입
  - 회사가 자기 회사의 주식을 주식시장 등에서 매입하는 것을 말한다.
  - 유통주식 물량 축소로 주가 상승 및 주주 이익이 증가하며, 소각할 경우 자본금이 감소한다.

4. 손익계산서

포괄손익계산서
일정 기간 동안 기업의 경영성과를 보고하기 위해 수익과 비용을 기재하고, 총포괄손익을 표시하는 재무제표이다.

- 수익
  - 특정 회계 기간 동안 발생한 경제적 효익의 증가를 의미한다.
    ※ 회사가 번 돈, 기업 자본 증가분
  - 매출액, 이자수익, 임대료 수익, 배당 수익, 수수료 수익 등
- 비용
  - 특정 회계 기간 동안 발생한 경제적 효익의 감소를 의미한다.
    ※ 회사가 쓴 돈, 기업 자본 감소분
  - 매출원가, 급여, 임차료, 광고선전비, 이자비용, 법인세 등

[손익계산서 샘플]

매출액	
매출원가	
매출총이익	
판매비와 관리비	
판매비	광고비, 수수료, 보험료, 운반비
관리비	급여, 복리후생비, 임대료, 여비교통비
영업이익	
영업외손익	이자수익/비용, 외환차손익, 처분손익
법인세비용차감전순이익	
법인세비용	
당기순이익	
기타포괄손익	
총포괄손익	

- 구성 항목
  - 매출액: 정상적인 영업활동을 통해 벌어들인 수익
  - 매출원가: 상품, 제품 등을 판매해 매출을 올리는 데 직접 연관된 비용(원가)
  - 매출총이익: 매출액에서 매출원가를 차감한 이익
  - 판매비와 관리비: 판매 활동과 기업의 관리, 유지 활동에서 발행하는 비용
  - 영업이익: 매출총이익에서 판매비와 관리비를 차감한 이익
  - 영업외손익: 기업의 주된 영업활동 이외에 발생하는 손익
  - 당기순이익: 영업이익에서 영업외손익과 법인세 차감
  - 기타포괄손익: 자본의 증감에 의한 수익과 비용
  - 총포괄손익: 포괄손익계산서에서 산출되는 최종 이익

5. 현금흐름표

현금흐름표
- 회계 기간의 영업, 투자 및 재무활동으로부터 유입되는 현금의 흐름을 표시하는 재무제표이다.
- 실제 현금의 유출입을 기록하는 현금주의이다.

현금흐름표의 유용성
- 기업의 미래 현금 흐름을 예측할 수 있는 정보를 제공한다.
- 당기순이익과 영업활동으로 인한 순현금 흐름의 차이 및 그 원인에 관한 정보를 제공한다(흑자 도산 인지).
- 채무상환능력, 배당금 지급 능력과 자금조달 필요성 등의 정보를 제공한다.

현금흐름표의 구성 항목

- 영업활동으로 인한 현금흐름
  - 당기순이익(손실)
  - 현금유출 없는 비용 등의 가산(감가상각비, 이자비용 등)
  - 현금유출 없는 수익 등의 차감(이자수익 등)
  - 영업활동으로 인한 자산 부채의 변동
- 투자활동으로 인한 현금흐름
  - 투자활동으로 인한 현금 유입(유형자산, 투자자산 매각)
  - 투자활동으로 인한 현금 유출(자산 매입 및 취득)
- 재무활동으로 인한 현금흐름
  - 재무활동으로 인한 현금 유입(현금차입, 사채발행, 증자)
  - 재무활동으로 인한 현금 유출(차입금 상환, 배당금 지급)

[현금유입과 현금유출]

구분	현금유입	현금유출
영업활동으로 인한 현금흐름	• 제품과 상품 등의 현금판매 • 매출채권의 회수 • 이자수익, 배당수익	• 원재료, 상품의 구입 • 매입채무의 지급 • 이자비용의 지급
투자활동으로 인한 현금흐름	• 대여금의 회수 • 유가증권의 처분 • 단기 금융상품 감소 • 고정자산의 처분	• 현금의 대여 • 유가증권의 취득 • 단기 금융상품 증가 • 고정자산의 취득
재무활동으로 인한 현금흐름	• 차입금의 조달 • 사채의 발행 • 주식의 발행 • 자기주식의 처분	• 차입금의 상환 • 사채의 상환 • 주식의 소각 • 자기주식의 취득

6. 원가·관리회계

원가·관리회계

- 원가회계: 원가를 측정 배분 및 계산하는 데 중점
- 관리회계: 계산된 원가를 이용해 최적의 의사결정을 내리는 데 중점

손익분기점 분석(BEP: Break-Even Point)

일정 기간의 수익과 비용이 일치하여 이익도 손실도 발생하지 않는 상태이다. 이익을 0으로 만드는 매출액 또는 판매량을 말한다.

매출액 = 총비용

원가·조업도·이익 분석(CVP: Cost, Volume, Profit)

- 고정비(FC): 일정 기간 동안 조업도의 변동에 관계없이 항상 일정하게 발생하는 원가
- 변동비(VC): 조업도의 변화에 따라 크기가 변동하는 원가
- 공헌이익: 판매가격에서 변동비 차감(P−VC)
- 공헌이익률: 단위당 공헌이익 / 단위당 판매가격
- 손익분기점 판매량: 고정비 / 단위당 공헌이익(판매단가−단위당 변동비)
- 손익분기점 매출액: 고정비 / 공헌이익률(1−변동비율)

MEMO

⑤ 재무

1. 재무 기초

단리 계산

이자를 계산할 때 원금에 대해서만 일정한 시기에 약정한 이율을 적용하여 계산하는 방법이다.

$$S = A(1+rn)$$

※ S: 원리금 합계, A: 원금, r: 이율, n: 기간(년)

복리 계산

일정기간의 기말마다 이자를 원금에 가산하여 그 합계액을 다음 기간 원금으로 계산하는 방법이다.

$$S = A(1+r)^n$$

※ S: 원리금 합계, A: 원금, r: 이율, n: 기간

적금 이자 계산(단리)

$$이자 = 월적금액 \times \frac{n \times (n+1)}{2} \times \frac{r}{12}$$

※ n: 개월 수, r: 이율

화폐의 시간가치

- 미래가치(FV) = 현재의 현금$(PV) \times (1+이자율)^n$
- 현재가치(PV) = 미래의 현금$(FV) \div (1+이자율)^n$

$$PV = \frac{C_1}{1+r_1}$$

$$PV = \frac{C_2}{(1+r_2)^2}$$

$$PV = \frac{C_3}{(1+r_3)^3}$$

$$\vdots$$

$$PV = \sum_{t=1}^{n} \frac{C_t}{(1+r_t)^t}$$

2. 주요 원리

재무 관리의 기능
- 투자 의사결정
  - 어떤 종류의 자산을 얼마만큼 보유할 것인가?
  - 기업의 미래 현금 흐름과 영업 흐름을 결정한다.
- 자본조달 의사결정
  - 투자에 소요되는 자본을 어떻게 효율적으로 조달할 것인가?
  - 자본 비용을 최소화하는 자본과 부채의 비율이다.
- 배당 의사결정
  - 기업의 순이익 중 얼마를 주주에게 배당할 것인가?
  - 배당금과 유보 이익을 조화시켜 기업가치를 극대화한다.

포트폴리오(Portfolio)
- 투자자들이 투자 자금을 여러 종류의 자산에 분산 투자할 때 소유하는 자산들의 집합을 말한다.
- 분산투자를 통해 기업 고유의 위험(비체계적 위험)을 제거한다.
  - 비체계적 위험(분산가능 위험): 추가로 다른 기업의 증권을 구매해 위험을 분산
  - 체계적 위험(시장 위험): 자산의 수를 아무리 증가시켜도 줄어들지 않는 위험

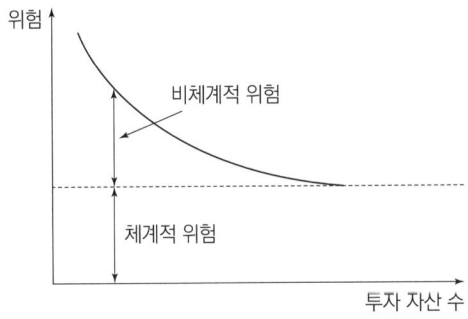

3. 투자 의사결정

투자 의사결정
기업의 장기 투자와 관련한 투자 대안의 수익성을 평가하고 이를 바탕으로 투자안을 선택 결정하는 것을 말한다.
- 독립적 투자안
- 상호배타적 투자안

순현가법(NPV: Net Present Value)

$$NPV = 미래\ 현금\ 흐름의\ 현금\ 가치 - 투자금액$$

- NPV>0 → 투자안 채택, NPV<0 → 투자안 기각
- NPV>0인 투자안 중 NPV가 가장 높은 투자안 선택
- 투자안의 모든 현금 흐름을 활용한다.
- 현금 흐름을 적절한 할인율로 할인한다.
- 가치의 가산 원칙의 성립: NPV의 합산 가능

내부수익률(IRR: Internal Rate of Return)

기대되는 현금 유입의 현재가치와 현금 유출의 현금가치를 같게 하는 할인율로 순현재가치(NPV)를 0으로 만드는 할인율을 말한다.

- IRR>r(시장이자율) → 투자안 채택, IRR<r → 투자안 기각
- IRR>r인 투자안 중 IRR이 가장 높은 투자안 선택
- 투자금액과 이익의 규모가 무시된다.
- 가치 가산 원칙이 성립하지 않는다(IRR 합산 불가).

※ NPV법과 IRR법은 재투자 수익률에 대한 가정이 다르다(자본비용과 내부수익률).

4. 자본 조달

자금조달 방법

- 외상매입금, 은행 차입, 기업어음, 회사채 발행
- 주식 발행, 사내 유보금

기업어음(CP)

기업이 자금 조달을 목적으로 발행하는 어음 형식의 단기 채권이다.

전환사채(CB)

장래 회사채 상환 대신에 발행 기업의 주식을 수취할 수 있는 권리(전환권)를 부여받은 회사채이다. 기존 주주는 불리하다.

※ 권리행사 시: 부채 감소, 자본 증가, 현금유입 없음

신주인수권부사채(BW)

회사가 장래에 발행할 주식을 일정 가격으로 구입할 수 있는 권리(신주인수권)를 부여한 회사채이다.

※ 권리행사 시: 자산 증가, 자본 증가, 현금 유입, 사채권 존속

교환사채(EB)

투자자가 일정 시일 경과 후 발행사가 보유 중인 다른 회사 주식으로 교환할 수 있는 권리가 있는 사채이다.

※ 권리행사 시: 부채 감소, 자산 감소, 현금유입 없음

영구채-하이브리드채권

만기를 계속해서 연장할 수 있는 채권으로, 투자자에게 원금을 상환하지 않고 이자만 지급한다(국제회계기준상 자본).

MEMO

5. 가중평균자본비용(WACC)

WACC(Weighted Average Capital Cost)

$$WACC = 자기자본비용 \times (자기자본/총자산) + 타인자본비용 \times (1 - 법인세율) \times (타인자본/총자산)$$

- 각 원천별 자본비용을 구성비율로 가중한 기업의 총자본비용을 말한다.
- WACC는 자기자본할인율과 부채 이자율에 의해 결정된다.
- 업종이 불확실하고 수익창출능력이 떨어질 경우 자기자본 할인율이 높다(β가 높음).
- 장기 부채와 자기 자본의 적절한 결합을 통해 기업 가치를 극대화하는 정책이다.
- 과도한 타인 자본 시 재무 건전성이 악화된다.
- WACC 상승은 기업가치가 감소하는 것이다.

자기자본비용

$$r = R_f + [E(R_m) - R_f] \times \beta$$

※ r: 자기자본비용
※ R_f: 무위험 이자율(3년 만기 국공채)
※ $E(R_m)$: 주식시장 기대수익률
※ β: 개별주식의 변동성과 시장 전체 주가 변동성

- 자본자산 가격결정모형(CAPM)과 증권시장선(SML)을 이용한다.
- β가 1보다 클수록 경기민감주, 작으면 경기방어주이다.

타인자본비용
대출 이자율이 산정 기준이 된다.

6. 배당

배당 정책
- 기업의 이익 중 얼마를 유보이익으로 남겨 두고 얼마를 주주에게 배당할 것인지를 고려하여 배당의 크기, 형태, 시기를 결정한다.
- 유보이익과 배당금을 조화시켜 기업가치를 극대화시킨다.

배당의 종류
- 현금배당: 정규 현금배당과 특별 현금배당
- 주식배당: 소유한 주식 수에 따라 주식을 배당으로 지급
- 자사주매입: 자사주를 매입하여 주식가치 상승
- 청산배당: 청산 과정에서 잔여 자산에 대한 지급

※ 주식배당은 현금배당으로 인한 자금유출을 방지(유동성 확보)하고 지분율 변동 없이 자본금을 증가시킨다(재무구조 개선).

배당 결정 요인
기업의 성장과 유동성, 당기순이익, 영업현금흐름, 부채 상환 의무, 기업의 지배권, 투자기회, 기업의 신용도 등이 있다.

주요 용어
- 배당성향
  - 주당 배당금 / 주당순이익(EPS)
  - 당기순이익 중 현금배당의 총액이 얼마나 되는지를 나타내는 비율이다.
- 배당률
  - 주당 배당금 / 주당 액면가액
  - 주당 액면금액에 대하여 지급되는 배당금 비율이다.
- 배당수익률
  - 주당 배당금 / 현재 주가
  - 배당금이 현재 주가의 몇 %인가를 나타내는 비율이다.

배당성향	• 당기순이익에 대한 현금 배당 비율 • 주당 배당금 ÷ 주당 순이익(배당금 ÷ 당기순이익)
배당수익률	• 투자자금에 대한 배당의 정도 • 주당 배당금 ÷ 현재 주가
배당률	• 액면가 대비 지급되는 배당금 • 주당 배당금 ÷ 주당 액면가액
배당기준일	• 권리확정날짜 • 사업년도 결산일
배당금 지급	• 주총 의결 사안 • 결정 후 1개월 이내 지급
배당락	• 권리상실 날짜 • 배당기준일 전날

7. 파생상품

선도거래(Forward)
- 약정일에 미리 정한 가격에 자산을 사거나 팔아야 하는 의무가 부여된 거래이다.
- 당사자가 가격 변동의 위험에서 벗어나기 위해 직접 체결한다.

선물거래(Futures)
- 정형화되고 표준화된 선도거래로, 지정된 거래소에서 거래가 체결 및 정산이 진행된다. 증거금제도와 일일정산제도가 있다.
- 선물거래는 위험관리수단의 제공, 가격 예시 기능 및 새로운 투자기회를 제공한다.

선도거래	선물거래
• 당사자 간 직접 거래 • 당사자 간 계약 조건 합의 • 만기일 결제 • 장외 거래	• 거래소를 통한 거래 • 표준화된 계약 조건 • 거래소에서 일일 정산 • 선물거래소에서 거래

스왑(SWAP)
- 계약 조건 등에 따라 일정 시점에 자금 교환을 통해서 이루어지는 금융을 말한다.
- 금리스왑과 통화스왑이 있다.

※ 통화스왑은 외환위기 등 비상시에 상대국에 자국 통화를 맡기고, 상대국 통화나 달러화를 빌려올 수 있는 계약으로 각국 중앙은행이 지급을 보증한다.

옵션(Option)
어떤 상품이나 유가증권을 미리 정한 가격으로 일정 시점에 사거나 팔 수 있는 권리를 말한다.
- 콜옵션(Call): 특정자산을 살 수 있는 권리. 정해진 가격으로 특정 기초자산을 만기일이나 만기일 이전에 살 수 있는 권리가 부여된 옵션
- 풋옵션(Put): 특정자산을 팔 수 있는 권리
- 옵션 프리미엄: 옵션을 사는 사람이 파는 사람에게 지불하는 대가
- 유럽형 옵션 vs 미국형 옵션

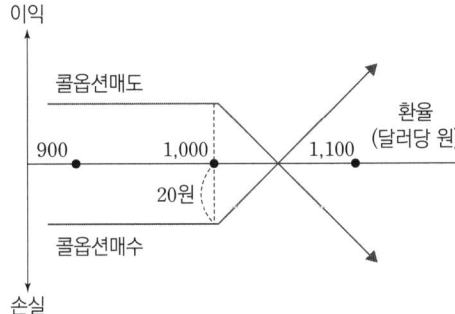

[콜옵션 매수 · 매도]

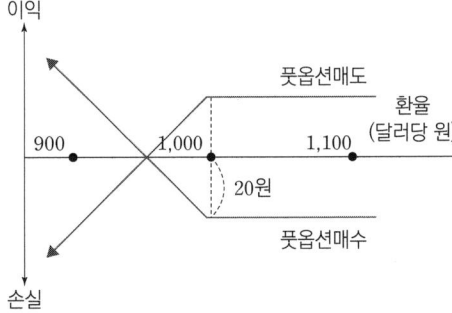

[풋옵션 매수 · 매도]

8. 재무비율

유동성비율

- 유동비율

$$유동비율 = (유동자산 \div 유동부채) \times 100$$

- 1년 이내에 만기가 도래하는 부채상환으로 이용되는 유동 자산의 크기이다.
- 단기 부채 지급 능력을 의미한다.
  ※ 200% 이상 양호

- 당좌비율

$$당좌비율 = (당좌자산 \div 유동부채) \times 100$$

- 당좌자산은 유동자산에서 현금화가 어려운 재고를 제외한 것이다.
- 단기 부채 지급 능력을 의미한다.
  ※ 100% 이상 양호

레버리지비율

- 부채비율

$$부채비율 = (총부채 \div 자기자본) \times 100$$

- 자본 구조에 있어 타인 자본 의존도를 나타낸다.
- 자본 구조의 건전성 지표이다.
  ※ 200% 미만 양호

- 이자보상배율

$$이자보상배율 = (영업이익 \div 이자비용)$$

- 1년 동안 기업이 벌어들인 영업이익으로 이자비용을 지급할 수 있는지를 평가하는 지표이다.
- 3년 연속 1 미만은 한계기업이다.

성장성비율

- 총자산증가율 = (당기말 총자산 − 전기말 총자산) ÷ 전기말 총자산 × 100
- 매출액증가율 = (당기 매출액 − 전기 매출액) × 100
- 이익증가율 = 매출총이익증가율, 영업이익증가율 등

활동성비율

- 총자산회전율 = 매출액 ÷ 총자산
- 매출채권회전율 = 매출액 ÷ 매출채권

- 재고자산회전율＝매출액(매출원가)÷재고자산
※ 회수기간＝365/회전율

수익성비율
- 총자산이익률(ROA)＝(당기순이익÷총자산)×100
- 자기자본이익률(ROE)＝(당기순이익÷자기자본)×100
- 매출액영업이익률＝(영업이익÷매출액)×100

9. 시장가치비율

시장가치비율
증권시장에서 형성된 주식가격과 기업가치(주식가치) 창출 요인을 반영하는 재무제표 항목을 고려해 산출하는 비율을 말한다.

주가이익율(PER: Price Earning Ratio)

> 주가이익율(PER)＝주가/주당순이익(EPS)
> 주당순이익(EPS)＝당기순이익/주식 수
> ※ 우선주가 있을 경우 당기순이익에서 우선주 배당금을 차감하며, 보통주만 적용한다.

- 현 주가가 주당이익의 몇 배로 형성되어 있는지 계산한다.
- PER이 높으면 당해 기업의 미래이익이 증가할 것으로 전망, 산업 평균 PER보다 기업의 PER이 낮으면 주가가 저평가된 것(주식 매수 기회)

주가순자산비율(PBR: Price to Book Ratio)

> 주가순자산비율(PBR)＝주가/주당 순자산(BPS)

- 현재 주가가 순자산(자기자본) 장부가치의 몇 배로 형성되어 있는지 계산한다.
- PBR＞1: 장부가치보다 더 크게 수가가 형성

경제적 부가가치(EVA: Economic Value Added)

> 경제적 부가가치(EVA)＝당기순이익－가중평균자본비용×투자금액

자본비용을 초과해 창출된 이익 투하자본으로터의 기대수익 초과 이익이 본질가치를 창출한다.

EV/EBITDA
기업가치(EV)를 EBITDA로 나눈 것으로, 영업활동 이익으로 기업을 인수했을 때, 원금 회수 기간을 말한다.

혼JOB IBK기업은행 통합기본서
핵심유형 분석 + 실전대비 문제

개정 4판 1쇄 발행 2025년 8월 26일

편 저 자 혼JOB취업연구소

발 행 인 석의현
기획·편집 배현우 이선주 전준표
디 자 인 안신영
마 케 팅 김경숙

발 행 처 ㈜커리어빅
등   록 2018년 11월 26일 (제2019-000110호)
주   소 서울특별시 종로구 인사동5길 25, 하나로빌딩 408호
전   화 02)3210-0651
홈 페 이 지 www.honjob.co.kr
이 메 일 honjob@naver.com

가   격 26,000원
I S B N 979-11-91026-87-0(13320)

※ 이 책의 저작권은 저자와 ㈜커리어빅에 있습니다. 저작권법에 의하여 보호를 받는 저작물이므로 무단 전재와 복제를 금합니다.
※ 정오 문의 및 정오표 다운로드는 홈페이지 내 고객센터를 이용해 주시기 바랍니다.